趣味二战史

杨亮 著

江苏凤凰文艺出版社
JIANGSU PHOENIX LITERATURE AND ART PUBLISHING

图书在版编目（CIP）数据

趣味二战史 / 杨亮著 . -- 南京 : 江苏凤凰文艺出
版社 , 2021.1
ISBN 978-7-5594-5402-7

Ⅰ . ①趣… Ⅱ . ①杨… Ⅲ . ①第二次世界大战 – 历史
– 通俗读物 Ⅳ . ① K152-49

中国版本图书馆 CIP 数据核字 (2020) 第 227330 号

趣味二战史

杨亮　著

责任编辑　孙金荣
特约编辑　冉智超
装帧设计　杨静思
出版发行　江苏凤凰文艺出版社
　　　　　南京市中央路 165 号，邮编：210009
网　　址　http://www.jswenyi.com
印　　刷　重庆长虹印务有限公司
开　　本　787 毫米 ×1092 毫米 1/16
印　　张　27
字　　数　420 千字
版　　次　2021 年 1 月第 1 版
印　　次　2021 年 1 月第 1 次印刷
书　　号　ISBN 978-7-5594-5402-7
定　　价　129.80 元

目录

第一章 ·复仇的种子 001

第二章 ·烽烟再起 021

第三章 ·“切香肠” 039

第四章 ·北欧之战 065

第五章 ·一路向西 081

第六章 ·无法登陆的海狮 097

第七章 ·猪队友 113

第八章 ·冻人的前线 131

第九章 ·摸老虎屁股 151

第十章 ·致命的五分钟 179

第十一章 ·老鼠与老虎 193

第十二章 ·猎狐行动 215

第十三章 ·鳄鱼的软腹 233

第十四章 ·第三战场 255

第十五章 ·脑洞大开的黑科技 275

第十六章 ·暗杀“有神魔保佑”的男人 281

第十七章　·跳蛙夺岛战　299
第十八章　·一败涂地　321
第十九章　·拆东墙补西墙　335
第二十章　·独裁者之死　355
第二十一章　·瓦全　377
参考书目　401

第一章
复仇的种子

★★★

“这是希特勒的政权，这是希特勒的政策，这是希特勒的权力统治，这是希特勒的胜利、希特勒的失败——除此之外没有其他。”

——纳粹波兰总督汉斯·弗兰克

1918 年 11 月 8 日上午，几辆汽车穿越西部战线，用了 10 个小时才通过了因为战争蹂躏而坑坑洼洼、荒无人烟的法国北部地带。在途中由于遇上了大雨，汽车还撞到了一座房子上。车上坐着的是德国派来与协约国和谈停战的代表埃茨贝格等人，而协约国最高司令斐迪南・福熙（Ferdinand Foch）元帅正在巴黎北面的贡比涅森林里的一节火车车厢里等着他们来求和。

在三天的谈判里，福煦只出现了两次，第一次是接见德国代表，第二次是最后签字。谈判过程中德国代表被迫接受了苛刻的停战条件，几乎没有回旋的余地。——只是纠正了几个条款，例如销毁潜艇的数量，因为德国根本没有那么多的潜艇可销毁。

11 月 10 日，德国代表们从巴黎报纸上得知德国皇帝威廉二世已经退位。埃茨贝格本来还想拖延时间争取一下，但德军统帅保罗・冯・兴登堡（Paul von Hindenburg）发来电报告诉他，在德国主要大城市即将发生起义，协议不签也得签，要不然命都要被“革”掉了。于是，双方在 11 日达成了停战协议。签字仪式只用了 8 分钟（从 5:12 到 5:20），就把已经持续 4 年之久的大战终结了。停战正式生效的日期定在了巴黎时间的早上 11 时。德国代表做的只能是对严酷的条款表示一下抗议，福煦则用 1871 年德国首相俾斯麦回答法国代表的话“战争就是战争”来回敬、羞辱德国代表。——当年普法战争中法国惨败，当法国代表向德国抗议和约条款太严酷时，当时的胜利者、德国宰相奥托・冯・俾斯麦（Otto von Bismarck）就如是说。真是“三十年河东，三十年河西”，现在风水轮流转，轮到德国人来求和了，但谁也没想到，风水还会继续转的。

1918 年 11 月 11 日 10 时 55 分，激动的英国首相大卫・劳合・乔治（David Lloyd George）从伦敦唐宁街 10 号的首相官邸冲了出来，对着街上的人大喊道：“还有 5 分钟，大战就要结束了！”他迫不及待地将这个好消息提前分享给广大群众。军需部长温斯顿・丘吉尔（Winston Churchill）在他办公室的窗前看到了群众在广场上点起了庆祝的篝火，之后他立马带着妻子赶到唐宁街，向劳合·乔治表达了他的敬意。——而在下一次大战后，受到致敬的将会是他。

当停火协议在 1918 年 11 月 11 日 11 时通过无线电传播出去的时候，从瑞士边界到英吉利海峡的整条战线都突然安静了下来。一些士兵甚至感到这不是真的，而是在做梦，因为他们已经听了 4 年的炮弹爆炸声和机枪“突突”声，突然听不到了反而觉得不习惯。

在大洋彼岸的美国，所有政府工作人员都放假一天。美国海军助理部长、当时腿脚还利索的富兰克林·罗斯福（Franklin Roosevelt）和妻子埃莉诺也兴奋地挤在华盛顿大街欢庆的人群中庆祝，各种糖果和五彩纸屑抛洒得到处都是。但一位在前线的 32 岁美国炮兵军官却因为战争过早结束而感到有些不过瘾，“我们不能去蹂躏德国的土地，不能去砍掉他们年轻人的手脚，剥掉他们老头子的头皮，这真是太可惜了……”这位名叫哈里·杜鲁门（Harry Truman）的人一边吃着蓝莓蛋糕，一边寻思着自己失去了建立丰功伟绩的机会。——不过 26 年后他还会有机会的，到时他一次杀的人将会比所有人杀的都多。虽然已经得知还有半小时就要停战，但心有不甘的杜鲁门还是下令向敌人阵地发射了超过 1 万枚的炮弹，直到停战的最后一秒。仿佛不打出去，这些弹药就会过期似的。

而后来当上法国总统的查尔斯·戴高乐（Charles de Gaulle）此时正在德国的战俘营里。作为一名少尉的他，在有“绞肉机”之称的凡尔登会战中身负重伤。“不讲义气”的战友纷纷逃命，将他扔在战场上等死。成为德军俘虏的戴高乐很不甘心，他越狱逃跑了 5 次，但 5 次都被抓了回来，因为作为“目标”的他实在是太大了。——戴高乐身高足足有一米九八，貌似长颈鹿。

在意大利的米兰，一名《意大利人民报》的编辑正在出庭为自己的一些仰慕者辩护。这名编辑是个退伍军人，名叫贝尼托·墨索里尼（Benito

Mussolini）。因为在大战初期赞成参战，并认为战争将为社会主义革命铺平道路，他被所在的意大利社会党开除了。而在征召入伍后的一次战斗中，墨索里尼因操作掷弹筒不慎引发了爆炸。几个倒霉的战友被他这个猪队友炸死，但他自己身中 40 多块碎片却奇迹般的都不在要害位置。后来墨索里尼说这是他“一生中最幸运的时刻”，还声称自己在取弹片时大无畏地拒绝了使用麻药，这简直直追关二爷刮骨疗毒之风范。他创办的《意大利人民报》则大肆宣扬他的“英勇事迹”，甚至把他称为“加里波第的后继者”。

几家欢喜几家愁。在德国的一个叫作巴斯瓦尔克的小镇上，军队医院里的德国士兵从一个牧师的哽咽中得知了战败的消息。一位来自奥地利的中了毒气的半瞎士兵听了后，踉踉跄跄地摸索着回到了病房。伤心欲绝的他把脑袋埋在毯子和枕头下哭了起来，因为 4 年的牺牲全白费了。他发誓，如果眼睛能复明就去从政，他要亲手去拯救自己的国家。巧合的是，第二天他就重见光明了。这也更让这名叫阿道夫·希特勒（Adolf Hitler）的士兵坚信这是上天的旨意，

〈 贝尼托·墨索里尼（1883—1945 年）

墨索里尼很善于宣传自己，为了使自己矮小的身材显得修长一些，只有 165cm 高的他在照相时常常抬高下巴。不过私底下他却是风流成性，有一次墨索里尼大言不惭地对自己的情妇贝塔西说，他的精力旺盛过人，最多的时候曾同时拥有 14 个情人！在威尼斯宫，他还有一位专门负责把女性仰慕者信件归类的秘书。写得有趣的女性，会以“私人访客”的身份被邀请来威尼斯宫访问。墨索里尼会跟有吸引力的女人在他办公室的地毯上或是能俯瞰广场的窗口旁的椅子上进行“访问”——墨索里尼私下说自己最喜欢中产阶级的丰满熟女。一位年轻的女画家在“访问”过墨索里尼后回忆说，她只是想去画一张“领袖”的肖像素描，但离开时肚子里却带了一个孩子。

为的是要他去拯救自己的祖国。

对战败国家的审判大会于1918年1月18日在巴黎近郊的凡尔赛正式召开。战败的德国等国家不准参加会议，它们只能等待宣判；昔日的盟友俄国也被拒之门外，因为它已经不是资本主义大家庭中的一员。——列宁领导的布尔什维克正在与白军势力打得不可开交，鹿死谁手尚未可知。虽然最高理事会由英、美、法、意、日五国控制，但由于日本的兴趣在远东，对于欧洲事务不感兴趣——日本离欧洲太远了，所以它只想要德国在远东的殖民地，例如青岛和俾斯麦群岛，至于如何分割德国都无所谓——所以，日本代表大部分时间在巴黎和会上都静静地看着其他国家吵架，自己并不发言，以至于他们被欧洲人称为“沉默的伙伴”。于是，会议最后的结果由被称为“四巨头”的英国首相劳合·乔治、法国总理乔治·克里孟梭(Georges Clemenceau)、美国总统托马斯·伍德罗·威尔逊（Thomas Woodrow Wilson）和意大利首相维托里奥·埃曼努尔·奥兰多（Vittorio Emanuele Orlando）决定。

虽然获得了最终的胜利，但协约国“杀敌一千，自损八百”，也伤亡惨重。英国死亡 90 万人，法国死亡 140 万人，连意大利也死了 65 万人。所以心有余悸的战胜国都不希望再来一次大战，它们提议说要创造一个不再有战争的世界。

愿望很美好，但众人又各怀鬼胎。

法国总统雷蒙·普恩加莱（Raymond Poincaré）在开幕词中说道：“48 年前，德意志帝国就诞生在这间大厅里，因为它生于不义，故死于耻辱。”法国特意选在德意志第二帝国的诞生地凡尔赛宫召开处置德国的“审判大会”，就是为了享受复仇的快感。法国想要的是欧洲大陆上的霸权，因为法、德两邻国是世仇，普法战争时法国被德国（当时还是普鲁士）打得很惨；这次大战法国虽然打赢了，但要时刻提防德国再起来复仇。因此它希望将德国大卸八块，令其永世不得翻身。法国不但要收回普法战争中失去的阿尔萨斯和洛林，还要将疆域扩展到莱茵河西岸，并在莱茵河地区建立一个缓冲国；同时还要德国赔钱，巨额的那种，要把德国像橘子一样榨干。

但一向奉行大陆均势政策的英国可不想便宜了法国。德国想称霸欧洲大陆的时候它反德，俄国想称霸欧洲大陆的时候它反俄；现在德国战败了，俄国也崩溃了，法国想一家独大可没门儿。英国要的是殖民霸权和海上霸权，只有欧洲大陆上的各国势均力敌又相互牵制，英国人才有精力去搞殖民霸权和海上霸权。因此劳合·乔治反对过分削弱德国，他还要留着德国牵制法国和新生的苏联呢，所以他主张对德国罚点款算了，下不为例。

已经成为世界首富的美国，它的梦想是想要冲出美洲，争夺世界霸权。美国总统威尔逊提出的“十四点”和平原则以“民族自决”、“裁减军备”为幌子[①]，一下子换取了世界舆论的支持，连远在中国的陈独秀都称赞威尔逊是“世界上第一个好人”。怎么才能不再爆发战争呢？威尔逊提议建立一个国际组织（后来叫国际联盟）来化解矛盾。在各国有矛盾分歧时，也不用再“打”成协议，而是心平气和地喝着茶，开个会来解决。他自信凭借美国强大的经济实力，可以通过这个组织在政治上干预和控制世界局势。

结果是没谈拢。

因为这三个国家里的任何一个国家，都跟其他两个国家有矛盾。美国想要世界霸权，自然遭到了英、法的抵制。其他两国认为美国嘴里高喊这个主义、那个主义，简直是站着说话不腰疼，你们才死了多少人？而且这个区区一百多年历史的暴发户，根本不配和它们平起平坐。为了把美国的计划搞黄，英、法建议让所有中小国家的代表都加入制定国际联盟草案的委员会，借此把委员会搞得庞大臃肿、效率低下、你争我吵，以此来拖延时间。而想要欧陆霸权、

① 也有人认为威尔逊提出的“十四点”原则表面上冠冕堂皇，实际上是为了搞乱欧洲，方便美国从中渔利，虽然并没有明确的证据，但欧洲确实是因“民族自决”而分裂出现了许多小国家，也引发了许多问题。

要求肢解德国的法国，遭到了英、美的反对。其他两国既想保持法、德之间的力量平衡，又想利用德国对抗苏俄，因而都反对这种过分削弱德国的建议，而且它们都不想利用德国的赔款来加强法国的力量。特别是美国，它们更担心法国的过分要求会把德国这个下蛋的母鸡打死，到时候一毛钱都赔不到怎么办?于是它们提出，由美、英两国来保障法国东部边界的安全，一旦法国遭到侵犯，美、英将立即予以援助。克里孟梭虽然被迫放弃了建立莱茵国的要求，但作为交换条件，他又提出由协约国军队占领莱茵河左岸30年，并将德国富有的萨尔矿区交给法国的要求。威尔逊对法国的这个新要求感到非常恼怒。他不耐烦地说，他从来没有听过还有个什么萨尔问题。对此，克里孟梭暴跳如雷，攻击威尔逊是个亲德分子，并强硬地宣称：任何一个法国总理都不会签署一份不把萨尔并入法国的条约。

在接下来的会谈中，各方开始“互相攻击”。虽然已经年近80岁，但外号“老虎”的克里孟梭还是生猛无比，他刻薄地讽刺威尔逊，称“上帝给了我们十条戒律，而我们违背了他；威尔逊却一下子给我们带来了十四条！”针对劳合·乔治，他说：“我从来不知道哪个人能比耶稣基督说得更多，或者比劳合·乔治做得更多。”风度翩翩、一头银发的劳合·乔治被称为“山羊”，因为他很好色。劳合·乔治认为，带来“十四点”的威尔逊简直是个“自以为是的幻想家”，“一个蠢蠢欲动、不肯安静一会儿的游击队员”。要是他的“十四点”实现了，世界各族人民都平等了，英、法这俩殖民地最多的老大、老二也就别当了。同时在他看来，克里孟梭简直像条老看家狗似的跟在威尔逊后面，当有一条陌生又不受欢迎的狗来拜访庄园的时候，老看家狗就会暴躁地表示警惕。英雄所见略同的是，威尔逊也觉得克里孟梭不是“老虎”，而是一条“老狗”，总是急着找个地方休息一下。威尔逊的助手豪斯上校在日记中描述道：“看来，一切都完了……总统很凶，劳合·乔治很凶，克里孟梭也很凶。总统同他们谈判时，第一次失去了自制……”在讨论到赔款问题时，几方会为数额和分配比例争得脸红脖子粗，激烈地讨价还价就像置身自由市场一样。当别人不同意自己的意见时，每个领导人都威胁称要退出会议。气愤的威尔逊曾质问反对自己的克里孟梭："如果法国得不到它想要的东西，就会拒绝同我们合作？这样看来，你是希望我回家了。"克里孟梭喊道："不，我不想让你回国！但是我即将要回老家啦！"说着便气冲冲地离开了办公室。威尔逊也气得打电报要"乔治·华盛顿"号来接他回国，但第二天对方表示愿意考虑让步时，他又留了下来。在面对英国首相劳合·乔治，克里孟梭则高举着地图，围着谈判桌追逐他，指着地图要德国的萨尔。劳合·乔治装傻充愣就是不给，最后干脆躲进了卫生间里。克里孟梭干脆追进了卫生间，气得劳合·乔治直骂他没有一点绅士风度。不为所动的克里孟梭坚持不懈地拿着地图、挥舞着拐杖，沿着谈判桌追逐落荒而逃的劳合·乔治，但他毕竟岁数太大了。最后78岁的法国运动员克里孟梭输给了56岁的英国运动员劳合·乔治。在跑了十多圈后，累到脱力的克里孟梭干脆丢了拐杖，爬上谈判桌去拦截后者，结果俩人撞了个满怀，双双倒地……

虽然英、法、美三国的争吵在不断升级，意大利首相奥兰多却根本插不上嘴，因为人家的英语都说得贼溜，而他的英语水平只限于三句半，那就是："11点钟""我不同意"和"再见"！不过当奥兰多得知意大利得到的远比当初许诺的要少时，他也抗议并威胁要退出和会，但其他列强根本没把这个伪列强当盘菜，因为意大利参战前脚踏两只船，参战后又败多胜少，贡献几乎可以忽略不计。以至于法国首相克里孟梭嘲讽道："没有处决意大利，已经是上帝最好的恩赐了。还要什么自行车？！"（好吧，最后一句是我加的）奥兰多一气之下，愤而退场，但退场后的他尴尬地发现，根本没有人挽留他。就这样回去，实在没法向国内交代。于是几天后，他只好又灰溜溜地回来参会签字。

老谋深算、善观风色的日本代表牧野伸显在奥兰多退出和会的第二天，不失时机地突然发言，坚决要求按照先前给出的条件，接管之前由德国控制的中国山东，否则日本也将拒绝签署和约。威尔逊考虑到意大利人已经退出和会，如果日本人再退出的话，那这会还开个什么劲啊？！于是美、英、法三强终于做出妥协，同意将德国在山东的所有权益转让给日本。中国好歹也是个战胜国，但列强事先没有听取中国代表的意见，甚至连会议记录及和约草案也不让中国代表过目，就自作主张地把中国的土地转给了日本。消息一传开，引起了中国人民的强烈愤慨。1919 年 5 月 4 日，北京爆发了声势浩大的示威游行，反对巴黎和会对山东问题的处理。愤怒的学生们闯进了参与和约的交通总长曹汝霖家里，结果没找到曹汝霖，反而抓到了化装成日本人，正准备逃走的驻日公使章宗祥。学生们把他痛打了一顿出气，又放火烧了曹家的房子赵家楼。游行示威很快由北京席卷全国——这就是著名的“五四运动”。这一运动也迫使当时的中国政府代表拒绝在巴黎和约上签字。在救亡图存运动的催生下，两支即将改变中国历史走向的新生力量也先后诞生，他们既竞争又合作，一支叫中国共产党，一支叫中国国民党。

在争吵了 5 个月零 10 天后，巴黎和会最终在 1919 年 6 月 28 日（这天正好是费迪南大公在萨拉热窝被刺 5 周年的日子）落下了帷幕，并签署了《凡尔赛和约》，和约对德国的制裁主要如下：

1. 割地：不但要把阿尔萨斯、洛林归还给法国，东部最大的一块土地还划给了新建的波兰，德国因此丧失了八分之一的领土和十分之一的人口；德国海外殖民地被英、法、比、日四国瓜分；莱茵河西岸 50 公里的德国领土不许德国驻军，由协约国代管 15 年。

2. 赔款：总额高达 1320 亿金马克。要在 1921 年之前赔款法国 200 亿金马克，如若没钱也没关系，可以拿值钱的实物相抵，例如火车头、工厂、汽车、原材料等等，法国来者不拒。

3. 裁军：为了防止德国东山再起，德国陆军不得超过 10 万人，解散总参谋部以及军官团，且不得重新组建。坦克、火箭炮，甚至重机枪，想都不要想。

〈 1921 年德国幽默杂志《同步画派》上刊登的一幅漫画。德国被画成一个受残害、压迫的人，象征英、法、美、意、日的五头怪兽正在吞噬他的内脏。

天上只能有风筝不能有飞机，海里只能有渔网不能有潜艇。

看到这些个既要钱又要命的条款，德国代表的眼泪当时就下来了，这搞得战胜国各方好不尴尬。一位英国代表实在看不下去了，他站起身来，走过去安慰这位泪人儿道："缓一缓，缓过来了再签哦……"

追随德国的奥地利、匈牙利、保加利亚和土耳其也受到了惩罚，欧洲的版图被改变了。在民族自决的基础上，一系列新兴小国纷纷诞生，新秩序建立起来了。但这个体系实际上只是在维护英、法的利益和国际地位，对二流的意大利与日本给予小恩小惠进行拉拢、安抚，防范德国、苏联和美国这三个潜力股的崛起。结果是巴黎和会不但没有实现和解，反而埋下了仇恨的种子——因为其他国家都对这个结果不满意。

只讨到些残羹剩菜的意大利感到自己参加协约国是受骗了，于是对英、法怀恨在心，逐渐走上了强硬的法西斯主义的道路。日本被迫把吃了的吐出来，它认为这简直就是“种族主义”，是“白种列强”联合起来欺压“黄种列强”的表现，故而也心生怨恨。美国总统威尔逊虽然在1919年被授予了诺贝尔和平奖，但美国国会拒绝批准《凡尔赛和约》和参加国联，反正这个组织也被英、法把持着，既然当不了群主，干脆就拒绝入群。没有捞到多少好处的美国认为欧洲人太过“阴险”“狡诈”，于是它又重新退回到孤立主义中去，不掺和欧洲的事儿，也不欢迎欧洲人来美洲瞎掺和。而苏联就更不用说了，巴黎和会根本就没请它参加，它不但失去了西部的大片领土，而且还受到了所有资本主义国家的敌视与封锁。

最大的一颗仇恨的种子埋在了德国。本来战败的德国就很不服气，因为直到停战时，德国还占据着协约国的大片领土。在一些人的宣传下，德国人普遍认为，他们在一战中不败而败，是因为国内出了犹太阴谋集团，是他们内外勾结，迫使德国军民放下了武器、任人宰割。根本不是德国打不过对手，而是因为背后被“叛徒”捅了一刀。而苛刻的《凡尔赛和约》，则被德国人视为奇耻大辱。他们认为自己受骗了。投降前说好的是公正的“十四条”，签字的时候却变成了“死亡通知书”。而以希特勒为首的纳粹党正是利用了这点。在他们的精心培育下，复仇的种子在德国开始生根发芽，并开花结果，最终长成了一颗定时炸弹。

战后的希特勒无亲无故、无产无业。1919年的某天，受雇于政治部的希特勒，被派去调查慕尼黑的一个叫“德国工人党”的政治团体，因为上面怀疑这是个共产主义政党，而且他们想要进行颠覆活动。希特勒好不容易才在一家咖啡馆的某个烟雾弥漫的阴暗房间里找到了这个组织，却发现是上级想多了，因为参与集会的总共才25个人，会议内容也沉闷无趣，催人入睡。希特勒坐了一会儿就忍不住想走，就在这时，一个支持德国南部巴伐利亚独立的教授的发言激怒了他。于是希特勒站起身来，对这位教授一顿怒斥，直到他像“落水狗一样夹着尾巴溜走了”。其狂热的激情与雄辩令在场的其他人目瞪口呆，因为大家都不知他是何方神圣。在希特勒离开时，有个人从后面追上了他，硬塞给他一本宣传小册子。第二天，希特勒又莫名其妙地收到了一张明信片，上面通知他已经被接受为德国工人党的一员了，并通知他来参加委员会会议，这让他觉得又好气又好笑。希特勒本来对这个无名“俱乐部”根本不屑一顾的，但好奇心让他再一次去了。于是，他成了该党的第 7 名成员——这个小党委员会就只有 7 个人。

口若悬河的希特勒在这个小团体里很快就成了领导者。不久后，他就把这个组织改名为国家社会主义德国工人党，但这个党既不是以工人为主，也不是社会主义性质，后来被人们简称为纳粹党。这个组织很快吸引了一大批臭味相投的极端民族主义者，并且开始迅速壮大。1923 年的鲁尔危机给了他们第一次机会。

因为要支付巨额赔款，新成立的德国魏玛共和政府很快就陷入了困境。鉴于国内的困难，政府不敢增加税收，因为这会引发革命。——1919 年已经发生了一次，再来一次可不是闹着玩的。但德国人又很守信用，他们要按时支付给协约国赔款，只能多印钞票了。结果一下子印超了，引发了通货膨胀，成千上万的人失了业，都排着长队去领救济面包了。于是德国提出：家里实在没有余粮了，能不能缓一缓，延期支付赔款。

这下法国可不干了。以为德国想赖账的法国联合比利时于 1923 年 1 月，出兵占领了德国的鲁尔地区，宣称德国一日不还钱，它们就一日不撤军。鲁尔地区出产占德国 73% 的煤和 83% 的钢铁。这个重要工业基地被占，激起了德国国内的强烈抗议，一时间民族主义情绪高涨。但德国根本没有武力对抗的能力，于是以施特雷泽曼总理为首的德国政府干脆采取了“不抵抗政策”，宣布所有企业停产，所有工人停工。这样一来通货膨胀更是一发不可收拾。1919

年的 9 马克相当于 1 美元，但到了 1923 年，4 万亿马克才值 1 美元。成堆的钞票被家庭主妇们用来点火做早餐。一位德国女营业员把装满了马克的钱包丢在了一家商店门口，等她再回来找的时候，发现钱还在那里，钱包则被人拿走了。总之，数百万人一夜之间变成了穷光蛋。德国马克对美元的汇率在此次危机中直接“跳楼”，一直跌到了 25000000000:1 这样的天文数字。结果就是更没钱赔了。

法国与比利时联军的日子也不好过，因为他们发现占领鲁尔的驻军成本太高，收入与成本刚好相抵，根本赚不到什么。而且德国国内群情激昂，民族主义怒火高涨。正所谓众怒难犯，最后在英国和美国的劝说下，法国和比利时只好撤兵，好处没捞到，反而惹了一身骚。

而这次危机为一些政治家提供了煽动国民情绪的机会，因为他们许诺可以带领德国人民进军，去恢复失去的昔日荣光。其中最引人注目的就是那个眼睛复明的德军下士——阿道夫·希特勒。“政府还在一声不吭地印着废纸片，因为哪一天他们不印了，他们就完蛋了！”希特勒跟他的同伙说道，“我们要使这个骗局曝光！”

初出茅庐的希特勒把意大利的法西斯党魁墨索里尼当作自己的榜样，因为后者在前一年成功夺权。

在列强俱乐部里，意大利实力稳定，始终稳坐最后一名的交椅。自 1870 年意大利统一至 1900 年，它在世界制造业中的份额始终是 2.5%，到 1938 年的时候只上升了 0.3%。一位 19 世纪的俄国外交官曾嘲讽道：“要想知道哪个国家不属于列强，就看意大利比谁强。”意大利虽然是战胜国，但也在大战中死伤了 150 多万人，而且根本没捞到什么好处来补偿。长期的战争，消耗了 1380 亿里拉——相当于从 1871 年意大利统一到 1913 年的全部政府开支的两倍。这还不算，到 1919 年的时候，意大利还欠了盟友 7 个亿英镑的外债。付出巨大代价的意大利民众对战后的利益分配十分不满，他们认为是政府太无能的结果。于是，社会动乱、通货膨胀和罢工，一样接一样。所有人都感到绝望，民众都盼着有个强有力的政府来扭转这一切，而墨索里尼正是抓住了这个机会。

墨索里尼是意大利一名铁匠的儿子，他当过报社编辑，能说会道，而且也参加过一战，并且负过伤。1921年，他创建了意大利法西斯党，并迅速发展起来。这个组织是反对和镇压工人运动的急先锋，得到了大资本家和地主们的一致好评。1922年10月24日，羽翼已经丰满的墨索里尼在那不勒斯宣布："要么政府归我们统治，要么就向罗马进军夺取政权！"法西斯分子则疯狂地回应道："罗马！罗马！罗马！"那里是他们的目的地。三天后，1.4万名身穿黑衣的法西斯分子准备分三路向罗马进军。到离首都只有50英里路的时候，他们停

^ 英国漫画：揭开盖子，把法西斯魔鬼放出来的墨索里尼。

了下来，因为交通工具没有准备好，食物也短缺（因为有组织才能的法西斯分子邓南遮，前不久慌不择路地从情人的窗户里跳出来时摔伤，此时正在养病），而他们可不想步行到罗马，想要搭乘火车或汽车去，所以“进军”只好“暂停”。但这已经足够令罗马政府惊慌失措的了。意大利警察和军队则袖手旁观，好像在看热闹似的，因为墨索里尼宣称不针对他们。意大利国王维克托·伊曼纽尔三世在与墨索里尼讨价还价后，决定化干戈为玉帛。当 39 岁的墨索里尼坐着火车从米兰来到罗马，成为新任总理后，“向罗马进军”才得以实现——3 万多名法西斯分子乘坐墨索里尼安排的 10 辆专列火车，浩浩荡荡地进入了首都。这些人在阴雨绵绵中进行了阅兵，好像占领了一个早已沦陷的大本营。很快，墨索里尼就加强了专制统治，开始全面掌控国家，拍马屁的报纸上甚至报道：

“震惊！由于墨索里尼的出现，埃特纳火山的大爆发竟然不可思议地停止了！”

“救世主诞生！上帝问道：‘我怎样才能尽早解救可怜的人类呢？’一个声音回答道：‘从意大利抽出一根肋骨，造一个墨索里尼！’”

到 1925 年的时候，法西斯统治在意大利完全建立起来了。

墨索里尼的成功夺权鼓舞了希特勒。墨索里尼在意大利掌权之后，对前者十分崇拜的希特勒曾写道：“我极度崇拜统治着阿尔卑斯山脉一侧的那个伟大人物。”作为粉丝的他，还特意给柏林的意大利使馆写了一封信，请求能得到一张领袖（墨索里尼）亲笔签名的照片，但罗马大使却傲慢地婉拒了，他回复表示：“请感谢这位先生的真挚热情，然后用你所认为的最好方式告诉他，领袖不认为接受这个请求是适当的。”虽然碰了钉子，但希特勒仍然决定效法自己的“偶像”，像他那样去夺取政权。

第二年（也就是鲁尔危机发生的那一年）11 月 8 日晚上，希特勒决定先利用民众对凡尔赛体系的仇恨，在德国南部的巴伐利亚发动政变，目标是先控制巴伐利亚有最高权力的三个人：邦行政长官、警察局长和军队司令。他趁这三个人在慕尼黑的贝格勃劳凯勒啤酒馆举行公务员聚会和政治演讲时，带着一队冲锋队员气势汹汹地闯了进来。在架起机关枪后，穿着燕尾服的希特勒跳上桌子，朝天花板放了一枪，高声叫喊着："国民革命开始了！"他表示这里已被 600 名全副武装的士兵包围，军营和警察局也已经被他们占领，新的临时政府已经成立；警察和军队也已经服从他们的领导，正朝这里进军……其实这都是虚张声势的胡说八道。但听众们都吓傻了眼，希特勒挥舞着手枪将"三巨头"赶进一间小屋，逼他们交出权力，承认他是巴伐利亚的新领导人。希特勒发神经似的叫喊说："我的手枪里有四颗子弹。如果你们不肯跟我合作，三颗子弹将留给你们，最后一颗就留给我自己！"他还举着手枪对准自己的脑袋嚷道："如果到明天下午我还没有成功，我就不要这条命了！"但那三人根本不愿搭理他，他们认为希特勒根本就是从精神病院跑出来的。

这时，在一战中颇有威名的鲁登道夫将军也被"请"（忽悠）来参与暴动。希特勒把"三巨头"交给士兵看守，自己回到大厅里虚张声势地嚷嚷道："巴伐利亚政府已经向我们交出权力啦！"纳粹分子们一片欢呼，不明就里的人群也跟着起哄。被关押的那三位政府官员听到大厅里一片欢呼，又见鲁登道夫也来了，以为希特勒已经得到了群众的支持，就默认了后者的要求。他们同意跟希特勒一同出现在群众面前以示团结，但表示要回去一趟，通知警察和军队都来参加这次起义。这时，希特勒听说另一个地方发生了斗殴，只好前去处理，被关押的"三巨头"也暂时被放了出来。但是他们仨一回去就立即宣布政府与暴人员动势不两立。这下希特勒傻眼了。第二天，希特勒组织了 2000 多名冲锋队员排起了人墙，开始游行示威，企图效仿墨索里尼"向罗马进军"那样迫使政府屈服。但希特勒犯了一个错误，他没有意识到德国的警察可比意大利的同行厉害得多。在遇到警察阻拦的时候，希特勒挥舞着他手中的左轮手枪，不停地叫嚷着"投降！投降！"就在这时，不知道是谁开了一枪，双方的枪弹开始齐发互射。警察毫不客气地对着游行队伍"突突"地开了火，游行队伍顿时作鸟兽散，16 个人被打死。纳粹党后来的第二号人物赫尔曼·威廉·戈林（Hermann Wilhelm Gring）的小腿和大腿上都吃了子弹，希特勒旁边的人被子弹爆了头，但希特勒却没事儿，因为那人倒下的时候将希特勒拉倒在地，帮助他躲过了枪子儿，为此希特勒胳膊被拽得脱了臼。虽然胳膊动不了，但希特勒的腿还能动，他身手敏捷地爬起来，一溜烟似的逃跑了，也顾不上那些躺在街上的同伙了。这次死里逃生，让希特勒更加相信自己有神灵护体。

但“跑得了和尚，跑不了庙”，希特勒很快就在他朋友家里被逮捕了，并且被定以叛国罪。但他根本不承认这是叛国，他称暴动只是为了消灭出卖国家的人。法庭对他表示同情，只判了他 9 个月监禁，因为他说出了德国大众的心声。在监狱里，希特勒写出了一本名叫“四年来同谎言、愚蠢和胆怯的斗争”的书，这本掺和了反共产主义、反金融资本主义、复仇主义和种族主义的大杂烩使他一下子成了百万富翁。书中叫嚣着要纠正《凡尔赛和约》的“错误”，为德国拓展生存空间，恢复德意志民族“在阳光下的地盘”，这正迎合了德国大众复仇的心态。这本由于书名太长又太别扭，而改名为“我的奋斗”的书，后来将成为希特勒的行动指南。——他早就把今后要做的事都写进了书里，并描绘了他未来的计划，但其他国家看过的人都没有在意，以为作者只是在发神经。墨索里尼就声称：“我从来就没能读完这本讨厌的书。”

而这次“啤酒馆暴动”的失败也让希特勒吸取了教训，那就是武力夺权在德国行不通，还是要通过合法手段，也就是民主选举，来夺取权力。

下一个机会很快就来了。1929 年，一场史无前例的经济危机席卷了整个资本主义世界。工厂与银行关门大吉，数百万人破产失业，无数人陷入了缺衣少食、居无定所的失望与恐慌中，老百姓对魏玛共和政府的不满简直是后浪推前浪、一浪接一浪。这次危机再次帮了希特勒大忙，希特勒这个“怪才”再次巧妙地抓住了德国大众的心态。和当过报纸编辑的墨索里尼一样，希特勒也是个巧舌如簧的演讲天才和心理学家，他的演讲伴随着激烈的手势，简直能对公众催眠。对穷人宣称会把富人的财产分给他们；对富人则说，放心吧，你们的财产没事儿；对青年人说邀请他们去参加着装帅气的冲锋队……总之，见人说人话，见鬼说鬼话。街头的小流氓、家境殷实的市民、财大气粗的工业家都被希特勒所吸引，他们觉得希特勒的话激发了他们内心最深处的热情，好像在心里告诉自己：这就是我最想听的东西！用希特勒自己的话说，他将旁观者统统卷进了因催眠而陶醉的巨大洪流，而在不久的未来，这股洪流将席卷整个欧洲……希特勒的很多追随者都是偶然听了他的演讲，就成了他的信徒。最离谱的传说是有一次希特勒组织集会，一个反纳粹的警察被派去维持秩序，

〈保罗·约瑟夫·戈培尔（1897—1945 年）
后来成为纳粹宣传部部长的戈培尔虽然只有 5 英尺（约 1.52 米）高，而且左腿有点瘸——幼时因患小儿麻痹症，致使左腿萎缩——但他擅长讲演，被称为“宣传的天才”“纳粹的喉舌”，是他制造了希特勒“一贯正确”的神话，被称为“创造希特勒的人”。为了带动群众的情绪，他会在演说中用扬声器播放事先录好的掌声。戈培尔和玛格塔在婚后生了 6 个孩子，戈培尔曾在蜡烛前祈祷说：“感谢上帝！希望孩子们拥有她的外表和我的头脑，如果这颠倒过来将是多么可怕的事！”因为玛格塔是一个很漂亮但很愚蠢的女人。

希特勒仅仅用犀利的蓝眼睛扫了他一眼，这个人就立即加入了纳粹党。

为了扩大宣传与竞选，希特勒开始走“偶像”路线。印有希特勒大头照的巨幅海报比阳台都大，被贴得到处都是；电影院里播放着他的竞选影像，就连打火机上也印着他的画像。负责宣传的保罗·约瑟夫·戈培尔（Paul Joseph Goebbels）还散发了5万多张希特勒的演讲唱片；希特勒本人则坐着飞机飞来飞去，到各个城市去演讲，飞机上印着巨大的标语：希特勒君临德国！取得政权后，纳粹党徒们突然觉得这样的宣传方式太搞笑了，因为希特勒的脑袋到处都是，连女人的游泳衣和小朋友的玩具上都有，甚至有一大批都是跟风不上税的假冒伪劣产品！于是戈培尔下令：今后没有官方许可，禁止对希特勒的形象进行商业化使用！

︿ 反映国会纵火案的漫画。穿着古罗马服饰的兴登堡对希特勒说：“这是天赐良机，孩子。 如果你现在不成为独裁者，你永远不会再有机会了。”背后是着了火的古罗马宫殿。希特勒手里握着的是《紧急权力法案》。

于是在1932年的大选中，纳粹党一跃成了德国第一大党。墨索里尼的成功夺权在于赢得了意大利国王维克多·艾曼纽三世的支持，希特勒则跟有着崇高威望的陆军元帅兴登堡套近乎，最终他被总统兴登堡任命为了总理。

希特勒刚刚当上总理一个月后的2月27日晚上，德国议会大楼发生了火灾。当晚，戈林就宣称这是德国共产党人的“恐怖主义”，因为在现场发现了20

多捆还没有燃尽的纵火材料，和一个全身赤裸、冻得哆哆嗦嗦的男人。经过调查后发现，这个男人是名建筑工人，也是一名荷兰共产党人，前不久刚到德国。希特勒立即宣布实施紧急权力法，逮捕了大批共产党人和其他政党的成员，并于 3 月 1 日宣布共产党意图暴动，因此被定为非法组织……这起纵火案后来被证明是纳粹党贼喊捉贼，为的是打击纳粹党的“竞争对手”德国共产党，因为后者是除纳粹党外的议会第二大党。

除了视共产主义为仇敌外，纳粹党还对多党制的民主制嗤之以鼻，他们要的是至高无上的独裁权力！不久后，除纳粹党之外，其他资产阶级政党也被迫“自动解散”。希特勒很快就成了大独裁者，因为唯一能约束他的兴登堡太老了。1934 年 8 月 2 日，87 岁的兴登堡去世了，希特勒得到了 3836 万选票的支持而继任为总统。随后，他立即宣布将总统与总理两职合并，他现在是元首兼帝国总理，同时又是德国武装力量的最高统帅，所有官兵都要宣誓效忠于他。魏玛共和国已不复存在。而这时，德国已经从经济危机中缓过来了。于是，希特勒被当成了国家救星，他已经得到了他想要的，现在可以大展拳脚了。

〈阿道夫·希特勒（1889—1945 年）

苏联人画的希特勒漫画。纳粹在德国掌权后，不喜欢这个执政党的德国人开始编一些关于希特勒与纳粹党的笑话。三个善良的仙女在希特勒出生的时候降临了。第一个仙女许愿说每一个德国人都会变得诚实；第二个仙女许愿说每一个德国人都会变得聪明；第三个仙女希望每一个德国人都是国家社会主义者（纳粹分子）。但此时，一个坏仙女来了，她命令每个德国人都只能拥有以上三个“优点”中的两个。于是，德国人要么是诚实但不聪明的纳粹分子；要么和希特勒一样，是聪明但不诚实的纳粹分子；那些聪明又诚实的德国人全都不是纳粹分子。

第二章
烽烟再起

★★★

“今天，受到威胁的是我们；明天，就要轮到你们了！”

——海尔·塞拉西

上台后的希特勒要起了两面派，并以影帝一般的演技开始忽悠英、法等国。他一边对内煽动国内的复仇情绪，一边对外宣扬和平，以麻痹对手。

1933 年希特勒一上台，就先以退为进，发表了一篇和平宣言，呼吁各国不要重蹈一战的覆辙，重申以后所有问题都要在和平的方式下解决。为此，德国将以身作则，率先解散一切军事组织，放弃一切进攻性武器（本来德国就被限制得没有多少进攻性武器了），但前提是其他国家也要这么做。这当然不可能，帝国主义国家怎会自废武功？当法国忍不住最先表态说“无法接受希特勒先生的建议”时，希特勒立即以此为借口，宣布德国退出世界裁军会议与国际联盟。这样一来，德国既占据了道德舆论的高地，又给自己松了绑。为了表示这是“民意”，他特意举行了一次全民公投，然后把投票日期选在了 11 月 12 日。——前一天正好是德国一战战败日，也是阵亡者慰灵日，正好勾起德国人民的伤心往事，结果 95% 的选票支持希特勒的决定……

希特勒一面忽悠，一面偷偷地按照《我的奋斗》第一页上写的内容开始行动，那就是吞并同属日耳曼民族的奥地利，缔造一个“大德国”。1934 年 7 月，德国暗中支持的十几个奥地利纳粹分子，穿上了奥地利的军装与警服，混入了正在开内阁会议的总理府（奥地利总理府的警卫根本没有装有弹药的枪，他们的枪纯粹是仪式用的），刺杀了身高不到 5 英尺（约 1.52 米）、有着“小梅特涅”[①]之称的奥地利总理恩格尔伯特·陶尔斐斯（Engelbert Dollfuß），奥地利的内阁成员也全都被扣留，成为人质。在纳粹分子占领总理府的 6 个小时里，脖子与胸口都中了枪的陶尔斐斯一直苦苦哀求，想让医生进来抢救他或者让牧师进来祷告，但没人搭理他，躺在沙发上的他最后因失血过多而死。不过，奥地利教育部长许士尼格由于有场午宴要参加而提前离开了会场，成了漏网之鱼。这条“漏网之鱼”召集军队包围了总理府，很快平息了这场叛乱。在叛乱

① 梅特涅是 19 世纪奥地利的著名外交家。

分子或被投入监狱，或被绞死之后，许士尼格成了新任总理。

这次暗杀震动了世界，英、法宣布坚决维护奥地利的独立，但他们又指出是否采取行动要看意大利的态度，因为意大利跟奥地利接壤。墨索里尼对于此事也火冒三丈，因为意大利向来是支持奥地利独立的。而且墨索里尼对希特勒的第一印象相当糟糕：一个月前访问意大利的时候，穿着黄色雨衣、头戴软帽的希特勒与身着全套华丽制服、胸前戴满勋章的墨索里尼相比，简直就像个小推销员。会谈结束后，墨索里尼抱怨希特勒就像一台只有 7 个音调的留声机，一旦播放结束，就会从头再来一遍。参与会谈的德国外交部长诺伊拉特总结道："他们的心灵没有交汇……两个人像疯狗一样互相'攻击'。"而且陶尔斐斯被杀的时候，他的年轻妻子和两个孩子正作为客人，在意大利的亚得里亚海滨度假，墨索里尼不得不含着泪水把这一噩耗告诉他们。紧接着，墨索里尼又命令 5 万意大利军队立即开赴奥地利与意大利边界的勃伦纳山口，他愤愤不平地说道："我要让这些绅士们知道，他们绝不应该小瞧意大利！"

希特勒尿了，他急忙发表声明，否认德国跟刺杀事件有任何关系。此时德国的实力还没有完全恢复，根本无法硬碰硬。希特勒第一次企图染指奥地利的图谋失败了。这让他明白，心急吃不了热豆腐，要像温水煮青蛙似的慢慢来。

到了 1935 年 3 月的时候，希特勒又突然宣布德国恢复义务兵役制，要建立起 30 个陆军师的常规兵力。这引起了英、法两国的警惕，因为这违反了《凡尔赛和约》。于是，在与意大利的墨索里尼紧急会晤后宣布，英、法、意将用所有适当的手段来反对德国的任何侵略，但这一阵线只维持了 9 个星期。因为狡猾、强辩的希特勒得知后，立即向英国寄去了一封私人信函。在信中，他深情地表示自己深深地渴望英国能继续保持它的海上霸权。这个保证一下子挠到了英国人的痒痒肉。于是，英国政府不顾自己的同伴，在 6 月 18 日擅自跟德国签订了一份《英德海军协定》。恰好 120 年前的这天，英国与普鲁士联手在滑铁卢大破拿破仑。英国不但防着德国复兴，还要防着法国坐大。协定将德国的海军力量限定在英国海军的三分之一，等于德国承认英国的海上霸权并保证不予挑战。这虽然让英国人保持了自己的优势，但同时也为受《凡尔赛和约》限制的德国海军开了绿灯。因为德国此时根本没有什么海军，要达到英国海军的 35% 这一规模，德国造船厂还要加班加点地干好几年。

见英国人这么不靠谱，又看到英、法两国对德国一再退让，对现状不满的墨索里尼也决定一试身手。相比于英、法在海外庞大的殖民地，意大利只占有非洲的一片沙漠地带。一想到这，墨索里尼就气不打一处来，自诩为“新恺撒”的他发誓要改变现状！虽然意大利的实力不济，但墨索里尼的野心却不小。墨索里尼一心想恢复古罗马帝国的疆域，将地中海变成自家的内湖。于是他选了

^ 英国漫画“送君远征”。穿着女装的戈培尔、希特勒与戈林（从左到右）像啦啦队一样，鼓励墨索里尼远征阿比西尼亚。一来可以拉近德意两国的关系，二来可以让墨索里尼消耗“过多”的精力，无力顾及欧洲的事务。路碑上写着“去阿比西尼亚‘赌博’”。希特勒挥舞的手帕上写着“对中欧的野心”。

一个好打且容易刷经验的小目标，那就是非洲唯一的独立国家——阿比西尼亚（今埃塞俄比亚）。

但正如德国首相俾斯麦调侃的那样："意大利胃口很大，可惜牙口不好。"早在19世纪90年代，意大利就企图吞并这个被称作"非洲屋脊"的国家。但意大利军队在阿比西尼亚北部的阿杜瓦就被消灭了6000多人。意军侵略不成，反而被打得溃不成军，被迫赔款给"被侵略者"1000万里拉，成为唯一一个被非洲土著军队击败的"列强"，沦为了其他列强的笑柄。

所以，墨索里尼将这次侵略看作是一次"复仇雪耻"之战。而且意大利的殖民地厄立特里亚与意属索马里，围绕着阿比西尼亚的东北与南部边界，意军有着战略上的优势。

1934年12月，在阿比西尼亚与意属索马里边界上的一口名为瓦尔瓦尔的沙漠清泉附近，一小支阿比西尼亚军队与索马里士兵发生了冲突。本来没什么大不了的，因为才伤亡了130人，但墨索里尼立即抓住了这个机会。他一口咬定是对方在意大利领土上挑事，不但要求阿比西尼亚赔款10万美元，还要求阿比西尼亚的军队向意大利国旗敬礼道歉。

阿比西尼亚皇帝海尔·塞拉西一世（Haile Selassie I）一面主动让步，一面急忙向国联求助。当年英国是反对阿比西尼亚加入国联的，因为这个非洲国家还是奴隶制盛行的国家，英国认为其没有资格加入文明国家的组织里来。最后还是在意大利的坚决支持下，阿比西尼亚才在1923年成了国联成员。为了避免意大利军队的挑衅，海尔·塞拉西把边界上部署的军队都撤离了。他本来还一厢情愿地认为这样就不会给对方留下进攻的借口了。但他的想法太天真了，侵略者总能找到借口的。

当英国提议用外交手段解决，并慷慨地表示愿意将英属索马里的部分领土奉送给意大利时，墨索里尼不屑道："我可不是捡破烂的！"1935年10月，意大利派出了装备着150辆坦克和400架飞机的30万大军开始入侵阿比西尼亚。对于墨索里尼的侵略行径，国联反应迅速，只用了一周的时间就通过投票把意大利定性为了侵略者，然后决定成立一个委员会对侵略者实施制裁。制裁的禁运清单上有骆驼、骡子、驴子和铝。一些批评家评论说制定这个清单的专家一点儿也不缺乏幽默感，因为禁运的这些东西意大利军队都用不着，而且意大利的铝多得可以出口；而意大利在战争中所需的基本原材料，如煤、钢铁和石油则都不在清单上。如果包括了这些，墨索里尼的摩托化部队早就熄了火并停止前进了。

这等于国联虽然对阿比西尼亚表示同情，但仍给墨索里尼的行动大开绿灯，默认他可以在阿比西尼亚自由行动。英、法两国担心把墨索里尼被逼急了以后，他会像“疯狗”一样乱咬人。此时德国正宣布要重新扩军，他们怕把墨索里尼推到希特勒的怀抱里，所以所谓对其的“制裁”也是睁一只眼，闭一只眼，连苏伊士运河这条意大利通往阿比西尼亚的必经之道也没有关闭。于是，

〈海尔·塞拉西一世（1892—1975 年）
埃塞俄比亚帝国的末代皇帝，他从小记忆力惊人，甚至到晚年都能全凭自己的记忆写出回忆录。1941 年 5 月，他的军队在英军的配合下，光复了意军占领的首都亚的斯亚贝巴。这也标志着抗意战争的最后胜利，他也被誉为“伟大的皇帝”和“埃塞俄比亚之父”。对于战后英国提出的要埃塞俄比亚接受其“保护”的主张，海尔·塞拉西也予以了拒绝。1973 年，埃塞俄比亚国内爆发大饥荒，一张皇帝在皇宫内用金银盘子喂宠物狮子食生肉的照片流出，激起了饱受饥荒的人民的严重不满，从而引发了内战。1974 年，他在宫中被政变的陆军部队逮捕，被迫退位，不久后在拘禁中死去。——根据传闻，海尔·塞拉西是被反对他的军官用枕头闷死的（因为反对者怕他刀枪不入），终年 83 岁。

意大利没有经过什么正儿八经的抵抗，就深入到了阿比西尼亚境内。

虽然光着脚、带着雄狮鬃毛的阿比西尼亚土著士兵很是生猛，但面对现代化的武器他们实在是一筹莫展。他们的装备实在是太落后了，平均一人还分不到一条枪。一批又一批的阿军士兵甚至冲上去，用手去撕扯坦克的履带。除了殊死抵抗的阿比西尼亚士兵外，崎岖的山地和令人窒息的如同“毒药混合物”一般的风沙，也迟滞了来势汹汹的意大利侵略者。在一些地方，费了九牛二虎之力的意军甚至用上了《日内瓦公约》明令禁止的芥子毒气，才打破了僵局。

虽然英、法主导的“制裁”只是做做样子、走走过场，但墨索里尼却并不领情，他认为英、法两国是故意给他难堪，于是开始逐渐向希特勒靠拢。1936年5月2日，拥有“犹太部落的征服之狮”“上帝的选择”“王中之王”和“阿比西尼亚皇帝”等诸多称谓的海尔·塞拉西一世，在意大利军队进入首都亚的斯亚贝巴的前三天，乘火车通过阿比西尼亚唯一一条与外部相连的铁路逃到了国外。他亲自跑到国联总部日内瓦呼吁国联主持正义，但两个星期后，国联取消了对意大利的制裁。因为在他们看来，阿比西尼亚这个国家已经不存在了。更重要的是，英、法的注意力已经转向了欧洲。——就在阿比西尼亚的失败已成定局的时候，1936年3月7日，得寸进尺的希特勒又无视《凡尔赛和约》的规定，突然出兵重新占据了莱茵非武装区！

根据《凡尔赛和约》规定，德国莱茵河西岸的领土和东岸30英里宽的地区是要永久非军事化的，并以此作为德、法之间的缓冲区，德军不能进入此地。希特勒突然向这里派遣军队，相当于是在进行赌博。他后来回忆道，那是自己最最紧张的时刻，因为德国的军事实力还没完全恢复，“只要英、法一出兵，我们就只能夹着尾巴滚蛋。”这支小分队只有3个营，“如果我是法国人，我将不会允许一名德国士兵越过莱茵河。”希特勒事后说道。

但英、法两国依旧无动于衷。英国人觉得德国人不过是回到了自家的后花园，希特勒只是想抚慰一下《凡尔赛和约》给德国带来的伤痛，甚至有些同情德国

∧ 1936 年的一幅漫画 ：“别担心，他是个素食主义者。”磨着屠刀的希特勒不怀好意地看着戴着法国自由帽的高卢鸡。

人。没有英国人撑腰，法国人也不想找事儿，不愿意为了“这点儿小事”再次与德国开战，只是通过国联宣布希特勒“违约”了而已。希特勒冒险参加的“赌博”赢了，这是他第一次不战而胜，声望再度大涨。而此后尝到甜头的希特勒将持续地“赌博”，而且赌注会越来越大。他表面上高喊“和平”的口号，让西方国家心存幻想，却一再然后利用闪电般的军事行动造成既成事实。他一般在周末展开行动，因为欧洲大多数的政治家都喜欢在周末放松一下。

希特勒又一次破坏了《凡尔赛和约》。一位纳粹作家辛辣地写道：“日内瓦太太脸上这层遮掩缺陷的面纱终于被撕破了。”早在 1933 年，英国在日内瓦的军事代表就警告说：“一只疯狗再一次出笼，我们必须毅然决然地联合起来，确保它毁灭或至少把它圈养起来，直到它的疯病得到有效地控制。”但英国人却不愿意“圈狗”，因为老大也有老大的难处。

虽然大英帝国的殖民地遍布全球，但家越大越难管。俗话说“盛极而衰”，日不落帝国也有日落的时候。随着英国这个老牌世界霸主的衰落，它遍布全球的资产反而成了累赘。英国的殖民地实在是太多了，难免顾此失彼，顾头不顾尾、顾东不顾西。许多新兴国家开始对霸主的位置虎视眈眈：欧洲大陆上不服输的德国再度崛起，咄咄逼人地准备再挑战大英帝国的霸权，直接威胁到英国本土；远东的日本不但惦记着中国，也惦记着太平洋上西方列强的殖民领地；

欧洲“压路机”俄国已经变身为苏联，宣布要用革命埋葬整个资本主义世界，英国这个老大首当其冲；大洋彼岸的美国经济实力也早已跃居世界第一。它们都成了大英帝国潜在的挑战者。

况且一战时英国拉着法国、俄国、意大利和日本，群起围殴德国，关键时刻还多亏美国的助拳，才取得险胜。现在俄国变身为资本主义的死敌苏联，美国又高叫“孤立主义”不愿再蹚浑水，别有用心的日本不再与英国结盟，意大利又弱又不靠谱，只剩下法国这个比自己衰落得还厉害的盟友了。要是再来一场世界大战，万一打输了，英国霸主地位不保；即使打胜了，也是元气大伤，代价巨大。——一战虽然打赢了，但财力（1918 年英国的防务开支占到了当年政府开支的 80%，国民生产总值的 52%）、物力、人力（死亡 103 万人）等等消耗巨大，打得大英帝国从债权国变成了债务国，打得世界银行的殊荣也被大发战争财的美国抢了去。这场胜利是“杀敌一千，自损八百”、赔本赚吆喝的惨胜，简直是得不偿失，要是照样再来一次，那可谁也受不了，说不定大英帝国还会有分崩离析的危险，那不是白白便宜了其他国家？因此，英国决定千万不能重蹈覆辙，不能给其他列强黄雀在后的机会！世界大战能不打最好不打，对德国还是能忍则忍，只要它不“过分”就行。

作为欧洲“二哥”的法国，没有英国的撑腰，它也不愿意单独行动。法国在一战中损失得比英国还惨，而且受到经济危机重创的法国衰落得比英国还厉害。此外他们还有政治上的混乱。由于法国各党派争吵不休，法国政府走马灯般地轮换，共和政府在 10 年内共换了 24 届。光忙着国内打选战了，哪还顾得上打外仗？

阿比西尼亚的战争刚告一段落，德国进入莱茵地区也成为既成事实。英、法刚刚松了口气，西班牙又乱成了一团。1931 年的西班牙大选中，新的共和政府宣布成立。西班牙国王阿方索十三世被迫退位，因为大家对他不满已经很久了。——比如他会下令把西班牙的国家公路给封锁起来，方便自己在上面飙车。但军队中的右翼势力又对共和国的政策很不满，他们密谋发动政变，想要推翻这个新政府。但这次政变还未发动就失败了，因为主谋之一的何塞·圣胡尔霍·萨卡内尔将军在和一个妓女厮混的时候，在床上说出了自己的计划。谁料这个烟花女子却是卖身不卖国，她马上向政府举报了圣胡尔霍，后者立马被驱逐出境。到了 1936 年 2 月，左派大选后再次执政时，流亡葡萄牙的圣胡尔霍贼心不死，准备再次发动叛乱。圣胡尔霍准备在叛乱开始的前一刻乘坐飞机赶回西班牙，但爱慕虚荣的他准备回国后好好地风光一把，在飞机里塞满了自己的各种高档制服，以至于飞机超重，在一条又窄、树又多的跑道上起飞时坠毁。圣胡尔霍就这样出师未捷“死翘翘”了，这也从侧面证明了虚荣心是会害死人的。于是，领导叛乱的重任就落在了另一位“领导人”身上。这位叫作弗朗西斯科·佛朗哥（Francisco Franco）的西班牙非洲军司令官已经到达西属摩洛哥，他于 1936 年 7 月开始发动叛乱，与国内北部的叛军一起，向首都马德里逼近。

这场叛乱演最后变成了长达 33 个月的内战，也成了第二次世界大战的预演，因为参演的都是将来的主角。讨厌“共和”的德国和意大利支持佛朗哥，

〈弗朗西斯科·佛朗哥（1892—1975 年）

这位西班牙长枪党党魁是在墨索里尼和希特勒的帮助下才坐上西班牙领袖的宝座的。但在二战爆发后，他却宣布西班牙为中立国。周旋于两大集团之间的佛朗哥擅长见风使舵，游离于交战双方之外，时而靠近德、意，时而又为英、法叫好。当德、意敦促西班牙加入轴心国参战时，佛朗哥又找各种理由婉拒。1941 年 6 月德国突袭苏联后，被希特勒的胜利冲昏了头脑的佛朗哥表示完全支持希特勒的行动，并请求允许西班牙志愿军参加对苏战争，以报答当年德国给西班牙的兄弟般的援助。不过佛朗哥仍留有后路，他只对外只是宣布西班牙由中立国转变为非交战国，由西班牙志愿军组成的“蓝色师团”都穿上德军服装开赴苏联。1943 年眼看轴心国取胜渺茫时，他马上又宣布西班牙由“非交战国”恢复为中立国，并下令召回在苏联作战的“蓝色师团”。正因没有卷入大战，佛朗哥才把欧洲最后一个法西斯独裁政权维持到了 1975 年。

并为他送去了大批人员和物资。德国派去的空军“秃鹰军团”穿着便装、带着游客的护照进入了西班牙，通过共和国控制的区域到达叛军控制区。他们将在西班牙战场上创造“地毯式”轰炸这一战术。——1937 年 4 月，德军轰炸机 3 小时内就把西班牙北部重镇格尔尼卡夷为平地，被炸死、炸伤的平民不计其数。西班牙著名画家毕加索笔下的名画《格尔尼卡》描绘的就是这一“人间地狱”的惨状。意大利则支援得更多，总共“贡献”了 763 架飞机、1930 门大炮和 7 万人的军队。墨索里尼认为，如果意大利能够影响并控制西班牙，就等于掌控了进出西地中海的半扇大门，这是他恢复罗马帝国的好机会。

苏联则支持西班牙的阿萨尼亚共和政府，而且也提供了大量武器——至少 240 架飞机、1200 门大炮和 700 辆坦克，大批国际志愿者也从世界各地赶来参战。双方各自扶植一派打来打去，西班牙简直成了各方的练兵场。英、法、美三国则高举着“不干涉”的大旗，一方面它们担心出手干涉会激怒希特勒与墨索里尼；一方面是它们也不喜欢西班牙的共和政府，乐得看热闹。

随着德国和意大利对叛军援助力度的加大，形势对共和政府越来越不利。当马德里的共和政府给地方政府打电话时，接电话的人高喊：“你们去死吧！”共和政府的领导人就明白这个地方已经落入叛军之手了。到 8 月份的时候，共和国控制区已经被叛军分割成了两半。

1939 年 2 月 27 日，英、法承认了佛朗哥政府，共和国总统阿萨尼亚流亡到了法国。这个共和国只存在了 8 年。于是，欧洲又多了一个法西斯独裁政权，德、意法西斯又多了一个独裁伙伴，而且它们在西班牙还得到了丰富的实战与军事经验，比如德国的 88 毫米大炮在西班牙内战中首次亮相。苏联则得到了价值 3.15 亿美元的黄金——苏联的援助是要收费的。战事吃紧的时候，西班牙共和政府将 510 多吨的黄金储备运到苏联换取外汇，以购买武器。苏联最高领导人约瑟夫・维萨里奥诺维奇・斯大林（Joseph Vissarionovich Stalin）收到这笔黄金后，在宴会上说道：“西班牙人永远不会见到他们的黄金了，就像人永远见不到自己的耳朵一样。”①

而通过在西班牙的“亲密”合作，墨索里尼和希特勒的关系进一步紧密了起来。

1937 年 9 月，应邀访问德国的墨索里尼得到了希特勒的隆重接待。希特勒已经了解到墨索里尼最喜欢别人给他“戴高帽”，为满足前者的虚荣心，希特勒在柏林郊外召集了 100 万纳粹信徒为他们高声欢呼，并邀请墨索里尼进行演讲。但是天公不作美，墨索里尼的演讲进行到一半的时候，突然下起了雷阵雨。为了躲雨，听众们四处逃散，以至于没人来照顾墨索里尼。穿着精美制服的墨索里尼虽然被淋成了落汤鸡，但他在回国的时候已经深受希特勒的影响，他认为自己和希特勒简直就是同道中人，而且希特勒的权势与风光正是他所追求的。今后他要开始追随希特勒了。一回到罗马，墨索里尼就要求意大利士兵也像德国士兵那样走正步行进，但他又不好意思全盘效仿人家，于是，给这种步伐起了个名字叫“罗马步伐”。当有人提出质疑时，墨索里尼气急败坏地说道：“有人说正步走是普鲁士才有的，简直是一派胡言！要知道，鹅可是我们罗马的一种动物！”②

1938 年 5 月，希特勒回访意大利。在意大利王宫检阅 5000 名法西斯青年时，2600 名号手为希特勒演奏了他最喜欢的《婚礼进行曲》，许多人私下里窃窃私语地讽刺道：“他们（希特勒与墨索里尼）是在交换结婚戒指么？”议论者也许是对的，因为在参观完海军演习后，墨索里尼肉麻地对希特勒说道：“从现在起，没有任何力量能分开我们了！”在他看来，英、法如此软弱，如果希特勒能够搞乱欧洲旧有势力的平衡，那么意大利正好能从中渔利。

1936 年 10 月，德国与意大利签订了秘密协定书，这标志着柏林—罗马轴

① 后来莫斯科广播电台和苏联《真理报》称：“（这批）黄金，早就于内战期间被西班牙政府拿到国外花光了。”
② “正步走”的英文为 the goose step，goose 也是“鹅”的意思。

心的形成（柏林与罗马在同一经度上）。第二年，德国又拉拢东方的日本签订了《反共产国际协定》，因为日本也是对现状不满的国家之一。

在日本人看来，西方国家一直在与自己作对。1895 年，日本在甲午战争中击败了中国，但西方三国（俄、德、法）联合起来向它施压，迫使日本吐出了已经到嘴边儿的辽东半岛等中国领土。1905 年，日本击败了 10 年前带头向其施压的沙俄，总算报了一箭之仇，但在美国的“调停”下，却没有得到一分钱的赔款。一战开打后，日本就站到了协约国一边，虽然得到了德国在太平洋上的大片岛屿，但紧接着西方国家就在 1922 年的华盛顿裁军会议上对日本进行了压制，把日本的战舰吨位限制在了美、英之后，还禁止他们在本已得到的太平洋岛屿上建要塞。这一切都令日本心生怨恨，而随之而来的经济危机更加剧了日本国内的危机，他们决定向外扩张，目标是东亚大陆上的中国。

自从甲午中日战争战败后，大而孱弱的中国就成了日本的侵略目标。1911 年清王朝覆灭，中国就陷入了遍地土皇帝的军阀割据混战状态，几乎年年都在打内战。昨天张大帅联合孙大帅打李大帅，今天李大帅联合孙大帅打张大帅，后天张大帅、孙大帅、李大帅互相打；今年国民党联合共产党打军阀，明年国民党又和军阀联合起来打共产党……打打停停已经过了二十年。一盘散沙的局面给了日本可乘之机，已经吞并了朝鲜并侵占了中国台湾的日本开始采取步步蚕食的政策，一块一块地侵吞中国的领土。

1931 年 9 月 18 日晚上，在中国东北驻扎的日本关东军偷偷地炸毁了奉天郊外的一段由他们控制的南满铁路，然后诬陷是中国军队干的。爆炸实际上没有造成多大的损坏，因为爆炸过后仅半个小时，就有一列火车从这段铁路上驶过去了。

不过这没关系，日本人就是要这个借口。他们以此为理由，向中国驻军发起了进攻，很快就占领了东三省（黑龙江、吉林、辽宁），这就是“九一八事变”。面对日本的不宣而战，当时中国名义上的最高领袖、国民党党魁蒋介石决定对日本的侵略采取不抵抗政策，一方面是因为他觉得实在打不过日本人，另一方面是因为他正在“围剿”国内的中国共产党。在他看来，后者才是心腹大患，而且他觉得有更好的办法摆平日本人，那就是去国联投诉，让西方国家替中国主持公道。

出于安抚日本，阻止其与德国接近的目的，英、法操纵的国联对日本采取了绥靖政策。国联表面上对中国做出道义上的支持，实际上“默认”了日本侵略、控制东三省的事实，只对日本的侵略进行了口头上的谴责。但日本人连谴责都不愿意听，他们连“遮羞布”都不愿意要，他们要的是国联的承认而不是默许。为表示自己的不满，1933 年 3 月 27 日，日本宣布跟国联“撒有哪啦”，决心不再看西方国家的眼色行事。在日本退出国联 7 个月后，德国也退群了，国联已经名存实亡。

在激进的“扩张派”的推动下，日本的侵略如同坐上了“特快列车”，一路绿灯。——在扶植清朝末帝溥仪在东北建立了傀儡政权伪满洲国后，他们继续南下，1933 年吞并了中国的热河省，1935 年又占领了察哈尔省……

更大规模的刺杀活动也在 1936 年 2 月 26 日凌晨的大雪天里开始了，一群激进的日本年轻军官带着 1500 多名士兵在东京发起了一场军事政变。他们冲进藏相（相当于财务大臣）高桥的家里，高喊着“天罚”将前者乱刀刺死。当高桥的妻子赶来时，一位年轻军官深深地向她鞠了一躬，轻描淡写地“道歉”道：“对于我们的过火行为深表歉意。”前首相斋藤正被刺了 36 刀，掌玺大臣和陆军总司令等人也被杀死。新首相冈田启介逃过一劫，因为士兵们认错了人，把在他家的妹夫干掉了。虽然在四天后，这场恐怖的大屠杀被天皇制止，许多凶手也被处决，但由于激进派军人的势力大增，抵制日本对外扩张的政客仍将生活在恐惧之中——日本军队逐渐控制了政府，而不是政府指挥军队了。

到 1936 年年底的时候，日本的势力步步紧逼，已经推进到了长城脚下。以蒋介石为首的国民党政府仍然固执地坚持“攘外必先安内”，一定先要“解决”共产党。但他对日本侵略者继续沿用“不抵抗”这样的丧权辱国策略已经引起了许多人的不满，尤其是自己老爸张作霖被日本人炸死，老家也被日本人占领的东北军阀、人称“少帅”的张学良。

张学良的手下都是东北人，他们和张学良一样，只想打回老家去，报国恨家仇，而不是去自相残杀（打内战）。但蒋介石屡次予以拒绝，而且还调东北军去“围剿”陕北的共产党。张学良决定不能再这样打内战了，因为他实在打不过共产党，一天就被消灭了 2 个团。于是，张学良决定采取极端手段，趁蒋介石来西安督战的时候，用武力劫持他、刺激他，让他清醒一下，逼迫其改变政策，直到蒋同意先抗日。——说得好听点，就是“兵谏”。

蒋介石被扣押在了西安，就在他以为自己死定了的时候，中国共产党的代表周恩来来到了西安，共产党并未要求处死这个昔日的死敌，而是要求他领导大家一同抗日。在周恩来的斡旋下，西安事变得以和平解决，第二次国共合作、共御外侮由此开始。

在 1936 年的圣诞节这一天，蒋介石被释放，天真的张学良亲自送他回首都南京。但一到南京，张学良就被送上了军事法庭，此后被终身监禁。直到 1990 年才恢复自由，那时他已经 90 岁了。36 岁的张学良软禁了蒋介石 13 天，蒋介石关押了他 54 年。

1937 年 7 月 7 日，食髓知味的日本人在北平郊外宛平城附近的卢沟桥又故技重演。日本军队先是声称有一名日本士兵失踪，要求入城搜查。——实际上这个士兵只是拉肚子，去找地方“解决”了——后来又说宛平城上有手电筒乱照，是中国军队发起军事行动的信号。总之是不断找碴。在中国军队拒绝了其无理要求后，日本人开炮了。

这也标志着中国抗日战争的全面爆发。

在日本陆军大举南下华北之际，日本海军担心陆军的大举进攻会打破陆海军军费分配的平衡，一面反对陆军在华北扩大战争，一面却要求陆军在上海周边增援 5 个师团，因为那是海军的势力范围。淞沪会战中，人数仅五千的日本海军陆战队受到数万人的中国军队的猛烈围攻，日本陆军却见死不救，直到海军大臣屈尊恳求陆军出兵，陆军大臣杉山元感到有了面子，才点头答应。——这不是日本的陆、海军第一次闹矛盾，也不是最后一次。日本的增兵又导致了淞沪会战的升级。日军的进攻方向被吸引到了上海，本来狂妄的日本激进派认为只消三个月即可使中国政府屈服，日本陆军参谋部的一个中佐甚至狂妄地说："只要满载皇军的列车一过山海关，中国方面就会望风屈膝。"但他们的妄想很快就破灭了，因为淞沪会战仅在上海就打了 3 个月。

虽然中国军队作战英勇，无奈装备却落后，在日军的凌厉攻势下，天津、北平乃至长江下游的上海和首都南京都先后沦陷。蒋介石采取"打不过就跑"的战略，一路抵抗，一路撤退，从长江下游的南京逃到了长江中游的武汉，接着又从长江中游的武汉转进到了长江上游群山环绕的重庆，但就是不投降。

仅用一年多的时间，就轻而易举地占领了中国东部经济发达的地区，这不禁使日本领导人飘飘然起来。他们又决定去挑衅一下苏联，试试其战斗力。此时的苏联经历了自废武功的大清洗，战斗力还未恢复，但即使如此，仍凭借强大的火力与机械化部队打得日本哭爹叫娘。日本在诺门坎惨败于苏联后，才意识到了与苏军的差距。但日军已经陷入中国战争的泥潭，虽然占领了中国的半壁江山，但逃到山城的蒋介石政府就是不投降。由于侵华战争的剧烈消耗，日本的黄金储备由战前的 388 吨急剧下降到了 25 吨。1938 年 6 月，连日本中学里用来训练的教练步枪都被日军收来投入战场。兵力不足的日本政府在 1940 年 3 月的联席会议上决定：如果 1940 年不能解决中日战争，日本陆军就要在 1941 年削减在华的兵力，缩小占领区域；在关内仅保留华北、蒙疆与上海周边地区，以降低军费开支；用节约出的资源来提高陆军的质量，为将来对苏联开战做准备。

但在 1939 年冬季的时候，国民党军在北起绥远（今内蒙古自治区中部）、

^ 漫画：日本军阀拉着日本的外交政策（穿西服的人）和财阀（提箱子的日本人）一步步陷入侵华战争的泥潭，泥塘波纹是英文的“China”字样。

南至广西昆仑关的正面战场上发起了反击。这次持续到 1940 年春的“冬季攻势”，也是抗战期间国民政府在正面战场上发动的唯一一次主动进攻。虽然并未给予敌人重创，但令日军大感意外。——他们以为中国军队早就被打垮了，没想到国民党这么善于保存实力？！为压制中国军队的攻势，日军不得不增兵反击。正面战场的攻势刚刚被压制住不久，由中国共产党改编而来的八路军又在 1940 年的夏秋期间在敌后战场发起了声势浩大的百团大战，将日军后方占领区搅得天翻地覆。日军不得不再次增兵华北，对这些大大小小的敌后抗日根据地实行反复扫荡。两个战场的前后交逼，搞得日军“欲罢而不能”，想削减兵力，实施收缩计划都不行了。日本在中国战场越陷越深，只能一条道走到黑了。

而对于日本在中国不断升级的侵略，英、美、法等国也睁一眼闭一眼。隔岸观火的美国一面间接支持中国抗战，一面又卖给日本大量石油和废钢铁等战略物资，大发战争财。由于实力有限，英国对日本在远东的扩张也是一味忍让，让日本与中国互相消耗，自己准备坐收渔翁之利。事实证明，英、美两国在东方推行绥靖政策，不过是搬起石头砸自己的脚。

^ 漫画：日本小兵将西方势力赶出中国，地上烧毁的文件是“外国的影响”。

第三章
“切香肠”

★★★

“尽管我在那个人（希特勒）脸上看到了凶狠和无情，但我还是觉得他是一个做了保证后可以相信的人。”

——英国首相张伯伦（1938 年 9 月）

1937 年 11 月，意大利加入了德国与日本签署的《反共产国际协定》。一个月后，意大利也退出了国际联盟。三国的组团，标志着轴心国集团正式形成，准备挑战旧有国际秩序。

三个法西斯国家都反共！这令英国眼前一亮。——虽然德、意、日三国咄咄逼人，但英、法两国仍然抱有幻想，宣扬将用共产主义革命扫荡一切私有财产和阶级差别的苏联可才是资本主义国家共同的敌人。既然三国的矛头不指向自己，那么只要牺牲几个东欧小国，就能将德国的扩张方向引向东方，让它与苏联发生冲突并大打出手，岂不是一举两得？既打击了资本主义国家的共同敌人——苏联，又能让德国面临两线作战的泥潭，这就是一厢情愿的“祸水东引”之计。但英、法意想不到的是，轴心国集团不仅反苏反共，还对西方民主制度

^ 漫画：希特勒拉着发抖的英国外交大臣哈利法克斯参观纳粹狩猎展览，旁边的狮子代表英国。牛头下写着“魏玛共和国”，犀牛头下面写着“凡尔赛和约”，鹿头下写着“洛迦诺公约”……空着的底座上写着“预订”。

嗤之以鼻；之所以打着“反苏反共”的旗号，一方面是他们确实要反苏反共，另一方面则是为了掩人耳目，避免过早地刺激其他那些老牌帝国主义国家。

在意大利和日本这两个盟友四处扩张之际，羽翼渐丰的希特勒也准备出手了，目标就是他一直惦记着的奥地利。

1937 年 11 月，奥地利外交部长吉多·施密特来到戈林位于柏林郊外的狩猎别墅，参加一个体育博览会。他看到墙上有一副巨大的世界地图，但地图上的德国与奥地利的边界被抹掉了，当他提出疑问时，戈林一语双关地回答道：“好猎手不知道有什么边界。”

虽然希特勒曾在 1936 年承诺保证奥地利的独立，但他可以说了不算。

1938 年 2 月，希特勒将奥地利总理库尔特·许士尼格（Kurt Schuschnigg）召唤至他在贝希特斯加登的山间别墅。刚开始，落座的许士尼格想客套一下，于是赞美了通过 12 英尺高、30 英尺宽（约 3.6 米高、9 米宽）的巨大落地玻璃窗所看到的阿尔卑斯山雪景。但希特勒粗暴地打断了客人的话，称：“我们来这里不是来讨论天气的！”之后，他对着许士尼格发表了两小时的“独角戏演讲”。他气势汹汹地声称奥地利不执行睦邻政策，而且从没做过任何对德国有帮助的事，奥地利的整部历史就是一部不断叛变的历史。——好像他不是奥地利人一样。

然后希特勒开始威胁自己的客人，他声称：“只要我希特勒下达一个命令，只需一个晚上，你们那可笑的防御工事就会被摧毁成碎片！德意志是强国之一，如果它要解决边界问题，谁也不敢吭一声！也许某天早上你在维也纳醒来时就会发现我们已经在那里了。——就像一阵春天的风暴。”同时，他给出了“最后通牒”，要求奥地利的纳粹党合法化、一些重要部门的位子也要由纳粹分子担任……

希特勒气势汹汹的态度和像机枪快速射击一样的语速，把许士尼格完全给吓傻了。他想抽根烟来鼓鼓勇气、定定神，但突然想起来，自己的香烟在会议开始前就被没收了。因为希特勒讨厌吸烟，也不喜欢吸二手烟。被唬住了的许士尼格不得不在通牒上面签了字，但一回到维也纳，他就又恢复了勇气。他发动群众，企图通过公民投票来决定是否屈服于德国。希特勒马上威胁说，如果胆敢投票，就立刻入侵奥地利。

许士尼格急忙向其他大国求助，但都吃了闭门羹。法国政府正在换届中，新总理还没选出来，无法对奥地利提供任何帮助。英国也只是事后发了个抗议声明。至于上次出手干涉德国染指奥地利的墨索里尼，希特勒专门发电报去提醒他，德国在意大利入侵阿比西尼亚时给过他支持，加上意大利在入侵阿比西尼亚和援助西班牙内战上消耗了太多的实力，墨索里尼也表示不愿再“管闲事”为奥地利义务站岗了。在得知墨索里尼的态度后，希特勒大为感动，他激动地托人捎话给墨索里尼：“请告诉墨索里尼，因为这件事我将永远不会忘记他……永不……永不，无论发生什么情况我都会支持他，即使全世界都反对他，我也会站在他那边！”后来他确实遵守了这个承诺，这也许是希特勒唯一一件没有赖账的事。

1938 年 3 月 12 日，星期六，德国军队进入了奥地利。两国同文同种，都是日耳曼人，根据当年协约国提出的“允许民族自决”的原则，两国是有权力合并统一的。当年西方国家提出的这一理论，成功地肢解了奥匈帝国、沙皇俄国和奥斯曼土耳其，中东欧的一系列小国也由此纷纷成立，现在德国要与奥地利“自愿”合并，他们也不好反对，虽然《凡尔赛和约》明确规定“禁止德国与奥地利合并”。

3 月 14 日，衣锦还乡的希特勒在欢呼声中进入了维也纳。在随后的公投中，99% 的德国投票者同意德、奥合并；而在奥地利，这一支持率达到了 99.75%，比德国本土还高。

既然同属一个民族的奥地利能与德国合并，那为什么捷克斯洛伐克境内的日耳曼人不可以呢？况且德意志民族占多数的苏台德地区也划给了捷克斯洛

∧ 当时的一幅地图：德国版图被画作一个凶恶的狼头，正一口咬住捷克斯洛伐克。

伐克，这是德国所不能接受的。德国在吞并了奥地利后，其国土对捷克斯洛伐克已经形成了三面包围之势，捷克斯洛伐克也如同深入到德国腹地的一个矛头。由于聚集着300万日耳曼人的苏台德地区临近德国，德国正好可以把它一口咬下来。希特勒很快就故伎重演，他再次举起了“民族自决”的道德大旗。一面暗地里煽动苏台德地区的日耳曼“同胞”提出各种要求，并游行抗议。——因为他暗中指示过苏台德地区的纳粹领导人汉莱茵：“我们必须不断地提要求，这样我们就能永远也不被满足。”一面宣称捷克斯洛伐克境内苏台德地区的日耳曼人遭到种族迫害，为了替自己的民族兄弟伸张正义，德国不惜一战！除非他们回归祖国。戈林则声称：“捷克斯洛伐克是欧洲蠕动的盲肠，我们将不得不做手术。”

法国跟捷克斯洛伐克签订过互助条约，但法国总理要求英国也来管管，英国才不愿意为一个离自己那么老远的小地方与德国大动干戈呢。英国首相阿瑟·尼维尔·张伯伦（Arthur Neville Chamberlain）后来抱怨道：“多么可怕、多么荒谬、多么不敢相信，我们要在伦敦挖战壕，还得储存防毒面具，就

^ 漫画：英国首相张伯伦和外交大臣艾登正把头钻进冰箱里，张伯伦说："我们必须极力保持头脑冷静！"冰箱最上层写着"民主原则"，后面的墨索里尼和希特勒却在偷偷地点燃他们的衣角。

因为在一个遥远的国家里，一些和我们不认识的人相互发生了争吵！"于是，他决定与希特勒面谈，以外交方式和平解决这次争端，避免再卷入一次大战。

张伯伦离开英国前往慕尼黑的前夕，他收到了美国总统罗斯福发来的两个字的电报：好人。对希特勒来说，张伯伦确实如此，因为这个"老好人"将要来充当自己的"代理人"。而布拉格的报童却拿着报纸高呼："号外！大英帝国的大人物向希特勒乞和！"

从没坐过飞机的张伯伦飞了七个小时，才降落在了德国慕尼黑。然后这位69岁高龄的老首相又坐了三个小时的汽车赶往希特勒在贝希特斯加登的山中别墅。之后他又气喘吁吁地爬上山顶，才见到了希特勒本尊。在会谈中，张伯伦听了希特勒三个小时的喋喋不休。——后来他甚至怀疑希特勒是不是神智不

∧ 漫画：墨索里尼对张伯伦说："请您给我一根火柴，行吗？"张伯伦掏出火柴准备给他，而墨索里尼要点燃的正是张伯伦屁股下面的炸弹。张伯伦的衣服上写着"民主"，墨索里尼的衣服上则写着"独裁"。

健全，因为有几个新闻记者散布谣言，说捷克危机已经令元首心烦欲狂，气得爬在地板上去啃地毯角了。① 最后张伯伦表示原则上同意把苏台德地区割让给德国，但要保证捷克斯洛伐克剩余领土的完整。而希特勒则信誓旦旦地保证这是他最后一个领土要求。

但捷克斯洛伐克总统爱德华·贝奈斯拒绝了希特勒的要求，于是英、法两国大使在凌晨时分坚持把已经上床就寝的贝奈斯叫醒，非要他重新考虑考虑才行。贝奈斯这才意识到他的国家"已经被可耻地背叛了！"——捷克斯洛伐克

① 其实这句话是希特勒的一位副官说的，他说元首已经怒到"咬地毯"的地步了，这其实是一句德国俚语，有"走投无路"之意。

被英、法当作筹码“卖给”了希特勒。

1938 年 9 月 29 日，英、法、德、意四国领导人齐聚慕尼黑，会说英、法、德、意四种语言的墨索里尼从中斡旋，成了首席翻译。虽然他的法语说得像意大利语，德语有时候让人听不懂，英语也说得十分吃力，但他却十分高兴，好像他是主人一样，因为所有领导人都得“听他的话”。在一番磋商后，已决定妥协退让的英、法替捷克斯洛伐克做出了“顾全大局”的决定，那就是“牺牲”捷方的苏台德地区以换取整个欧洲的和平。“这是牺牲弱小国家的利益而获得的短暂和平。”当时的教皇庇护十一世一针见血地评论道。这就是历史课本上讲的“绥靖政策”。

而两位来参会的捷克代表在机场就受到了“警察对待嫌犯”的待遇。在德国秘密警察“盖世太保”的监视下，他们被拉进一辆警车，并驱车前往饭店，然后就被软禁起来，门口还有一个警卫把守。两名代表只能在会议室隔壁的房间里，等待四大国的“判决”结果。第一个签完字的是希特勒，他马上拍拍屁股走人了，留下张伯伦与法国总理爱德华·达拉第（Edouard Daladier）去通

〈 讽刺绥靖政策的漫画：英国人对围着他的纳粹怪兽们说道：“再给你一个棒棒糖，你就回家好不好！”

知捷方代表这个悲惨的消息。凌晨 2 点 15 分的时候，张伯伦与达拉第接见了两位代表，并给了他们一个协议的副本，上面有他们要割让的领土地图和时间表。捷克斯洛伐克必须在十天内，将苏台德地区和上面的附属设施无偿交给德国。希特勒则以条约的形式，保证不再提出新的领土要求。捷克代表读了以后泪流满面，法国驻德国大使则安慰他说："相信我好了，这些都不是最终的。它只不过是一个刚开场的故事的一刹那，而这个故事也必将旧事重提。"这倒是一语成谶。当捷克代表询问是否要他们政府的答复时，他们被告知已经没时间了，因为德国的占领即将从明天开始。

在这次"宣判大会"中，匈牙利与波兰也来趁火打劫，想吃一顿"快餐"。有样学样的匈牙利要求得到匈捷边界 1 万多平方公里的土地，因为那里有很多匈牙利人；波兰政府效仿希特勒也坚持要波兰人占多数的切欣地区回归波兰，要求捷克斯洛伐克将这个 800 平方公里的地方划给波兰。在 1938 年 10 月 1 日纳粹占领苏台德地区的那天，波兰军队也耀武扬威地开进了切欣，双方将领还握手言欢。美国总统富兰克林·罗斯福得知后，厌恶地评价波兰，称"切欣事件"就像一个大男孩和一个小男孩在操场上打架，当大男孩将小男孩推倒在地时，第三个小男孩跑上前猛踢小男孩的肚子。奉命把切欣地区交给波兰军队的一个捷克将军愤愤道："等着瞧吧，不久波兰人自己就会把这个地方交给德国人的！"这个预言最后也实现了。

在"出卖"完自己的盟友后，英、法终于松了一口气。不过，法国总理达拉第还是有些心虚。坐飞机返回巴黎的他，害怕有大批愤怒的抗议者在机场等着揍他，因为法国"背弃"了自己的盟友，牺牲了一个小国家。但出乎意料的是，机场的人群给予了他最热烈的欢迎。巴黎市中心两侧道路上的人群也是。全法国的城镇都将他们的主要街道改成了"爱德华·达拉第"大街。以至于达拉第自己都莫名其妙地自问："这些傻瓜，他们居然还要欢迎我？这是为什么啊？"

返回伦敦的张伯伦也收获了英雄般的欢呼，他在机场向群众挥舞着有希特勒签名的“英德永不再战”的承诺书，高呼：“我将它搞到了！”并宣称他终于带回了一个时代的和平。但这个时代太短了，短到只有半年。希特勒本来承诺只对捷克斯洛伐克咬上一口，可短短六个月后，就把捷克斯洛伐克残余的领土全都吞了下去。因为他说话根本不算数。“我以为那位老绅士只是想要我的签名。”希特勒嘲讽张伯伦道。相对于墨索里尼直接动手抢，希特勒的手段则更为高明，他敏锐地看出并利用了西方国家的虚弱与畏战的情绪，采取“小刀切香肠”的讹诈方式来步步紧逼，既虚张声势让他们紧张，又不时地给他们一点希望，而这希望却是虚幻的空头支票。于是从莱茵兰到慕尼黑，希特勒兵不血刃地一步步扩大了领土。

虽然希特勒兵不血刃就得到了想要的东西，但他还觉得不够。

由于签订了“丧权辱国”的条约，捷克斯洛伐克总统贝奈斯下台，流亡到

∧ 漫画：英国外交大臣艾登追着希特勒和墨索里尼要“签名”。讽刺英国让法西斯分子在许多没有用的协定上签名。

了英国。不过，希特勒还不打算放过捷克斯洛伐克。3 月 14 日晚上 10 点多，继任的捷克斯洛伐克新总统埃米尔·哈查（Emil Hácha）被希特勒“请”到了柏林的总理府，但希特勒却故意让他等到 15 日的凌晨 1 点多才来见他。挑选这个本来该休息的时间是希特勒故意的，因为哈查有心脏病，身体也很不好，这个时间点是他最没精力的时刻。当元首会客室的大门关上后，希特勒宣布两天前他已经下达德军入侵捷克斯洛伐克，要将之并入第三帝国的命令！哈查似乎被吓傻了，像块木头似的坐着，只有眼睛的眨动表明他还活着。当缓过劲儿来的哈查表示无法接受时，里宾特洛甫和戈林就围着桌子追着他和他的外交部长，把要签字的文件（其实是捷克斯洛伐克的投降书）和笔不断地塞到他们手里，威胁他们说如果不在 5 点前答应，就轰炸捷克斯洛伐克。受不了刺激的哈查直接晕倒在了会议桌上，这把戈林一伙也吓了一跳，他们也担心哈查死在元首府里，害怕“明天全世界都会说他在元首府里被谋杀了”。最后不得不由希特勒府上擅长打针的私人医生莫雷尔（几年以后他给希特勒打针，差一点儿把希特勒打死）给哈查注射兴奋剂，这才使这位老先生醒了过来。到凌晨 4 点的时候，已接近崩溃的哈查双手发抖地签字画押了，公报上面说他“满怀信心地把捷克人民和国家的命运交到德国元首手中”。

这是个危险的信号，因为捷克斯洛伐克其他地方可不是什么德意志人占多数的地方。

虽然夜已深，但兴高采烈的希特勒依然毫无睡意，他冲进自己的办公室，拥抱了每一个在场的女人，高兴得脸都变了形，“这是我有生以来最大的胜利！”他在签完字后对自己的心腹们说道，“我为这位老先生难过，但在这种情况下动感情是不合时宜的，还可能会危及成功。”莫雷尔医生立马插嘴说要不是有他，公报恐怕都签不了。他邀功似的说道：“谢谢上帝，好在有我在场，及时给他打了针！”“滚你的针吧！”希特勒喊道，“你把那老先生弄得神采奕奕的，我还怕他会签不了字呢！”

^ 漫画：姗姗来迟的张伯伦抬着担架问一群狼：“对不起，你们是否听见一声刺耳的尖叫？”血迹斑斑的地下只剩下几根骨头，写着“捷克斯洛伐克”。

独立的捷克斯洛伐克不存在了，哈查也成了捷克历史上下台最快的总统。

德国占领捷克斯洛伐克并没有事先通知意大利，墨索里尼知道的时候，德国军队已经在开往布拉格的路上了。希特勒的又一次开疆拓土深深地刺激了墨索里尼，唯恐落后的他赶紧于 1939 年 4 月出兵侵吞了亚得里亚海对岸的小国阿尔巴尼亚，将其势力向东地中海沿岸延伸。此事也没有事先通知希特勒。这次行动是如此的仓促，以至于从没有开过机车的意大利士兵被分到了机车连，一些根本不知道莫尔斯电码是什么玩意儿的士兵被分到了信息部队。许多新兵虽然上了战场，但他们根本没使用过扛着的武器。见有外敌入侵，阿尔巴尼亚国王佐格从国库中拿了 400 万美元就跑路了。——意大利的侵略几乎没有遭到什么反抗，因为阿尔巴尼亚人也不喜欢自己的国王。生活奢侈的佐格曾斥巨资购买昂贵的地毯和豪华轿车，并包养情妇。据说他每年花在自己别墅豪宅上

〈 漫画：希特勒与墨索里尼并肩前行，左一墓碑上写着：躺在这里的是一个小国！我们相信了希特勒的友谊！左二墓碑上的文字是：躺在这里的是一些人！我们相信了希特勒的话。

的钱就高达 50 万法郎，占到这个小国国民收入的 2.5%。

1939 年 3 月，希特勒又从立陶宛手中割取了梅梅尔港。因为这个地区原来也是德国的领土，这也是希特勒最后一次不流血的征服了。他根本不讲信用，这使得他的信用评级在国际市场上直线下跌。

吃了哑巴亏的英、法自然不甘心，它们立马画下红线，在 1939 年 4 月 1 日愚人节这天公开对波兰承诺，如果它受到德国入侵，两国将提供支援。两个星期后，它们又对罗马尼亚和希腊做出了同样的安全保证，宣布谁敢侵略这些国家，英、法必然出手！希望威慑住希特勒，让其不要得寸进尺。

得知英国给予波兰安全保证，希特勒气得发疯，他狠狠地说道："我要给它们炖一锅鱼，让鱼刺把它们噎死！"在他看来，这只不过是英国的虚张声势罢了。他说："我已经在慕尼黑领教过英、法的领导人了，他们只不过是些小蛀虫……根本不会为波兰而战。"绥靖政策已让希特勒看出了英、法的畏战与虚弱，他决定更加大胆地步步紧逼，虚张声势地威慑、敲诈。于是，他马上针锋相对地宣布取消 1935 年签订的《英德海军协定》，并同意大利签订了一份为期十年的同盟条约——即《钢铁条约》。接着，他就对下一个目标发出了通

^ 漫画：希特勒正走在“民主国家的没有脊梁的领袖们”的背上，正是他们的绥靖政策才令希特勒得寸进尺、步步高升。从右到左的地毯上写着“重新武装”“进入莱茵区”“但泽”……最高处写着“世界元首”。

牒，那就是波兰。

虽然在 1934 年希特勒刚刚上台之时，他就跟波兰签订了一份为期十年的互不侵犯条约，因为他要在西线进军莱茵兰地区前，保证东线的安全，但现在它用不着了。在他看来，用不着的条约就是废纸。现在希特勒要求波兰把一战前属于德国的但泽还回来，并要求获得波兰走廊的通行权。波兰走廊在一战前也是德国的领土，这条走廊也是《凡尔赛和约》的产物。一战前是没有波兰这个国家的，它在 18 世纪就被德国、俄国和奥地利三国瓜分掉了，直到一战结束后才重新复国。复国后的波兰得到了德国东部的大片领土，那就是波兰走廊。这条走廊将德国的东普鲁士与本土分割成了两半，在德国人看来简直是可恶至极！波兰人不答应的话，就要发动战争！

波兰以为自己是猎手，但现在才明白，自己也是个猎物。还是个已经四面楚歌的猎物。

因为波兰和所有的邻国关系都不好。1919 年波兰刚复国，就野心勃勃地想恢复古波兰王国从波罗的海到黑海的辽阔疆域，因此它拳打北方的立陶宛，脚踢南边的捷克斯洛伐克，还跟东边的苏维埃大打出手。因为领土争端等问题，北面的立陶宛不但跟波兰断绝了外交和贸易关系，还切断了所有通往波兰的电报等通信线路和铁路、公路等交通线路。将近二十年了，立陶宛都拒绝与波兰谈判。在慕尼黑会议上，波兰支持德国肢解捷克斯洛伐克，因为这样它也能分一杯羹。但分完之后，它发现“螳螂捕蝉，黄雀在后”，自己也陷入德国的三面包围之中。现在要保卫波兰，只能靠东边的苏联了。波兰夹在苏、德这两个大国之间，只有苏联才能给予波兰最直接的支援，而且苏联也有这个实力。20 世纪 20 年代，在革命导师列宁逝世后，斯大林成了苏联的最高领导人。在以农村强制集体化和重工业优先为核心的两个“五年计划”后，苏联的实力得以迅速恢复。在集中体制与斯大林铁腕的推动下，到 1938 年苏联已经有了160 万人的军队，陆军和海军的预算都达到了 1933 年的二十倍。到 1940 年时，其工业总产量已是 1913 年的六倍还多。

但波兰人可不愿意让苏联军队入境，怕请神容易送神难！波兰跟苏联的关系也不好，两国有新仇也有旧怨。1920 年，两国曾兵戎相见、大打出手（苏波战争）；而在历史上，俄国还伙同德国一起瓜分过波兰。总之，对苏、德这两个强邻，波兰是又恨又怕。波兰领导人说得很清楚：“和德国人在一起，我们有失去自由的危险；跟苏联人在一起，我们有丧失灵魂的危险！”

于是，波兰拒绝苏联参与援助，对德国的要求也予以拒绝，把希望寄托在了不靠谱的英、法两国身上。

双方都拒绝妥协，战争越来越近了。

^ 讽刺英、法绥靖政策的漫画：压力增大。巨大的德国士兵倒了下来，多米诺骨牌般地压倒了奥地利、捷克斯洛伐克、巴尔干国家、中东国家、北欧及西欧国家、法国（从右至左）……最左边的是英国外长艾登，他挎着的鸡蛋篮子上写着“大英帝国”。艾登对前面的法国人说道：“在见到一些人欺凌另外一些人，而且受害人又离我们那么远时，我们为什么要表示赞成或反对呢？”

但就在战争迫在眉睫的紧要关头，希特勒的盟友墨索里尼却尿了。虽然在1939年5月，德国与意大利签订了为期十年的《钢铁条约》。结为军事同盟的两国咄咄逼人地表示要“改造欧洲”、共同进退，但这层钢铁般的关系却一点都不铁。三个月后大战一触即发之时，意大利却掉了链子。墨索里尼开始找各种理由推脱，不愿履行《钢铁条约》中的义务。一个理由是墨索里尼之前跟希特勒商定过，要三年后再开战；另一个理由是现在开战的话，意大利还没准备好。当希特勒询问墨索里尼需要什么武器和物资才会参战时，他列出了一份长长的天价清单：包括6000万吨的石油、600万吨的煤、200万吨的钢铁、100万吨的木材……意大利外长齐亚诺评价说：“这份清单长得足以气死一头牛，如果牛也识字的话。”如果德国满足这些需求的话，也甭打仗了，因为它自己已经完蛋了。于是，希特勒只好放弃了要意大利也参战的要求，不过墨索里尼“慷慨”地表示会给予德国宣传上的支持。

这简直是又在耍1914年的那一手！当年意大利也是在一战前就加入了以德国为首的同盟国，结果1914年开打后，意大利却脚踩两只船，不仅拒不参战，后来还跑到了开价更高的协约国那边去当了“叛徒”。对于意大利的首鼠两端（意大利人管这叫“犹豫的智慧”），希特勒虽然暗地里恨得牙痒痒，但他很快就气顺了，因为他又找到了新的“盟友”，而这个新朋友就是苏联。

由于德国的地理位置“太不好”，地处中欧四战之地，无险可守，很容易陷入两线作战，重蹈一战覆辙，所以希特勒吸取了一战中德国左右开弓的教训。他向麾下的将领们保证，一次只在一条战线上开战，这就要求必须先稳住一条战线。于是，一向标榜“反共”的希特勒，突然来了个180度的大转弯，开始向苏联摇起了橄榄枝。

虽然英、法也知道拉拢苏联可以制衡德国的道理，但它们向来看不起苏联，以至于与苏联的谈判也搞得拖拖拉拉。前去苏联的英、法谈判小组的启程日期推迟了十一天，而且他们没有选择只需一天时间就可抵达莫斯科的飞机，而是选择了几乎要花一周时间才能摇到莫斯科的一艘漫船。因为英、法两国根本不信任苏联这个资本主义国家的“死敌”，张伯伦尖锐地指出：“我们的特工机构并没有把全部时间都浪费在隔着窗户眺望上。俄国人偷偷而狡猾地在幕后操纵，想使我们卷入对德战争。”他猜对了。虽然英国人很精明，但斯大林也不傻，因为他跟张伯伦“英雄所见略同”，都希望其他国家打成一锅粥，自己隔岸观火，最后再出手一击制敌。在他看来，欧洲各国的争斗越激烈，对苏联越有利。现在双方都跑上门来找自己谈判，斯大林准备待价而沽。

就在英、法与苏联的谈判陷入僵局之际，希特勒决定抢先一步。他连夜与斯大林达成协议，于1939年8月23日晚上派外交部长里宾特洛甫与苏联签

∧ 漫画：捧着地图、陷入两难境地的英、法。右边大门上写着“苏联敞开大门”，左边大门上写着“德国敞开大门”。坐在最右边的是英国首相张伯伦。

＜反映《苏德互不侵犯条约》的漫画：斯大林与希特勒“喜结连理”。

订了《苏德互不侵犯条约》。在与英、法两国的外交竞赛中，希特勒赢了，因为他出价够高，不但同意把半个波兰让给斯大林，还暗地里划分了两国在东欧的地盘与势力范围。

这一下就占据了先机，解除了德国两线作战的危险，此时距离进攻波兰的时间只剩八天了。

苏、德两个意识形态对立的国家，居然签订了互不侵犯条约！当德国宣传部长戈培尔将这一消息在新闻发布会上向世界公布的时候，引起的轰动就像放了个炸弹，会场顿时乱成了一团。这时，会场之外传来了教堂的钟声，一名在场的英国记者叹息道："这简直是不列颠帝国的丧钟！"因为，这不仅意味着令德国陷入两线作战的企图已经泡汤，而且苏、德这两个大陆国家还可能结盟对付英国！

这个条约签订的消息也令整个欧洲炸开了锅，仿佛是大雨倾盆之前"轰隆隆"的雷声，震得西方各国目瞪口呆，半天缓不过神来。

暴风骤雨马上就要来了！

8 月 31 日晚间，德国人从集中营里找了几个囚犯，让他们穿上波兰士兵的制服，然后把他们带到了德国与波兰边界附近的小树林里开枪打死。在摆好死人的造型后，一群穿着平民服装的党卫军进入当地广播电台，用波兰语放了一段反德广播。随后，另一群党卫军也冲进了电台，他们与扮成波军的"囚犯"展开了激烈的"交火"。电台的麦克风还现场转播了这一"战斗"。自导自演了这出"好戏"后，希特勒于第二天 10 点宣布：波兰正在进攻德国！证据就是被击毙的那几个入侵的"波兰士兵"。为了自卫反击，他下令对波兰宣战。

英、法两国是否真的会为波兰而战？德国外交部长约阿希姆·冯·里宾特洛甫（Joachim von Ribbentrop）评估两国不会为波兰而卷入战争。希特勒也打赌说里宾特洛甫是对的，他相信英、法两国这次也会认尿。

但到 1939 年 9 月 3 日中午的时候，柏林报童开始叫卖新的号外：天生口吃的英国国王乔治六世已经发表广播演说，要向德国宣战，法国马上也要对德宣战……这下玩脱了！连强硬的纳粹党内二号人物戈林都感觉到了一丝不祥，他在得知英、法已对德国宣战后说道：“如果打输了这场战争，就请上帝帮帮我们吧！”

正在波兰但泽港进行友好访问的德国“石勒苏益格－荷尔施泰因”号已经向波兰放出了第一炮。在空中，发出尖锐声音的德国轰炸机从天而降，如同飞翔的重炮，不仅停在机场的波兰飞机被全部摧毁，还有许多接到动员命令、赶到车站挤火车的士兵被炸死，他们连敌人长什么样都没看清楚。在地面，成群的德军坦克与装甲车、摩托车长驱直入，咆哮着越过国境线冲入波兰。“成队的坦克没有尽头。在一刻钟的时间里，坦克、坦克，除了坦克就是坦克！”一位德军士兵这样描述道。它们将突破敌军阵地，再从后面包抄，在切断敌人的退路后，一口口将其吃掉。

被切成几段的波兰军队很快乱成了一锅粥，因为他们从没见过这么直奔主题的打法，这就是恐怖的闪电战。

刚开始由于雾气太大，率领德国第 19 军冲过波兰边界的海因茨·威廉·古德里安（Heinz Wilhelm Guderian）下令先不许开炮，但一个重炮兵按捺不住亢奋的情绪打出了一炮，结果第一发炮弹落在了古德里安乘坐的指挥车前面，离他只有 50 米！还没等这位指挥官反应过来，第二发炮弹又来了，这次落在了他的指挥车后面不远的地方。要是再来一发的话，就直接掉他脑袋上了。古德里安赶紧让司机转向，但吓得惊慌失措的司机猛踩油门，一下子将车开到了沟里，车辆也被撞得报废掉了。闪电战才第一次使用，“闪电战之父”古德里安还没来得及大显身手，就差点出师未捷身先死“殉职”于此了，还是被自己的士兵害的，成为了二战历史中一个令人印象深刻的“大乌龙”。所幸古德里安并没有受伤，但冒失的士兵被他怒斥了一顿。

骑着高头大马的波兰骑兵，挥舞着长矛冲向德军坦克。在惨烈的叫声与战

〈海茵茨·威廉·古德里安（1888—1954 年）
古德里安后来被人称为德国装甲兵之父、德国“闪击战”创始人。他指挥的德国装甲部队在闪击波兰、横扫法国的战役中如入无人之境。入侵法国的战役中，他的部队六天推进了 400 多公里，创造了现代战争史进攻速度的纪录。苏德战争爆发后，他在五个月内，连续在明斯克战役、斯摩棱斯克战役、基辅会战和维亚兹马会战中围歼了大量敌军，直逼莫斯科城下，光是俘虏就差不多抓了 200 万人。然而他创造的神话在莫斯科戛然而止，由于他极力建议将部队撤往冬季防线、休整再战而惹恼了希特勒，结果被免职。虽然他仍担任过一系列职务直至陆军总参谋长，但直到大战结束，他再也没能亲自指挥他创立的德国装甲部队驰骋沙场。

马的嘶鸣过后，刚刚还耀武扬威的骑兵已经横尸当场，在坦克的炮火下灰飞烟灭。幸存的波军战俘在离开战场的时候，还纳闷地盯着路边的德军坦克看：这跟事先讲好的不一样嘛！因为在战斗开始前，他们的长官告诉他们，敌人的坦克都是纸板糊的。——这个谣言来自古德里安的演习习惯，为了演练步兵战术，他命令士兵将坦克的一面盖上帆布，当步兵撕毁帆布的时候，就相当于他把坦克“摧毁”了。等这个情况传到波兰军队耳朵里时，就变成了德军的坦克都是薄薄的金属片和纸片做成的，真是谣言害死人啊！

接下来在波兰的战斗简直就是用宰牛刀杀鸡。德军装甲部队一路势如破竹，波兰士兵与难民如潮水般四散而逃。地面上掀起的滚滚烟尘，甚至严重阻碍了空中德军飞机的侦察，令德军飞行员根本搞不清下面发生了什么。波兰人把军队分散部署在边界上，他们这一想要“保护一切”的思想最后被证明一切都没保护到。本来波兰就像一块悬在德国张开的大嘴中的肉，波军统帅部却还梦游一般地把主力部队往里面送。波兰军队不但装备陈旧，他们的大部分武器零件很多也不能自己生产，这导致它不得不从法国进口武器和军用物资。一般来说，装载武器的货船要从法国地中海沿岸的马赛港出发，先经地中海和爱琴

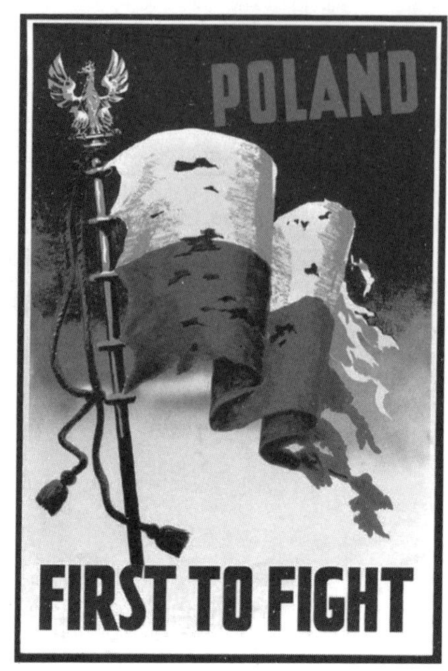

∧ 海报：波兰，第一个战斗者！

海，再穿越土耳其的达达尼尔海峡与博斯普鲁斯海峡进入黑海，将货卸在罗马尼亚的港口，然后经500英里的铁路才能由罗马尼亚运到波兰。正所谓远水救不了近火，这一趟运输需要三个月，等这批物资运到，波兰已经被德国灭亡三次了。

最要命的是，波兰内部的指挥也是一片混乱。波兰政府号召人民坚持到最后一刻，可波兰政府却连几天都没坚持下来，它在战争爆发后的第四天就从华沙撤离了。波兰领导人发出的指令也相互矛盾，前几天他们还要求所有人都拿起武器保卫首都华沙，几天又命令所有人都离开这座城市。

为了鼓舞士气，首都华沙的波兰广播电台则每隔三十秒就播放一次波兰作曲家肖邦的《波洛奈兹舞曲》，向全世界表明首都仍在波兰人手中。遭遇到顽强抵抗的德军恼羞成怒，开始用飞机进行二十四小时不间断轰炸。四天之内，整座城市的四分之一就被炸毁。当一些难民试图逃离遭到狂轰滥炸的首都时，德国人又把他们撵了回去，因为德军认为这样更容易使城内的波兰人陷入饥荒，从而更快地投降。

虽然波兰军队一溃千里，但好消息也传来了：法国军队已突破莱茵河，正向德国的心脏柏林挺进！但很快这一消息就被证实是谣言。实际情况是，法国人没出兵，苏联人倒是出兵了。苏联红军没有宣战，就于17日越过了波苏边界，在波兰人背后捅了一刀。

自从德国与波兰开战之后，斯大林就一直在等待，他在等着德国将波兰打个半死后再出兵。一来能够减少自身的损失；二来可以把发动侵略的帽子甩在希特勒头上；三来此时苏联红军正在远东的诺门坎痛扁日本，不方便两线开战。到了 9 月 16 日，也就是诺门坎战役结束的第二天凌晨，苏联红军就打着“保护波兰境内的白俄罗斯和乌克兰人”的旗号，越过了苏波边界线，迅速占领了波兰东部。——在斯大林看来，这里在一战前是俄国的领土，现在算是物归原主了。顾头不顾尾的波兰人在与苏联的东部边界上没有进行任何部署，苏军只阵亡了 734 个人就达到了目标，终于报了 1920 年败给波兰的一箭之仇。

在德国的闪电战下，波兰就已无力回天，更不用说德国和苏联的东西夹击了。9 月 27 日，已经被炸得奄奄一息的波兰首都华沙陷落了，《波洛奈兹舞曲》被换成了葬礼上使用的哀乐。波兰被一分为二，分别被德国和苏联瓜分。在仅仅复活了二十年后，波兰再一次被打死，从地图上消失。

就在波兰人和德国人开打的时候，英、法两国在西线却按兵不动。德、法双方在对峙的边界线上竖起了高音喇叭互喊，德国人还在莱茵河畔竖起大牌子，上面写着：

如果法国人不攻击德国人，德国人就不会攻击法国人！

他们怕的就是敌人此时打过来，因为当时德国在西线的

︿ 漫画：希特勒与斯大林达成了瓜分波兰的协议，但各怀鬼胎地在背后藏着手枪。

兵力只有盟军的一半，而且军队只有能勉强应付三天的武器弹药。向德国宣战之后，法国军队象征性地向德国境内推进了 5 英里。在占领了 20 个空无一人的村庄后，可能觉得没什么意思的法军又退了回来。乖巧的英、法联军大部分时间都蹲在马其诺防线后面准备以静制动。总之，在 1939 年秋天到 1940 年夏天来临的这段时间里，西线静悄悄的，几乎没听到什么枪声，除了打嘴炮以外。与英、法在西线对峙的德军，每天都会向对面的敌人展开心理攻势。白天向对面致以“兄弟般的”问候，晚间还会贴心地广播缠绵悱恻的法国歌曲。节目结束前，播音员还会深情款款地向对方道：“晚安，亲爱的敌人，与你们一样，我们也不喜欢战争。谁该负责呢？不是你们，也不是我们。所以，我们为什么要互相射击呢？又一天结束了，我们大家又可以睡一晚甜觉了……”

因为对一战的惨重伤亡依然心怀恐惧，英、法民众的厌战情绪也蔓延到了前线。1939 年圣诞节前夕，法国陆军元帅甘莫林来到马其诺防线慰问在打“静坐战”的一线官兵们。基于上次世界大战的经验，他为前线部队带来了 1 万个足球，希望重演一遍 1914 年圣诞节时西线士兵们走出战壕，来一次足球友谊赛的场景。连法军高级领导都这样想，更别说普通士兵了。但遗憾的是，一战期间那场绅士般的足球赛再也没有重现。法国人称这段大眼瞪小眼的对峙时期为“奇怪战争”，或者叫“假战”。连英、法两国响起的防空警报都是假的，因为那只是演习。

^ 德军向盟军散发的“色情”传单：老婆在后方家里跟小白脸亲热，前线士兵却正在被死神扼死。

在此期间，法军司令官给波兰政府发去了一封同情的电报，称“我们

〈亚瑟·哈里斯（1892—1984年）
英国空军司令哈里斯在一次飞速驾车前往总部时，因车速过快而被交警拦住。交警在看到他车的前方贴着的“不限时速”的官方标志后，没有开出罚单，不过还是礼貌地提醒他：“先生，我希望您开车小心点，您这么快可能会撞死人的。”哈里斯也礼貌地回复道：“尊敬的先生，我是领着工资奉命杀人的。”被媒体称为“轰炸机”的哈里斯，他的手下给他起的另一个绰号是“屠夫”。在他力主下，英军对德国鲁尔、汉堡和柏林等中心城市进行了大规模空袭。后来，他还专门做了一本空中摄影集，展示了英国空军轰炸给德国城市造成的毁坏，并通过首相丘吉尔赠送给盟友斯大林，以证明英国轰炸的效果。

全心全意地分担着你们的痛苦，并对你们的顽强抵抗充满信心！”

当有人提议用飞机轰炸德国在黑森林的军火库时，英国空军大臣伍德爵士予以否决，原因是那里有很多私人财产。英军飞机只向德国投下了13吨的反战传单，敦促德国人民了解真相，推翻希特勒的统治。不过英国情报部门却拒绝公布空投到德国的传单都写了些什么，理由是“我们无法公开对敌人有价值的信息”。英国空军元帅亚瑟·哈里斯（Arthur Harris）却对此举嗤之以鼻，他的评价是：“此次行动充分满足了欧洲大陆人民对擦屁股纸的需求。”一些飞行员在投放传单的时候也心有不甘，他们故意不解开绳子，将传单成捆成捆地投下去。希望它们能碰巧砸到敌人头上，砸死一两个德国人。

而在后方则是谣言满天飞：什么英国远征军马上就要离开法国，因为战争已经结束了；希特勒从巴西进口了3万只大猩猩，要将其运到前线对马其诺防线发起进攻；英国政府已经允许用猫肉做馅饼，因为供给严重不足；甚至有人声称英、法、德三国已经制定了一个和平计划，要一起去打苏联……许多政客带着他们的女朋友在饭店里讨论愚笨的达拉第在总理的位子上还能待多久，以及不堪战争重负的希特勒神经衰弱是否属实……但就是没人讨论“一旦马其诺防线被德军突破以后会怎么样”。

虽然度过了一个平静冬天的盟军并没有采取什么行动，但他们并不觉得错过了战机，因为他们就是要打持久战。根据上次大战的经验，这将耗死德国佬。另外英、法还抱有幻想，既然避战行不通，要打也要让其他国家先打。波兰虽然不幸地牺牲了，但它牺牲得有价值，让苏、德两国去抢夺这个胜利果实岂不更好？波兰被瓜分后，苏联与德国就成了邻国，谁能保证两国不会因“分赃不均”而大打出手呢？等到这俩国家打得精疲力竭，到时候再来个“卞庄刺虎”岂不美哉！

“机关算尽太聪明，反误了卿卿性命。”现实很快就无情地撕破了他们的幻想。

第四章
北欧之战

★★★

“我非常理解您想保持中立的心情，但我保证这是不可能的，强权是不会同意的。”

——斯大林给芬兰总统曼纳海姆的信

〈约瑟夫·斯大林（1878—1953 年）
曾见过斯大林的肖斯塔科维奇在回忆录里写道："他又矮又胖，头发略带红色，满脸的麻子，右手明显比左手瘦小，他总是藏着右手。他的相貌与无数画像上的样子一点也不像。"为了改善领袖形象，斯大林的卫士长专门为前者发明了一种特殊的高跟鞋，这种特制的"增高鞋"外皮巧妙地掩饰着增高部分的后跟，让斯大林的领袖形象"高大"了起来。虽然对斯大林的评价不一，但不可否认的是，他把苏联建设成了一个世界性的强国，正如丘吉尔评价的那样："他接手的是一个犁耕手种的、落后的俄国，而留下的却是装备有原子武器的苏联。"

在德国与英、法西线对峙的时候，斯大林也没闲着，他趁德国无暇东顾之际，开始大肆西扩，准备能捞多少就捞多少，企图恢复沙皇俄国失去的领土。

在瓜分了波兰后，苏联人又向北欧的芬兰提出了要求，因为芬兰在一战前也是沙皇俄国的一部分。

首先，苏联要控制芬兰湾。斯大林要求得到海湾里的几个岛屿并租借汉科半岛三十年建立海军基地，这样可以保障苏联第二大城市列宁格勒不受来自海上的攻击，不差钱的苏联会每年支付给芬兰 800 万芬兰马克。海上的威胁解决了还有陆上的，列宁格勒离苏芬边界太近了，很不安全。要保障列宁格勒不受陆上的攻击，这就要求把在卡累利阿地峡的两国边界向芬兰一边移动 20 英里，这样列宁格勒离边界线就达到 40 英里，超出了芬兰人火炮的射程范围。为了不让芬兰方面吃亏，苏联人慷慨地表示可以用东卡累利阿地区两倍的土地（里波拉与波拉亚维两个县区）来换。"我们没法移动列宁格勒，所以我们只能移动边界线。"斯大林和蔼地解释道，"这并没有什么大不了的，真的。你看希特勒，对于他来说波兰前线离柏林太近了，于是他就占领了其中的 18.6

〈维亚切斯拉夫·米哈伊洛维奇·莫洛托夫（1890—1986 年）
英国首相丘吉尔在回忆录中这样评价道："莫洛托夫是一个具有卓越才能、极其冷静和毫不留情的人。是一位理智的、受过精心训练的外交家。"能言善辩的他被誉为"外交天才"。但也有人认为他的发言缺乏特色，总是那样枯燥乏味、令人厌烦。虽然他对斯大林忠心耿耿，但他的妻子波丽娜仍然在战后的反犹太人运动中被送进了集中营，因为她是个犹太人。但莫洛托夫却不愿意与妻子离婚划清界限。1953 年 3 月 9 日为斯大林举行葬礼的那天——这天恰好也是莫洛托夫的生日。当赫鲁晓夫和马林科夫祝他生日快乐并问他要什么生日礼物时，他回答道："把我的波丽娜还给我！"波丽娜这才重新回到了他身边。

万平方英里。"除此之外，芬兰还必须割让唯一通向北冰洋的出海口佩萨莫并租借芬兰雷巴奇半岛给苏联，以保护苏联位于北极圈内唯一的不冻港——摩尔曼斯克的安全。

这个方案看起来很公平，唯一的遗憾是：芬兰人不是傻子。

苏联要的地方都是扼人咽喉、要人命的战略要地，而它"补偿"给芬兰两倍的土地都是只盛产北极熊的不毛之地。于是芬兰人小心翼翼地提议能不能别要那么多。芬兰的讨价还价令苏联外交部长维亚切斯拉夫·米哈伊洛维奇·莫洛托夫（Vyacheslav Mikhaylovich Molotov）开始不耐烦起来，他发现芬兰这个"腐朽的资本主义国家"竟然如此"顽固不化"，不但不立即投降，反而还敢讨价还价！更可恶的是，芬方的谈判代表唐纳竟然说他和斯大林都曾是孟什维克[①]分子！对苏联最高领袖如此污蔑、诽谤，是可忍，孰不可忍！ 11月初，

① 在斯大林时代，信奉列宁主张、执行列宁路线的是布尔什维克，反对列宁路线的就是孟什维克，属于右倾机会主义派别，是要遭受批判的。

莫洛托夫中断了谈判，他表示：“我们的外交官无法使这一谈判有更进一步的发展，现在该轮到军队说话了。”

11 月 26 日，苏联外交部长莫洛托夫向芬兰大使发出通告，指责芬兰方面炮轰了苏芬边界附近、离列宁格勒 20 英里的一个苏联村庄，炸死了四名红军战士，造成十三名苏联人伤亡，并称这一挑衅事件是令人愤怒和无法接受的。——其实这是苏联人自己开的炮。

11 月 30 日，在废除了《苏芬互不侵犯条约》后，苏方宣称为应对芬兰军队的“越界侵略”，红军开始“自卫反击”。几十万苏联大军越过了苏芬边界，开始大举进攻。苏军轰炸机投下大量炸弹，开始轰炸芬兰在各地的城市。不过苏联广播电台对外宣称空袭都是芬兰人虚构的谎言，苏联空军投下的不是炸弹，而是好心为饥肠辘辘的芬兰穷苦百姓和工人空投的面包。于是芬兰人就给苏联空投的炸弹起了个外号，叫“莫洛托夫的面包篮”。

在这场力量悬殊的战争中，谁也不看好芬兰，大家以为这个小国将会是苏

^ 漫画：希特勒与斯大林互致敬意，地上是波兰的尸体。

联下一个盘中餐、俎上肉。但出乎意料的是，芬兰人竟然顶住了苏联人的进攻！

芬兰只有 100 架飞机，坦克也少得可怜，以至于许多士兵根本没见过。许多枪炮都是一战时期留下来的，最远的甚至可以追溯到 1877 年。面对苏联空军的轰炸，芬兰内阁会议从议会大厦转移到了银行的保险库里，因为那里更加安全些。不过在冰天雪地中生活惯了的芬兰人滑雪、打猎都是一流的。从 1932 年起，年满 20 岁的芬兰男性都会进行 350 天的军事训练。“一个芬兰人能抵得上十个俄国人”，没有炸药他们就用粗大的原木插进苏军坦克的履带与轮子之间，让它们无法前进。没有反坦克炮，芬兰士兵就用土办法制作了燃烧瓶，并将其命名为“敬莫洛托夫的鸡尾酒”，用来回应“莫洛托夫的面包篮”。——你送我“面包”，我回敬你“鸡尾酒”。

但面对这样的芬兰军队，苏联红军却一筹莫展。首要原因是“大清洗”严重削弱了苏联红军的战斗力。斯大林为了巩固自己的地位，在 1936—1938 年进行了“大清洗”运动，国内许多持不同政见的领导人都被捕入狱，甚至被处死。

〈康斯坦丁·康斯坦丁诺维奇·罗科索夫斯基（1896—1968 年）
罗科索夫斯基曾在 1937 年的“肃反”运动中被捕，理由是他有波兰血统，涉嫌“里通外国”。罗科索夫斯基百口莫辩，在监狱中遭受严刑拷打，受尽了折磨，最后被判了死刑。可即便是这样，罗科索夫斯基也没自诬，更没为了自保而乱咬其他人。最终，他在老上司铁木辛哥的担保下被斯大林释放了。释放时，罗科索夫斯基又两次被拉到刑场“假枪毙”。——旁边的人是真的被枪毙了，而他被打了一发空包弹。目的是吓一吓他，看能不能诈出点什么来，好在罗科索夫斯基足够坚强，没有被吓倒。随后，铁木辛哥以大战在即，军队缺乏指挥人才为由向斯大林提出申请，罗科索夫斯基才得以官复原职，回到部队。但不知为什么，他的死刑判决却没有收回，直到逝世他都还是一个“死刑犯”。1945 年 6 月 24 日，斯大林命令罗科索夫斯基元帅指挥了莫斯科红场上的反法西斯德国胜利的阅兵式，这也成了他军人生涯中的最高荣誉。除了在战场上得意外，罗科索夫斯基在情场上也很得意。麦赫利斯就多次给斯大林打小报告，提起罗科索夫斯基和他的那些女人，说：“罗科索夫斯基同志睡的女人太多了！”斯大林听后回答道：“同志，我们应该羡慕他。”

苏联的职业军官迅速地消失，包括 3 位元帅、16 名陆军将领、15 名海军将领、264 名上校、107 名少校和 71 名中尉……到 1940 年，受过高等军事教育的人员比重比 1936 年减少了一半还多！在监狱里被打掉八颗牙齿并断了三根肋骨的罗科索夫斯基将军后来说，这场大清洗运动对苏联军队造成的伤害简直比用炮火轰击自己的部队还严重。因为只有十分精准的炮火才能对军官造成如此大的损害。没有打过一仗，苏联就损失了 90% 的红军将官和 80% 的校官。这场自废武功的运动极大地削弱了苏联的军事实力和士气，令苏联军队元气大伤。军队中人人自危，“头儿什么都知道”这句“口头禅”开始在红军上上下下的官兵中流行起来。

另一个原因是苏联人太自信了，自信到认为十二天就能把芬兰打趴下。本来苏联人以为只要大兵压境，芬兰人就会举手投降，但很快他们就发现自己太大意了。现实根本不是他们设想的那样，整个战争实际上持续了半个冬天，而且是一个世纪以来最冷的冬天。这样一来，计划就赶不上变化了。要命的是苏联军队根本没有准备好冬季装备，他们很快陷入了冰雪覆盖下的饥寒交迫之中，坦克发动不起来，陷入瘫痪，流血的伤员根本得不到救治，因为输血用的血浆早冻成了冰块。——两年后，这个错误还会有人重犯。

“我们根本看不见芬兰士兵！”许多苏联士兵沮丧地抱怨道。习惯了零下 40 多摄氏度的芬兰士兵穿着白色的伪装保暖服，如同白色死神一样划着雪橇在林海雪原中时隐时现、神出鬼没。他们“打一枪就跑”，把苏联人当成了林中猎物。他们不分白天黑夜地袭扰敌人，让敌人没有喘息的机会。他们会像鬼魅幽灵似的突然出现在苏军的面前，不但攻击苏联士兵，还攻击他们的战地厨房，而且专挑他们要吃饭的时候来，让他们又冷又饿却没有热饭吃。而在曼奈海姆防线的工事里的芬兰士兵不但衣食无忧，还有温暖的桑拿可以享受。

有时大胆的芬兰士兵还穿着缴获的苏军服装，冒充苏联指挥员拿着信号旗指挥交通，把苏联的补给运输车指引进了自家的营地。不明就里的苏联司机还对他们减轻交通堵塞的贡献表示感谢。另一些穿着苏军制服的芬兰士兵更为大胆,他们连着两星期从苏军的战地厨房里拿食物给自家队友吃,而且还没被发现。

虽然缺少防空炮的芬兰军队无法阻止敌人空投食物、弹药和燃料，但当他们熟悉了苏联补给飞机的响声后，他们就开始发射闪光信号弹来误导飞机空投，结果投下的食物、弹药和燃料都落到了它们的手上。

另外，芬兰境内星罗棋布的湖泊与布满森林、冻土、沼泽、雪地的极地气候也阻碍了苏军步兵的推进，帮了芬兰人的大忙。因为苏军会滑雪的人很少，而开着卡车、坦克则会打滑，还会一不小心就掉进结了冰的湖里。在圣诞节来临之时，苏军士兵不但要在齐腰深的积雪中挣扎，被冻得手足生疮，还要面对无情的弹雨。美国的报纸上每天都用大字标题写着：“芬兰击溃了苏联的一个师；芬兰又击溃了一个师……”在这个冬天里，最高兴的要数芬兰森林里的狼群了，因为苏联士兵的尸体为他们提供了充足的口粮。

盛怒的斯大林处死了一批将领，其中维诺格拉多夫将军的罪名是“损失

^ 漫画：斯大林被冬季战争搞得苦不堪言，芬兰被画成一只小小的米老鼠。

55个战地厨房”。为了克制芬兰人的“幽灵游击战术”，苏联领导人决定也派遣一个会滑雪的士兵旅来陪芬兰人玩这场“死亡游戏”。但苏联人却犯了一个致命的大错误，竟然给士兵配备了彩色的而不是白色的迷彩服！这让他们在白雪皑皑的环境里成了敌人的活靶子。装在他们口袋里的《滑雪作战指南》也不管用。——这本227页的小册子，教士兵怎样在滑雪中扔出手榴弹，如何在滑雪中用刺刀与敌人拼杀。一个芬兰军官开玩笑说：“如果你看到一个人背着雪橇在走路，那么这个人肯定是苏联人。”

一位军事史学家这样评价苏联的进攻计划：“富有想象力，非常灵活。却完全不切实际。”时年72岁的芬兰陆军元帅卡尔·古斯塔夫·曼纳海姆（Carl Gustaf Mannerheim）则把苏军的进攻比喻为一次“指挥得很糟的管弦乐队演出”，各种乐器之间的演奏根本不合拍。

但很快苏联人就吸取了教训，进攻芬兰的苏军由54万人增加到了90万人，最高时达到120万！他们开始用坦克拖着装甲雪橇来运送步兵小分队。由于天气滴水成冰，苏军把积雪堆在凹凸不平的地上，铺出了一条重型坦克可以通行的“冰上高速公路”，可以直通曼纳海姆防线，并调集了2800门大炮对防线进行密集轰炸。——在四个月的冬季战争里，苏军发射了800万发炮弹，平均每一个芬兰人头上都要落下3发。

随着战争的持续，芬军的损失不断增长，一些疲惫不堪的士兵甚至会在激烈交火中睡着。虽然苏军的损失成千上万，但他们的后备兵源仍源源不断地顶上来。国小人少的芬兰人可经不起如此的消耗，他们每四个士兵中就有一个受伤，而且武器弹药也快用光了。在苏联红军突破了曼纳海姆防线并攻陷了芬兰第二大城市维堡后，曼纳海姆决定趁还没有完全失败之前，敦促政府立即向敌人妥协，将损失降到最低。1940年3月6日，他派出代表团前去莫斯科商议停战。斯大林也厌倦了芬兰这个讨厌的地方，他本来想把整个芬兰都吞下去的，连苏方的傀儡政府都组建好了。但现在他不得不退而求其次，因为这里让苏军付出了高昂的代价，死了至少 20 万人，受伤人数则高达 30 万，芬兰军队却只阵亡了 25000 人。

最终芬兰被迫签下了城下之盟，割给苏联的领土比当初斯大林要的还要多，总共有 12% 的领土被割让给苏联，包括芬兰第二大城市维堡。当芬兰代表提议援引 1721 年彼得大帝时的先例，希望对方对割让的土地支付巨额的赔偿金时，莫洛托夫尖酸刻薄地讥讽道："好啊！那我们就写封信给彼得大帝。如果他同意了，我们就支付赔偿金！"芬兰总统卡里奥在被迫签字时痛苦地说："被迫签订这样的协议，我的手都会干瘪无力。"后来他的预言不幸应验，当年他就患偏瘫去世了。

这次的冬季战争让苏军的战斗无能暴露无遗，庞大的苏联用了九牛二虎之力才搞定了一个小小的芬兰！这也让希特勒更加轻视苏联，认为苏联的战斗力不过如此，自己可以轻而易举地搞定它……

在苏联进攻芬兰的时候，英国和法国也没闲着。苏芬战争为它们提供了一个很好的借口。英国海军大臣温斯顿·丘吉尔提议打着"援助芬兰、抵抗侵略"

^ 漫画：张伯伦和达拉第正在察看被打趴在地的芬兰，远处的希特勒和斯大林已经开始"绑架"罗马尼亚了。

> 温斯顿·丘吉尔（1874—1965年）
他曾两度出任英国首相，在他的领导下，英国赢得了第二次世界大战的胜利，战后他又凭《第二次世界大战回忆录》一书获得了诺贝尔文学奖。虽然被公认为“判断力太差”的丘吉尔在二战中有很多可笑的判断失误，但他在回忆录中为自己进行了辩解。他认为自己有足够的远见，只是执行者太差，或者别人掣肘，才使他错过了正确的时间。而在丘吉尔看来，二战实际是一场“不必要的战争”，因为挑起战争的希特勒身死国灭，而应战的大英帝国也在战后瓦解，把霸主宝座拱手让与了美国。英德两国互相伤害、两败俱伤，谁也没捞到好处。就在他带领英国取得胜利后，英国人已经厌倦了战争带来的苦难，想尽快享受胜利的和平，主张强硬的“好战分子”丘吉尔被“罢免”了。

∨ 丘吉尔漫画像

的旗号派出一支远征军去北欧支援，但实际上是“项庄舞剑，意在沛公”。英、法的真正目标是占领北欧的挪威，远征军只不过是借援助芬兰之机，行假途灭虢之事。但他们的行动慢了半拍，英、法远征军还没准备好出发，芬兰就被打败了。这也导致了法国达拉第政府的倒台。

虽然失去了远征的借口，但丘吉尔仍不死心，他依然坚持按原计划执行。而此时希特勒也不约而同地盯上了挪威这个北欧国家。

虽然在 1939 年 9 月 1 日欧洲大战爆发后，挪威立马宣布中立，英德两国也都马上承诺尊重挪威的中立地位，但很快两国就都不想遵守承诺了。

因为挪威的邻居瑞典，家里有矿。

但这跟挪威有什么关系呢？瑞典盛产欧洲最好的铁矿石，而铁矿是制造坦克与大炮的必需材料，更重要的是德国人一直是主要买家。这都跟挪威没关系，关键在于这些矿大多要经过挪威的港口纳尔维克才能运出来。波的尼亚湾一年冰封期达六个月，纳尔维克则由于靠近北大西洋暖流，是全年不冻港。本来丘吉尔是想租下挪威所有的矿石运输船令德国人无船可用的，或者干脆把瑞典的铁矿石全部买下来让德国无货可买。但挪威人怕得罪德国这个买主，坚决不干。于是英国考虑先发制人，在丘吉尔看来，西线凭着坚固的马其诺防线，会像一战那样形成僵局，可以高枕无忧。既然正面固若金汤，那么就只能从侧翼展开行动了。此时占据优势的盟国海军正好派上用场，向侧翼的中立国挪威和瑞典发起奇袭，一来可以封锁德国海军，将他们困死在波罗的海里，就像一战时那样；二来可以掐断德国从北欧进口铁矿石的运输生命线，到时候德国连枪炮都造不出来，还打个毛？

而德国人也正在决定先下手为强，因为如果丢了这个原料产地，他们“就只能挥舞着木棒作战了”，于是希特勒也决定，要抢先把这条生命线握在自己手里。

于是挪威倒霉了。本来想安安静静地做个中立国，谁也不得罪，现实却做不到，因为已经有人惦记上它了。

到 1940 年 3—4 月底的时候，挪威开始收到了许多危险的讯息。挪威驻英国的外交官发来情报称，英国正准备在挪威海域和水道里布雷。挪威驻德国的大使也报告称，德国的入侵迫在眉睫，因为德国驻奥斯陆的大使不怀好意地邀请挪威要员去观看他们新的影片。——德国攻陷波兰的纪录片。该片最后以华沙遭到恐怖轰炸作为高潮，恐吓般的字幕提醒观看者：这要感谢他们的英国和法国朋友。

针对德国即将开始入侵的传言，挪威国内有人要求直接询问德国政府。但挪威外交部长库特却不紧不慢地回答："如果传言是假的，那么询问是多此一举；如果传言是真的，德国政府也会否认的。"所以问了也白问。于是挪威政府既没有动员军队，沿海防御设施也没有任何警戒。

4 月 8 日，英国军舰开始不顾挪威的抗议，而在挪威海域布雷，想要以此阻止德国的运矿船只。"如此小而无害的行动，就叫它'威尔弗雷德行动'吧！"丘吉尔厚着脸皮说。威尔弗雷德是当时最受小朋友欢迎的儿童连环画，漫画里最小、最厚道的一个小动物就叫威尔弗雷德。

但事实证明，盟国这次又慢了半拍，它们想到的希特勒也想到了。如果敌人占领挪威，德国海军将会被困死在波罗的海，于是希特勒也命令制定了一个大胆的奔袭计划——"威悉演习"，不但要占领挪威，而且还要控制丹麦。这

^ 从远处举着"愤怒"的牌子跑来的丘吉尔警告说："保持中立不会拯救任何国家。"爬出冰窟窿的鳄鱼象征着纳粹德国和苏联，冰上的八个小孩象征着宣称要中立的一系列小国，即将破裂的冰面上写着："中立"。

下盟军的计划跟德国的“威悉演习”计划撞了车。希特勒的行动计划只比盟军的晚了一天，虽然在时间上赶不上英国人，但赶上了变化。由于英、法联军的效率太低，计划一拖再拖，实际上德军舰艇已经在盟军行动二十四小时之前就向挪威进发了。——这次希特勒又抢占了先机，不过这也让破坏中立、侵略他国的帽子扣在了纳粹德国头上。

德军在北部港口的聚集与准备，却没有引起“猎物”的警惕。丹麦外交部长认为，德国的任何行动针对的都是北方的挪威，不关自己的事；而挪威方面认为，德国是想占领丹麦西部作为基地，跟自己没关系。于是两国都没有采取什么防范措施。

1940 年 4 月 9 日凌晨 4 点，德国海军兵分六路，在薄雾的掩护下朝着挪威的六个港口进发，空中的突袭也同步展开。处于德国与挪威之间的丹麦也捎带着被占领。根本无心也无力抵抗的丹麦，未经反抗就直接举手投降了。他们的军队实在太弱小了，地面部队只有不足 15000 人。早在战争爆发前，丹麦首相就发表广播讲话，强调丹麦抵抗没啥用。——这次演讲后来被命名为“有什么用”。德军只花了四个小时就将丹麦搞定了。“你们德国人又做了一件令人难以置信的事情。”刚起床就发现自己已成为俘虏的丹麦国王克里斯蒂安十世，不情愿地称赞道，“我不得不承认这是一次伟大的行动。”一个开进丹麦的德国军官记录道：“在布拉格，那里的人跟我们争吵；在华沙，那里的人向我们开枪；而在这里，我们被当作一个旅行团。”

为了达到出奇制胜的突袭目的，一些德国舰艇得到指令，要挂着英国国旗，伪装成英国船行驶，碰到挪威舰队的询问，就用英国舰队的名称，并用英语回答，称自己“只是来进行一次短程的访问，没有敌意”。分袭挪威港口的各路德军也开始“各显神通”。在卑尔根，德军船只躲在停泊在港口的挪威船只后面，悄悄地潜入后登陆了；在特隆赫姆，“希佩尔海军上将”号用军舰上的强光探照灯，“亮瞎了”挪威海岸炮手的双眼，并趁机将其摧毁；而在克里斯蒂安桑，

^ 漫画：英国海军叉住了希特勒伸向挪威的手。但事实恰恰相反，挪威战役以德国的胜利而告终。

抵抗德军的挪威炮台，接到了密令称：“德军已经击败英国与法国的舰队，前来救援你们，请不要开火！”就在挪威大炮停火的空隙，德军舰艇大摇大摆地溜走了。在挪威首都奥斯陆的码头上，德国大使馆正派人彻夜等候着，准备迎接进港的德国舰队。但他们白等了，因为德军舰队在海湾入口遭到了挪威地激烈抵抗，连旗舰——崭新的“布吕歇尔”号重巡洋舰都被炸沉了。

此时英国舰队还在北海费力地搜寻着德国舰队，他们还以为敌人的目的是要冲破他们的封锁进入大西洋呢。这晚北海上恰好又起了暴风雪，他们搜索了半天都没搜索到敌人的影子。一直到这天快结束的时候，英国海军才恍然大悟地察觉对手已经在挪威成功地登陆了，他们这才冲过重重大雾驶向挪威海岸。一顿轰炸后，英军击沉了九艘德国驱逐舰和所有的德国货船，连德国海军司令邦迪少将也被击毙。虽然英国海军将德国海军打得溃不成军，但无法阻止空降兵对机场的占领。

虽然德国海军跟大英帝国的海军比起来简直像个侏儒，根本不占优势，但他们却在突袭挪威中取得了胜利，因为他们有空中优势，利用飞机和伞兵来了一次空中闪击战，英国人根本没想到德国人会来这一手。当空袭警报在挪威响

へ 漫画：“铁又回来了！”挪威作为铁矿石出口国，向德国出口铁矿。德国用铁矿制造了飞机、坦克后，又扭头回来入侵了挪威。

起的时候，挪威外长库特还以为只是场测试演习。挪威的注意力都被布雷的英军吸引了，根本没想到德国人会从天而降。到拂晓时分，德军空降部队已经进入了挪威首都奥斯陆，他们得到了“挪奸”吉斯林的策应，这位前国防部长仿效纳粹组建立了一个小党，早就准备投靠希特勒了。不过他们没有抓到挪威国王哈康七世，国王带着流亡政府和 23 卡车的黄金和秘密文件逃离了首都，向北一直逃进了北极圈，最后跑去了英国。

虽然德军占领了挪威的诸多港口，但英军已经准备前来争夺，不过英、法联军的登陆却混乱不堪。在特隆赫姆，当运输船开走时，把 170 吨的武器和口粮都带走了，只给登陆的 146 旅留下了两天的补给。不久后大家发现连指挥官也失踪了，后来才知道他正在开往纳尔维克港口的另一只船上……最后在德军飞机的狂轰滥炸下，盟军不得不撤出这里。

而在港口纳尔维克的登陆一开始也不顺利。英国海军指挥官命令立即进攻，尽快将敌人赶出这个港口，但作战办公室发来的指示却是在大部队登陆前切勿与敌人交火。不过随着增援部队的到来，盟军逐渐占据了优势。在得知英军已经在纳尔维克登陆并连连取胜，那里的德国海军全军覆没时，希特勒慌了。

因为纳尔维克是挪威运输铁矿石的铁路终点站，在那儿的冰天雪地里登陆了的德军只有 6000 人，而他们要对抗 2 万名盟军。海上支援得不到，空中支援也别想。位于北极圈内的纳尔维克太远了，已经超出了德国空军的作战半径，暴风雨和大雾又使德军无法进行大规模的空中补给与支援。绝望的希特勒狂乱地发出了一连串疯狂的命令，这些命令都自相矛盾。——这只是希特勒的第一次神经质发作，以后他每遇到不想看到的失败与挫折，他就会歇斯底里地大发作，而且会愈演愈烈。

陆军准将约德尔劝说希特勒道："只有当它在现实中真正失去时，你才能在脑海中认为它已经失去了！"试图让他冷静下来。一天后，希特勒才恢复了理智，他下令：坚守待援！

而盟军的情况也好不到哪儿去，由于纳尔维克的英军既没有无线电设备也没有交通工具，各种指令不得不通过人划着船、骑着自行车或在冰天雪地里跑步来相互传递，当大部分指令被收到时，"它们只具有历史价值了"，一名苏格兰卫队人员说道。而且他们大部分人从未接触过滑雪运动，在从童年就开始滑雪的挪威人眼里，英军简直就是在雪地里玩耍。而被冠以山地轻步兵的波兰籍战士此前却几乎没有见到过什么山脉。不过庆幸的是，他们有海军与空军的支援，比德军的处境好得多。

5 月 27 日，盟军终于夺回了纳尔维克，但就在那里的德军准备放弃抵抗，撤往瑞典的时候，他们惊讶地发现敌人竟然主动撤退了！因为此时盟军已经自顾不暇了，德军已在 5 月 10 日向西线发起了进攻，而且即将大获全胜。

挪威之战以英、法的失败而告终，但大获全胜的德军也损失惨重。本来希特勒想要占领挪威，是为了增强对英国的威胁，但现在挪威战役反而降低了他入侵英国的能力。因为他的海军在此次战役中损失的太大了，战后只剩下了三艘巡洋舰和四艘驱逐舰，力量几乎损失了一半，再也不能对英国形成威胁了。

第五章
一路向西

★★★

“地狱之门打开了！”

——荷兰外长范克莱斯芬（1940 年 5 月 10 日）

鉴于一战阵地战的教训，法国在大战结束后就开始修建当时最大的堡垒——位于法、德边界的马其诺防线。这道防线看起来固若金汤，它有 87 英里长，共耗费了 55000 吨钢铁和 150 万立方米的混凝土，各个碉堡通过地下铁路相连。直到今天，这条线路仍在运行。但法国却没有将其延伸到法、比边界。一来这里不适宜修建大型防线，二来这里是一战的主战场，法国人判定德国还会故伎重演，因此故意不建防线，要的就是逼德军从此路进攻。——打也在比利时境内打，不会波及法国领土。大英帝国防御委员会在 1938 年也意识到：法、比边界的虚弱是一种蓄意的引诱，目的在于迫使英国为了保护多个世纪以来，一直视为关键的一个地区而进行陆上干涉。——一战时就是因为德国入侵了中立国比利时，对海峡对岸的英国造成了威胁，才直接导致后者参战的。法国的如意算盘就是要拉英国下水，避免与德国单挑。

法国所料不差，德国总参谋部一开始制定的西线进攻计划，就是一战时施里芬计划的翻版。即右翼攻、左翼守，寄希望利用装甲部队，抢在英、法联军开入比利时建立坚固防线之前，突破敌人的防御。但这个故伎重演的方案令希特勒很不满意，因为他心里还有着一战失败的阴影。

参谋次长埃里希·冯·曼施坦因（Erich von Manstein）认为要出奇兵才能制胜。他提出德军以少量兵力在南部马其诺防线的正面牵制守军；在北部的比利时进行佯攻以吸引联军的主力；德军主力则从中间突破，取道阿登山区深入法国腹地，横扫联军后方，将敌人腰斩为两段。

德国总参谋部认为曼施坦因的这一计划是白日做梦，因为阿登山区地形崎岖、树林茂密，一旦德军被阻，撤退都成问题。但曼施坦因却一再坚持，连续六次提出自己的方案。为了让这个“疯子”闭嘴，总参谋部干脆将他调离了 A 集团军总参谋长的位置，贬到二线去当步兵军长。但天无绝人之路，曼施坦因反而借着希特勒接见新任军长的机会直接“上访”，把该计划呈献给了最高领导。

〈埃里希·冯·曼施坦因（1887—1973年）
曼施坦因可以说是二战中德国陆军最优秀的将领之一。他提出的战略，在一个战役中就击垮了英、法、比、荷等国联军。1941年，他率领的装甲军在苏德战争开始时，四天的时间就突进了三四百公里。随后他又征服了整个克里米亚半岛和著名的塞瓦斯托波尔要塞，仅俘虏就接近50万人，而其兵力总共不过6个师而已，他也因功擢任元帅。1942年8月，他被抽往北方，参加列宁格勒的围城战，之后又奔波于斯大林格勒战役、哈尔科夫战役、库尔斯克会战……后因希特勒无法忍受他的直言相谏，被免去军职，再也没有被起用。

这个大胆的新突袭计划很符合希特勒的速战要求。但对于这样的冒险，他也有些犹豫。不过很快，一次意外就让他下定了决心。

1940年1月9日，德军一架本来要去科隆的飞机，由于大雾的干扰迫降在了比利时，要命的是飞机上还带着下周就要实行的作战计划。飞机上的两名德国上校想把机密文件烧掉灭迹，但太晚了，比利时警卫很快就将两人逮捕。在审问期间，一名上校又一次企图将文件投入火中，但还是失败了。于是他懊悔地撕扯着自己的头发，并用力撞墙，抽泣着说他背叛了自己的祖国……

虽然比利时人意外地得到了德国的进攻计划，但许多比利时政治家都认为这些文件是伪造的，是德国人故意放出的假情报，为的是迷惑他们。但这位上校的表现，让比利时人开始相信这个计划的真实性。很快，猴急的德国人又自己坐实了文件的真实性。——德国驻布鲁塞尔的军事专员，向比方提出与两位“不幸”的上校见下面。见面后，这位专员假装自己的铅笔找不到了，于是他礼貌地问在场的比利时官员，是否能够帮他再取一支过来。比利时人一出房间，这位专员就急切地询问两人文件是否已经被销毁。他不知道的是，他们的交流都被房间里隐藏的麦克风录了下来。

比利时方面立即把这个情报传递给了英国和法国。但为了不得罪德国，他们拒绝向两国透露是如何得到这些情报的，这让盟军最高司令部一度怀疑这是德国人的一场骗局。

得知两名德国上校被俘、作战计划可能已泄露的希特勒怒不可遏，凯特尔后来形容道：“元首简直快疯了，他满嘴泡沫地握紧拳头不断地砸墙，并用力打曲棍球棒，咒骂两名军官是不称职的叛国者。”

但两位德国上校没想到是，他们的这次坠机反而使德军因祸得福，使德军的进攻计划戏剧性地发生了变化。因为担心既定计划已经泄露，希特勒下决心换掉了原来的计划，采用了曼施坦因的新计划，而正是这个新计划将置敌人于死地。

一直到 4 月 15 日，张伯伦仍然认为希特勒的一拖再拖，已使他错过了进攻西线的最佳时机，因为英、法联军已经准备充分。“希特勒错过了最后一班车。”张伯伦宣称。但很快他就会后悔了，希特勒这个老司机马上就踩着油门冲过来了，而且还是飙车，飙的还是坦克车。

对于德军即将从阿登地区发起的突袭，法国也不是没有考虑到。阿登森林位于法国北部战线与南部马其诺的结合处，这是法军防御相对较弱的地区，因为此地山高林密、道路崎岖，不适宜大部队通过。法国领导人认为德军不会傻到走这条险路，即使他们的装甲部队侥幸通过荆棘丛生的阿登山区，也要花上 9—10 天，而且还会被马斯河天险挡住，到时候英、法联军调来援军，从北、西、南三个方向围攻，没有退路的德军不被歼灭才怪。因此法军领导层没有一个人认为这个方向有致命威胁。法国第二集团军司令昂齐杰甚至盼着德军在这里发起主攻。

但他们唯一没有料到的是，德军的速度竟会这样快！因为二战不是一战。

1940 年 5 月 10 日，希特勒向西线发起全面进攻的那天，英国议会里正在吵吵闹闹地换届。保守党员埃默里对张伯伦说道：“你在这个位置上坐得太久了。我说，离开这里，我们一直忍受着你。看在上帝的分上，走吧！”力主避战失败、开战后又丢了挪威的张伯伦下台了，既然大战终于无法避免，那么只有努力打赢了！于是主战派温斯顿·丘吉尔成了新首相。

德军的突然来袭，使前线的盟军措手不及，毕竟两军已经“友好”地对峙了六个月，士兵们早就松懈麻痹了。就在前一天，比利时陆军还宣布，将每月的休假由两天增加到五天，而法军前线部队15%的人员仍在休假。

不过面对希特勒的进攻，英、法联军的领导人并没有十分紧张。联军总司令甘末林甚至在司令部里神气活现地、走来走去地哼着军歌。身旁的人称从未见过他如此开心振奋过。因为甘末林深信，“一切都在掌握之中”，“愚蠢的”德军马上要重蹈一战的覆辙喽！而这正是他们期盼已久的。

但德军一开始就在荷兰与比利时取得了突破。

虽然来自德国的威胁与日俱增，但荷兰与比利时仍像挪威一样，幻想着保持中立，谁也不得罪。是它们拒绝英、法参与自家的防御计划，以避免给德国入侵的借口。荷兰人把自己的防御计划密封起来送到驻伦敦和巴黎的大使馆，要求只有当德军越过荷兰的边界时，才能透露给英、法。

荷兰原本计划打开入海的大堤以水代兵，淹没五分之一的领土来阻挡德军。但穿着荷兰军装的德国伞兵从天而降，在荷兰军队还没来得及炸毁桥梁和水坝前就占领了它们。荷兰人想要“水淹七军”的计划也就此泡汤。降落到敌人后方的德国空降兵把对方搞得手忙脚乱，他们好像无处不在。到处都在谣传德国伞兵装扮成警察和商人，化装成农民、牧师甚至修女，总之是一切可以变装的职业来误导交通并向井内投毒，搞得人人自危。德军运输机投放了大量穿着伞兵制服的稻草人。

吸取了一战教训的比利时人为抵御德军的再次进攻，也在30年代就开始修建防线，其中位于列日北部的埃本·埃马尔堪称是西欧最坚固的要塞。它一面临悬崖，两面是矿区，正面布满了铁丝网、壕沟、大炮和机关枪，可以向任何方向来犯的敌人开炮。但问题是他们雇的是一个德国工厂来完成这项工

∧ 老年政治与投降主义将美丽的法国带入深渊……

程。这个要塞是战前德国的转包商修建的，德国人有这个堡垒的设计图。于是德国人并没有硬碰硬地直接攻打这个枢纽，他们在5月10日清晨别出心裁地乘坐滑翔机从天而降，直接降落在了炮台开阔的顶上。——用滑翔机可以避免飞机引擎的巨大噪音暴露行踪，不用伞兵是怕降落伞飞得到处都是，着陆不太准确。这一下子让要塞内的比利时士兵傻了眼，他们有劲无处使了，因为大炮没法儿向天空开火。在他们头顶上的德国士兵把炸弹塞进了射击口，浓厚而刺鼻的烟雾让要塞成了个瞎眼巨人。第二天中午，德军地面部队到了，这个被包围的要塞就这么陷落了。

而此时，英、法联军主力已经开进了比利时并向前推进。希特勒得知后高兴地对助手叫道："我几乎喜极而泣，他们已经进入了我们的圈套！"他这次押对宝了。德军在马其诺防线对面只放了17个师，牵制着对面三倍于己的敌人，主力全放在了中部。

就在开进比利时平原的英、法联军与德军激战的时候，集结在阿登山区的德国装甲部队已经准备开始对敌人展开致命一击。

中路的德军装甲部队很快冲过阿登山区。它们并没有像法军预想的那样被水流湍急的马斯河挡住。法国原先预料德军会在马斯河畔停顿5—6天，但熟练的德军工兵只用了不到38分钟就组装好了第一艘渡船。在13日下午夕阳即将落下的时候，德军在轰炸机的支援与掩护下已经渡过了马斯河，之后德军的装甲部队根本不等后面的步兵与辎重跟上，而是长驱直入，没有停顿就继续向前推进，以惊人的速度直冲法国腹地！法军的防线被突破后根本来不及重建，到处都是一片混乱。色当防线很快被突破了，德军的利矛轻而易举地刺破了法军薄弱的防线，各路增援根本来不及。在法军昏暗的北方司令部里，气氛就像死了人的家庭正在守夜，只有打电话的声音偶尔打破沉寂，脸色苍白的乔治将军向参谋长杜芒克悲哀地喊道："我们的色当防线被突破了！部队已经崩溃了！"然后他就坐了下来，开始哽咽着哭起来。

在这次名为"镰刀"的行动中，德军的装甲部队如同死神的镰刀一样，将联军的防线割为了两段。突破了色当防线的德军已经占据了一个绝佳的战略位置，向北可以切断比利时的英、法联军的后路，向西可以直冲法国首都巴黎，向南则威胁到马其诺防线守军的背后。手足无措的法军根本不知道该在哪个方向组建新防线，当他们询问上级时，得到的回复是："自己判断！"因为连法军领导人都不知道。

恐慌情绪迅速地蔓延开来，以至于大后方的首都巴黎也草木皆兵，连出租车跟公交车都被全部征用去疏散难民、运输军队了。——跟一战时期一样，私家车车主为了自家的车不被征用，纷纷逃离了巴黎，汽车顶上都绑着厚厚的床垫，以防来自空中的扫射。

5 月 15 日早晨，丘吉尔被法国新任总理保罗·雷诺（Paul Reynaud）的电话吵醒了，"我们已经失败了，我们已经被打败了！这场战争，我们输了！"丘吉尔震惊了，他不敢相信，昨天还一切尽在掌握，今天就 Game over 了？当他于第二天飞到法国，问法军总司令甘末林"预备队在哪"时，后者耸耸肩回答道："没有。"

就在雷诺通知丘吉尔已经战败的这一天，顶不住的荷兰率先宣布投降。德国空军对鹿特丹的轰炸几乎摧毁了整座城市，人造黄油工厂被炸弹击中，滚烫的黄油流满了老城的街区，成千上万的难民纷纷南逃，人多得把前来支援的、盟军行进的道路都堵塞了。荷兰女王威廉明娜行动敏捷地逃往英国，才避免了沦为德国人的俘虏。

5 月 16 日，法军的防线已经被撕开了一个 60 英里宽的口子，德军密集的钢铁洪流从这个缺口蜂拥而入，滚滚而来。早在 1933 年，戴高乐就曾预言过坦克的威力：“它们进攻的威力和效率将使敌人很快崩溃，就像把一根柱子击倒会导致整个神庙倒塌一样。”现在他的话应验了，但讽刺的是，那根柱子却是法国军队，那个神庙正是他自己的国家。

面对危局，法国总理雷诺决定临阵换将，他将68岁的莫里斯·居斯塔夫·甘末林（Maurice Gustave Gamelin）换成了 73 岁的一战英雄马克西姆 · 魏刚（Maxime Weygand）。后者一上任就废除了甘末林南北夹击德军的反击计划。经过三天的讨论，他们又提出了一份新计划，这份计划跟甘末林的计划几乎一模一样。而且魏刚这位一战时福熙的参谋长，从未在战斗中指挥过军队，对于戴高乐调集坦克集中反攻的建议，他根本没有重视。虽然法军也不是没有反击，联军的兵力、飞机、坦克、火炮等数量上也并不比德军差多少，有的还多于对手，但他们的装甲部队却没有如同德军那样集中起来，而是分散使用，这就相当于一股洪流被分成了多股，每一股在荒原上没流多远就逐渐干涸了。

5 月 28 日，雪上加霜的消息又传来，顶不住的比利时国王利奥波德三世也宣布向德军投降。拒绝逃跑的比利时国王直接宣布自己成为德国人的战俘，但拒绝同敌人签订任何屈膝让步的条约。盟军北部防线也崩溃了。

中路德军仍在一路向西推进，在古德里安的命令下，所有带轮的东西都不许停下来。古德里安的装甲兵说：“我们感到自己好像良种赛马一样，被赛手撒开绳子，飞奔而去！”推进迅速的古德里安也因此被称为“神速海因茨”，他麾下的第 3 装甲师还获得了“铁甲尖刃”、“装甲狂飙”的美誉。5 月 20 日黎明，古德里安跟手下的士兵开玩笑说，晚上就可以在海里游泳了，因为他们离英吉利海峡只有 60 英里了。他的部队已经达到了亚眠和阿布维尔，近 100 万的盟军落入了德军的口袋。仅仅用了十七天他就从德国打到了英吉利海峡。

但陷入绝境的盟军却奇迹般地逃了出去，因为希特勒来帮忙了。

德军推进得如此神速不但吓坏了英国人和法国人，连德国人自己都被吓到了。虽然德军的闪电战在波兰大显身手，但毕竟是杀鸡用牛刀。集中起来的装甲部队面对老牌霸主英、法联军能发挥多大威力，希特勒心中也没底，在得知装甲兵推进得迅猛异常时他反而担心起来，希特勒这个司机害怕推进太快落入敌人的陷阱，赶紧踩下了刹车，紧急叫停，因为他害怕宝贵的装甲部队遭到损失，他还准备攻打巴黎的时候再用呢。

这令古德里安大为恼火，因为他的部队离敦刻尔克只有一天路程了！而那里是北部盟军逃离欧洲大陆的最后一个出口。这时空军元帅戈林看着陆军胜利连连，眼红得不得了，他立即向希特勒表示，空军可以将他们一举消灭，根本不用陆军动手，后者只需要最后打扫一下战场就可以了。希特勒竟然相信并且答应了，他的这一顿瞎操作把已经在敦刻尔克被包了饺子的英国远征军放跑。

事实上，戈林的空军并没有起到多大作用，德军飞机扔下的炸弹落在沙滩上陷入沙坑里才爆炸，最多溅喝下午茶的英国士兵一脸沙子，根本没炸死多少人。当德军飞机前来轰炸的时候，来自约克郡的英军士兵就齐声高唱《噢，我喜欢在海边》。而趁着德军暂停的这一时间段里，五花八门的救援船只通通闪亮登场，只要能漂起来的东西都下了海，大到皇家海军舰艇小到私人的打鱼船，从靠风力航行的帆船到快艇俱乐部里的快艇，甚至博物馆的船都被拖了出来。

这些救援船只很容易就找到了它们要去的目的地——敦刻尔克，因为德国人为它们提供了坐标——在敦刻尔克陆地上冒着巨大的烟柱，这是德军俯冲轰炸机炸毁油罐引起的。这些滚滚的浓烟在白天严重妨碍了德军轰炸机的精确轰炸，成了英军的保护伞；而夜间火光却照亮了码头，为英军的撤退提供了方便。虽然撤退一度有些混乱但仍在倔强地进行，比如由于语言不通，许多法国士兵没有按照命令一个一个排队上船，而是争先恐后地乱爬，结果导致救生船倾覆；

一些法国人则拒绝蹚过浅水区上船，当一艘救生艇划过来询问时，一名法国军官递给他一个笔记本，经翻译上面写的是：我刚吃完饭，不能下水。但不管怎样，到6月4日的时候，船只将最后一批撤离的部队带离了海滩，沙滩上丢弃着一排排卡车、一挺挺机枪、一堆堆步枪、堆积如山的罐头和成百上千的自行车，此外还有英国士兵争先上船逃命时跑掉的成千上万只鞋。一共有33万多人逃出了包围圈，而四年后的这个时候，他们还会回来的。

英国人逃回老家后，法国只能单独面对德国人了，战前似乎坚不可摧的马其诺防线成了废物，因为德军从北边绕了过去。法军已经被分割得七零八碎，士气极为低落，伤亡被俘的士兵已经高达37万人。占据数量优势的德军开始大举南下（143个德国师 VS 65个法国师，65个法国师里还有17个师在守卫马其诺防线），直刺法国的心脏。其中埃尔温·隆美尔（Erwin Rommel）率领的第7装甲师在夜间行进迅速，经常出其不意地出现在敌人后方，由于推进太快，以至于被敌人冠以“幽灵师”的美誉。当他的坦克神出鬼没地出现在法军面前时，后者还以为他们是自己的英国盟友呢。一个老太太甚至亲切地握住隆美尔的手问：“孩子，你是英国人吗？”隆美尔彬彬有礼地回答道：“不，夫人。我是德国人。”吓得老太太嗷的尖叫一声，扭头就跑……最快的时候隆美尔曾在一天里推进了150公里，他骄傲地宣布自己已经打破了战争史上进军最快的纪录。6月18日他已经到了海边。

丢盔弃甲的法国士兵溃不成军，开始成百上千地投降，但前进得太快的德军装甲部队根本来不及俘虏他们，在坦克里的德国士兵不耐烦地冲他们大喊：“放下武器滚一边儿去！别挡道！我们没工夫俘虏你们！”

6月10日晚上，首都巴黎被放弃了，魏刚宣布这座城市已经“不设防”。消息一出，城内500万人立即跑得只剩下了200万，护士给不能动弹的病人注射了致命药物让他们安乐死，一名试图阻止德军跨过卢瓦尔河的法国坦克指挥官竟然被当地居民打死了，他们的理由是不希望有流血事件发生；法国各地的许多市长则拼命要求撤下来的法国军队不要进驻他们的城镇，因为他们怕德国人跟着打过来……

逃离巴黎的法国政府先逃到奥尔良，又西撤到了图尔，不久又南迁波尔多，最后到达了维希。在“迁都”的过程中还动用了武装部队来清道，因为从巴黎逃出来的成千上万的难民把路都堵了。魏刚呼吁英国派空军前来助战，但丘吉尔回复说我们的飞机要留着保卫英国，在他看来，法国这家公司已经破产了，再投资也是赔本。

就在英国远征军狼狈地从敦刻尔克逃回本土，法国被打得只剩一口气时，墨索里尼出手了！眼见盟军兵败如山倒，墨索里尼急不可耐地想来瓜分胜利果实了。

意大利在6月10日落井下石般的宣战令法国大为震惊，法国驻意大利大使愤愤地说道：“这无疑是往一个死人身上又插了一刀！”美国总统罗斯福也嘲笑道：“一个人手持匕首，从背后捅了他邻居一刀。”

6月18日，意大利军队还没取得一场像样的胜利，墨索里尼就狮子大开口，他向希特勒提出要法国的尼斯和科西嘉岛，还要法国的殖民地突尼斯和法属索马里，还要控制法国海军舰队……希特勒礼貌地表示只有意军能够占领的法国领土才归意大利。这可难坏了墨索里尼，因为他的军队用了10天才调动起来，进攻法国的32个师连装备都不全，战地炊事员连饭都做不熟，因为他们连炊具都不够。意大利外交部长齐亚诺在法国投降的前一天——也就是6月21日——的日记中写道：“我们的部队几乎没有前进一步。”墨索里尼本来准备“痛打落水狗”的，但他没想到“瘦死的骆驼比马大”，虽然法国主力已被德军打得半死，法、意边界的守军孤立无援，但他们面对来犯的意军仍是绰绰有余，愣是没让意大利军队前进几步，更别说突破他们的防线了。到终战时，意大利军队只占领了几公顷的法国土地。

不过意大利人想出了个狐假虎威的“点子”，这让德国陆军参谋长弗兰茨·哈尔德（Franz Halder）气急败坏地在日记中抱怨墨索里尼简直是来占便宜的："这些意大利军队有计划地靠近了我们的部队，这样他们就能到达他们一直想占领的地方。整个事件就是一个廉价的骗局！"不过事实证明，意大利的这次"胜利"并不廉价，意大利军队死亡 631 人，2361 人受伤，而法国守军只阵亡了 79 人。

面对兵败如山倒的局势，一战的老英雄、84 岁高龄的老元帅亨利·菲利浦·贝当（Henri Philippe Pétain）被任命为法国副总理，本来任命这位"凡尔登英雄"是想激发军民一战时期的顽强精神同仇敌忾的，但年老气衰、没有斗志的贝当已经变成了"投降派"，他认为应趁着老本还没输光的时候赶紧同希特勒媾和，从而将损失降到最低。

法国总理雷诺的情妇埃莱娜·波特伯爵夫人也哭哭啼啼地劝说雷诺投降，

〈亨利·菲利浦·贝当（1856—1951 年）
贝当曾说过："在我的生活里，我真正热爱的是军事生活和做爱。"一战前，作为一名上校的他已经 58 岁，准备退役了，但大战的爆发使他有了建功立业的机会，成了法国的民族英雄并被授予元帅军衔。但当二战开打时他已经 84 岁了，年事已高的他开始变得健忘、有些耳聋，还总是昏昏欲睡，但是身边仍有着众多雍容华贵但愚蠢的情妇。不过让他来力挽危局简直是不可能了，更荒唐的是，贝当自己却认为他是现代版的"圣女贞德"，主降是为了挽救法兰西于水火之中。二战结束后，还都巴黎的法国新政府立即宣布判处这位晚节不保的老元帅死刑，戴高乐虽然接受了这个宣判，但随后又将其特赦。1951 年，95 岁的贝当病死于囚禁地利勒迪厄岛。

有一次在办公室里闹了一个多小时。一位英国联络官把法国总理雷诺在安布瓦兹城堡的司令部形容为“一座精神病院，神智健全的演员在前台活动，而在后台，跑龙套的排练着癫狂愚蠢的戏剧”。因为波特夫人总会突然闯入会议室，凑在某个议会者耳边神神秘秘地说几句，干涉会议的结果。——就像“一只裹在鸭绒被里哀号的秧鸡”。在失败主义的影响下，被吵得头昏脑涨的雷诺也逐渐没了勇气，干脆在17日辞去了总理的职位。

6月17日，接任总理的贝当发表广播讲话称：“我带给法国的礼物就是要减轻他的痛苦……我怀着沉痛的心情宣布，我们必须停止战斗。昨晚，我征询我们的对手，是否准备好和我一起，像战士对战士那样，在战役之后，寻找停止对抗的体面方式。”

而就在第二天，逃到英国伦敦的法国国防次长戴高乐也发表了针锋相对的广播，这位贝当的爱徒坚持不投降，他表示：“这场战争的胜败并不取决于法国战场的局势。这场战争是一场世界大战……无论发生什么情况，法兰西的抵抗火焰绝不应该熄灭，也绝不会熄灭。”他是在1940年6月17日逃离法国的，当时任法国国防和陆军部次长仅仅十二天的戴高乐负责去波尔多机场送来访的英国斯皮尔斯将军回国。但就在飞机刚刚开始滑行的时候，戴高乐突然撒开两条大长腿向开始发动的飞机跑去，身高近两米的戴高乐几步就赶上了飞机。斯皮尔斯将军迅速用手抓住戴高乐的胳膊拉了他一把，把他拽进了机舱……飞机腾空而起时，戴高乐的腿还在空中乱蹬呢。在场的其他法国官员惊得目瞪口呆，眼睁睁地看着戴高乐逃出生天……

“叛逃”的戴高乐被贝当政府予以降级和停职处理，并于8月份被缺席审判，宣判为死刑。整个法国一分为二，一方成了与德国合作的傀儡，一方则加入同盟国，坚持与德国作战。而在同一年的远东也发生了相似的一幕，中国国民党副总裁汪精卫投靠日本，在南京建立了傀儡政权，而逃到重庆的国民党党魁蒋介石则坚持抗战。

法国投降的第二天，在巴黎歌剧院门口兜售小报的小贩就惊讶地看到希特勒正站在剧院门口摆着姿势拍照留念。希特勒迫不及待地来巴黎旅游了，春风得意的他游览了这个浪漫之都，兴致勃勃地参观了埃菲尔铁塔、巴黎圣母院和拿破仑墓。

为了羞辱法国，报一战的一箭之仇，希特勒特意把接受停战协定的地点定在法国的贡比涅森林，并把第一次世界大战德国签订投降书的那节火车车厢从博物馆里拉出来放在原地，希特勒就坐在当年胜利者法国元帅费迪南·福熙曾坐过的椅子上，让法国人来这儿签投降书——这回胜负双方换了个个儿。签完字之后，希特勒特意下令将这节车厢作为战利品运回德国收藏起来。不过到了四年后德国战败前，希特勒又下令将这节车厢炸毁，他害怕法国人拿这节车厢来当道具故伎重演，另一种说法是，这节车厢是在后来盟军轰炸柏林时被炸毁的。

降书规定法国不但要将北部和沿大西洋最富饶的地区交给德国占领，把军队缩减到 10 万人，还要支付德军在法国的高额“占领费”——每天 4 亿法郎（相当于 900 万美元）。贝当政府迁往维希，法国南部与海外的法国殖民地仍由其控制，逃到西北非的法国海军也归其控制，但要解除武装。——实际上沦为了德国的傀儡。为保证法国履行条款，200 万法国战俘将被德国囚禁，相当于扣作人质。不过希特勒“慷慨”地答应法国可以保留海军，只要他们保持中立即可，因为他怕逼急了法国海军会跑到英国那边去。

虽然希特勒答应不要法国海军，这支几乎完好无损的海军的存在仍令丘吉尔坐立不安，吃不下饭睡不着觉，因为能直接威胁到英国本土的就是海军！谁敢说这支规模世界第二的舰队不会在希特勒的威逼利诱下加入对英作战呢？因为希特勒是向来说话不算数的。

为了将这一潜在的可能威胁掐死在摇篮里，丘吉尔决定下狠手，对前盟友斩草除根。他派出舰队堵在了停在北非的法国海军的门口，提出：

^ 苏联漫画：在苏联人看来，维希法国元首贝当和总理赖伐尔（右下）是甘心充当希特勒傀儡的帮凶。

A 加入英军，继续同德国作战；

B 军舰开往英国港口，解除武装；

C 军舰开往北美，然后解除武装；

D 哪儿也不用去，自己凿沉；

E 以上都不选，我们炮轰你。

五选一。

如果法国海军加入英军必然引发希特勒的报复，连法国南部的半壁江山也保不住了；自己炸沉自家的军舰简直是对他们的侮辱；而且法军认为英国人并无诚意，因为他们事先在港口布了雷令法国舰队无法出海，他们哪儿也去不了。于是 7 月 3 日下午 4 点多，英国海军向停泊在阿尔及利亚奥兰港的法军舰队主力开火了，包括三艘战列舰在内的大批法国军舰损毁，法国水军死亡人数高达 1297 人。

∧ 英国海报：象征英国的狮子昂然挺立，准备坚定不移地抵抗侵略。

在法军看来这简直就是谋杀，英国跑这儿来分明是“上射击课”的，他们成了英军练习射击的靶子。昨天还是盟友加兄弟，今天就翻脸不认人同室操戈，下如此毒手，坑队友的英国如此势利！刚刚打败法国的敌人都允许他们保留自己的海军，昨天还并肩作战的盟友却翻脸要对自己斩尽杀绝！维希法国一怒之下断绝了与英国的外交关系。这也令法国内部的反英情绪迅速高涨，以至于德国必须把抓到的英国战俘与法国战俘分开关押，因为关在一起他们就会打起来。

这对前盟友算是结下了梁子。不过在魏刚看来，英国嘚瑟不了几天了，他声称孤军奋战的英国很快就会像小鸡一样被德国人掐断脖子。丘吉尔事后得知后反讽道：“有的是小鸡，有的是鸡脖子！”而且这些鸡还是公鸡中的战斗机——他们将使德国鹰铩羽而归。

第六章
无法登陆的海狮

★★★

“在陆上我是个英雄，但在海上我是个懦夫。”

——希特勒

一战时期所有国家都想打一场速战速决的闪电战，结果打成了阵地战；吸取了教训的英、法领导人在二战爆发后做好了打阵地战的准备，结果却来了闪电战，仅仅十几天后，胜负就见了分晓。

∧ 漫画：丘吉尔对躲在门后的三个小孩（象征英国陆、海、空军）小声说："准备好！孩子们，我听到他的脚步声了！"门上已经安装好了海水和炸弹，专等外面正要推门进来的希特勒。

德军四个小时就秒杀丹麦，两个月控制挪威，六周内横扫卢[①]、比、荷、法四国联军，并把英国人赶回了老家。临危受命的丘吉尔一上任，就发现各处都是乱成一团，盟友悉数战败，英国成了光杆老大。德国人已经饮马英吉利海峡，直接威胁英国本土了！狼狈撤回本土的英国远征军几乎所有装备都丧失殆尽，全英格兰只有一个师还有完整的武装，连运兵都只能征用公交车了。后来丘吉尔私下里也承认："我真不知道该拿什么和德国人打，我们只能用瓶子往他们头上浇水，可瓶子还是空的。"

在这种情况下，希特勒却出人意料地向英国发出了和平呼吁，表示愿意与英国人分治天下，德国不再要求海外殖民地，英国仍可当海上霸主。与对法国提出的苛刻停战协定形成鲜明对比的是，希特勒对英国提出的条件简直不要太优厚：只需承认德国陆上霸主地位即可。这一方面是因为希特勒认为盎格鲁撒克逊人与日耳曼人是"远亲"，都属于"优等民族"。一厢情愿的他认为给英

① 卢森堡。

国人一个台阶下英国人就会服软；另一方面是因为渡海作战实在非德军所长，俗话说得好："你无法打败他，就干脆加入他。"他相信英国人会接受的，于是在 7 月 19 日他特意发表了一次演讲，呼吁英国人抓住这个最后的好机会。演讲的题目就叫作《最后一次讲道理》。

齐亚诺在日记中写道："此时的希特勒就像个赢了大笔钱的赌徒一样，不想再冒险了。"

但事实证明希特勒只是单相思，赢了钱就想跑？没门！

英国首相丘吉尔已经 65 岁了，可以去领养老金了，但他却不老糊涂。对于希特勒的"好意"他嗤之以鼻，以一个"不"字作为了回答，因为希特勒说话不算数已经不是一次两次了，英国已经领教过希特勒说起瞎话来眼不眨、脸不红、心不跳了。而且大英帝国如果接受了这个城下之盟，面子往哪里放？还怎么当老大？将如何带小弟？到时候手下小弟离心，其他国家见英国如此软弱可欺，再一起落井下石（意大利已经磨刀霍霍了），大英帝国就离分崩离析不远了。再说当年西班牙的无敌舰队厉害不厉害？现在还不是在海底睡觉？横扫欧洲大陆的拿破仑牛气不牛气？还不是被流放在小岛上？凭借英吉利海峡天堑的英国总能化险为夷的，而且它身后即将出现一个巨大的民主国家兵工厂。——不愿看到纳粹独霸欧洲大陆的美国已经同意以租借方式支援英国，第一批武器已经于 6 月 11 日从北美运来了。所以服软投降是不可能的！要打就打到底！在下议院丘吉尔慷慨激昂地演讲道："我们将战斗到底！跟德国人在海滩上打、在机场上打、在田野里打、在街道上打、在山坡上打……总而言之，德国人想在哪儿打，英国人就陪他在哪儿打。绝不投降！（投降一词用的是法语）"正如他所说 ："这条路长也罢，短也罢，崎岖也罢，平坦也罢，我们一定要走到底！"在这位英国首相看来，大不列颠只有"苦撑待变"才有出路，这点丘吉尔和蒋委员长"英雄所见略同"，那就是打持久战，等待世界形势发生转变。

∧ 漫画：英国正与德国、意大利单打独斗，法国已经被打趴在了地上。武装好了的美国却在保持中立地旁观。

＜ 美国鹰通过《租借法案》为英国人送来了武器，包裹上写着“喜事”。

而英国国王乔治六世在听到法国投降的时候也没有难过，他反而高兴地告诉他的母亲：“我太高兴了！因为我们终于没有需要讨好和迁就的盟友了。”

就在希特勒幻想英国人拱手来降的时候，英国人却在加紧备战，不论男人还是妇女，所有英国人都在工厂车间里拼命地工作，直到累瘫在地板上，才被人强行拖走。英国为了保卫自家的海滩，在上面建满了大大小小的碉堡和带电的铁丝网，还埋上了地雷和石油管道，准备敌人一来袭就排放石油并点火，用“火墙”来烧死抢滩登陆的德国佬。而为了使登陆后的敌人晕头转向地找不到北，英国人还把所有的路名牌和路标都给拆了……在英国本土开始的全民动员，不但包括男人，连女人也参加了进来，组成了本土守备队。以至于有人吓唬孩子说：“别淘气了，宝贝。要不爸爸就要打你了！你再闹！妈妈就要开着坦克过来了！”

谈不拢就只好打了，于是一个在英国登陆的“海狮计划”被制定出来了。

〈 漫画："牙医"希特勒从门里探出身来招呼丘吉尔进来："你是下一个！"
墙上的帽子上写着"奥地利"、"捷克"、"波兰"、"挪威"、"比利时"、"荷兰"、"法国"……最右边坐着的丘吉尔正撸起袖子准备与希特勒干了。

不过曾横扫千军的德国陆军提出，他们必须先跨过英吉利海峡才能大显身手，这就需要海军先把他们运过去。但面对海上霸主英国的海军，弱小的德国海军感到肝颤气短，而且他们刚在挪威海战中损失了一半，很可能刚到海峡中央就被英国海军送到海底了，所以海军说这需要空军来护航。空军司令戈林拍着胸脯说陆军海军都可以靠边站了，只靠他的空军就能将敌人的海军和空军都打垮，让英国人跪下来舔自己的靴子……陆军和海军见不用自己冒险，也纷纷表示支持空军的这个计划。希特勒也对渡海登陆没有信心，于是同意先打击英国空军一下，为陆军和海军开开路。

于是不列颠空战开始了。

8月13日，戈林放出了他的"小鸟"，一共1485架飞机飞越了英吉利海峡，这天被特意命名为"鹰日"，目标是轰炸英国的工业基地与机场。而英军只有700架飞机与之对抗，双方在空中缠斗的场面就像电影大片一样，在蓝色的天空上画出一道道白色的痕迹，站在海峡两岸峭壁上的人甚至都能看得见现场直播，每当一架德军飞机冒着烟被击落时，地下就会有旁观者说："让我们把它当作足球比赛进了球一样庆贺一番吧！"英国民众把这当成看球赛了。

在这天的空战结束后，双方都宣布自己是胜利者，实际上两国都夸大了对方的损失，德方高估了敌人的损失，认为有 88 架英国飞机被击落，自己只损失了 12 架。但实际上这天的比分应该是 13：43，英国只有 13 架战斗机被击落，德国空军则损失了 43 架飞机，德军根本没有占到什么便宜。第二天双方损失比为 11:27，德军的飞机损失是英军的两倍。到 8 月 16 日的时候，戈林麾下的专家们估计英军还剩 300 架战斗机，四天后报告说又击落了 160 架，只剩下不到 150 架战斗机的英国空军马上就要完蛋了。每一次戈林的情报官都说已经几乎歼灭了敌人所有的战斗机，但奇怪的是还有英国战斗机不断地冒出来。——其实英军的战斗机还有 750 架。

^ 2016 年拍摄的《不列颠之战》的电影海报。

首先，英军的胜利得益于他们战斗机的优越性能，比如"喷火式"战斗机，它的速度与转弯更胜一筹，以至于德国飞行员狠狠地骂道："那些混蛋们转弯时简直太可恨了！好像就没有什么办法能够锁定击垮它们。"当戈林慷慨地询问己方的王牌飞行员阿道夫·加兰德（曾击落过 104 架敌机）还需要什么来帮助赢得这场胜利的时候，这位身上挂满军功

^ 漫画：飞起来的戈林向“英国佬的心脏”扔下炸弹，但都被弹了出去。

章的飞行员回答道：“一架喷火式飞机。”气得戈林跺着脚，骂骂咧咧地走开了。后来当有人问空军元帅戈林为什么不发展战略轰炸机时，戈林直截了当地说：“元首不关心我们有多大的飞机，而只关心我们有多少架飞机。”这要怪好大喜功、注重形式的希特勒。

另外英国空军还有着本土作战的优势，德军梅塞施密特 Me-109 飞机携带的燃油仅够飞行一个小时，在飞越了英吉利海峡后就只剩下四十分钟的时间来用于战斗了，加兰德把这种飞机比作“一条被拴上了锁链的狗，想咬到它的敌人，却无能为力。”英军没有时间上的顾虑，且被击落的英国飞行员跳伞后可以马上领到一架新飞机，而被击落的德军飞行员降落在英国就只能在牢里领盒饭了。

最重要的是英国还装备了在敌机来临之前就能发现其踪迹的新发明——雷达，德军来袭飞机的数量、方位和高度通通都在他们掌握之中，这样英国人就能“未卜先知”地做出相应部署来“守株待兔”。

一连串的失利使德国人很纳闷，他们总觉得对方知道自己什么时候来、要去哪儿，慢慢地他们才醒过味儿来，意识到原来是雷达这个“千里眼”在暗中观察。那么先打掉英军的雷达对方不就成了睁眼瞎？！之前怎么没想到呢？于是德军飞机开始攻击雷达站。

不过几轮攻击后心浮气躁的戈林又觉得对雷达站的攻击没有马上达到预期的效果，于是下令停止，结果攻击雷达站的行动又半途而废。

但有数量优势的德国飞机前仆后继、不计代价地发动疯狂进攻，英国空军也经不起消耗了。在德国空军的疲劳战术下，英国飞行员已经精疲力竭了，因为许多飞行员不得不超负荷飞行，而且被炸毁的机场与损坏的飞机根本来不及修复！许多英国飞行员甚至发现，自己上了天后没法安全降落。

∧ 英军“喷火式”战斗机

在激烈的空战中还出现了一段插曲：由于英国的轰炸机晚上出动，而战斗机则通常在白天忙于抵御德军的空袭，双方见不到面，所以都以为对方在无所事事，产生了误会。最后在一次酒吧的激烈争论后，矛盾被激化了。三名轰炸机飞行员低空飞过一个战斗机的基地，空投下了大量的厕纸和旧宣传单；作为报复，战斗机飞行员在轰炸机基地着陆后把一位皇家空军中校绑架到了他们的基地，并强迫他打扫卫生、捡干净所有的垃圾。最后还是上级部门及时出手，才平息了这次“战争”。

面对日益恶化的局势，丘吉尔也心急如焚。每天晚上，在唐宁街 10 号首相官邸的丘吉尔目睹着天上呼啸而过的德军飞机，他都把手伸向天空冲着它们喊：“你们为什么不来这里啊？来轰炸我啊！来轰炸我啊！”因为只要德国空军将目标转向伦敦，雷达站、机场与空军基地的压力就会大大减轻。英国皇家空军的指挥官道丁也悲观地声称只能寄希望于全能上帝的显灵了。“我们现在最需要的是一个奇迹。”道丁说道。而这个“奇迹”将由德国人来创造。

双方一开始都只是轰炸对方的工业区或军事基地，因为丘吉尔警告德国：任何对英国平民区的轰炸都会遭到“适当”的反击。但就在他就职的那一天，德国西南部的弗莱堡就遭到了空中轰炸，57 名平民丧生。大发雷霆的希特勒立即指责英国“不人道”，但后来查明情况后才发现，原来是肇事的不是英国轰炸机而是德国轰炸机，后者在前往袭击法国的空军基地时在厚厚的云层中迷了路，结果误炸了自家人。

这不是德军飞机第一次失误了，有一次他们的轰炸机还一度误炸了中立国爱尔兰首都都柏林，德国事后道歉说：“可能是因为大风”把飞机吹离了航线……

8 月 24 日晚上，两名德国飞行员又犯了同样的错误，而这次错误最终改变了历史的走向。由于航线错误，他们误把炸弹投在了英国首都伦敦，炸死了 8 名市民，这是被希特勒和戈林严厉禁止的。自家的首都挨炸正是丘吉尔“梦寐以求的”，这次误炸让他大喜过望，因为这给了英国一个很好的借口。丘吉尔立即逮住了这次机会，来激发民众的士气并获取国际上的同情，并以牙还牙地在第二天就派出了 81 架飞机于夜间轰炸柏林作为报复。

就在柏林空袭警报响起来的几分钟之前，德国宣传部门还在声明任何敌人的炸弹都不可能轰炸到德国最令人骄傲的城市。谁料打脸来得如此之快。

虽然这次轰炸没有造成多少损失，但让柏林的德国人目瞪口呆，他们终于也尝到了轰炸的滋味，后方的首都竟然变成了前线？！这是一个不祥的预兆。因为这是自战争以来德国首都第一次挨炸。更为难堪的是德国空军司令戈林，因为他曾夸下海口保证过首都永远不会挨炸。“如果英军轰炸机能够穿透他的空中防线到柏林，那我就改个犹太名字，叫赫尔曼·迈耶”，或者大家不叫他元帅而叫他“面瓜”。

对于落在首都的炸弹，希特勒保持了理性，没有发火；第二次空袭后希特勒仍然保持了冷静，可是当英国飞机一而再再而三地发动夜间空袭来轰炸柏林时，他终于被惹毛了！

9 月 4 日，希特勒召开集会，气急败坏地宣布要以牙还牙、以眼还眼，“如果英国人敢扔下 3000—4000 公斤炸弹，我们将会扔下 30 万或 40 万公斤炸弹……”于是德国人自己改变了自己的策略。

1940 年 9 月 7 日下午，1200 多架德军飞机呼啸着飞过英吉利海峡，几乎覆盖了方圆 800 平方英里的天空，开始对英国的各大城市展开报复，满面红光的帝国元帅戈林则像一个等待观看烟火的小男孩，翘首望着蓝天，激动不已……对于英国的城市来说，一个巨大的灾难即将来临。但英国空军却得到了喘息的机会，他们抓紧时间修复机场、工厂和受损的飞机，再次振作起来。

一些反对把目标转向轰炸伦敦的纳粹空军指挥官指出：“我们正在放弃眼看就要赢的游戏！”“我感到又愤怒又失望……在这胜利的关键时刻，我们眼睁睁地看着打击英国战斗机的决定性战役因为轰炸伦敦而停止！”丘吉尔设计激怒了希特勒，用一个伦敦市的代价，换来了皇家空军喘息的机会。

9月15日，戈林出动了最大规模的战斗机与轰炸机编队，他向希特勒预言这天的战斗将会是个转折点！英国也出动了24个飞行中队中的22个，在一整天的空战中，56架德国飞机被击落，另有几十架在返回基地时坠毁，有雷达助战的英军只损失了26架。这一天后来被胜利的英国人定为“不列颠空战日”。两天后，已对对英作战失去信心的希特勒决定无限期推迟“海狮计划”。戈林说的转折点出现了，却是以德国的失败而告终。

不过德军对英国城市的轰炸一直持续到了1941年，英国城市损失惨重，因为他们的高射炮除了迫使德军的飞机飞得更高一点外，几乎没有用，从后来的统计来看，“伦敦大轰炸”期间因飞行事故而损失的德国飞机要多于被英国防空炮和战斗机击落的飞机。后来英国政府也承认，实际上高射炮只不过想提升平民的士气，告诉那些躲藏在自家地窖、地铁站和防空洞里的群众，英国正在反击。实际上，德军对城市的狂轰滥炸也并没有打击到英国人的斗志，在1941年对伦敦居民的一次问卷调查中，多数人认为去年冬天最令人沮丧的事是天气不好，而不是德军的轰炸。60%的人甚至宁愿待在自己的床上过夜，也不愿意去安全的防空洞……

英国丘吉尔就是其中之一，他喜欢在空袭来临时离开防空洞在街上到处溜达，为阻止丘吉尔出去，他的贴身男仆就把他的鞋给藏起来，因为首相的行为太危险，很容易掉脑袋，或者回来时缺胳膊少腿。但丘吉尔却不以为然，他愤怒地叫道：“我还是小孩时我的保姆就没法阻止我去公园玩，只要我想去！希特勒也阻止不了我！”当有一次一枚德国的炸弹落在他乘坐的汽车旁，气浪几乎把他的汽车掀翻时，胖墩墩的丘吉尔却开玩笑说：“这一定是我身上的肉把汽车稳住了。”

丘吉尔没有告诉这位男仆的是，英国已经掌握了一张王牌，那就是绝密级的“奥特拉”密码破译机。

^ 漫画：装扮成圣诞老人的希特勒拉着炸弹、驾着麋鹿从天而降，“礼物包”上写着“纳粹的圣诞入侵”。坐在烟囱口的丘吉尔全副武装地说道：“你也许是虚构的，但我不会冒险的！”

如果说英国装备的雷达是“千里眼”的话，那么“奥特拉”就是“顺风耳”，通过这个密码破译机，他们已经破译了德国人的英格玛密码，对德国最高统帅部、陆军总部、国防军、海军、空军、党卫军和反间谍机关来往的电文信息了如指掌，这些情报被称为“超级机密”。这就像玩扑克牌，虽然德国人的牌比较好，但是英国人已经在牌上做了记号，想不赢都难。一名盟军的密码专家就

^ 漫画：1940 年 8 月 15 日，希特勒的“节日”。拿着鲜花和机枪的英军正在门口“欢迎”希特勒。但纳粹“鹰”已经都坠毁在了外面，根本飞不过来了。

曾开心地谈论起一名驻意大利的德国空军密码操作员，后者总是用他女朋友姓名的首字母来做暗号，多亏不花心的他对女朋友忠贞不渝，没有不停地更换女友，盟军这才得以源源不断地获取情报。

而英军能够顺利破译德军的密码也要归功于希特勒，这是他间接送给丘吉尔的一份大礼。因为当时德国军方使用的是西门子公司生产的“英格玛”密码机，这在当时世界上算是最高端的密码机，保密性极强。但就在开战前，希特勒下令驱逐国内的犹太人，其中一名参与设计制造“英格玛”密码机的工程师也在被驱逐名单内。这名失去家园、一无所有的工程师一怒之下就投奔了英国，帮助英国的工程师们制造了一台最新型的密码机。

到了 1941 年 6 月的时候，德国在不列颠空战中已经损失了 1733 架飞机，而英国空军只损失了 915 架。此时希特勒无限期推迟的“海狮计划”早已束之高阁了。

从空中压制英国的希望化为泡影，希特勒只能寄希望于拉西班牙、法国和苏联等国下水，组成反英同盟，围攻大不列颠。

希特勒自信凭借自己的卓越口才，一跟西班牙的佛朗哥见面就能轻而易举地说服他，就像说服张伯伦和墨索里尼那样。在希特勒看来，要没有德国人的帮助，佛朗哥这个自封的大元帅还不知道在哪儿。说什么靠了圣母的干预他才取得了内战的胜利，屁！是靠了德国空军“将炸弹如雨点般从天上扔下来才让他取得了胜利”！

在希特勒等了一个小时后，佛朗哥这个“西班牙懒汉”才姗姗来迟。这是他故意使出的心理战术，“我必须用计，”他对一个手下的军官说道，“我让希特勒等我，在心理上从一开始，他便处于不利的地位。”虽然佛朗哥是德国扶植的，希特勒对其有“救命之恩”，但佛朗哥却比希特勒更狡猾，他有着自己的小算盘。虽然希特勒巧舌如簧，但佛朗哥却不动如山，他见英国战斗力犹存，决定不见兔子不撒鹰，不到胜负已分的最后时刻绝不轻易下水。对于希特勒的游说，佛朗哥并没有直接反对，而是在表完忠心后喋喋不休地向希特勒提出了一大堆问题来为难他。比如他需要几百万吨的粮食以防被英军封锁，直布罗陀必须西班牙亲自去占领，德国必须提供武器来应付敌人的反攻，最后参战时间还要西班牙自己来定……在经过了九个小时的马拉松式的会谈后，希特勒气得大骂，声称自己宁愿被拔掉几颗牙，也不再跟佛朗哥谈判了。

当与维希法国的元首贝当会晤的时候，双方都各怀鬼胎地顾左右而言他，当希特勒提出要法国参加对英作战时，老迈的贝当装作没听见；而贝当提出德国应该把 200 万法军战俘放回来与家人团聚时，希特勒也假装没听见，结

^ 漫画：楼下的希特勒和墨索里尼向阳台上的佛朗哥唱着“情歌”，想引诱他参战，加入轴心国阵营，但佛朗哥却不为所动，机灵地保持了中立。

^ 海报：意大利的殖民帝国。

果是鸡同鸭讲。

希特勒刚从佛朗哥和贝当的手上败下阵来，就又收到了一个倒霉的消息，德国的猪队友又来添乱，需要它这个“大哥”去替它摆平。

第七章
猪队友

★★★

"宁做一天狮子，不做五十天的绵羊！"

——墨索里尼的格言

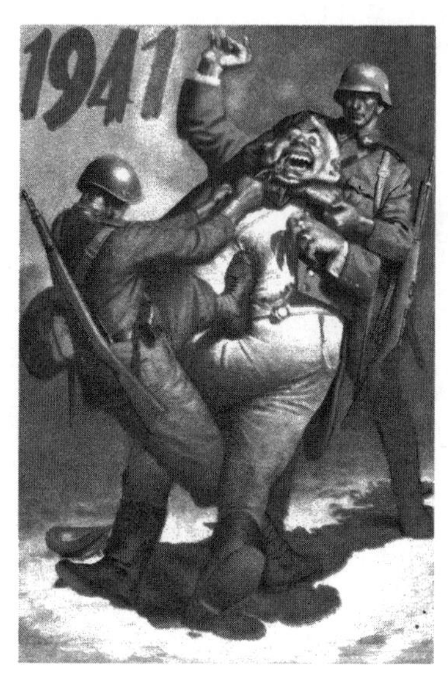

∧ 意大利海报：德国兵正在给大腹便便的英国佬拔牙。

在墨索里尼看来，法国已经被打趴下，英国正被德国空军轰炸得焦头烂额，现在趁火打劫、出兵夺取大英帝国的殖民地简直是个再好不过的机会了！虽然它根本没准备好。

当墨索里尼的将军们得知他要对英、法宣战时都大吃一惊，陆军总参谋长巴多格里奥元帅连珠炮似的大喊："我们没有武器！没有坦克！没有飞机！甚至连士兵穿的军装都不够！"气得满脸通红的墨索里尼直拿小拳拳捶他的胸口，对着他大吼道："阁下实在缺乏判断事态的冷静头脑！"墨索里尼对此的解释是："我保证到 9 月份战事就会结束的，我们只需要几千人的伤亡，就能坐在胜利者的飨宴上了！"

当一些军官指出意大利的军队是一支"玩具军队"，装备缺乏、武器落后，许多来复枪还是 1891 年设计的，马拉大炮是一战时用的，意大利军队的装甲车被士兵们戏称为"沙丁鱼罐头"或"手提箱"时，墨索里尼告诉他的军官们先将就将就。"薄皮馅大"的意大利坦克被士兵们戏称为"移动的棺材"，墨索里尼对此的解释是轻型坦克更适应意大利士兵快速的反应……

虽然意大利海军没有一艘航空母舰，但墨索里尼坚持认为意大利半岛就是一艘永不沉没的航空母舰。当海军将领提醒他们的领袖，意大利的燃油储备只有 180 万吨，只能够维持九个月时，墨索里尼竟然认为足够多了，过于乐观的他坚信三个月就可以搞定一切，为此他竟然命令海军将其中 30 万吨燃油转让给空军和民用工业。

为了安慰众将领，墨索里尼自吹自擂地说，他能够动员“800 万支刺刀”参战，最高司令部又添油加醋地把这个数字提高到了 1200 万，而实际上陆军的装备只够 100 万不到的士兵使用。当召集不到足够的士兵时，墨索里尼就异想天开地决定把一个陆军师由原来的 3 个团缩减成 2 个，这样他就能宣布意大利有 80 个师了！墨索里尼不知道的是，他检阅军队时看到的装甲车都是向警察局借来的，然后用漆刷成了军用的灰绿色，阅兵式一结束再把它们刷回去。

至于意大利的空军，在战前长达二十年的时间里，意大利的飞行员一直保持着航程与航速的最高世界纪录，而且还包揽了所有国际比赛的冠军。但他们更像是花哨的杂技演员而不是战士，战斗机飞行员可以轻易地绕着对手飞上好几圈，而且他们还怂恿轰炸机也跟着他们学。但不思进取导致他们很快就落后了，大战开始后意大利的飞机上只装了两杆机关枪，而盟军的飞机上早已换上了火炮。而且意大利的战斗机飞行速度之慢简直令盟军飞行员大跌眼镜，一次一架英国“喷火式”战斗机追赶一架意大利“猎鹰”战斗机，结果一不留神撞上了，直接把“猎鹰”撞到了九霄云外……以至于意大利飞行员抱怨说：“连英国人的炸弹都比我们的飞机跑得快！”而另一款“天剑”式战斗机，意大利飞行员对它的评价是：“适合开着去观光，而不是上战场。”

意大利不但积贫积弱，陆海空三军内部也争吵连连、分歧不断，以至于三方甚至派间谍互相监视彼此的行动！因为怕有人威胁到自己的地位，大权独揽的墨索里尼拒绝相信任何有能力的人，他一休长假，政府就停摆，这导致了组织上的混乱，有时甚至是瘫痪。“只要他看到聚在我们身上的光芒太耀眼，”意大利的飞行英雄依塔罗·巴尔博说，“他就会把电源关掉。”而如果有三个部长在一个问题上达成一致，那么这个举动就会被墨索里尼视为是一个阴谋。疑神疑鬼的墨索里尼曾对一个熟人吐露心声说：“如果我在天堂的老妈复活了，我也不会再去相信她。”当 1940 年意大利投入战争生死攸关的时候，墨索里尼却还在操心罗马的交警什么时候应该换上白色的夏季制服，他为威尼斯丽都岛的军乐队哪天举行夏季音乐会而伤脑筋，就像大战根本不存在一样。连他的女婿齐亚诺都私下抱怨说：“领袖只会关心形式问题。如果谁举枪致敬的姿势错了，或者哪个军官正步走时不知道先抬左腿，那他就死定了！”一名德国随军大使也注意到，在一次阅兵式上，墨索里尼对意大利士兵的陈旧装备熟视无睹，反而对他们经过主席台时嘹亮的歌声更感兴趣。

虽然一切都没准备好，但墨索里尼已经被德国的胜利冲昏了头脑，他把战争当成了投机倒把，虽然他赌本不多，但胆量却不小。墨索里尼迫不及待地向法国宣战后，又猴急地在北非、东非与希腊全面扩张、四面开花，企图全面控制红海和苏伊士运河，并将地中海变作意大利的内湖，重现古罗马帝国的荣光！

“看来我们的冒险要开始了！”墨索里尼的女婿兼外交部长齐亚诺在当晚的日记里这样写道。

而一些意大利人则总结道：“一战时，我们先准备，然后上战场，最后休战。这次大战我们先签订休战协定，[①]然后上战场，最后才开始做必要的准备。”

向北非与东非进军是为了趁火打劫，抢夺英国在非洲的殖民地，而向希腊开战则是为了报复一下希特勒，因为他偷偷地进军巴尔干的时候竟然不告诉自己这个盟友。

希特勒称他在巴尔干地区的盟友为“垃圾”，比如罗马尼亚军队以服装新颖闻名，而不是以战斗力闻名。俾斯麦曾警告过：“千万不要卷入这个多事儿的地方！”这里民族多、国家多、矛盾也多，第一次世界大战的导火索就是在这儿被点燃的。但希特勒还是不得不拉拢、支持它们，因为巴尔干半岛是他即将开始的行动的右翼，必需握在手里。

1940 年 10 月，德国派军队进驻了罗马尼亚，对外声称这只是指导罗马尼亚的训练部队。后来一些德国先头部队又以旅游者的身份偷偷地进入了保

① 指意大利参战时法国已投降。

∧ 漫画：自杀？拿着“古罗马帝国条件”、穿着古罗马服饰的墨索里尼正准备“下海”，海水波浪中的字样是“苏伊士运河”。

＜鲍里斯三世（1894—1943 年）

这个保加利亚国王是个秃顶，他身材瘦弱、略微驼背。这位面带病容的国王的最大乐趣是开火车，其次是研究钟表的机械结构。穿越欧洲大陆的“东方快车”的司机们曾得到铁路公司的警告，列车在保加利亚境内行驶时，不许其国王靠近驾驶室。面对大战的逼近，鲍里斯三世曾抱怨道：“我的军队是亲德国的，我的妻子（意大利国王的女儿）亲意大利，我的人民亲俄国，只有我自己是亲保加利亚的。”不过在德国咄咄逼人的压力下，他还是在 1941 年加入了轴心国，虽然此后保加利亚参与侵略南斯拉夫及希腊，并追随德国向英美宣战，但不愿意在一棵树上吊死的鲍里斯三世始终没有向苏联宣战，可苏联并没有放过保加利亚。

^ 漫画：讽刺希特勒玩杂耍似的冒险，把英、法、美和整个世界都吓得够呛。从丹麦跳到挪威，前面的横杆上写着瑞典、巴尔干半岛……

加利亚。9月19日，德国外长里宾特洛甫在一次访问中漫不经心地告诉意大利外长齐亚诺，德国向罗马尼亚派出了一支“指导部队”，意大利人起初并未在意，但当10月末他们从报纸上得知德国的“指导部队”竟然如此庞大，有一个装甲师和一个团时，墨索里尼气得大发雷霆，他一面禁止意大利报纸再报道此类消息，一面让齐亚诺“敦促”罗马尼亚也“请”意大利军队前去。结果罗马尼亚仅仅同意几位意大利空军军官前来，这令墨索里尼感到自己不像希特勒的盟友，反而像个候补队员，每次希特勒发动进攻后才将既成事实告诉他，令他措手不及。看到盟友屡战屡胜，风头盖过自己，而自己啥也没有得到，墨索里尼对希特勒充满了“羡慕忌妒恨”。

为了引起世界的注意，立志要与德国平起平坐的墨索里尼决定以其人之道还治其人之身来报复一下希特勒，以此来告慰他伤痕累累的自尊心。他打算入侵希腊，但事先也不告诉希特勒。意大利外交部长齐亚诺说道：“希特勒将从报纸上得知意大利征服希腊的消息。”

在决定对希腊开战后，墨索里尼有样学样地效仿希特勒向希腊总理梅塔克萨斯发出最后通牒，声称意大利要求占领希腊境内的一系列战略要地，以保证它的中立地位，限三小时内答复！希腊政府理所当然地拒绝了，梅塔克萨斯以“不”拒绝了意大利的最后通牒，他解释道：“我连在几个小时里贴出告示出卖我的房子都做不到，怎么能这么快地出卖我的国家？”于是在三个小时之后，意大利侵略军越过了希腊的边界，但“不”的口号已经响彻希腊雅典的大街小巷，后来这天（10 月 28 日）也成了希腊的法定假日。

当得知墨索里尼开始进攻希腊的时候，希特勒正在开往意大利的火车上，他正要去跟墨索里尼会晤呢。这个突如其来的消息令他破口大骂，称：“两个意大利人里，有一个不是卖国贼就是间谍。”因为这打乱了德国的战略计划。

满面春风的墨索里尼在佛罗伦萨一见到希特勒就用德语炫耀似的大声喊着：“胜利的意大利军队已经在今天黎明时分跨过了希腊与阿尔巴尼亚的边界！”

希特勒气得够呛，但他却把咬牙切齿的愤怒尽力掩盖起来，表面上显得很镇定。在他看来，对付巴尔干半岛的这几个小国家本来可以不战而屈人之兵的，在他的威逼利诱下，匈牙利和罗马尼亚已经被收为小弟，保加利亚和南斯拉夫很快也要被接受为轴心国集团的成员。但意大利撸起袖子把桌子掀了，直接动武将把一切都搞砸，而且使英国有了可乘之机，因为希腊是 1939 年英国保证其安全的国家之一，这会给英军出兵希腊的理由。

更糟糕的是，意大利对希腊的进军成了一场大灾难，墨索里尼对即将出征的军官们保证说希腊的陆军只有小小的 3 万人，外交部长齐亚诺则预计希腊人根本不会抵抗，因为意大利已经事先将希腊军队的领导们“打点”好了。于是只准备了两个星期的意大利军队仓促上阵了，他们在接近希腊边境时甚至领到了丝袜和避孕套，准备去好好“享受”一番。墨索里尼还特意选了个“黄道吉日”来出兵，那就是 10 月 28 日，这是他在 1922 年 10 月 28 日“进军罗马”夺取政权的纪念日。

但大批意大利远征军刚踏上阿尔巴尼亚的都拉斯港，就被几艘卸载大理石的船只给堵住了去路，而且这些大理石还是意大利在阿尔巴尼亚施工用的。由于缺乏运输设备，3 万吨供给品被丢在了码头上，导致许多士兵向山上进军时连棉靴都没得穿。而在层峦叠嶂、起伏连绵的希腊山区，气温马上就要跌破零度了。

而最可怕的是，“凶残”的希腊人根本不是事先说好的那样，他们在群山中灵活地穿梭，向意大利军队发起了猛攻。不但把他们赶出了边界线，还反攻到了阿尔巴尼亚境内，解放了那里三分之一的领土。意大利军队败退得实在太快，以至于他们的运输机都把一袋袋的粮食补给投给了追赶他们的希腊军队。意大利在希腊的溃败使得国内开始流传这样一个笑话：法国人在法意边界竖起了一座标语牌，上面写着：“希腊人止步！这里已经是法国边境！”

^ 漫画：希特勒操纵的傀儡贝当（维希法国元首）、吉斯林（挪威总理）和赖伐尔（维希法国总理）。

意军的一败涂地让墨索里尼丢尽了脸，他气得直骂意大利人简直是个“平庸的种族，除了唱歌和吃冰激凌以外一无是处”。狼狈不堪的墨索里尼不得不转而向德国求助，寄希望于希特勒能拉兄弟一把。

而在非洲战场，意大利军队也不出意外地四处碰壁、一败涂地。

在阿比西尼亚，意大利有 37 万大军，而在周边的英属索马里、肯尼亚和苏丹只有 1.9 万英军；在利比亚的意军有 25 万，英国在埃及的驻军仅仅有 3.6 万人。墨索里尼认为意大利军队在人数上占有绝对的优势，对付敌人不在话下。

问题是，他高估了自己的实力。1940 年 7 月，在东非的意大利军队开始行动，向南攻入英国殖民地肯尼亚，向西进攻英国殖民地苏丹，8 月，又进攻东面的英属索马里。此时英国本土正被德国空军炸得昏天黑地，无暇顾及海外领土，在英属索马里的英军由于寡不敌众，于是采取避战策略，乘船从索马里撤退到了阿拉伯半岛，意军侥幸占据了英属索马里的全境，东非的其他意军也进入了苏丹和肯尼亚境内，占据了边境上的一些据点，不过很快他们就停了下来，这也成了他们赢得的仅有的一次胜利。

而在北非，受命进攻埃及的是格拉齐亚尼元帅，他接的是巴尔博的班，因为就在墨索里尼向英、法宣战十八天后的 6 月 28 日，利比亚总督巴尔博乘坐的飞机被自家的放空炮当作英军飞机给轰了下来。虽然 6 月 28 日墨索里尼就下令入侵埃及，但格拉齐亚尼说要准备一下，结果一准备就准备了两个半月，到了 9 月上旬的时候，已失去耐心的墨索里尼下死命令格拉齐亚尼必须两天内开始进攻埃及，并在电报中破口大骂，威胁说格拉齐亚尼再不进攻，就让他辞职滚蛋！格拉齐亚尼这才不情不愿地开动，但刚向东走了 60 英里就又停了下来，他们在这里又要“休息”三个月。

格拉齐亚尼报告称这是因为军队缺乏装备和补给，他坚持要在墨索里尼答应过给他提供的 1000 辆坦克到账后再发起进攻。因为北非的意大利军队使用的枪支，大部分竟然还是 1918 年从奥匈帝国手中缴获的战利品，无线电设备在移动的时候无法收发信号。他们不但缺乏现代化的飞机、坦克与反坦克大炮，甚至连地雷都要靠在埃及边界的意大利士兵夜间偷偷地把英军阵地上的地雷挖出来再埋到自己的防线上。

不过很快就有人找到了解决方法，卡瓦列罗将军就神情严肃地向齐亚诺报告，称他已经找到了解决意大利军队机械化过低的问题，方法就是以后每天意大利步兵都必须行军 25 公里，而不允许像现在一样每天才走 12 公里。

另一个原因是意大利的侦察飞机发现，对面的英军兵强马壮，坦克、大炮一大堆。但实际情况是，兵力薄弱的英军也紧张得不得了，他们只能把橡胶做的坦克吹上气摆在阵地上吓唬意大利人，晚上放了气再收起来搬到另一个阵地上充上气，许多防空大炮也是木头做的假玩意儿，完全就是虚张声势。

但英军的这招障眼法把意大利人吓到了，让他们一连三个月都不敢发起进攻。

双方对峙到 1940 年年底的时候，已在不列颠空战中取胜的英国开始腾出手来，他们准备收拾意大利军队了。

1940 年 12 月 9 日早上 7 点多的时候，意大利士兵正在煮咖啡做早饭，不过他们没有机会享用这顿丰盛的早餐了，因为突袭的英军用轰隆隆的坦克声和闪闪发光的刺刀打断了他们的休息。英军的这次突袭就像拿一根铁棍捅了个马蜂窝，意大利军队四散而逃。在一些地方，英军刚放了两枪，就发现意军已经举起了白旗，后者解释说他们的弹药打光了，但在他们身后就是一大堆还没开封的军火。

本来英军司令韦维尔只打算来次五天的突袭，但到第三天的时候就俘虏了 39000 名意大利士兵，而他们的预期值只是 3000 多人。战俘数量多得把负责看管他们的英国看守都吓坏了，他们不但把公路都堵住了，而且如何处置这么多人也成了一个令英国人头疼的问题。

沉浸在胜利喜悦中的英军一路高歌猛进，他们扔出手榴弹引爆敌人埋的地雷，为坦克的进军扫清了障碍。连负责看守行李的新西兰人也跑来看热闹了，他们也不愿意错过即将到来的精彩战斗。1 月 4 日，英军手里又多了 4 万名战俘。随后他们马上就攻入了利比亚境内，由于意大利的军车不断被英军俘获，英军士兵幽默地称它为“公共汽车”，意思就是想上就上，而且随时都能上。

很快奥康纳中将的第7装甲师就逼近了托卜鲁克，一天半的时间就突破了这个重镇周边的防御工事。21日黄昏的时候，英军已经进入了市中心，而迎接他们的是一名不久前被意大利人俘虏的英军飞行员，他高兴地对战友道："欢迎！伙计！这座城市已经是你们的了！"一个曾在巴勒斯坦服役的澳大利亚士兵甚至抱怨："这也太顺利了！我在特拉维夫当警察都比在这儿打仗刺激！"

如同惊弓之鸟的意大利军队沿着利比亚的海岸公路向西狂奔，溃退变成了大溃逃，一场赛跑开始了。——英军必须在他们逃到的黎波里之前把他们抓住。这次比赛在2月5日中午时分见了分晓，获得冠军的英国队三十个小时跑了150英里到达了终点贝达富姆，三十分钟后，屈居亚军的意大利队才在滚滚烟尘中现身。面对英军的两头堵，突围是不可能的了，因为意大利人的坦克每30辆才有一套无线电通话系统，根本无法相互协调。而且当地的土著阿拉伯人见钱眼开，他们把英军的情报倒卖给意大利人，也把意军这边的情报倒卖给英国人以换取报酬，两边通吃。英军已经对敌人的情况了如指掌。

^ 漫画：想要骑马驰骋的墨索里尼搞错了方向。

英军一个月内就挺进了200公里，打下了半个利比亚，俘虏了13万意大利人，意军1名将军阵亡，5名将军被俘。在意大利人身上，英国人取得了二战开打以来的第一场陆上胜利。

而在遥远的东非，意大

利军队败得更彻底，把整个殖民地都输了个精光。

1941 年初，从苏丹和肯尼亚出击的英军也开始了反击，他们南北夹击，很快就取得了突破，把敌人打得溃不成军。撤退的意大利士兵忙着把机枪扔到车外，而把军官们的行李搬上车。当南路英军进入意属索马里首府摩加迪沙的时候，他们得到了 43 万加仑燃料的补给，这是来不及带走的意大利人给他们留下来的，他们正好用这些燃料继续追击。而面对英国空军的进攻，意大利雇佣的大量当地土著民兵也开始“罢工”，他们的理由是：我们被雇来是跟人打仗的，而不是跟飞机打仗！ 4 月 1 日，北路已经进入阿斯马拉的普拉特向喀土穆的英军指挥部发去电报，称自己已经在厄立特里亚的首都了，为了让对方相信，他还特意注明：“注意！这不是愚人节的玩笑！”5 月 17 日，意大利在阿比西尼亚的总督奥斯塔公爵宣布投降。1941 年 5 月 5 日，意大利军队进入亚的斯亚贝巴整整五周年后，阿比西尼亚国王海尔・塞拉西一世回来了，他拒绝骑着高大的名马入城，而选择坐着一辆意大利产的轿车凯旋。重登王位的他为了彰显胜利，宣布把国名改为埃塞俄比亚。

墨索里尼在东非的殖民地就这样丧失殆尽了。

正如德意志第二帝国首相俾斯麦评论的那样：意大利胃口虽大却牙口不好，简直是个“战五渣”。墨索里尼这个“猪队友”在各个战场上一败再败，不但没有从英国身上咬下几块肉来，反而几乎要把自己的殖民地盘全部丢光了。

墨索里尼不得不再次向希特勒求援。一些嘲笑墨索里尼的笑话开始出现，比如：在一次峰会上，希特勒中途短暂离席，墨索里尼要打开一瓶香槟，结果香槟瓶的塞子崩到了他的眼睛。希特勒回来看到墨索里尼的熊猫眼后大为生气，他斥责道：“领袖啊！领袖！我刚离开你一分钟，你就被人打成这个样子了？！”

德国人本来以为意大利参战后会帮德国的忙，谁知道却是帮倒忙，墨索里尼不但没有分担德军的压力，反而分散了德军的兵力，拖了德国的后腿，打乱了他们的作战计划。德国的军事观察员辛辣地总结道：意大利如果能够保持中立，它也许能够牵制敌军 10 个师；如果它加入敌对阵营，则德军只需要 5 个师就能将它击败；但意大利如果和德国结盟参战，德国则需要浪费 20 个师去保护它。“希特勒对意大利的屁事烦透了”，但又不能不管，毕竟意大利也是轴心国的一员，墨索里尼要是被打得满地找牙，自己这个大哥的脸上也不好看。

不过，东非过于遥远，鞭长莫及的德国人实在帮不上忙，但北非和巴尔干战场必须出手，因为利比亚的丢失将威胁到意大利本土，而且英国人已经开始在希腊的港口登陆了——希腊也是英国的小弟，1939 年英国曾承诺给予其保护——这将威胁到德军的下一个作战计划。这导致德国也不得不向这两个地区派兵，卷入这两场不情愿的战争。

被希特勒派往北非的非洲军团很快就帮助意大利人翻了盘。

领导非洲军团的正是在法国战场上率领“幽灵师”神出鬼没的德国中将隆美尔，他到达北非时发现的黎波里的意大利士兵已经打点好行李准备好上船回家了。但一来到北非的他立即敏锐地发现，在茫茫无际的沙漠中，很适宜“飙车”，闪电战在这里有充分的用武之地。

而这时候大部分英军已经被调往地中海北岸去援助希腊了，这是被希特勒喻为“政治家中蹩脚的军人、军人中蹩脚的政治家”的温斯顿·丘吉尔的主意，他见希腊人将意大利打得溃不成军，认为这是一个英国趁机重返欧洲的绝好机会，要比陪意大利人在北非沙漠里玩沙子强多了。

丘吉尔分兵的结果导致两头兵力都不足，既没有挽救希腊战场的危机，也没有足够的兵力全歼在利比亚的意大利军队。虽然北非的英军力量被削弱了，但英国人却并不怎么担心，因为他们已经通过“超级机密”得知隆美尔的实力太弱，只有两个装甲师，一个还是轻型装甲师，而且德国统帅部给力量薄弱的隆美尔下达了命令：只许守，不许攻！

但他们没想到的是，隆美尔竟然无组织、无纪律地不遵守命令！

看到机会的隆美尔技痒难耐，他深知战机就在眼前，稍纵即逝，于是决定“将在外，君命有所不受”。深懂虚而实之、实而虚之道理的他先是以彼之道、还施彼身地造了许多假坦克——其实是在大众汽车的地盘上装上纸板、木头和帆布伪造的——用来吓唬英国人，然后大胆的分兵四路出击，被称作“纸板师”的假坦克跟在真坦克后面，一辆辆卡车则紧随在假坦克之后，以最快的速度制造出漫天的尘土，给英军以自己人多势众的假象。这次英军被彻底唬住了，于是迅速地撤退，这一退就退了 500 英里。几个月前是英军撵着意军跑，现在是德军撵着英军跑，仿佛在沙漠里举行了两届赛马大会。在慌乱的大撤退中，英军指挥官奥康纳由于在沙漠中走错了方向，结果自投罗网地将汽车开进了德军控制区，成了送上门的俘虏。

到 4 月初的时候，隆美尔已经收复了利比亚东部，打到了埃及门口，不过他还不敢深入埃及，因为托卜鲁克这个港口城市还在英军手中，他们用意大利人建好的工事阻挡住了德国人。隆美尔怕这里的英军抄自己的后路。

德军的数量与武器太少，而意大利战友的战斗力又太弱，眼看一辆英军侦察车抓住了大批意大利俘虏，德军立马开火并示意意大利人赶紧逃跑，他们跑是跑了，但都跑向了英国人的队伍。这导致他们拿托卜鲁克这个要塞没有办法，隆美尔乘坐飞机视察地形的时候还差点儿被意大利友军给打下来，于是只好围而不攻。

而在巴尔干半岛上，希特勒也决定对墨索里尼发兵相助，但表面上他却不动声色。在雅典，德国驻希腊大使的妻子还在为希意战争中受伤的希腊伤员进行救治，当希腊占领了阿尔巴尼亚的克里斯塔后，德国大使馆的全体人员还参加了庆祝活动并升起了一面希腊国旗，仿佛两国之间仍然保持着友好，但德国却在暗地里加紧准备。到了 1941 年 3 月中旬的时候，希特勒已经成功将巴尔干半岛上最后一个中立国南斯拉夫发展成了小弟，只需要借道对希腊一击即可。但就在入盟条约仅仅签订了四十八小时之后，又节外生枝了，南斯拉夫的

︿ 漫画：希特勒正在剥下“南斯拉夫”的衬衣，叫喊着：“我也要拿你的衬衫去赌！”旁边已经被剥下上衣、光着膀子的是“保加利亚”，坐在赌桌上的是死神。

执政者保罗王子被一群亲英反德的军官发动政变推翻了。

原来当保罗王子将屈服于德国的消息传开后，愤怒的信件和电报立即潮水般涌向了南斯拉夫政府的办公室，有人威胁如果保罗王子敢在合约上签字，就要他的命；南斯拉夫驻各国的外交官则威胁要全部辞职；停靠在外国港口访问的南斯拉夫船只上的船员也声称，如果政府屈服于德国法西斯，他们将不再回国……

但最终保罗王子还是向希特勒屈服了，因为在匈牙利、罗马尼亚和保加利亚相继成为德国的小弟后，南斯拉夫已陷入被轴心国三面包围的窘境。英美远在天边，德国却近在眼前。英美的手不够长，根本保护不了南斯拉夫，因为这些国家都在积极地劝说南斯拉夫抵抗希特勒，却没有一个国家提供军事援助。于是保罗在同盟条约上签了字，这立即引起了反对者的不满，当晚他就被亲英的军官发动政变推翻了。保罗年仅 18 岁的堂弟彼得宣布自己已成年，然后就被推上了王位。几乎是一夜之间，准盟友就变成了敌人。

贝尔格莱德的群众热烈地庆祝这次军事政变，灯杆上挂起了手工缝制的英国、美国和法国的国旗，民众唱着英国和南斯拉夫的国歌，举着丘吉尔和罗斯福的大幅照片游行。得知南斯拉夫发生了反德政变，丘吉尔兴奋地说道："南斯拉夫终于找到了自己的灵魂！"但他没想到的是，找到灵魂的南斯拉夫马上就要被闪电战打得魂飞魄散。

昨天还卿卿我我地表示要跟自己订婚，第二天就去跟别人登了记！得知消息的希特勒就是这个感觉，因为在他看来，他所签订的条约都是神圣不可侵犯的，只有他才有资格说了不算，其他人不能去破坏，否则就是大逆不道！感觉被戏耍了的希特勒勃然大怒，气得高喊："我要让世界上再也没有南斯拉夫这个国家！"为此他特意把入侵的行动代号命名为"惩罚"。

当 4 月 6 日早晨德国飞机飞到南斯拉夫上空时，南斯拉夫的防空炮兵还以为是自己家的飞机而根本没有开火，因为两国的飞机一模一样，南斯拉夫的飞机是两国关系恶化前由德国引进的，所以天上飞的飞机根本分不清谁是谁的。

德国飞机每隔 2—4 小时来轰炸一次，每次出动 150 多架飞机。南斯拉夫人被吓呆了，一个南斯拉夫的空军中尉后来回忆说："我从来没见过这么多飞机在一起飞，在电影里也没见过。"南斯拉夫政府的办公楼、通信设施及军事指挥中心被准确地炸毁，南斯拉夫各地军队失去了指挥，被轻易地切断。于是这次战役变成了一场"盲人和一个根本无法找到的敌人战斗"。

德国的一票小弟——意大利、匈牙利、保加利亚和罗马尼亚也饿狼一般地蜂拥而上，在三面围攻之下，南斯拉夫被大卸八块、瓜分完毕，新国王彼得二世匆忙逃往了希腊。

但希腊也不安全，因为希特勒对希腊的进攻也同时展开，德军很快就从南斯拉夫境内冲到了希腊军队的后方，因为前者正在阿尔巴尼亚与意大利军对峙。希腊新总理克里奇兹（原总理梅塔克萨斯此前接受喉咙手术后去世）惊讶地发现军队守卫希腊东部的命令被不吭不响地修改成了“战斗与撤离”，很多士兵已经在边打边撤，绝望的克里奇兹回到家一手拿着圣母玛利亚的画像，一手握着手枪冲自己的脑袋开了一枪，自杀了。英国的远征军也没派上用场，他们一抵达希腊就开始撤退，因为不撤就要被德军包饺子了。——事实证明英军真的很擅长撤退，他们用了五天的时间成功地把近5万人撤到了克里特岛。

4月20日，希腊军队签订了投降协议，但他们提出条件不能有意大利人在场，因为希腊人不能向没有打败自己的手下败将投降，这太伤自尊了。德国人表示理解，予以同意。但在协议签订后，德方的李斯特元帅认为这个文件太随意而且不完整，于是希腊人又签订了第二份投降协议。在得知两次投降协定都没有意大利人参加时，墨索里尼怒了，因为这又一次伤了他的自尊。他立即向希特勒抗议，拒绝承认停火协定，命令继续进攻。希特勒为顾及盟友的面子，只好指示希腊人向德国人与意大利人进行第三次投降。但虚荣心爆棚的墨索里尼仍不满意，他坚持要举行一次穿越雅典的胜利大阅兵。对此德国人根本不感兴趣，他们正忙着制定下一个战役的计划，认为羞辱一下战败的希腊人没有任何实际意义。但希特勒又一次迁就了他的盟友，不过他提出庆祝要克制，意大利人的态度要谦虚一些。于是在4月30日停战后，一小部分德国军队与意大利军队穿过了雅典的街道，一些雅典人还跑来看热闹，当德军通过时，一小部分人还鼓了掌，但当意大利军队经过时，迎接他们的是一片尴尬的沉默。

德军的闪电战再次大显神威，十二天干掉南斯拉夫，三周时间打垮希腊，并继敦刻尔克之后，又一次将英国人赶出了欧洲大陆。

而对于逃到克里特岛的英军，希特勒继续穷追猛打。5月20日，1.3万名“空中猎人”从天而降，这些德军伞兵直接降落在了克里特岛。不过这次史无前例的大胆战术却付出了极大的代价，因为英国已经通过“超级机密”得知了敌人的计划。被射中的德军运输飞机炸裂开来，像装着土豆的袋子裂开一样，德国士兵的尸体则像土豆似的落了下来。在蔚蓝天空的背景下，成功跳伞的德国伞兵仿佛秋天的落叶摇摇晃晃从天而降，看起来就像一个个提线木偶，而这正是敌人炮火的好靶子。为了减轻伞兵的负担，他们只随身带了手枪和少量弹药，其他装备都被装在箱子里用降落伞空投下来，这样就导致落地后的伞兵必须先找到自己的弹药箱，但鬼知道它们落到哪儿去了。第一天就有 40% 的人或死或伤或成了俘虏。但最后德国容克运输机冒着每三分钟被击毁一架的风险，还是不断在占领的克里特的机场着陆，陆续运送来了高山部队，但这时伞兵已经有 4000 人丧生，这个岛已经成了德国伞兵的坟墓。

不惜成本的德军在付出了极高的代价后，终于占领了克里特岛，英军只好再次撤退到埃及。南斯拉夫国王彼得二世和希腊国王乔治二世都逃往英国，于是英国的流亡政府俱乐部里又多了两个新成员。

关键时刻，希特勒向墨索里尼这个盟友伸出了援手，在德军的帮助下，在巴尔干的意大利军队转败为胜，在北非也靠隆美尔稳住了战线，这也标志着墨索里尼以后要靠希特勒罩着了。这虽然挽回了轴心国的面子，但德军介入北非与巴尔干导致分散了资源、浪费了时间。随着时间的推移，北非战场需要的兵力将越来越多，简直是又让德国陷入了两线作战。虽然巴尔干之役对德军来说简直是杀鸡用牛刀，但另一个严重的后果是它耽误了希特勒进攻苏联的“巴巴罗萨”行动的日期，进攻行动不得不推迟了六个星期。而那年莫斯科的第一场雪，比往年来得要更早些。趁火打劫的不仅有墨索里尼，还有斯大林。

第八章

冻人的前线

★★★

“上帝总是首先惩罚那些熟视无睹的人。”

——德国谚语

“没有寒冷的天气，只有穿错的衣服。”

——俄国谚语

趁希特勒向西扩张无暇东顾的时候，斯大林也在向西扩展领土，他兵不血刃地就将波罗的海三国与罗马尼亚的比萨拉比亚等地都纳入囊中。

1940 年 6 月，斯大林先是把波罗的海三国——立陶宛、拉脱维亚和爱沙尼亚的外交部长请到莫斯科“谈判”，三位部长进了苏联外交部长莫洛托夫的办公室后被告知：“如果不签署文件，你们就回不去了！”于是这三个小国在改组了政府后提出申请，表示“自愿”加入苏维埃大家庭，斯大林也顺水推舟地表示很高兴“接纳”这几个新成员，于是这三个小国就这么被苏联强行兼并了，这三个国家在一战前也是沙皇俄国的领土。

接着苏联又从罗马尼亚身上拿走了比萨拉比亚，理由是这个地区一战前也是沙皇俄国的领土，而罗马尼亚白占了这里二十二年是要支付利息的，于是北布科维纳也要划归苏联。这让希特勒十分恼怒，在他看来，斯大林简直是“乘人之危”！趁他在西线出击的时候趁火打劫！不过他现在有求于人，也不好立即发作。他已经陷入了两难的境地，直接渡海攻打英国吧，实在力所不逮，而且又怕苏联什么时候突然抄自己的后路，掉过头来先打苏联吧，又会陷入两线作战的老路。于是他想出了一个好办法：拉苏联入伙，一同围攻英国。

1940 年 9 月 27 日，《德意日三国同盟条约》正式签订，条约第五条规定：德国、意大利与日本声明上述各条款不影响三缔约国各与苏联间现存的政治地位。在德国与日本划分势力范围的秘密协定书中还表示：印度属于日本势力范围，但如果苏联也加入的话，则将印度转让给苏联……也就是说如果苏联加入，一个横跨欧亚大陆的联盟就会形成，四国联合起来共同瓜分大英帝国的遗产，英国必然抵挡不住。

而斯大林却不肯轻易表态，因为现在是希特勒有求于他，而不是他有求于希特勒，所以他要抬高价码，谈个好价钱。

1940 年 11 月 12 日，苏联外交部长莫洛托夫秘密来到柏林与德国谈判，英国人得知苏德双方在柏林密谈后于 13 日派出了飞机前去对柏林进行了大规

∧ 漫画："我把他打得半死，他还在咬我！"背着麋鹿的希特勒被咬了屁股一口，鹿身上写着"被征服的欧洲"。被咬的屁股上写着"破坏"。

模轰炸，以显示自己仍未被打垮。这次出击起到了良好的"助攻"效果，听到空袭警报的德国外交部长里宾特洛甫与莫洛托夫赶忙躲进了防空洞，在地下室里，关起门来的里宾特洛甫对莫洛托夫说道："现在这儿只有我们俩人了，我们为什么不划分一下世界呢？"莫洛托夫问道："那英国的意见呢？""英国？英国已经完了，它再也不能起什么作用了。"里宾特洛甫答道。莫洛托夫反问道："如果英国已经完了的话，那么我们为什么到这个防空室来呢，是谁往这儿扔炸弹呢？"里宾特洛甫顿时哑口无言。

既然英国还没被打趴，那么斯大林决定水涨船高提高要价，对于向落后的南亚扩张，苏联自然不感兴趣。斯大林想要的是芬兰、罗马尼亚、保加利亚和土耳其的地盘。这就意味着德国不但要抛弃东欧的三个盟友，而且还要希特勒放弃向东方开拓"生存空间"的终极"梦想"。这要价太高了，希特勒是无法接受的。

最后希特勒逐渐失去了耐心，因为他发现斯大林比自己还要"贪心"，一向是他敲诈别人，现在苏联人竟然敢"敲诈"他！面对斯大林的漫天要价，希特勒根本不打算就地还价，他要直接把这个谈判对手打趴下！本来希特勒就对共产主义与斯拉夫人深恶痛绝，与苏联"结盟"只是暂时相互利用而已，他怕的是背后的斯大林当黄雀，当他专心捕捉丘吉尔这只蝉的时候，斯大林从背后突然袭击自己。希特勒深知条约是靠不住的，因为他就经常撕毁签订好的条约，而且曾与苏联签订过互不侵犯条约的四个国家中的三个都已经不在了（波兰、拉脱维亚与爱沙尼亚），剩下的一个（芬兰）也被苏联打得割地求和。

另外希特勒还脑洞大开地认为英国坚持不愿意向德国投降全是苏联的错，因为丘吉尔还寄希望于苏联人的帮忙，幻想苏德两国反目后大打出手，所以只要消灭了苏联就可以消除英国的幻想。于是他决定再次“毁约”，再开个新局，先利用德国现在强大但无用武之地的陆军出其不意地给苏联致命一击，将其打垮，消除后顾之忧后再掉过头来对付英国。那时英国没了盼头，自然会乖乖束手就擒。

后来的事实证明他这一想法只是饮鸩止渴，就好像因为怕死而去自杀。这次“豪赌”将让他把老本都赔光，而且还要搭上整个德国。

但在连战连捷之下，希特勒已经被胜利冲昏了头脑，他认为自己的闪电战术战无不胜，即使对付庞然大物苏联也不在话下。而且在希特勒看来斯拉夫人都是“低等的民族”，只要他冲苏联这栋“破房子”的门上揣上一脚，这栋房子就会哗啦一声塌掉。但他没有考虑到的是，苏联的国土比整个欧洲都要大！有着惊人的2240万平方公里，是德国（37万平方公里）的60倍；人口则是德国（8000万）的两倍还多，有1.8亿。后来的一个笑话这样讽刺希特勒：一位德国军官的太太指着地图问丈夫：“亲爱的，苏联在哪里？”丈夫指给她看。她又问：“那我们德国在哪里？”丈夫又指给她看。看完后这位太太不解地问：“亲爱的，元首看过地图吗？”

在盲目的自大下，一个命名为“巴巴罗萨”的宏大突袭计划被制定了出来。——这个代号颇不“吉利”，“巴巴罗萨”（德文意为“红胡子”）是神圣罗马帝国皇帝腓特烈一世的外号，这位皇帝曾率领“十字军”东征，结果死在了那里……

就在突袭苏联的“巴巴罗萨”计划紧锣密鼓地暗中准备的时候，发生了纳粹党副领袖赫斯飞往英国“和谈”的突发事件。

作为希特勒的亲信，赫斯是纳粹党的元老之一，也是仅次于戈林的二号接班人。在听信了一帮算命家的怂恿后，异想天开的他试图劝降英国高层与德国讲和，于是在 1941 年 5 月 10 日独自驾驶一架飞机飞到英国去了。结果是他自投罗网，沦为了阶下囚，连丘吉尔的面都没见着。

在看到赫斯留给他的信件后，希特勒发出了动物般的嘶叫声，他本来希望

∧ 漫画：在“纳粹疯人院”里的希特勒、戈林、戈培尔、希姆莱及里宾特洛甫等人，被破坏的铁栅栏窗上挂着牌子，上面写着：“我已经受够了，我溜了！赫斯。”

赫斯掉进海里，但实际上赫斯已经在英国了，于是德国政府马上宣布赫斯精神错乱了。战争结束后，赫斯被盟军判处无期徒刑，一直被关在监狱里达 46 年，最后在 93 岁高龄的时候自杀身亡，那时候已经是 1987 年了。

赫斯虽然失败了，但阴差阳错地让斯大林怀疑英、德两国正在暗地里勾结，要打苏联的主意。这让斯大林对英国发来德国即将进攻苏联的“善意”提醒不以为然，他以为这只是丘吉尔的反间计，“用德国人吓唬我们，再用我们吓唬德国人，有人唆使我们互相敌对！”在他看来，中日两国在远东僵持，英德两国在西欧对峙，在分出胜负之前，苏联不会有什么危险。

但有关德国即将突袭苏联的情报却越来越多，6 月 16 日，安插在德国空军司令部的苏联卧底发来情报称“德国对苏武装行动的一切军事准备措施均已完成，突击随时有可能实施”。苏联驻法国的武官则明确地指出：6 月 22 日德国即将对苏联发起全面进攻！但斯大林却越来越疑心这是英国人散布的假情报，目的就是挑起苏德冲突！因此他批示：“这是英国人的离间计！查明这一消息的始作俑者并加以惩处！”高压之下，许多知情人纷纷闭嘴，明知战争已经逼近的苏联情报部长戈利科夫也主张将这些预警当作“英国情报机构散布的假情报”。就在战争爆发的前一天，苏联内务部长贝利亚还强烈要求照会并处分驻柏林的大使，还有愚蠢的驻柏林武官，因为他们不断用希特勒已做好进攻苏联的准备的“烟幕”来骚扰自己，说进攻明天就开始。

而德国也确实在放“烟幕”，不过这“烟幕”是为了麻痹苏联人。大批为士兵准备的英德双语手册印刷了出来，电视上到处在寻找懂英语的人，好像德国马上就要入侵英国本土了。

在德国，一名反纳粹的德国印刷工人将一本简明版德语会话手册交给了苏联驻柏林的大使馆，这本大量印刷的手册上都是“你是不是共产主义者？”“你们的公社主席在哪儿？”“这里的党支部书记叫啥名？”“举起手来，否则我就开枪了！”这样露骨的句子，分明是德军审讯苏联战俘用的，大使馆马上将

〈 漫画：一只从芬兰延伸到黑海的巨大钳子伸向斯大林和莫洛托夫，坐在纳粹钳口里的斯大林还打着《苏德互不侵犯条约》的旗子，他对还在看《我的奋斗》的莫洛托夫说："我希望你不要再读那些东西了。"

这一手册转交给了莫斯科，但结果如同石沉大海。

苏联在日本的间谍佐尔格也于5月份发来情报称150个师的德军即将进攻苏联，而且还准确地说出了时间：1941年6月22日。

而在苏联国内也有越来越多的征兆表明即将有"大事"发生：不断有德军侦察机"不小心"越境；德国驻苏联工作人员的家属于5月开始打点行装回国；德国驻列宁格勒的领事馆取消了他们在苏联定做的制服；6月11日，斯大林得知德国大使馆的工作人员正大肆烧毁文件。几天后，在苏联的德国船只也开始紧急撤离苏联港口。但苏联外长莫洛托夫得知后却回答道："只有傻子才会想来进攻我们。"

实际情况是，300万傻子很快就要打上门了。

对于从各处传来的情报，固执且多疑的苏联领导人统统不予相信，从英国得到的情报不相信，来自德国的情报不能信，自家搞到的情报也不信。在斯大林等人看来，希特勒还没傻到在击败英国之前就冒两线作战的危险来进攻自己。常理来说确实如此，但后来的事实证明，希特勒是不按常理出牌的。他们对德国的“绥靖政策”也将使自己吃大亏。

1941 年 6 月 18 日晚上，一个喝醉酒的德军士兵打伤了自己的上级军官，害怕被送到军事法庭审判的他选择了逃跑，这位士兵的父亲是一名共产主义者，他也对苏联抱有好感，于是畏罪潜逃的他越过苏德边界跑到了苏联这边。

“你们能不杀我吗？”他问道。苏联这边的军官觉得这个问题真是奇怪，苏联和德国已经签订了互不侵犯条约，还一起在波兰行动过，相当于“准盟友”，他们怎么会无缘无故地杀死一名友好国家的战友呢？

“因为战争马上就要开始了！德国马上就要变成苏联的敌人了！”这名德国士兵激动地叫嚷着，“6 月 22 号凌晨希特勒的部队就会打过来了！”但接待他的苏联军官对此则充满了怀疑，因为德国即将进攻苏联的“谣言”满天飞，也不是一天两天了。但这个逃兵则指天跺地地赌咒发誓说：“如果 6 月 22 号早上 5 点还看不到侵略军的话，那就请你枪毙我！”半信半疑之下，这个军官只好给苏联第五军的指挥官波塔波夫少将打电话报告。不以为然的波塔波夫训斥道：“你不应该相信那些挑拨的鬼话，一个逃兵，什么谣都造得出来！”因为此时苏联还算是德国的盟友，正为后者提供一火车一火车的原料和物资，帮助德国抵御英国的海上封锁呢。

而这时从波罗的海到黑海，300 万德军已准备就绪，大到坦克大炮，小到自行车的各式装备也已蓄势待发。北方的芬兰和南方的罗马尼亚也参加了进来，它们都被苏联割占过领土，现在要来报仇了。

这次行动希特勒提前告诉了墨索里尼，不过是在“巴巴罗萨”开始前几个小时。1941 年 6 月 22 日凌晨 3 点钟，被从床上叫醒的墨索里尼气得大骂：“德国人真没有礼貌！我在半夜连用人都不会叫醒的！”不过他还是决定要追随希特勒，立即宣布派出 6 万名意大利士兵开赴苏联战场。

6月22日这天是夜晚最短的夏至，苏德边境只有两三个小时的黑暗。在边境的苏军已经听到了越来越近的坦克引擎声。一直到6月22日凌晨12点30分，斯大林才有所觉察地下令所有边境上的守军都进入警戒状态，但怀有一丝侥幸，他又强调“绝对不能理会德军士兵的任何挑衅行动……不接到命令不得轻举妄动！”

这道命令引起了前线的混乱，摸不着头脑的军官纷纷提出疑问：“假如敌人来打我们，我们到底能不能向他们开火呢？”一些通讯滞后地区的指挥官则不用这么纠结了，因为他们还没接到这道命令就已经牺牲了。

当凌晨3点来临的时候，在原波兰边境上的德军岗哨对着布格河对岸的苏军岗哨高喊让他们出来商量一件“重要的事情”，苏联士兵一出来就被开枪打死了。突然间如同地震一样，6000门火炮一起向边境上的苏军开火，密密麻麻的飞机掠过天空，一天之内苏联就有1200多架飞机被炸毁，其中800架还没来得及起飞。——因为斯大林一直没下命令让空军起飞还击，所以它们白白地挨炸了四个小时，而德军只损失了10架飞机。苏联空军上尉科佩茨开枪自杀，因为他已经成了光杆司令。

德军如同潮水一样涌过边境，边境上的苏联红军完全被打了个措手不及，一些地方连挖战壕的铁锹工具都没有，苏联士兵只能摘下头盔来挖泥。一片混乱中，许多指挥所灰飞烟灭，苏军整个师整个师地被歼灭。苏联已经成了个无头巨人，前线一遍又一遍地向后方上级发电报求援：“××军全军覆灭！”“我们没有弹药！怎么办？”苏军指挥部则答非所问地质问：“愚蠢！为什么不用密码发电报？！”

到早上六点的时候，德军狂轰滥炸的进攻已经进行了三个小时，但苏联新闻广播里却丝毫未提。广播先是像往常一样歌颂了一番社会主义工农业所取得的卓越成就，农业又丰收了，工业又超标了，德国又对英国空袭了……然后是天气预报。最后响起的是早操音乐：“伸出双臂！一二一二，上下上下，弯下腰，对！再弯一点儿……”好像战争根本没发生一样。

苏联最高领导人斯大林的反应更慢，直到上午 7 点 15 分他才下达了允许抵抗的命令，但又规定“不许越过苏德边境”，到这个时候他还不愿相信事实，而这个命令想违反也违反不了，因为边境上的苏联士兵不是被击溃就是被消灭了。

大举入侵的德军已经打进家门了，斯大林还是不愿意相信，他仍然执着地认为这是某个亲英的德国将领在从中挑拨。当伏罗希洛夫元帅提醒他：“德国人已经在乌克兰、白俄罗斯和波罗的海轰炸我们的城市，怎么还能是挑拨呢？”斯大林回答道：“如果需要挑拨，德国人连自己的城市都会轰炸的。”他固执地坚信“希特勒肯定不知道此事”。

但很快斯大林发现希特勒不但知道，而且他就是总导演兼总策划兼主演，这 180 度的大转变把斯大林搞蒙了，一连几天都睡不着觉的他只能每天围着别墅绕圈，一直到 7 月初他才缓过劲儿来。此时的局势已经危急万分，虽然苏联有庞大的军队和大量的武器，但现代化的武器却十分缺乏，他们拥有 2.4 万辆坦克中只有 1500 辆算得上是先进的，其余的都已陈旧不堪，而且大部分没有无线电通信设备。另外，他们的卡车、吉普车和摩托车的数量也少得可怜，以至于军官想传递情报时，不得不派一辆坦克去。至于飞机，虽然数量多达 1.2 万架，但 80% 的都已严重老化，一名美国观察员评论说，维护和保养这些老飞机的费用差不多都能够买新式的战斗机了。而且斯大林一脚刹车一脚油门的操作耽误了备战，1939 年 11 月他下令解散了 4 个坦克军，当 1940 年 7 月在看到德军大胜法国后，他又赶紧下令重新组建机械化军队，数量要增加一倍，结果将机械化部队搞得一片混乱。而且这支庞大的军队有劲使不出来，因为拜“大清洗”所赐，指挥官断层了。病急乱投医的斯大林只好从看守所和集中营里搜罗指挥人才，让他们直接上岗。

6 月 22 日那天晚上，疲惫的丘吉尔睡前告诉他的秘书不要为任何小事儿来打扰他的休息，除非是英国被占领了。于是一直到了早上 8 点秘书才敲响了丘吉尔的房门，他来告诉首相的消息是：德军入侵了苏联。

得知苏德开战，丘吉尔立即亢奋异常，因为英国终于逃过一劫，而且还有了个强大的盟友，希特勒最终没有逃过两线作战的噩梦。丘吉尔的反应要比斯大林快得多，他得知希特勒转向后立马在当天宣布要给予苏联援助。一向反对共产主义的他解释道："假如希特勒入侵地狱，我也会为魔鬼说好话的。"在他看来，"没有永远的朋友，也没有永远的敌人，只有永远的利益。"两个原先水火不相容的国家在希特勒的"努力"下成了盟友。一个苏联人带领英国海军代表参观莫斯科的笑话也开始流传起来：

"这里是艾登（英国外交大臣）酒店，"苏联导游介绍道，"以前是里宾特洛甫酒店。这里是丘吉尔大街，以前叫希特勒大街。这里是比佛布鲁克（英国军需大臣）火车站，以前是戈林火车站。来一支烟么，同志？"英国

∧ 漫画：英国与苏联结为同盟。拿着"锤子"准备上场的丘吉尔对拿着"镰刀"的斯大林说："现在让我们来点团队精神！"

水兵回答道："谢谢你，同志！以前是杂种。"

^ 漫画：不速之客。苏联掉到了英国和美国的床上。希特勒突袭苏联，把斯大林推到了英美的阵营里。

一直到 7 月 3 日，斯大林才发表了第一次广播讲话——这是他第一次也是最后一次用"兄弟姐妹们"这么煽情的词语作为演讲的开头——在结结巴巴的演讲中，斯大林没有讲什么马列主义、共产主义，而是用爱国主义号召苏联人民起来抵抗侵略者，不能带走的东西全部烧掉，不给德国鬼子留一粒粮！由于此前他一连十一天都没在媒体露面，全世界都在猜测发生了什么？以至于有人怀疑他已经被德国侵略军吓傻了。

不过朱可夫等人发现，斯大林在克里姆林宫办公室的装饰风格已经悄悄地起了变化：原来挂在墙上显眼位置的马克思与恩格斯的肖像已悄悄取下，换上了对抗土耳其和法国的民族英雄苏曼诺夫和库图佐夫的画像。就连《真理报》报头的座右铭也由"全世界工人阶级联合起来"变成了"消灭德国侵略者"。

不过前线的形势却不容乐观，短短两个月，苏联红军就被俘虏了 100 万人，伤亡则高达 70 万。8 月 27 日，希特勒得意扬扬地邀请他的盟友墨索里尼来乌克兰前线视察，在看到德国人势如破竹的进展后，墨索里尼要求派更多的意大利部队前来助战，但希特勒却不想让别人分享他的胜利，于是装作没听见，顾左右而言他，最后干脆撇开墨索里尼独自去跟德国士兵聊天了。这令墨索里尼

∧ 意大利宣传画：意大利与德国士兵正拳打丘吉尔、脚踢斯大林，把罗斯福吓得够呛。

很是不爽，不过在乘坐飞机返航的时候，墨索里尼找到了个“报复”的机会，他向驾驶员提出由他来亲自驾驶飞机，希特勒也同意了。但墨索里尼恶作剧似的开着飞机忽上忽下，来回旋转，这让希特勒的胃一阵阵地绞痛，吓得够呛，事后墨索里尼强烈坚持要把这次愉快的驾驶经历写进会议的官方公报里。

但随着德军不断成功地深入苏联腹地，他们逐渐发觉不对劲儿了，因为苏联是如此的地大人多，本来德国人估计苏军只有 213 个师，但冒出来的至少有 360 个师，他们消灭了 12 个师，马上又冒出来 12 个师。一些苏联红军和游击队开始从侧面和后方不断骚扰德军，而骚扰德军的还有他们自己的元首。在行军过程中，他们会不断收到希特勒从后方发来的五花八门的命令，哈尔德称之为“元首的忧虑”。希特勒事无巨细都要干涉一下，有时会突然改变计划，甚至把命令直接下达到团一级，搞得前线将领不厌其烦或者手足无措。一次手下的军官们都坚持要求先消灭敌军的剩余力量，但希特勒却固执地非要先把刚俘虏的 6000 名苏联士兵枪毙掉！

按照计划，德军将兵分三路，北路进攻列宁格勒，南路指向乌克兰，中路直捣苏联的“心脏”莫斯科。中路的古德里安早在 7 月 15 日就攻占了斯摩棱斯克，他一直等待命令，想要长驱直入苏联首都莫斯科，那里不但是苏联的军事、政治、工业中心，还是交通与铁路网的中心，拿下那里就等于摘下敌人的心脏，让它的神经中枢瘫痪，许多将领们都这么认为。但希特勒却又按下了暂停键：8 月初他把北方的列宁格勒定为首要目标，但打到列宁格勒门口他又决定围而不攻，让城里人活活饿死，现在他又改变主意，让中路军南下去打基辅。自诩“很懂经济”的希特勒认为拿下乌克兰的粮食与工业基地才是最重要的，那里出产苏联 60% 的煤，75% 的木材，30% 的铁和 20% 的钢。

︿ 德国海报：轴心国集团正用旗杆戳死象征苏联的九头怪蛇。

古德里安于是不得不往回走，但这次变故却误打误撞。苏联人认为德军的目标肯定是莫斯科，没想到对手竟会来个 90 度的大转弯，惊慌失措的基辅守将谢苗·布德尼向斯大林要求撤退，被斯大林生气地拒绝了，后者发来命令："坚守不许后退一步！如有必要，就地牺牲！"于是，德国人在基辅又抓了高达 66 万多的俘虏，但时间却被耽误了。

自诩为"经济学家"的希特勒洋洋得意，在他看来打垮了苏联的经济，其政治上失去基础就会垮台。但他忘了，在苏联政治是决定一切的。

在耽误了两个月后，希特勒这才发出重新向莫斯科进军的命令，这时已经是 10 月 20 日了。

古德里安的装甲部队继续高歌猛进，他的坦克顺着路面的电车轨道开进了奥廖尔城内，苏联人毫无准备，电车上还坐满了回家吃午饭的市民。不过，很快他们就后劲不足了，庞大的德军部队在行进中把路面都压塌了，苏联的劣势现在反而成了它的优势，正如同俄国谚语说的那样："俄国没有路，只有方向。"他们破破烂烂的道路让德军不得不浪费大把时间停下来修路或修理他们的车辆。土路上扬起的灰尘通常有一座房子那么高，不但挡住了前进的视线，呛得德国士兵说不出话来，有时灰尘甚至会把坦克和汽车发动机都堵住。一名德军士兵抱怨说他所在的摩托部队正在飙车，突然前面朦朦胧胧的尘土烟雾中一辆苏军坦克迎面杀来，吓得他们扔了摩托车就跳进了沟里。谁知驶近了才发现那只是一辆装满了化肥的拖拉机。

德军在苏联的好天气也已经用完，秋天的倾盆大雨开始了。一到下雨天，土路又都变成了几尺深的泥坑，虽然吃土的士兵们有了洗澡的机会，但坦克和汽车却陷进泥潭里动弹不得。11 月中旬的时候气温开始急剧下降，又把泥土冻硬了，坦克和卡车终于可以前进了！但低温又把发动机和油箱给冻住了。苏联可怕的"冬季将军"来了！一连几天的大雪又让坦克陷进了雪里举步维艰，气温下降到了零下 31 度，许多德军士兵开始冻得瑟瑟发抖，许多人冻掉了耳

︿ 漫画：为了适应在俄国继续作战，“元首”在进行冬季训练。

〉苏联漫画：穿着女人衣服的德国官兵。

朵和鼻子，有些人甚至连眼睑和生殖器都被冻掉了，因为他们没穿冬衣，只能在身上裹着抢来的桌布、毛巾和所有能裹上身的东西。挨冻的一些士兵们盼星星盼月亮地等来等去，等来的只有两列车的酒。酒虽然可以取暖，但问题是酒瓶在运输中都碎裂了，不过庆幸的是酒并没有洒掉，因为它们都冻成了冰块儿。

这个锅要纳粹领导人来背。突袭苏联之前，希特勒和他的许多将军们已经被西线闪电战的胜利冲昏了头脑，这些纳粹领导人们认为在冬天来临之前把苏联打垮不在话下，所以没必要为士兵准备什么冬装。直到这个时候他们才开始手忙脚乱地开始向前线运送冬装，但因为根本没准备，只好逮着什么送什么。当苏联的一艘潜艇击沉了一艘载有 3 万件羊皮大衣的德国运输船时，德国报

〈二战英国宣传画，盟军正在反击，在陆地上、在海上、在空中！

纸对苏联抗议：“不人道！”发射了鱼雷的苏联海军上校回答说：“就让他们冻得跺脚吧！谁叫他们不请自来？！”“我每天做的第一件事就是察看温度计，气温越低，我们越高兴。苏联人会说：‘对德国人来说是个好天气。’”一位苏联军官后来回忆道。莫斯科的广播电台则幸灾乐祸地报道称：德军的战俘居然穿着女人的皮草和毛衣，有的甚至穿着女人的内裤！

而在苏联这一边，斯大林紧急动员了100多万市民参与修建了三道巨型防线来保卫首都，当德军几乎已经到达莫斯科的大门口的时候，他们已是强弩之末了。斯大林大胆地从远东调来了用于防备日本的大批军队，这些从小在西伯利亚长大的士兵早就习惯了严寒，他们把德军打得踉跄后退，莫斯科安全了。

∧ 漫画：坐在车上的希特勒对戈林说："那些背信弃义的赤色分子又坑了我们。他们居然会打仗！"车尾写着："愉快的莫斯科之行。午饭前往返。"坐在车尾拿着喇叭的是戈培尔。

斯大林现在已经不担心日本配合德国东西夹击自己了，因为日本人已经准备用刺刀捅一下美国佬的屁股，对美国开战了。

本来侵苏德军想要"打到莫斯科去过圣诞"的，但他们在苏联的第一个冬天要在莫斯科郊外度过了。

古德里安飞回德国并要求他的军队从寒冷中撤退，但希特勒直接拒绝了，他声称前线的士兵们应该挖地洞，坚守每一寸土地！古德里安解释说地面 5 尺以下都冻住了，根本无法挖洞。希特勒建议用炮弹炸出坑来，古德里安抗议说，问题是没有足够的炮弹。结果 12 月 26 日，他由于擅自撤退而被解职了。12

〈费多尔·冯·博克（1880—1945年）
冯·博克是二战初期德军的“急先锋”，率军进占奥地利、侵占捷克斯洛伐克苏台德区，入侵波兰，进攻荷兰，比利时和法国，他都参加了。并于1940年晋升为元帅。1941年担任进攻苏联的中央集团军群司令，负责明斯克—斯摩棱斯克—莫斯科战略方向的主攻。后因在莫斯科会战中失败而被迫辞职。1942年重新出任苏德战线南方集团军群司令，但又因为反对分兵同时进攻斯大林格勒与高加索再次被希特勒解职。1945年5月5日，就在德国投降前三天，他被英军的空袭炸死。

月1日，南方集团军群司令龙德施泰特也因顶不住撤退丢了官，这也导致他一度心脏病发作。而因同一原因被撤职的还有中央集团军群司令费多尔·冯·博克（Fedor von Bock），他被冻得胃痉挛都犯了。

“士兵们必须把指甲都插进地里，牢牢抓住苏联的地盘！必须坚守！寸土不让！”希特勒咆哮道。为了以儆效尤，他一气解职了30多个将军。最后他干脆亲自上阵，兼任了德军总司令。“作战指挥这样的小事人人都会。”他自命不凡地吹嘘道。

不过在新年到来的时候，希特勒还是破例缩短了他在阿尔卑斯山山庄休养的行程，原因是，他看到雪景就讨厌。

第九章
摸老虎屁股

★★★

“日本猴子在美国佬的屁股上捅了一刀！”

——希特勒

在欧洲的大战达到高潮的时候，德国在远东的盟友日本也开始动手了。

日本同中国的战争已经打了十年。

从1937年开始，日本军队猪突猛进，打得中国军队几乎没有还手之力。到1938年底的时候，中国东部经济发达的地区几乎全部沦陷，面积比法国、德国、西班牙和意大利加起来都要大。不过日本人很快发现自己兵力不足了！他们跟德国入侵苏联遇到的困难一样，需要占领的地方实在太大，资源消耗太多。中国太大了，蒋介石领导的国民党一路撤到了内地易守难攻的山城重庆，但就是不投降，要是日本再打过来他们还能一路撤到云南或者新疆去。一路顾头不顾尾的日军这时又突然发现后方的占领区冒出了许多敌后武装“搞破坏”。——中国共产党创建的敌后根据地如同雨后春笋般冒了出来，游击队开始骚扰日军的后方，扯日军的后腿。这种情况下想要以战养战简直就是异想天开，日军只好从前线抽调部队反复扫荡维持后方治安。于是一场持久战开始了，就看谁能耗得过谁。

很快消耗了巨大人力与物力的日本人就支持不住了，为了获取资源将战争进行下去，它开始寻找新的目标。

新目标选哪个好呢？与苏联签订了《苏日互不侵犯条约》的日本外相松冈洋右一度大力鼓吹“皇军”北进，与德国一起夹击苏联。但有个问题需要首先解决，那就是皇军打不过苏军，因为诺门坎的惨败还历历在目，加之陆军主力陷在中国战场，实在力所不逮。于是为了让松冈洋右闭嘴，近卫文麿只好重组内阁，将松冈赶下台。

于是“北进”改为了“南下”。——那就是夺取东南亚。

希特勒席卷欧洲的辉煌胜利如同烈酒一样刺激了日本人的大脑，因为日本一向是向德国学习的。在日本人看来，英国、法国、荷兰等老牌资本主义国家相继败北，败的败、降的降，自顾不暇，它们在远东的殖民地简直就像熟透了的果子一样等着新主人去摘取，日本只需伸手一摘就可以满载而归……这个机会简直太诱人了！1940 年 9 月，日本迈出了第一步，它趁法国战败之际向维希傀儡政权施压，然后轻易地就拿到了法属印度支那。这下美国感到不妙了，日本南下的威胁刺激到了它，因为那里离美国的殖民地菲律宾太近了！美国总统罗斯福于是在 9 月断然宣布禁止向日本出口废钢铁，这将影响到日本的军备生产。美、英、荷三国又于 1941 年 7 月相继宣布冻结日本在美、英、荷的资产。1941 年 8 月制裁再次升级，美国宣布对日本实施石油禁运，因为日本进口的石油 75% 都来自美国，在东南亚有着大片殖民地的英国与荷兰也紧随

^ 漫画：东条英机绕着正在看“太平洋形势报告”的美国总统罗斯福、国务卿赫尔和副国务卿威尔斯跑圈子，抗议对日本的“包围”。

其后。在美国的主导下，以美、英、中、荷在远东组成的 ABCD 包围圈开始收紧，在它们看来只要给缺乏资源的小日本“断奶”，后者就会立马屈服。缺乏资源的日本本身不产石油，他们的石油储备只有一年半，但仅日本海军每小时就要消耗掉 400 吨石油。这招相当于切断了日本军事机器的血管，将令其慢慢地失血而亡。

日本自然不肯坐以待毙，他们决定铤而走险！日本的逻辑是：不给我，那

∧ 漫画：“新秩序”。站在一起的希特勒、墨索里尼和东条英机冲着穿警服的美国人喊道：“喂！你滚吧！”希特勒的大衣上写着“西方魁首”，墨索里尼的大衣上写着“中间地区魁首”，东条英机的衣服上写着“东方魁首”，墙上牌子上写着“匪徒胡同”。

就来抢！美国的制裁不仅没有让日本服软，反而让日本人下定了决心向美国与英国开战。1940 年 9 月 27 日，德、意、日三方签署了协定，这是一个针对英、美等西方国家的三国同盟，但讽刺的是，为了方便翻译，三国之间的谈判是用英语进行的。

∧ 漫画：得到孤立主义和亲德政治派系支持的美国社会活动家林德伯格拍着长着希特勒脑袋的纳粹怪兽说："世界应该害怕的是罗斯福，而不是希特勒。"远处则是被怪兽弄成一片废墟的欧洲。

在日本看来，对英美开战一方面可以抢夺到自己急需的资源，另一方面可以切断中国对外补给线，逼迫其投降，这个奇怪的逻辑简直跟希特勒通过打苏联来灭英国有着异曲同工之"妙"。

面对打得热火朝天的大战，奉行孤立主义的美国现在是唯一置身事外的大国了。——就像当时美国最火的歌曲唱的那样："我们不想置身于着火的世界里。"在许多美国人看来，美国南北无强敌，东西两大洋，战火离他们远着呢。

对于欧洲的大战，在 1939 年的调查中，80% 的美国人希望盟军获胜，但 90% 的美国人不想参战。美国总统罗斯福也曾向美国的母亲们保证过："你们的儿子不会被送去参加任何战争！"不过随着大战愈演愈烈，罗斯福的危机感也与日俱增。——要是希特勒征服了欧洲、日本人搞定了东亚，到时两国东西夹击，美利坚岂不危矣？！于是在他的推动下，美国开始通过租借协定向英国等国提供武器方面的支援。《纽约时报》形容美国的租借协定让"美国已经一只脚跨进了战争的门槛，另一只脚则踩在香蕉皮上"。而要美国人滑进世界

〈东条英机（1884—1948年）

身为军二代的东条英机刚生下来就有些智力发育迟缓，打小必须把所有东西写在笔记本上才能记住，后来连考了三次才被日本陆军大学录取，还是因为他身为陆军中将的爸爸东条英教出面求情才破格录用的，但太笨的他用了10年才勉强毕业。当1929年东条英机的学弟们都进入了军方高层升职到了少将司令时，45岁的东条才被任命为步兵第1联队的一个小队长！当上首相后，由于每天早上都要骑马外出巡视市民战时的工作，因此东条英机被称为“马背首相”。一次巡视中，东条英机发现偌大的东京水产市场的货架上居然空空如也，他沮丧地询问原因。得到的答复是因为汽油的短缺，导致从码头向市场运货的能力大大减小。这令东条大发雷霆，他大吼道：“汽油？！用不着汽油，你们早点起床不就行了！”

大战，还需要有人来推一把。

而这个人就是绰号为“剃刀”的日本新首相东条英机。

绰号“剃刀”的东条英机虽然言辞犀利，但他却非常体恤下属，并常常解囊相助有困难者，为此东条的夫人常说他们家的财政状况一直是“处于战争状态”。作为狂热军国主义分子的东条英机会像复读机一样放开嗓门不断地叫嚣：“天皇万岁！日本第一！杀光缩减军费的卖国贼！”在极端民粹主义[①]下，许多中下层的军官都坚信：聪明的人都是卖国贼，越朴实（笨）的人越爱国！虽然几乎所有人都私下里称东条英机为“蠢货”，并知道“东条英机的能力就只能管20挺机枪，超过这个数他就管不过来了”，但还是纷纷对东条英机予以

① 俄国民粹派有句名言：“谁不和‘我们’在一起，谁就是反对‘我们’；谁反对‘我们’，谁就是‘我们’的敌人；而对敌人就应该用一切手段加以消灭。”

支持，甚至将其视为偶像。受到压力的政府不得不向军方做出让步，因为那些反战派或只是主张和平扩张的温和派都被当成“卖国贼”，轻则被投入监牢，重则被“爱国贼”刺杀身亡，许多官员吓破了胆，而东条英机则被一路提拔。

狂妄的东条英机不但没把美国放在眼里，甚至连整个世界都没放在眼里。他曾在军方大会上宣称要“对苏、中两国同时作战，同时也准备同英、美、法开战……”把其他人吓得够呛。当首相近卫文麿告诉东条英机“美国石油产量是日本的500多倍，生铁是日本的20倍，铜7倍、铝7倍……美国的平均工业产量是日本的74倍以上”时，东条英机就一句话：“不和美国开战就是卖国贼！”噎得反对者说不出话来。而且在军国主义的宣传鼓动下，日本全民都已陷入了疯狂的主战情绪，因为自从明治维新以来日本就没有打过败仗，在中日甲午之战与日俄战争中，都是小国日本战胜了比自己大得多的敌人，所以日本似乎是不可战胜的，美国自然也不在话下。在日美谈判陷入僵局后，不敢对美开战的近卫文麿黯然下台。一个月后，东条英机成了日本第四十任首相，二十天后，日本偷袭了珍珠港。

日本人中间并不是没有自知之明的人，和东条英机相反，曾在美国哈佛大学进修过的山本五十六深知日美两国实力差距太大，跟美国开战可不是闹着玩的，因为据估计，美国的生产能力远超日本，根本不在一个等级上，其造舰能力是日本3倍、5倍甚至6倍以上，飞机的生产量甚至要达到日本的10倍以上！所以他一开始坚决反对与美国对抗。后来成为联合舰队司令的山本五十六曾比较理性地预言：“在和美、英交战的最初六到十二个月之间，我们可以取得疯狂的胜利。在那之后……我不抱胜利的期望。”后来的事实证明，他的预言是对的。

虽然日军与美军之间有差距，但还是要打，因为日本人他们还有幻想，想要赌一把。

虽然在开战前山本五十六就警告海军大臣永野修身，称“日本必败无疑”，

〈山本五十六（1884—1943年）
出身于底层的山本五十六17岁就以第二名的成绩考入了江田岛海军学校，毕业后他参加过日俄战争并立下战功，在1919年就晋升为海军中佐——此时离东条英机当上小队长还有10年——1939年成为了日本联合舰队司令。在日俄对马海战中，山本左手的食指、中指被炸飞，留下了终身残疾。由于他只剩下了八个手指，同僚们给他起了个“八毛钱”的绰号，因为当时艺妓修剪指甲按照手指头收费，每个一毛，正常人正好一元，少了两个指头的山本只用八毛。

但具有“赌徒”性格的他还是抱了一丝侥幸，决定一试。对赌博尤为着迷的山本把赌博和碰运气的游戏看得比吃饭睡觉还重要，他玩扑克、打桥牌、下围棋、赌钱都称得上是行家里手，不但与同僚赌、与部属赌，还常常出入烟花之地跟艺妓赌。当年山本出使欧洲时，据说由于他赌技超群、赢钱太多，摩纳哥的赌场甚至禁止山本入场，使他成了第二位被禁止入场的日本赌客[①]。山本也自傲地夸口说，如果天皇能给他一年时间去赌博，他可以为日本赢回一艘航母来。在这种赌徒的心态下，山本提出了一个大胆的计划，那就是利用突袭，在一次闪电战中“出其不意、速战速决”地打垮美国的太平洋舰队，抢先占领东南亚与西太平洋上的岛屿。等到美国的战争机器发动起来后，日本已经将东南亚的资源拿到手了，有这些资源的支撑，便有了与美国打持久战的资本，然后他们可以凭借在西太平洋建好的防御圈，用持久战来挫败美军的反击，直到美国战争意志消沉，愿意与日本谈判为止，最终迫使美国承认日本对亚洲的统治。

但后来的事实证明，他这次想错了，因为财大气粗的美国的赌本要比他的多得多。

按照山本五十六的突袭计划，首先要突袭美国在太平洋上的军事基地——

① 第一个是日俄战争时期驻欧洲的日本特工之王明石元二郎。

〈永野修身（1880—1947年）

永野修身是日本海军大将，对美开战的急先锋。由于初战告捷，永野被晋升为元帅——据说永野自己也被这个出乎预料的荣誉感动了，因为他是以开会的时候打瞌睡而闻名的。由于他一共生了八个孩子，又经常因睡眠不足而眼角出血，这一切都被其部下看成是他跟年轻妻子夜生活过多的证据，以至于连他儿子也喊他为“色鬼老爸”。他的副官说他会叼着烟、身子沉在沙发里度过每一天。不过也有人说他那是装的，因为他会冷不丁地突然醒来，发表一番精辟的评论，以致大家把他看成一个怪物。随着美军在太平洋战场上转入反攻，日军连战皆败，永野也开始靠谎言来过日子。1943年11月，第一次布干维尔岛空战后，昭和天皇听军令部总长永野上奏说击沉了“萨拉托加”号航空母舰以后，呆了会儿突然说了一句：“那萨拉托加好像已经被击沉了六次了，怎么那么能浮啊？”永野修身只能瞠目结舌。1947年1月，永野在巢鸭拘留所死去，逃脱了远东国际军事法庭对他的最后审判。

夏威夷群岛上的珍珠港，消灭美军舰队就能使他们对东南亚的进攻后顾无忧。据日本人战前的情报，美军的舰队在周六日都会回到港内休息，这是个突袭的好机会。

1941年11月26日早晨，启程的日本舰队穿越寒冷的北太平洋，经过12天的航行，正好在12月7日星期天这天的天亮前抵达了目的地，就在几分钟后太阳即将升起时，日本的轰炸机冲出了航母甲板，腾空而起。

珍珠港毫无防备。12月2日，美军海军部曾汇报，从11月26日起，他们就没有收到任何从日本航母上发出的信号，因而也不知道他们的具体位置。而且还有情报显示日本人正焚烧他们火奴鲁鲁（夏威夷首府）领事馆的档案。美国太平洋舰队指挥官金梅尔听到后开玩笑似的说：“你的意思是，他们一定在围绕钻石堡（夏威夷的地标之一）周游，所以你无法知道他们？”美方参谋人员也推断这是因为日军的航母正待在母港的原因，而对于日本人正在焚烧的文件也没有什么大不了的，因为美国人自己也定期焚烧一些秘密文件。

虽然美国人已经破译了日本的外交通讯密码，得知后者正在秘密作战争准备，但他们没有想到袭击会来得这么快。他们认为即使日本人发起战争，最有可能受到攻击的也会是菲律宾或关岛，但就是没料到是珍珠港，因为那里离日本太远了，要跨越半个太平洋。

当日本的袭击进入倒计时，美国方面收到了最后两个警报：12 月 7 日凌晨 3 点 42 分，美国“秃鹰”号扫雷舰在通过珍珠港入口时发现了水面上有不明物体，那正是日本先遣的潜艇露在水面上的指挥塔，“秃鹰”号急忙向附近巡逻的“沃德”号驱逐舰发出了警报，“沃德”号向可疑目标开了火并用无线电向司令部报告。但接收到消息的布洛赫海军上将认为发现潜艇的报告是错误的，如果是真的，“沃德”号也能应付得了，所以他决定等一等再说，他可不想谎报军情，毕竟今天是周末，大家都在休假。

另一个警报在刚过 7 点的时候响了，这时日本的轰炸机正逼近珍珠港，设在瓦胡岛（珍珠港所在地，夏威夷首府火奴鲁鲁也在岛上）北端的美军雷达屏上出现了大量的信号点，显示正有大批飞机向他们飞来。当时值班的是两名士兵：一位新来的雷达兵伊里奥特，另一位是正在教前者如何操作系统的士兵罗卡尔德。刚开始罗卡尔德还以为雷达坏了，但检查的结果并不是。敬业的新兵建议立即上报，但有经验的老兵认为没有必要。最后在前者的不断坚持下，罗卡尔德才勉强同意上报。伊里奥特把这一状况报告给了情报中心，接电话的士兵麦克唐纳回复说他会把这一情况记下来，但这里就他一个人，他也不知道该怎么处理这样的情况。“好吧，谁知道这件事就让他自己去关心吧。”伊里奥特只好悻悻地放下了电话。

不放心的麦克唐纳把这一情况告诉了隔壁的卡米特 · 泰勒上尉，泰勒也是被派来学习操作雷达系统的，他对这一情况的解释是：“那可能是我们自己家的 B-17 飞机正在返回。”当麦克唐纳打电话回复说上尉认为这无关紧要时，罗卡尔德已经激动异常，因为现在雷达屏上显示全是飞机！他要求直接与长官通话。

罗卡尔德跟接电话的泰勒争辩说他从来没在显示器上见过如此多的飞机，它们正以每小时 180 英里的速度朝这里冲来，现在距离瓦胡岛只有 92 英里了！

听完报告的泰勒只是回复道："哦，不要担心它们。"接着就挂了电话。最后的机会被美国人自己错过了。

气得够呛的罗卡尔德决定干脆把雷达关了，但伊里奥特还想看一会儿，结果两人就这么盯着显示器计算着飞机的距离，直到来势汹涌的机群一分为二，仿佛要在海岛两侧的海岸上着陆似的，接着就什么也看不到了，飞机在山峰后面消失了，那儿雷达脉冲已经探测不到了。于是两个人失望地关闭了雷达，坐车前去吃早饭——这时是 7 点 50 分——不过他们没有吃上那顿早饭，因为炸弹已经落在了珍珠港。

前来偷袭的是日军的 183 架飞机，由飞行时间超过 3000 小时的飞行员渊田美津雄带领。

当第一批日本轰炸机掠过珍珠港的海湾时，天上没有一架美国飞机，几乎所有人都以为这只是自家海军飞行员又在进行炫技表演。直到炸弹落在停泊的舰艇上引发巨大的爆炸时，一些人还在郁闷这些飞行员为什么这么不小心，竟然让炸弹掉了下来。直到炸弹接二连三地落下，许多人才意识到"这是空袭！不是演习！"一些反应很快的人立马开始反击，防空炮开始开火，但它们发射出的弹片飞速落下，造成的破坏简直比日本人的炸弹还要厉害；一些没有被炸毁的美军战斗机马上升空还击，但慌乱中的飞行员到了天上才发现他们什么武器也没带；一位牧师正在户外铺设圣坛准备集会，他看到日本飞机开始袭击时，立马冲向附近的一架机关枪，一把拖过来架在了自己的圣坛上，开始向敌人扫射——他的这一英勇行为后来被谱成了一首流行歌曲：《赞美主，不要炸弹》。

在两波持续近两小时的攻击中，机身上印着血红色太阳的日本轰炸机疯狂地扔下炸弹，近九十分钟的屠杀式袭击使 3650 名美国人死于非命，一共有 18 艘美军战舰和 343 架飞机被摧毁或重创，但由于爆炸导致的浓烟遮挡住了继续轰炸的日机的视线，他们只好放弃第三波的继续攻击。美方港内的石油储备基地也幸免于难，如果这些燃料被炸，美军舰艇将无法行动，日本人的运气很好，但还是差了那么一点。美国人的运气很差，但还是好了那么一点，因为当天他们的航空母舰恰好一艘也没停在港内。

日本对珍珠港的突袭令美国人大为震撼，美国国内人心惶惶，仿佛“狼来了”般草木皆兵。在夏威夷，有人说敌人已在岛上的淡水里下了毒。在纽约，一次错误的防空警报让100万名孩子跑出了教室，害得他们的父母穿过大街小巷发疯般地寻找自家的孩子。一次，美国财政部长摩根索给罗斯福总统的私人保镖打来电话，“好像遭人行刺了！”他在电话里大声尖叫，随即命令把总统身边的联邦特工的数量增加一倍，十秒钟后又打来电话，命令把护卫队的数量扩大四倍。但后来证明都是虚惊一场。风声鹤唳的白宫把所有的房间都装上了遮光窗帘，并开始紧急挖掘地下室作为避难的防空洞，陆军方面甚至建议将白宫全刷成黑色以避免被来轰炸的敌人发现。这令总统罗斯福大为恼火，但他也不得不在自己的轮椅上装上个防毒面具，以防备日本人可能发起的化学武器袭击……

另一方面，突袭又使得美国群情激昂，爱国主义情绪高涨。卑鄙的日本人竟然选择礼拜天，大家都在休假的时候搞突袭？！简直太无耻了。一夜之间，从印第安人到3K党，都纷纷报名要求参军去打日本。工会也不组织罢工了；一个古董店的老板气得把自家店里所有标着日本制造的东西都用锤子砸了；一对年轻的美国夫妻正在吵得不可开交，可当听到新闻播报员开始播送珍珠港被偷袭的消息时，他们手拉着手开始听，日本偷袭珍珠港还改善了美国人的夫妻关系，他们马上和好如初了。

在德克萨斯的休斯敦堡，陆军准将德怀特·戴维·艾森豪威尔（Dwight David Eisenhower）正准备好好地睡一觉，因为几个星期的野外演习已让他筋疲力尽。当珍珠港遭袭的电话将他惊醒后，他一跃而起，向前门冲去，一边跑还一边对妻子大声喊道：“我也不知道什么时候才能回来！”

第二天下午，美国众议院以388票对1票通过了对日本宣战的决议，几

〈德怀特·戴维·艾森豪威尔（1890—1969年）
当年艾森豪威尔选择参军是因为军校不收学费，他在战场上从未指挥过一个排以上的队伍，当了16年的少校后在二战前还仅仅是个中校，但当二战结束时，他已经是美国五星上将，后来还当了两届美国总统。作为一名狂热的高尔夫球迷，他上任后就在白宫里修建了一个推杆果岭，但遭到了很多人的反对，因为从建设费用到维护费用，全部开支都得政府掏钱，但最终艾森豪威尔还是力排众议，如愿建成了这个“第一果岭”。据统计，艾森豪威尔八年白宫生涯一共打过800轮18个洞。不过，直到1968年2月6日，在他去世前一年，艾森豪威尔的高尔夫球生涯中最期待的一杆进洞才得以实现，当时他已经77岁了。

天前还是坚定的孤立主义者的议员们都在狂叫：“现在对我们唯一有利的事就是把敌人完全消灭！”唯一投反对票的是个女议员，所谓的“和平主义者”珍妮特·兰金，1917年美国参加一战她就投了反对票，不过这次的投票结果令她大吃一惊，于是投票后的她只好躲进电话亭里躲避记者的提问。

在美国对日本宣战后，日本的盟友德国与意大利也对美国宣战，当里宾特洛甫提醒希特勒，根据1940年的三国同盟条约，德国没有这个义务，因为是日本先打美国的，除非日本也向苏联宣战，但希特勒毫不在意。他的自大狂毛病又犯了，在他眼里，苏联的斯拉夫人属于劣等民族；美国则是一个由犹太人把持的，多种族混杂的“堕落之国”，德国可以一个打两个！他根本看不起这两个国家，但他忘了这两个国家正是世界上最强大的两个国家。“我们总是要先下手！”希特勒在国会向美国宣战时喊道，他不愿看到美国先向德国宣战，他要先发制人，这才是纳粹德国的风格！但他似乎“记吃不记打”地好了伤疤忘了疼，一战德国是怎么败的？正是招惹了美国，导致美国参加了大战。

へ 漫画：希特勒正被斯大林打屁股，并且被打得哇哇哭叫，拿着扫帚的美国人撸着袖子准备上场来混合双打了。他对希特勒说道：“节省下你的眼泪吧，阿道夫，这仅仅是个预热！”

へ 日本海报：亚洲的崛起！巨大的日本军人正在挣脱 ABCD 的锁链，地下是被打趴的英国人和美国人。ABCD 分别是美国（American）、英国（Britain）、中国（China）和荷兰（Dutch）的英文名称的开头字母。

偷袭珍珠港成功的消息传来，日本举国欢庆，夜晚的天空被美丽的烟花和花灯所点亮。当晚，在首相官邸举办晚宴的东条英机兴奋地夸奖山本五十六的偷袭成功，并说：“比想象的还好，早该让罗斯福尝尝这个滋味了！”

而跟东条英机一样高兴的还有丘吉尔和蒋介石，这两位领袖正分别被德国与日本打得没有还手之力，现在美国这个超级强国要来助战了，他们怎么能不高兴呢？

日军对东南亚的进攻在偷袭珍珠港得手后也同时展开。

1941 年 12 月 7 日下午，日军开始在马来半岛的北部登陆，丛林密布的环境并没有限制日军的快速推进，因为他们找到了出其不意的“法宝”，那就是自行车。骑着自行车的日本兵在坦克前面打头阵，横穿竖插迂回包抄地穿过茂密的灌木丛，令对手猝不及防。士兵们只要把自行车扛在头顶就能渡过没有架桥的小河，而且由于马来亚是自行车很好的销售市场，他们可以在几乎任意一个小村庄里修补或更换损坏的零件。在英国人看来，茂密的丛林中不仅有成群的可怕蚊虫和毒蛇，而且仿佛到处都隐藏着日本人，这些日本人天生就是像猴子一样的丛林动物，不需要给养，而且神出鬼没。在这种恐慌情绪下，草木皆兵的英军把日本兵骑着的 20000 辆自行车当成了装甲部队，因为没了橡胶外胎的自行车与地面摩擦的声音跟坦克差不多，在日军自行车闪击战的“打击”下，英军一直退过了柔佛海峡，直到马来半岛的最南端——新加坡岛。

开战前英国人想得很好，对于日本的潜在威胁，他们准备以守代攻——一战后英国人就斥巨资在新加坡建立了巨大的要塞，这个堡垒般的“东方马其诺”要塞整整耗费了英国人十五年的时间来建设，花费高达 600 亿英镑。在他们看来只要守住马六甲海峡这个通道，日本人就进不了印度洋，印度、缅甸等殖民地就高枕无忧。

为了威慑对手，使之不敢轻举妄动，丘吉尔还专门从英国派遣了两艘战列舰“反击”号与“威尔士亲王”号前往远东，其中“威尔士亲王”号曾在大西洋重创过德国大名鼎鼎的“俾斯麦”号。这两艘战舰刚到达新加坡三天，太平洋战争就爆发了，由于日军已经占领了马来亚北部的所有机场，没有战斗机护航的这两艘巨舰顿时陷入危险之中。丘吉尔建议让它们东行去加入美国太平洋舰队，庞德海军中将则想把军舰调回大西洋来看家。最后讨论到深夜也没有达成一致，于是大家决定把这个问题留在第二天讨论。但到第二天天明的时候，问题已经不存在了，因为这两艘战舰在 12 月 10 日中午刚开出新加坡基地不久就被日本飞机击沉了。丘吉尔立马意识到完了，他哀叹道：“在整个大战过程中，我从未受过比这更直接的冲击！”因为制海权的丧失即将导致无法阻止日军登陆。

而新加坡这个看起来固若金汤的堡垒也没有发挥作用，因为千算万算，英国人漏算了一项，那就是过分加强海防而忽视了陆防。英军大炮的炮口都是冲着大海的，而且被混凝土浇筑固定着，根本无法调头，这就重犯了法国过分依赖马其诺防线的错误。而日本人并没有像他们预想的那样从海上进攻，而是从陆上来犯，一直冲到了炮口的背后。

在新加坡岛对岸的日军将铺天盖地的炮弹打过了平均宽度不到 1 英里的柔佛海峡，把英国人炸得晕头转向。在遭到空袭的新加坡，路灯一直亮着而没有进行灯火管制，因为掌握电闸开关的守卫人员不知道去哪儿了。

英军马来亚司令帕西瓦尔从情报人员那里得知日军共有 6 万人，实际上他要对付的日军只有 3 万人。而日军的情报跟英军的半斤八两，一样不准，山下奉文中将得到的情报是在新加坡的英国守军只有 3 万，其实是 9 万，但错误的估计反而让日军斗志更昂扬。

就在日军的炮弹快轰没了，已经无法继续进攻的山下奉文几乎就要请援时，英国人被轰得先崩溃了，1942 年的情人节当天，已经丧失斗志的英军司令帕西瓦尔亲自扛着白旗来求和，因为他们的水源已经被切断了。当他还想提一下投降条件时，山下蛮横地说："你只要回答 Yes，还是 No！"帕西瓦尔被山下虚张声势的气势所震慑，只好率领 11 万英军向 3 万多日军投降了。帕西瓦尔不知道的是，进攻他们的日军由于长途奔袭给养已经用尽，不少士兵只能靠吸吮残留在口袋里的一点豆酱粉坚持着，有些大炮只有 3 发炮弹了，只要他们再坚持一下，可能就不用做俘虏了。

战后的庆功酒会上，有日本军官大拍山下马屁，称他为"马来之虎"。这也是英军被俘人数最多的一次，在北非他们败给了"沙漠之狐"，在东方他们败给了"马来之虎"，新加坡岛也被日本人改名为"昭和岛"。

12 月 8 日上午 10 点多，日军近 200 架飞机飞向菲律宾的美军基地，但出乎意料的是他们并没有遭到敌人的反击，美军的飞机正像鸭子一样蹲在机场上，整整齐齐地排列着，好像等着日本人来炸呢。因为这会儿正是饭点儿，美军士兵们正在食堂吃饭。一套可以发出预警信号的雷达设施也被炸毁了，根本没有发挥作用。——因为它还没有安装好。于是当第一批飞行员轰炸完返回台

〈山下奉文（1885—1946 年）
山下奉文拥有众多的绰号，比如“步兵炮”、“窝囊废师团长”、“蒙面将军”和“马来之虎”。1942 年他在新加坡立下大功后反而被“贬”去了中国东北，也不给他面见天皇的机会，因为东条英机担心山下威胁到他首相的宝座。直到 1944 年战局危急时他才重新被调往菲律宾，但已经于事无补了。日本投降后山下奉文被扣押，以战犯身份在菲律宾受审，最后在英国人的坚持下被判死刑。虽然山下奉文被绞死，但关于他的传说并没有结束。据说在日军投降前夕，山下将日军在占领区搜刮来的大量财宝秘密埋藏在了菲律宾，这便是有名的“山下宝藏”，但多达 172 处的藏宝地点至今仍未被完全找到。

〉漫画：小日本拳击手在远东擂台上将英国巨人击倒在地，英国人眼上蒙的布上写着“缺乏空军”，手上捆的布上写着“缺乏坦克”，腿上的绳子上写着“缺乏机场”。

湾的基地后，竟然高兴得有点不知所措。一个机组人员甚至问他的战友：“敌人怎么样了？他们看起来好像不知道战争已经爆发了。”

事实上，美军远东陆军总司令麦克阿瑟凌晨 3 点半的时候就接到了珍珠港遇袭的消息，他急忙下令将在菲律宾北部克拉克空军基地的飞机转移到南部更远的吕宋岛，但已经太晚了，当克拉克基地挨炸的时候，还有一半的飞机在那里。

日军在菲律宾的登陆随后展开，措手不及的美军大部被围在了巴丹半岛上，3 月 11 日傍晚，为避免被俘的麦克阿瑟声称自己要试一试能不能通过日军的水雷封锁，然后就偷偷地坐鱼雷快艇先行逃离了这里，撤往遥远的澳大利亚。不过他在离开后愤愤地发下誓言："我还会回来的！"得知麦克阿瑟逃跑的消息令东条英机大为恼火，他本来打算生擒麦克阿瑟，让他到东京游街的，但谁知道麦克阿瑟跑得这么快。而留在原地的 78000 名美军和菲律宾士兵就没老麦这么幸运，他们一共在这里坚持了三个多月，缺粮少药的美军饿得发昏，只能编小曲来解闷：

我们是巴丹的弃儿郎，
没有爹来没有娘，
山姆大叔也不知去向，
无亲朋，无医药，战无飞机与大炮，
哪有人把我们放在心上来关照。

在日军的围困下，巴丹半岛上的美军最后在 4 月 9 日投降。而撤到科雷希多岛的美军的日子也不好过，最后一个骑兵团被迫杀掉自己的坐骑来填自己饥肠辘辘的肚子，就这样，伴随着开饭的铃声而不是隆隆的炮声，美军的骑兵时代结束了。5 月 6 日，已经弹尽粮绝的温莱特中将向华盛顿发出了最后一封电报："……我带着深深的遗憾和对我顽强军队的无限自豪去见日军指挥官了。再见了，总统先生！"然后也向日军投降了。

在日军的一系列猛攻下，香港、关岛、泰国等地也相继陷落，拿下马来亚与菲律宾后，日军开始向荷属东印度冲刺，当日军的伞兵和登陆展开时，在那里的荷兰人做的只能是炸毁多年经营的资产——油田、油罐和炼油基地。为了保卫荷属东印度首府巴达维亚所在的爪哇岛，荷兰海军少将道曼指挥的英、美、

∧ 漫画："孩子，你虽然不情愿，可是你扮演了绝妙的爱神！"日本对东南亚的侵略促成了英美同盟的建立。画中的一对情侣代表英美海军，长椅上写着"新加坡"，拿着枪和炸弹耀武扬威的日本小鬼的腰带上别着的纸条写着"对印度支那采取行动"。

荷三国联合舰队前来迎战日本舰队，但这支联合舰队既没有统一的信号标志，也没有空军的护航，甚至在这个充满石油的地方连燃料供给也不足。在"一边倒"的交火后，爪哇岛上通过一家商业无线电台发出了最后一条消息："下一个美好的时代再见！（荷兰）女王万岁！"

在中立国泰国，日本兵穿着假冒的泰国制服、坐着公共汽车准备跨过泰国边境，为了显得逼真一些，他们身边还带了当地舞厅的一些舞女。但在过边境站的时候，一个日本特务由于太紧张，不小心把他还不熟悉的电码本给烧掉了，这导致他们不清楚部队集合的具体时间，也无法做内应，于是这些士兵只好赶紧撤退，这次行动就这么失败了。不过当看到日军来势汹汹，见势不妙的泰国政府没有抵抗就墙头草似的倒向了日军一方，并与之签订了合作的条约，见风使舵正是在夹缝中的泰国没有沦为西方殖民地的“法宝”。

搞定泰国后，日军杀向东南亚的最后一个目标缅甸，占领这里不但可以威胁到印度，还可以掐断中国最后一条对外运输线，把一直抵抗不服的中国困死。在缅甸首府仰光，日军的空袭甚至炸毁了动物园，导致鳄鱼与蟒蛇在大街上乱窜。一名被狂轰滥炸吓坏了的英国官员下令把监狱里的罪犯和精神病院里的患者全放了出来。

虽然早在 1941 年 12 月，中国就提出愿意协助英国防守缅甸，但英国人却拒绝了两次，在英国人看来，堂堂世界霸主怎么能让“东亚病夫”来救呢？一直到了 1942 年 2 月，眼看仰光守不住了，英国才放下老牌帝国的架子向中

︿ 漫画：日本侵略者伪装成和平天使，拿着手枪从路旁的沼泽中伸出头来对着哈利法克斯开的汽车，要求“搭车”。沼泽里写着“中国泥塘”，车棚上是“缅甸公路贸易服务行业”的字样，美国国务卿赫尔坐在车旁打字。

国求助，蒋介石于是派出 10 万中国远征军入缅助战，名义上由美国陆军中将、蒋介石的参谋长约瑟夫·史迪威（Joseph Stilwell）指挥。但已为时过晚，因为仰光马上就陷落了。而且英国人是防中国甚于防日本，一方面他们想利用中国军队牵制阻击日本，一方面又不信任中国军队。英军事先承诺的为中国地面部队提供的 324 架作战飞机，直到缅甸战场崩溃，也没看见一架前来助战，因为飞机都优先调往北非去阻击隆美尔了。

而蒋介石也不愿意为英国人火中取栗，他对于保护英国的殖民地不感兴趣，关心的只是保持滇缅交通线畅通，因为那是盟国援助中国的唯一一条陆上通道了，中国收不到援助才是大问题。为了不给英国人当炮灰，蒋介石事先还就中国军队如何使用的问题发表了两个小时的演讲，给史迪威传授了一下他的“人生经验”，那就是让日本人采取主动，只有当日本人的攻势停下来，开始后撤时，中国军队才能发起反击。他还警告史迪威，在任何情况下都不要集结部队，这样日本人就抓不住中国军队的主力，因为如果中国军队一集结便会立刻被歼灭。这让史迪威这个参谋长目瞪口呆、大跌眼镜，因为蒋介石的消极避战的观点与美国的军事理论完全相悖。这让史迪威认为蒋介石太屃，开始对其逐渐不满，而蒋介石也不信任自己这个“不听话”的美国参谋长，他暗中指示中国将领杜聿明“听他电话指挥”。于是到了缅甸的史迪威根本指挥不动所有远征军，中方将领杜聿明和廖耀湘每天都能找到不同的借口拒绝南下收复仰光：比如铁路线的问题太多、行程太危险、增援部队未到、日本人的坦克太多……气得史迪威在日记中大骂他们是“懦弱的混蛋”。——他也有和蒋介石一样在日记中骂人的习惯。而就在战斗激烈的关头，蒋介石却发来毫不相干的指令给史迪威，声称：“西瓜有利于提高口渴部队的士气，史迪威应该给每四个中国士兵发一个西瓜。”

盟友间的貌合神离、同床异梦导致了大溃败。首先是情报错误，中国军队稀里糊涂地把三个日军精锐师团当一个师团来打，当他们不断向南推进时，又发现根本没有英军跟他们配合。因为英国人已经没有坚守缅甸的心思，他们只顾自己利益，根本不顾盟友死活，常常放弃阵地先行逃走，而且跑路的时候也不通知中国军队。原来英国人呼叫中国军队来救命，是为了拉个垫背的！让中国人断后，他们好趁机跑路。在英国人看来，缅甸丢给日本人并不可惜，但不能让中国来染指，所以宁肯淹死也不愿意有人来救他。这下搞得中国远征军变成了孤军深入，结果盟军被分割包围，只能各自为战，最后一拍两散，各自逃命。

但撤退之路简直要比进攻之路还要艰难，因为缅甸不但有几乎无法穿越的茂密丛林，连草都有一人高，而且丛林里还有粗大的巨蟒和细小的毒蛇，咬人之后奇痒无比的蚊子，刚好能够穿过蚊帐整晚不停咬人的牛虻，长达近半英尺吸人血的大象水蛭……不下雨时， 气候闷热得让人汗流浃背，几乎无法呼吸；雨下得大时，你连放在面前的手都看不见；雨一停，到处都是像麦片粥一样的泥沼。更要命的是英国士兵居然穿着 19 世纪的那种短裤加腿袜的制服，这在蚊叮虫咬的缅甸丛林里简直是作死，而不速之客日本人反而穿着防雨防暑防虫咬的军服。

仓皇撤退的英军在过锡唐河的时候，一辆卡车轧掉了桥上的木板卡住了，这导致后面所有的车辆都停了下来，卡车、骡车和几千名英军和土著士兵都不得不堵在 6 英里长的狭窄道路上。于是当日本人杀到时，英军被整连整连地消灭，其余部队则四散而逃。英军指挥官不得不“壮士断腕”的提前炸掉大桥，对岸的幸存者只能凭借高超的游泳技术游过来。当英军沿着地图上标注的但实际上并不存在的道路，经过 900 英里的大撤退后，终于退到了印度。当这群衣衫褴褛、憔悴不堪的人出现在印度人面前时，把后者都吓跑了。

面对腊戌、曼德勒、八莫、密支那等地纷纷失守，中国远征军见机不妙，先行向东逃回云南，尾随的日军一直追到了中国境内，直到怒江西岸，由于争先恐后逃命的人群与车辆互不相让，怒江上的惠通桥上一片混乱，守桥的中国士兵不得不鸣枪警告，这时化装成难民的日本兵正向大桥冲来，准备趁乱夺桥，枪声骤响也把他们吓了一跳，以为行踪暴露的日本人立即予以“还击”，中国守军发现有日本人后立即炸桥，这才阻止了日军继续深入。[①]

由于归路已被日军切断，远征军的另一路在孙立人的率领下撤往印度，杜聿明不愿去外国，他率领的远征军主力只能取道山高林密、人迹罕至的缅北野人山回国，迷路的远征军在原始森林里转来转去，艰难跋涉了114天，很多人因为饥饿、疾病死去，进去几万人只出来几千人……史迪威原计划乘坐火车撤往北部的密支那，但他的副手已经三十六计先行一步。——中国军队的联络官罗卓英强行征集了一个火车头和17节车厢，已经带着部属向北逃走了。不过不幸的是，他们刚刚行驶了25公里就跟一辆南行的火车撞上了，这起车祸也让这条铁路完全瘫痪掉了。得知消息的史迪威气得用中文破口大骂："那个肥胖的乌龟王八蛋！"混乱无序的撤退开始后，他们先是乘坐汽车，车胎爆了之后就从当地人手中买骡子来骑，最后干脆只能撒开脚丫子徒步走，直到所有人的脚都跟中了弹一样步履蹒跚。当史迪威得知日军已经逼近密支那时，他不得不改变方向撤往印度。最终当史迪威驱赶着他的队伍于5月份抵达目的地时，一个观察家描述道："他看起来像个愤怒的上帝，像堕落的天使一样说着诅咒的话。"因为败得实在太丢人了。随着香港、马来亚、新加坡和缅甸的陷落，大英帝国在远东的统治土崩瓦解了。

在这次"闪电战"中，日本只在太平洋和东南亚投入了总兵力的四分之一，但由于打了英、美、荷等西方国家一个措手不及，短短五个月内，英国在远东的香港、马来亚和缅甸，荷属东印度和美国的菲律宾、关岛等地纷纷失守。英国陆军退守印度，海军则退得更远，直接跑到了非洲东海岸。

西方国家在远东的绥靖和轻敌使它们付出了惨重的代价。在西方殖民者看来，日本人的战舰和飞机远远落后于它们，日本人的小口径武器甚至不能杀死人，短腿的日本兵射击不准，也驾驶不好飞机，因为他们的视力太差，而且还

① 也有人认为日军化装夺桥只是传说，实际上是中国军队杀退过江的日军先头部队后才炸的桥。

^ 澳大利亚二战时期宣传画："他（日本人）向南来了！"

^ 漫画：戴着近视眼镜的日本鬼子变成了巨人，横扫东南亚。

是眯缝眼加斜视眼，英国空军参谋长甚至认为日本人的空军要"比意大利空军还要弱"。但事实证明戴着有色眼镜的英军太傲慢了。

不到六个月的时间，日本人就占领了西方殖民者花了几个世纪才夺取的殖民地，超过15万的战俘落在了他们手中，日本人残酷地监管、压榨、虐待他们。而战俘们只能用他们的方式来报复日本人，比如他们把大部分时间花费在抓虱子和臭虫上，等到积攒到一大堆的时候，就把它们都放到日本士兵住的小屋里。

不过日本人大力鼓吹的"共荣圈"不久就被东南亚人称为"共穷圈"，因为他们很快就发现，日本人根本就不是像他们宣传的那样是来解放他们的，而是又一个前来掠夺的殖民者。比如日本人在缅甸用伪造的卢比来付款；在马来亚和荷属东印度掠夺原材料时干脆用白条，连假钞都懒得造；强迫农民种植他们需要的农作物并且下令平民见了日本兵就要行礼，否则上去就是一刀；当地的码头工人不但被强迫劳动，而且累得半死要休息时还要被强迫去听长篇大论的演讲，比如《日本历史与历史事件中的日本》这样的讲座……

虽然日本人取得了暂时的胜利，但摸了老虎屁股的日本人已经唤醒了美国这个巨人，当它的战争机器启动后，就会爆发出惊人的生产能力，到1944年时，美国工厂几乎每小时就可以生产一架轰炸机。而由于苏联将德国与日本搁在欧亚大陆的两端，参战的美国正好可以用强大的海军切断两国在海上的通道，使两国彼此根本无法配合，只能各自为战。而更为重要的是，美国已经通过代号为“魔术”的秘密行动破译了日本的密码，这就像英国人已经通过“超级机密”

^ 英国与苏联的联盟。左边坦克上是丘吉尔，右边坦克上是斯大林，坦克车头上写着“反希特勒阵线”。代表国际舆论的一群兔子在瞎嚷嚷：“联盟！”“协定！”“不，是勾结！”“不，是共同作战，是合作！”

^ 墨西哥向轴心国宣战的海报，墨西哥鹰正撕碎一面纳粹国旗。

︿ 1942 年的一幅漫画：就等小家伙长大了！地上石头写着：同盟国。翻开的书写着：大卫与歌利亚。三个脑袋分别是东条英机、希特勒和墨索里尼。

︿ 警告德国的潜艇已经逼近美国东海岸的漫画："借个火好吗？"纳粹的潜艇员向美军的海岸巡逻队说道。

破解了纳粹德国的密码一样，在大战刚一开始，轴心国就输定了。

1942 年新年来临后，美、苏、英、中等 26 个国家签署了《联合国家宣言》，决定组建与轴心国共同作战的大联盟。联合国这个名字是罗斯福在新年灵感突现时想出来的，他立即兴冲冲地坐着轮椅去告诉在白宫做客的英国首相丘吉尔，浑身湿漉漉的丘吉尔一丝不挂地给罗斯福开了门，就像一个胖娃娃，因为他正在洗澡。"大不列颠的首相对美国总统没有什么好隐瞒的！"他幽默地说。

英、美、苏、中对垒德、意、日，同盟国对决轴心国，两大阵营最终形成了！

第十章
致命的五分钟

★★★

“五分钟！谁能想到战势在如此短暂的时间内被完全扭转？”

——日本帝国海军上校渊田美津雄

1942 年 2 月 23 日，美国本土又一次遭到了袭击。——一艘日本潜艇居然出现在了美国西海岸加利福尼亚一英里外的海面上，炮轰了岸上的一家石油精炼厂，不过射击者的射击水平太臭，虽然二十分钟发射了 225 发炮弹，但只对工厂造成了很小的损害。为了平息国人的愤怒与恐慌，罗斯福不得不决定立即对日本展开报复。

但实际情况是说起来容易做起来难，美国人只能眼睁睁地看着马尼拉、关岛、新加坡和爪哇等地相继陷落而无能为力，因为仓促之间美国还根本没有做好战争的准备。一年前，美国陆军还在使用排水管来模拟迫击炮训练，用扫帚来代替机枪，一些士兵入伍后连枪都没有摸过。美军部队连训练用的枪支都缺，因为大量武器此前都运去援助英国了。而在海军里，招兵的条件甚至不要求视力和身高，申请者只要有 18 颗牙齿就行（正常人的牙齿是 32 颗），但仍有相当多的人不合格。于是有个地理学家建议：鉴于日本是个多火山的国家（日本拥有世界上三分之二的活火山），可以通过空中轰炸将炸弹扔到火山口里，引发火山喷发，从而彻底毁灭日本。对于这个脑洞大开的建议，罗斯福采纳了其中的一小部分，那就是轰炸日本首都东京作为报复。

但问题又来了，美国现有的空军基地距离日本太远了，要想轰炸日本本土只能用航母搭载飞机去轰炸，于是这个任务交给了美国最好的特级飞行员杜立德中校。

杜立德立即开始准备，在他的征兵海报上写着：“飞到东京去！一切费用报销！”

1942年4月18日，搭载了16架B-25轰炸机的美国航母“大黄蜂”号出动，在所有轰炸机即将起飞的时候，甲板上的水手们也跑来凑热闹，他们拿着 10 美元打赌这帮去执行轰炸任务的倒霉蛋会不会直接掉进海里摔死。而一些替补的海军飞行员则挥舞着大把钞票，想跟轰炸机上的战友们做个交易，换取去执行这次轰炸任务的光荣机会，但没有一个执行任务的飞行员愿意跟他们换。

当一架又一架飞机在航母的狭窄跑道上成功起飞后，所有人都激动地又叫又跳、互相捶打，连打赌输了 10 美元的水手们都欢呼起来。

在飞行了五个小时后，杜立德一行到了日本上空。这天正好是星期六，东京上空万里无云，日本人根本没有防备，在空地上打棒球的人甚至还傻乎乎地朝美国轰炸机挥手致意。美军飞行员朝工厂和油库等目标投下了炸弹，在炸弹上还系着一些美国官兵过去访问日本时获得的勋章，士兵们在上面写着：一切都是刚刚开始！

当日本的防空炮发现后开火，大批战斗机起飞拦截时，杜立德的飞机小队早就溜之大吉了。一个冲出屋子的日本家庭妇女只能气愤地把手里的拖把扔向天上的美军轰炸机……

这时远在几百海里外的“大黄蜂”上，全舰的官兵正在专心致志地用收音机收听日本的广播，原本正常的节目突然间中断了，随后便是主持人慌乱的叫

^ 被烫到屁股的日本人，浴缸里的开水上的字是“对美作战”。洗澡水太热，请慢慢地坐下。——日本谚语。

喊声："东京被轰炸了！"

行动成功了！舰上立即爆发出巨大的欢呼声，一名美国水兵还特意给日本首相东条英机寄了一封信，上面写着：

"我很高兴地通知您，第一批废金属已经运送到了你市。鉴于目前的航运条件，我方有必要采用空运交货的方式。最后我有必要提醒您，在未来几年内我们会继续交货。"

其实这天前去轰炸的美军飞行员中已经有人见过东条英机了。就在那天上午，东条英机正乘坐飞机飞往水户视察，就在飞近机场时，机上的东条的秘书发现有架"样子挺怪"的飞机跟自己擦肩而过，近到可以看到对方飞行员的脸。"美国人！"这吓得他魂飞魄散，他看到的正是B-25中的一架。但这架美军飞机对他们一枪未发，可能是因为东条坐的是一架美国制造的飞机的原因。

而在当天的美国报纸上刊登了一幅漫画：几架轰炸机正对准一个日本厕所扔炸弹，一个狼狈不堪的日本男人蹲在里面，裤子褪到膝盖上……旁边的注释调侃道：措手不及的感觉怎么样？！

但这些完成任务的美军飞机已经无法返回他们的航母了。——为避免日军飞机发现后前来轰炸，在他们起飞后"大黄蜂"号航母就已急速返回，他们只能继续向西，除了一架飞机飞到了苏联的符拉迪沃斯托克（海参崴）外，其余15架都迫降在了中国东部浙江的衢县机场，大部分飞行员在中国人的救助下辗转到了重庆，最终回到了美国。气急败坏的日本人只能在浙江一带展开搜捕活动，将坠毁在中国的美机残骸运回日本，摆在靖国神社展览，宣传说是日军击落的战利品，用这种自欺欺人的方法来自我安慰一下。

美军终于小小地报复了日本一把，而这次小小的空袭也如同一只扇动翅膀的蝴蝶，引发了一连串的连锁反应：

为了避免美国人故伎重演，也为了报复，日军在1942年5月发动了摧毁中国沿海机场的浙赣会战，被怀疑帮助和藏匿过美军飞行员的中国村民都惨遭日军屠戮，25 万平民献出了生命……

就在东京挨炸的时候，日本军方正在争论下一步的作战计划，是去攻打印度和澳大利亚呢，还是继续向太平洋东部扩张？最后因为意见不合，陆军与海军差点儿打起来。

日本陆军与海军这对冤家的矛盾可以追溯到古代日本宗族和藩主之间争夺领地的矛盾，当 19 世纪后期日本的现代陆军和海军建立起来的时候，一些宗族将他们的子弟送进一个军种，他们累世的对头就去参加另一个军种，于是这种“传统”也延续到了两个军种里，导致海军与陆军互相看不起对方。日本联合舰队司令丰田副武就轻蔑地称陆军为“马粪”，宣称自己宁愿把女儿嫁给一个乞丐，也不会嫁给一个陆军里的家伙。陆军则称海军为“马鹿”——日语笨蛋、傻瓜的意思。

除了互相鄙视，双方还相互较劲。由于日本资源匮乏，双方战略物资和资源分配方面的争夺更为激烈。按照日本不成文的规定：被占领地区的资源分配由最先占领该地区的军种决定，因此日本陆军控制了荷属东印度 85% 的石油资源，由于石油供应不足，海军威胁说如果陆军霸占着石油不给他们，他们就要扣留发往日本的所有油轮。最后不得不成立了一个陆海军石油委员会来解决分歧，但结果争斗得更不可开交了，因为这个委员会下达的分配命令双方都不听。每当陆军建一个大的工厂，海军就会攀比似的也建一个，完全不顾用不用得上。为了超过对方，双方各搞各的，而且还相互保密，为了打破海军对油轮的垄断，陆军干脆自己造船，甚至还研发了自己的潜艇和航母，在战争刚开始时，他们掌握的船舶吨位达到了 210 万吨，甚至超过了海军的 150 万吨。而海军则建起工厂开造自己的坦克和“自走炮”，结果日本军队不光有了“海军陆战队”，还有了拉风的“陆军海战队”。到最后战争结束时，海军制造的飞机有 53 种型号，陆军制造的飞机型号则有 37 个。以至于即使生产一个螺钉，如果陆军制造的是向左旋转的，海军就一定要生产成向右旋转的，就是要跟陆军对着来。

而在性命攸关的大战开始后，两军种之间还是互不协调，日本陆海军之间不但很少沟通，反而互相封锁消息。他们从不交换各自船只起航的路线、到港的时间和装载等信息，甚至当一方发现了敌人的潜水艇时也不通知另一方，而在相互支援中也是三心二意。他们之间的恶性竞争拖了日军的后腿，联合舰队的一名参谋面对双方的“恶斗”也只能哀叹道：“我们用了 30% 的力量和美国人作战，剩下 70% 的力量都去和日本陆军作战了。”

^ 漫画：日本猴子左右开弓，摘下了太多的“胜利果实”，已经应接不暇，拉得细长的尾巴上写着“交通运输线”，左边正要摘的椰子上写着“印度”，右边的椰子是“澳大利亚”。

就在双方扯皮争吵之际，东京挨炸的消息传来了，这简直是个晴天霹雳！日方受到了极大的震撼，虽然损失很小，但一名负责东京空防的日本官员自杀以谢罪，因为他自愧没有保护好天皇；联合舰队司令山本五十六也病倒了，并把自己关在军舰舱内拒绝见人。于是日本人改变了原来稳扎稳打的战略计划。山本五十六以此为理由，提出了消灭美军航母、保护天皇的口号，本来反对再进行大规模攻势的日本海军也不敢再反对了，你怎么敢反对保护天皇呢？

日军把下一个目标定在了太平洋中部的中途岛，这个岛正好位于日本与美国的中间，距离横滨和旧金山的距离都是 2800 海里，他们不知道美军飞机是从航母上起飞的，因为美方对此次轰炸的过程进行了严格保密，罗斯福还幽默地宣布这次飞机是从“香格里拉”（Shangri-La，意为“世外桃源”）起飞的。当时英国作家希尔顿的《消失的地平线》正在西方国家大卖，文中有个世外桃源，就叫香格里拉，因此日本人还以为中途岛是美军这次轰炸的基地。对于这次进攻，日方认为自己占据着绝对优势。之前的 5 月 4 日，日本军队为了占领新几内亚东南端的莫尔兹比港，切断澳大利亚与美国之间的联系，其海军在三艘航母的掩护下与美军第 17 舰队在珊瑚海大战了一场。刚开始日美双方的舰队就像两个蒙着眼睛的摔跤选手一样相互摸索着前进，企图先发现对手。当他们距离只有 70 海里的时候，双方的船只都没有看见对方，各自的侦察飞机都发现了对方，于是开始放出舰载飞机来互相攻击，但这些机群也没有撞见对方。在这次世界上的第一次航母大战中，美军第 17 特遣舰队中的“列克星敦”号受到重创，日军两艘航母遭到重创，这也是开战以来日军第一次没有取得完胜。不过日军自以为他们击沉了敌人两艘航母，美军另两艘航母则远在南太平洋，所以山本估计在攻击中途岛时，美军最多只能派出两艘航母来迎战，而他们有八艘。

遗憾的是日本人的情报是错误的，他们以为美军的“列克星敦”号与“约克城”号已经在珊瑚海之战中被击沉了，但实际上“约克城”号伤而未沉，美国人仅用了不到四十八小时就把它修好了，修复的速度创造了一个历史记录，日本人做梦也没想到美国人竟然这么快就把它修好了，于是当中途岛战役开始时，“约克城”号航母已从珍珠港赶来助战。而且美军已经迅速将在珊瑚海的“企业”号和“大黄蜂”号召回中途岛，但留下了一艘巡洋舰来模仿这两艘航母发出情报，避免日本人发现它们已经离开。

这不是日本人第一次误判，也不是最后一次，以后这将会成为他们经常性犯的错误。

在大战即将开始前，美方侦查到了日军无线电波频繁的发射，这是敌军即将展开大规模军事行动的先兆，但他们搞不清楚日军的目标是哪儿，因为后者用 AF 来代指这个地方。AF 是阿留申群岛还是中途岛？美军方面有着不同的意见，最后一位美军少校聪明地使出了无中生有之计，他们故意放出一个假情报：抱怨中途岛的淡水设施出了问题。上钩的日本人果然不打自招了，过了不久，美军就通过“魔术”截获了日军的一份报告：AF 淡水缺乏，进攻部队要多带饮用水。

即将发起进攻的南云忠一不知道自己的底牌已泄，还在沾沾自喜，以为“敌人对我们的计划一无所知”。

于是这场战役还没开始，结果就已经基本注定了，日军正是想要通过进攻中途岛，来引诱美军太平洋舰队出战，然后聚而歼之。这次日军动用了比偷袭珍珠港还要庞大的舰队，光航母就动用了八艘。而进攻计划要更为庞大：北路佯攻阿留申群岛牵制美军，由南云忠一统率的中路则趁机进攻中途岛，山本的主力舰队在后面坐镇，等待美军太平洋舰队到来后出击，与之决一死战。

中途岛海战开打前，日本派出了二线部队中的第 5 舰队前去太平洋警戒侦察，负责向主力舰队报告美军舰队的航线。但这支舰队根本没完成任务，因为他们那些又破又旧的潜艇已经服役了十二年，早该退休去当训练舰了。这批超龄的战舰不但由于检修而延迟了离港的时间，而且还因为命令中位置印刷的错误，偏离了中途岛足足有 2000 英里。就在这支侦察部队慢吞吞地游弋的时候，美军早就将计就计地做出了部署：不对阿留申群岛采取任何行动，等日军的战斗机离开航母去攻击中途岛时，他们埋伏在附近航母上的战斗机就飞去轰炸日本人的航母。于是当美军第 16 和 17 特混舰队的航母早已秘密抵达了目的地埋伏好了时，日本人还蒙在鼓里。

6 月 4 日天刚亮，南云航母上的 108 架飞机轰鸣着腾空而起，像台风一样席卷了中途岛。但鉴于岛上的飞机跑道与防空炮火还未完全摧毁，不知道美军航母就在附近的南云下令将对付敌人战舰的鱼雷战斗机改装上炸弹，准备发起第二波攻击。——他还以为美军航母都开往阿留申群岛去对付日军的佯攻了呢。8 点 20 分，就在换装炸弹已经完成了 25% 的时候，他接到报告，美军的舰队突然现身了。南云这下傻了眼：战斗机都去轰炸中途岛了，而鱼雷轰炸机全换上了炸弹，这可怎么办？！他赶紧下令再把攻击舰艇的鱼雷换回来，但已经太晚了。这全要怪有一架侦察机因出现故障半途返航——这架侦察机本应要去搜索美军特混舰队上空的。

在航母甲板上的日本兵乱成一团，慌乱中卸下的炸弹就那么被堆放在甲板上，仿佛在开易燃易爆品展览会。而这时攻击中途岛的机群也返航回来了，如果不降落的话，这些油箱空空的飞机就会掉进海里，这更加剧了甲板上的混乱。

从没有指挥过航空母舰的美军第 16 特混舰队司令斯普鲁恩斯出动了“企业”号和“大黄蜂”号航母上的所有飞机向日本舰队发起进攻，半小时后，从“约克城”号上起飞的飞机也来了，但日军飞行员凭借高超的技术将这些前来轰炸的鱼雷轰炸机一一击落，令对手一无所获。南云这才松了一口气，真是虚惊一场！

就在日军战斗机在低空忙着驱赶敌人的鱼雷轰炸机时，美军的俯冲轰炸机却突然在高空中现身，他们是沿着一艘日军驱逐舰的航向找到南云的航母舰队的，这令日军战斗机根本没时间爬升拦截。从天而降的炸弹落在日军航母甲板上，而甲板上正好堆放着日机刚换下来的炸弹和还未起飞的飞机，一些投下的炸弹干脆直接击中了弹药库，引起了巨大的爆炸。仅仅五分钟！本来看起来日军稳操胜券的战局就来了个 180 度的大逆转。南云的三艘航母“赤城”号、“加贺”号和“苍龙”号就这么被击沉了。

仅存的“飞龙”号航母放出轰炸机前来报复，虽然炸毁了“约克城”号，但它自己也被追击而来的美机击沉了。得知前线失利的山本急忙调遣其他航母前来支援，但已经太迟了。以一换四的美军见好就收，早已抽身而退。

日本一下子损失了四艘航母，上百名精锐飞行员集体去了靖国神社。“在中途岛，美国报了珍珠港的一箭之仇。”重光葵这样评论道。但不仅仅是这样，这场战役之后，在太平洋上的日军再也没有主动权了。

遭遇中途岛海战的大失败后，日本政府立马封锁了消息，沉没舰只的幸存者像战俘一样都被隔离了起来，日本高官们面不改色心不跳地宣布帝国海军“一战定乾坤”，最终获得了太平洋上的主宰权，仿佛不承认就不是失败似的。傻乎乎的东京民众们为了庆祝“胜利”，提着灯笼、挥舞着彩旗举行了一次盛大的游行。

日军仅有的战果反而是佯攻的北路部队获得的，但他们只是占领了阿留申群岛中的基斯卡岛与阿图岛，日本人很快发现，这两个大雾弥漫的荒凉小岛就是个“鸡肋”，因为这两个小岛太荒凉了，占领这里并没有什么用。这儿常年寒冷积雪、狂风肆虐且大雾笼绕，而之前在这里驻守的许多美军士兵宁肯饿着肚子也不愿意出门去食堂吃饭，因为忽上忽下的暴风会把人掀翻，飞到不知道什么地方；有时雾大到人站在船的舰桥上居然看不到船首。空军在阿留申群岛的大雾中简直像瞎子一样，经常会把海里的鲸鱼当作敌人的军舰进行轰炸，要不就是报告击沉了像岩石一样的敌军潜艇——实际上就是样子像潜艇的岩石；地面工作人员从降落的飞机身上刮下来的冰块有时重达一吨，而且飞机损失于天气的数量比被敌人防空大炮击落的还要多——有些飞机在大雾中起飞后干脆再也没飞回来。在这个鸟不拉屎的地方，恶劣与荒凉的环境甚至产生了一个谚语：在阿留申的每棵树后面都有一个女人。翻译成中国俗语就是：不见女人好多年，见了母猪赛貂蝉。由于这里一周七天中大约会有六天下雨，每年放晴的日子大概只有八到十天，一名在阿图岛的美国海军军官曾在天气偶尔放晴的时候看到了170英里外的基斯卡岛，然后他竟然情不自禁地哭了起来，因为："这是我见过的最美丽的东西。"

这一切都导致虽然这里是美国的领土，但要从这儿向美国大陆本土进军却不现实。美军在阿拉斯加的最高长官说道："日本人或许会这么做，但是那是他们的孙子才能最后做到的事，等他们来的时候他们早就变成美国公民了。"一位美国少校则这样评论这片北方的寒冷荒地："阿留申群岛这个舞台，应该叫作沮丧的舞台。敌对双方都准备好将阿留申群岛留给阿留申当地人。"所以虽然这里在1942年6月就被日本人占领，但两个星期后美国人才发现日本人上了岛，一直到第二年的5月，美军才开始准备收复这里。5月11日，1.1万名美军很顺利地就登上了寒风凛冽、冰雪覆盖的阿图岛，因为他们走了狗屎运。本来原计划的登陆时间是5月7日，可是阿留申群岛的天气太恶劣了，进攻时间不得不一再推迟。岛上2600多名日本守军已经做好了全面迎战的准备，但等来等去却不见动静，以为是虚惊一场，于是放松了警惕。因此，当美军趁着大雾登上滩头时，他们竟没有遭遇任何抵抗。但这批派出的部队却不对路，第7步兵师原在加利福尼亚炎热的沙漠中受训，却被派到了冰天雪地里来。不过值得庆幸的是日本人状况也不怎么样，他们被困在东部的冻土高山上，频繁遭受美军的飞机轰炸和大口径舰炮的轰击，伤亡惨重，而且食物和药品即将被用光。5月29日夜间，守岛日军突然冲下山来对美军的中心营地发起了攻击，试图夺取美军军火。由于黑暗和大雾，美军被打了个措手不及，中心营地的伤员和后勤人员惨遭屠戮，只要再冲上另一个高地，日军就能夺取美军辎重。

此时，500名维护车辆装备的美国工程兵挽救了危局。这些没有受过多少正规军事训练的工程兵，居然打退了日本人的多次冲锋，守住了这个至关重要的山头，并把日本人逼下了山谷——后来，那座山就被命名为“工程师岭”。弹尽粮绝的日本士兵负隅顽抗到了最后，他们宁肯注射吗啡或用手榴弹自杀也不愿投降，战争结束时战场上到处都是无头、缺腿或是肚子破了、肠子流了一地的尸体。美方的随军牧师从这些尸体间走过：“我很高兴他们死了，真的很高兴。但这让我感到烦恼，当别人死亡的时候我却会感到高兴，我怎么回到教堂啊？！但是我现在真的很高兴他们死了！”日本各大报纸在这一天都用黑字标题报道：“阿图岛皇军全员玉碎”，“玉碎”此后也成了日本全军覆没的专用代名词。

而在基斯卡岛，还没等美国人发起登陆进攻，日本人就主动撤退了。派来执行这次撤退任务的是木村昌福海军少将——这位留着大八字胡的日军将领后来被称为“强运”（福将）——由于缺少航空兵，木村不敢进入美军舰艇的封锁范围，只是每天拿着鱼竿在舰艇的后甲板上钓鱼来消磨时间。虽然有人骂木村是“胆小鬼”，但他却不为所动，他在等大雾。

7 月 29 日，大雾终于来了，木村的舰队借着大雾掩护趁机向基斯卡岛靠近，而说来也巧，就在 7 月 28 日，由于美军在前一天耗尽了主炮炮弹和绝大多数的驱逐舰燃料，主动撤离了基斯卡岛的封锁线。结果木村阴差阳错地就在美军回港补给期间成功地抵达了基斯卡岛，只用了不到一个小时他就把岛上的 5200 多名日军都撤走了，无一人伤亡。这次神奇的成功撤离后来被日本人大吹特吹为“太平洋的奇迹作战”。美国人不知道日本人已经在他们眼皮子底下溜走了，他们仍然对这个小岛狂轰滥炸了两个半星期，之后才小心翼翼地登上了岛。鉴于在阿图岛的教训，美军这次增兵到了 3.5 万人，还派出了 100 多艘舰艇。金凯德在战前发出豪言壮语说：“连一只狗都别想逃出去！”狗确实没有逃出去，美军在如临大敌般地搜寻了全岛后才发现岛上已经没有一个日本人了，只找到三条日本人丢弃的杂种狗。一个美国大兵后来创作了一首叫作《基

∧ 美国海报：在阿拉斯加等待日本老鼠的是“老鼠夹”。

斯卡岛的故事》的歌，里面唱道：

“我们花了整整三天才发现，那里只有三条狗而已。”

不过他们却发现了比日本兵更可怕的东西，在岛上的一所房子旁边发现了一块“霍乱病人隔离所”的牌子！这让登陆的美军如临大敌、军心大乱，他们又是到处消毒又是空运疫苗，医生挨个地给士兵打针。折腾了大半天后才发现这只是日本人的一个诡计，是对于撤退不甘心的日本人使出的“无中生有”之计，为的是好好地“报复”一下美国人……而这也成了日军对美军作战中唯一零伤亡的一次战役。不过美军却不是零伤亡，在登陆第一天的时候，大雾中的美军和加拿大军发生误会，双方疯狂互射，有 24 名美军和 4 名加拿大士兵被自己人打死；登陆第三天的时候，美军的一艘驱逐舰又触到了一颗日军留下的水雷，71 人炸死，100 多人受伤……不过相同的是，这次战役的两个指挥官都升了官：日军的木村和美军的金凯德在此战后都晋升为了中将。

第十一章

老鼠与老虎

★★★

“要死就一起死，苏联母亲有足够的儿子！”

——苏联士兵

苏德大战的第一回合 PK 以德军被挡在莫斯科大门口而告终，苏军抗住了德军的三板斧，“巴巴罗萨”的几个目标都没有达到：北方的德军在列宁格勒陷入僵局，芬兰人收复了他们在 1940 年割让给苏联的领土后就开始不再前进，任凭德国人怎么催促都不行。中路对莫斯科的进攻也变得遥不可及，在冰天雪地里缺少冬装的德军冻得哆哆嗦嗦，希特勒坚决不同意撤退，发布了要求死挺的命令，侥幸地稳住了战线，但也只是防止了大崩盘而已。南路的罗斯托夫也得而复失，南路军司令龙德施泰特也因此被免职。

而在苏联一方，莫斯科刚刚解围，斯大林就迫不及待地要求转守为攻。在 1942 年 1 月 5 日的会议上，格奥尔吉·康斯坦丁诺维奇·朱可夫（Georgy Konstantinovich Zhukov）对此表示了异议，因为守住首都、稳住脚跟已是侥幸，现在军队还没有缓过劲儿来，发起大规模的全线反攻简直是去送人头。但斯大林对他的异议不屑一顾，然后问大家还有什么问题，见没人提出疑问后他说：“既然这样，看起来可以结束讨论了。”

〈 格奥尔吉·康斯坦丁诺维奇·朱可夫（1896—1974 年）朱可夫背地里被人叫作“甲虫”，这源于他名字的词根（原意为甲虫或者蟑螂），他出生于一个贫苦家庭里，家中的房子小得几乎无法容纳一家四口同时居住。朱可夫曾自嘲说：“挤死总比冻死强。”十月革命爆发以后，他参加了红军。1939 年 9 月，已经做到军长的朱可夫在诺门坎痛扁了挑衅的日军，并因此荣获“苏联英雄”称号。苏德战争爆发后，奔赴前线的朱可夫守卫过列宁格勒，保卫过莫斯科，并制定反攻计划，解救了斯大林格勒，被誉为“斯大林在二战战场上的救火英”。后来又率军一直打到德国老巢柏林。但由于功高震主，1946 年斯大林签署命令，指责朱可夫：“不谦虚，过于傲慢，把战争期间取得所有重大战役胜利的决定作用归功于己。”朱可夫担任的三个要职被撤销，被党中央委员会开除，受到了降职处分。

“讨论？其实啥都没有讨论。”朱可夫在会议结束后抱怨道。“去争论是愚蠢的。”沙波什尼科夫元帅安慰前者道，“我们的头儿早就有主意了。命令其实早就下到作战前线，前线军队正准备发起进攻呢！”

1942 年 1 月，苏联红军发起了反击。杰米扬斯克和霍尔姆附近的德军陷入了苏军的包围，在杰米扬斯克的 10 万德军依靠容克运输机空运了 5.6 万吨供给来维持战斗，整整坚持了 72 天，这两个据点的德军最终被解救了出来。但这两次成功的营救却因福得祸，为此后更大的失败埋下了种子，希特勒得出结论：可以用空运来为被困的军队解围。于是到斯大林格勒战役时，他也这么做了。

而在勒热夫，苏军与德军的伤亡比达到了 4:1，仅仅几个月就损失了 50 万人。这也让这个突出部获得了“勒热夫绞肉机”的名字，一个德国机枪手由于射杀的敌人太多，最后精神都崩溃了。带领 33 集团军的叶夫列莫夫由于进攻得太远，结果反而陷入了德军的包围。虽然叶夫列莫夫在维亚济马包围圈里坚持的时间比后来保卢斯在斯大林格勒坚持的时间还要长，但他跟保卢斯遇到的状况一样，上级领导死活不让他突围撤退，最后斯大林只派了一架飞机来想把他接走，但叶夫列莫夫拒绝抛弃他的士兵独自苟且逃生，最终自杀殉国。

结果也正如朱可夫所料，苏军只夺回了一些孤立的地点，因为被冻得够呛的德军僵而不死，战斗力犹存。最后病急乱投医的苏军还发动了自杀式冲锋，但不是“人肉炸弹”，而是“狗肉炸弹”。他们训练了大批的阿尔萨斯犬和德国短毛猎狗，让它们背上绑着炸药包跑到敌人的坦克或车下，机关触动后炸药就会爆炸。于是苏联的狗全倒了霉，德军也变成了兼职猎人，他们一见到狗就开枪，因此这些发起自杀式炸弹攻击的狗并没有发挥什么作用。

1942 年春天来临后，被冻僵的德军又缓过劲儿来了，苏德大战的第二回合的 PK 正式开始。

由于德军上一年损失太大，第二回合再三路全面进攻是不可能的了，只能选择一个主攻方向。这次希特勒把目标转移到了南方的高加索油田，苏联的原油几乎全部来自那里。自诩很懂经济的希特勒认为只要切断敌人的石油供应，苏联就会因缺乏燃料而投降。

为了骗过自己的对手，隐瞒将在南方发动主攻的计划，德国负责“莫斯科攻势”的中央集团军群司令部开始准备根本不会实施的、代号为“克里姆林宫行动”的计划，一份伪造的《对莫斯科的进攻》文件也由陆军元帅克卢格签署，并通过苏联情报部门监听的频率广播了出去，造成要再一次进攻莫斯科的假

∧ 漫画：“什么？没有莫斯科？！那就给我那个！”坐在餐桌旁的希特勒指着高加索山高喊着“点菜”。

象。德军间谍也受到指示开始加紧拷问囚犯关于莫斯科防守的问题。误导苏联人他们即将进攻莫斯科。

虽然德军方面如此小心谨慎，但还是出了差错。就在 6 月 19 日，德军的真实计划意外地泄露了出去。一架德军飞机被敌军的炮弹打了下来，要命的是飞机上的德国少校赖歇尔还违反规定带着“蓝色”计划的行动方案和地图！

等到德国方面派出侦查小组前去的时候，他们只发现了河谷中坠毁的飞机残骸，飞机里面没有任何纸张，而且所有能用的零件都被拆卸走了，附近还有两个新挖的坟墓，好像死去的赖歇尔和他的飞行员就埋在里面。这两座坟墓让德方起了疑心，因为苏联人不可能这么好心地还把他们的尸体埋起来。于是德国人挖开了坟墓准备确认一下，但是两具尸体已经损毁严重，就连赖歇尔的勤务兵都认不出他们是谁了。这让德国人更加疑心，他们大为紧张，真正的赖歇尔也许正被苏联秘密警察拷问，他的指甲可能正被一个个地拔下来……真正的“蓝色”方案可能已被他泄露！

但后来的事实证明，德国人白紧张了，因为这份自动送上门的重要情报被多疑的斯大林否决了，他固执地认为这只是敌人想把苏军从莫斯科引开的小把戏，自己早就看穿了一切，他根本没想到希特勒会拉那么长的战线去冒险进攻高加索。

于是，预计德军会继续进攻莫斯科的斯大林发出了保卫首都的号召，几乎所有能动员的人都被发动起来参加劳动，参与构筑防御阵地。1942 年的一个夜晚，就在莫斯科上演的芭蕾舞剧《唐吉坷德》即将开始的时候，观众们得知舞剧的女主角无法出场了，因为她刚从伐木场劳动回来，这导致她的肌肉太僵硬而无法跳舞……

5 月 8 日，希特勒真正的进攻——“蓝色行动”开始了。

在中路按兵不动的时候，北方的德军也没有大的动静，他们仍在继续围困列宁格勒，德军用炮弹不断轰炸城内，尤其是当他们在其他地方遭到挫败的时候，就拿列宁格勒出气。城内建筑物上几乎布满弹痕，这些弹痕被人戏称为“德国之吻”。不过很快他们就没有力气开玩笑了，因为在这场悲壮的围城战中，敌人即将围困这座城市 843 天，将有 100 万人饿死。

在南线，德军在克里米亚半岛也取得了胜利。7 月 2 日，抵抗了 247 天的塞瓦斯托波尔沦陷了，在这次攻坚战中，德国人亮出了他们的一件超级武器，那就是重达 1488 吨的多拉大炮——又名古斯塔夫巨炮。这款大炮的炮管长达 102 英尺，直径超过 31 英寸，宽得足够炮组人员爬到里面去清理发射后残留的火药。在攻打塞瓦斯托波尔的战役中，这种望而生畏的武器发射的炮弹击穿了 90 英尺厚的岩石层，苏军 30 米深的防御工事被直接炸穿，阵地上顿时出现了犹如四个足球场一样大的深坑。接着，古斯塔夫又一炮直接打穿了 10 米

∧ 古斯塔夫巨炮（Gustav cannon）这个庞然大物有两层楼那么高，以至于必须有 500 个人来伺候它，而且运输起来相当麻烦，得在一套双路铁轨上运输，而运送这尊超级大炮的零部件则需要不下 60 节车厢，装好一枚 5 吨重的炮弹需要 1500 名炮组人员花费 20 分钟才行。这种超级武器虽然能够摧毁苏军的要塞，但对其他目标的攻击中就没那么好用了，因为威力太大导致炮弹在爆炸前将自身埋在地下太深了。而它又像大炮打老鼠一样无法消灭苏联人，因为后者会躲藏在废墟与瓦砾中继续与德军缠斗。曼施坦因对这个超级武器的评价是：“毫无疑问，这种加农炮的实际效果与所有为了制造它的努力和花费并无任何真正的关联。”

厚的混凝土防御工事，把里面的弹药库引爆，剧烈的连锁爆炸甚至直接把海湾里面的一艘船震沉了。

德军旗开得胜之际，希特勒又于7月13日做出重大决定，要同时拿下斯大林格勒和高加索。于是他将南方集团军群一分为二：A集团军群长驱直入高加索夺取油田；B集团军群掩护A集团军群的后路，还要拿下伏尔加河西岸的斯大林格勒。

一开始德军进展顺利，本来北路的B集团军群的任务是切断和封锁顿河与伏尔加河之间的区域，令无后顾之忧的A集团军群放心南下去夺取高加索的，但关键时刻希特勒又出来“瞎指挥”了，他认为拿下斯大林格勒只用B集团军群中的第6集团军足矣，于是他先是下令调B集团军群中霍特的第4装甲军去帮助A集团军群的克莱斯特渡过顿河，但后者根本不领情，反而抱怨他们帮了倒忙，因为人马太多连路都堵塞住了。结果一个星期后霍特又被召回攻打斯大林格勒，朝令夕改不但引起了混乱，而且这一来一回耽误了时间，本来防守薄弱的斯大林格勒已经趁机加强了防御。面对来势汹汹的德军，1942年7月28日，斯大林发布了“一步也不许后退”的第227号令，规定每个军都要选出1000名“战争懦夫”！擅自撤退者，退一人杀一人，退一连杀一连，退一团杀一团，即使死了也要株连三族，一家子都得去西伯利亚劳改营种土豆！这点铁面无私的斯大林做到了，当他的儿子雅科夫被德军俘虏后，他就把自己的儿媳妇投进监狱里关了两年多，后来当德方通过国际红十字会提出用被俘虏的德军元帅保卢斯来交换雅科夫时，斯大林断然拒绝，“我不会用一个元帅去交换士兵！”他这样答道。1943年4月15日，雅科夫死在了德国集中营里。一种说法是他因绝望和悲伤自杀身亡，[①] 因为斯大林讲过：“在

① 另外一种说法是雅科夫越狱时被德军开枪打死；还有一种说法是雅科夫因拒绝被纳粹利用，最终被德国党卫队谋杀。

战场上没有战俘，只有祖国的叛徒。”

这个死命令将把斯大林格勒变成炼狱、屠场、绞肉机，让战线只能用米或用尸体来计算。

8 月 23 日下午时分，德军打头的坦克指挥官以一个导游的姿态通过扬声器宣布：“左前方，就是斯大林格勒的地平线！”黎明时分，德军的 600 架飞机先对斯大林格勒进行了狂轰滥炸，密集的燃烧弹几乎将整座城市都点燃了，斯大林格勒被炸成了火海，以至于后方 40 英里处顿河沿线的德军士兵可以借着燃烧的火光看报纸。连城内的精神病院也被炸毁了，一群光着身子的精神病人跑了出来，在干涸的河床上跑来跑去。德军用飞机和大炮把斯大林格勒炸成了废墟，但这反而给自己造成了障碍，有利于人数众多但装备落后的苏军抵抗到底，因为房屋的残骸与成堆的瓦砾堵住了装甲兵的路，苏联士兵正好藏身在碎石瓦砾之间放冷枪，跟德国人打起了“游击战”。对于进攻的德军士兵来说，这简直像是在“抓老鼠”，而且这种大“老鼠”说不定会躲在哪个犄角旮旯的废墟里朝你打冷枪，或者从二楼的窗户里向你的脑袋上扔手榴弹，让你

^ 漫画：斯大林格勒变成了德军的死神收割机。

防不胜防。这让德军占有优势的装甲兵和空军有劲没处使，它们可以炸掉整栋大楼，但分散的苏军士兵仍可以像“老鼠一样”躲在地下室里，在瓦砾如山的狭窄街道里，坦克根本没法自由地转弯。德军花费一整天刚刚从这一头到另一头清理好街道，苏军就从最远处朝他们开火。两军士兵在废墟中混战在一起的时候，根本分不清谁是谁，飞机也根本没法儿轰炸。

在这里德军的闪电战已无用武之地，双方展开了短兵相接的反复厮杀，在街道上、房屋里、废墟中、地下室、下水道……巷战几乎无处不在，日复一日、夜复一夜。一名德军中尉抱怨道：“为了一座房子我们已经战斗十五天了！”德军占领了一楼的客厅，但二楼的卧室仍在苏军手中，等到他们夺下了二楼的储藏室，敌人的指挥部又转移到了卫生间……苏军士兵抵抗顽强，没了迫击炮和机枪就用刺刀，没了刺刀就用木棍，没了木棍就用石块砸向敌人。在混战中甚至会发生自己人向自己人开火的情况，因为大家都太紧张了，而且离得那么近，有时在断壁残垣中根本分不清对面是敌是友，幽默的苏联士兵把这种遭到战友的袭击叫作“第二战场”。

双方争夺最激烈的地方之一是城里最高的马马耶夫山头（有300英尺高），争夺进行了N次，德军攻下来苏军再夺回去，来来回回倒手，确切次数连历史学家都无法统计，因为没有一个幸存者经历了这个战斗的整个过程。最后双方干脆都向山顶开炮，既然自己得不到对方也别想得到！于是当冬天来临后，唯独这个山顶上没有雪，因为那里实在是太热了……

这对负责攻打该城的第6集团军司令保卢斯来说简直是折磨，因为他有严重的洁癖，每天不但要洗两次澡换一次制服，在战场上还要戴着手套以避免沾上灰尘。而他的对手崔可夫也好不到哪儿去，这位苏军将领已经一个多月没洗澡了，因为双方对城内公共浴室的争夺异常激烈，说不定澡堂今天在谁手里呢。

当哈尔德小心翼翼地提醒希特勒不要过于自信，因为1942年苏联军队会再增加100万时，这位元首的自大狂毛病又犯了，暴跳如雷的他把总参谋部

∧ 源源不断填进死神嘴里的纳粹军队。

劈头盖脸地一顿乱骂，希特勒认为苏联的“残余部队”只是来自哈萨克斯坦又蠢又笨的采棉花的农民，是东西伯利亚的蒙古野蛮人，只要听到俯冲轰炸机的第一次轰鸣他们就会吓得望风逃窜……哈尔德后来评价这次会谈说：“他（希特勒）会唾沫横飞，挥舞着拳头恐吓我，或者用他最大的肺活量尖声咆哮。”

9 月 24 日，心烦气躁的希特勒干脆解除了哈尔德的职务，理由是他无法打败苏军。哈尔德在日记中写道：“我的神经能量完全够用，而他（希特勒）的却早已经用完了。”接替哈尔德的是个头矮小、胖得圆乎乎的外号“炸雷”的塞茨勒，他的优点是：对希特勒几乎是完全地顺从，相当于一个听差而不是参谋长。

〈 弗兰茨 · 哈尔德（1884—1972 年）

哈尔德于 1938 年 9 月起开始担任德国陆军总参谋长，他策划了对苏的“巴巴罗萨”计划，但由于不同意分兵突击斯大林格勒和高加索两个方向与希特勒起了分歧，而早对他爱提不同意见感到不满的希特勒在 1942 年夏天免除了他的职务。1944 年 7 月 20 日刺杀希特勒的事件发生后，盖世太保逮捕了哈尔德并指控他参与了这个阴谋。他被送入达豪集中营关押，直到 1945 年才被盟军解放出来。

斯大林格勒是苏联第三大工业中心，1919 年，还不是最高领袖的斯大林在这里击退了白军的进攻，那时这座城市还叫作察里津。1925 年，发达后的斯大林把这座城市改名为斯大林格勒——即斯大林之城。如果这座以他名字命名的城市丢了，不但是军事和经济上的损失，还是对他本人领袖威望的一个沉重打击，所以斯大林决心死守，他下令："任何人不准后退，伏尔加河现在只有一个河岸！"

而希特勒也把拿下这座以斯大林名字命名的城市当作一个沉重打击对方士气的机会，而且他向国内人民吹嘘过："你们放心吧，没有谁能把我们从斯大林格勒赶出去！"由于牛皮已经吹出去了，所以只有死撑下去了。

一方要死攻，一方要死守，最后只能变成了死磕。

到 1942 年 11 月份的时候，保卢斯的军队已经占领了整座城市 90% 的区域，但德军损失惊人，苏军的损失则是可怕。由崔可夫率领坚守斯大林格勒的第 42 军已经损失了 75%，他们背靠伏尔加河，已经无路可退，只能背水一战了。

^ 试图熊口拔牙的"牙医"希特勒，熊的两颗牙齿上写着"巨大的人力"和"广阔的土地"，旁边的"护士"戈培尔在问："要不再来点气体？"

就在崔可夫率领的红军以血肉之躯顶住了侵略者的进攻，并把他们牵制在斯大林格勒的时候，在外围的朱可夫开始秘密调集了 110 万的兵力准备南北夹击，包保卢斯的饺子。由于德军兵源不足而战线又太长，希特勒将他的小伙伴的军队也抽掉过来了。——意大利、罗马尼亚、匈牙利和斯洛伐克的军队，一共 51 个师的兵力，连西班牙也派来了一支“志愿军”。但这些盟友的战斗力却十分堪忧，进攻时没有杀伤力，防守时又容易暴露德军的侧翼。希特勒对此也心知肚明，他说：“对我们的盟国我没有幻想！芬兰人作战勇敢……罗马尼亚人一无是处……德国大军的命运不能系于罗马尼亚军队不确定的战斗力上！”他说得很对，罗马尼亚士兵的斗志虽然低，但他们开小差的比率却很高，而且罗马尼亚军队组织松散，以致德军指挥官调侃说只需一场不大的火灾就足以让他们退却。他们每个师仅有一个反坦克连装备了 37 毫米的大炮，还是已经过时的，防御工事的建设则被完全忽视，只是挖了大量供人员和动物躲藏的防空洞。但问题是，德国人还是不得不把掩护侧翼的任务交给他们的罗马尼亚和意大利盟友，因为德国的兵力实在是捉襟见肘。用这些战斗力不强的盟友来保卫长达 2000 公里的侧翼战线简直是在冒险，但当作战局局长约德尔指出在高加索的战线太长有被突破的危险后，希特勒赌气似的拒绝跟约德尔一同进餐，甚至拒绝跟他握手。

当 11 月 19 日苏军的 3500 门大炮集中火力向罗马尼亚军队轰炸的时候，后者的武器装备损失并不大，因为他们本来就没有多少装备，但成百上千的士兵都被塌陷的掩体给压死了。在回旋的飞雪与冰雾中，成千上万的苏军开始了反攻。“敌人的坦克开过来了！”罗马尼亚军团在尖叫声中惊慌逃窜，就这么解体了。

苏军的坦克由缺口处蜂拥而入，像一个巨大的钳子一样开始合拢。在顿河畔的卡拉奇有一座横跨顿河两岸的大桥，防守这里的德军经常用缴获的苏联坦克进行射击演习训练，这些坦克每天开过桥去，训练结束后再开回东岸来。但 11 月 22 日早晨，已经习惯了的守桥德军为返回的五辆坦克放行后，这些坦克突然开始扫射，原来这些见鬼的坦克是真的苏联坦克！这座桥梁就这么稀里糊涂地落在了苏军手里。

11 月 30 日，两路苏军在卡拉奇会师，断了斯大林格勒德军的后路。

保卢斯急忙向上级汇报要求突围撤退，但希特勒不同意，他现在不会同意，此后也不会同意，而且永远不会同意。“地球上没有任何力量能使我撤出斯大林格勒！”希特勒咆哮道。就像一个手气一直很好的赌徒接受不了手气突然变坏一样，他接受不了这个事实。对于前线天寒地冻的环境，希特勒也不以为意，他曾这样吹嘘过自己的耐寒能力：“不得不换上长裤对我而言总是很痛苦的事。过去，甚至是在零下 10 摄氏度的天气里，我也总是穿着吊花饰皮裤走来走去。吊花饰皮裤给了我美妙的自由感觉……将来我要组建一支全部穿着吊花饰皮裤的党卫军高地旅。”但他却是饱汉不知饿汉饥，因为他是在暖气十足的指挥部里发表这一鸿篇大论的。

希特勒坚决不愿意放弃即将到手的斯大林格勒，而决定通过空运来支援被围的第 6 集团军，然后派地面部队打过去解围，因为他以前成功过。

但在风雪交加中给 25 万被围的部队提供补给谈何容易？

在众人的质疑声中，空军总司令戈林又挺身而出了，他说这很容易，他的空军保证能完成任务。但当总参谋长蔡茨勒质问他是否清楚我们在斯大林格勒的军队每天需要多少补给时，戈林回答道：“我自己不知道，不过我的参谋知道。”希特勒又一次相信了戈林信誓旦旦的保证。事后戈林替自己辩解说：“元首那么乐观，我们有什么权利悲观呢？”

但事实上根本做不到，德军连足够的飞机都没有，而被围的第 6 集团军只占有两个小型机场。第 6 集团军每天需要 500 吨物资，但运去的最多只有五分之一，而且在暴风雪中的运输既危险又混乱不堪，说好能运输来的补给总是不够数，偶尔能运送来的又不靠谱，一次运输飞机给饥肠辘辘的士兵们送去了 4 吨的薄荷和胡椒面儿，胡椒面儿可能还有点用，至少可以让不得不吃老鼠的

〈赫尔曼·威廉·戈林（1893—1946年）
腰身肥大、体重曾达300磅（约272斤）的纳粹空军司令赫尔曼威廉戈林，曾在一战中曾击落过22架敌机，是当时的王牌飞行员。到了二战时，戈林不仅是空军司令，还是帝国元帅、帝国国防部委员会主席、航空部长、四年经济计划全权大臣、普鲁士总理、普鲁士州委员会主席、警察总长，并有帝国林业主管和帝国狩猎主管等一大堆职务与头衔。当战后戈林被当作战犯审判时，有人开玩笑说应该给他发一枚“反法西斯”荣誉奖章，因为戈林曾为盟军的胜利做出过卓越的贡献。——喜欢自吹自擂的他向希特勒打包票说仅凭空军就能消灭敦刻尔克的盟军，结果失败了；他说要以空袭的方式使英国降服，结果也没成功；他许诺要保障在苏联德军的补给，结果也搞砸了，简直是盟军在德国的“金牌卧底”。

德军士兵用来掩盖恶心的味道。但下一次却送来了数百万颗避孕药，还有一次则运送了数千只的鞋过去，还都是右脚的。

12月19日，奉希特勒之命来救援的曼施坦因率领第4装甲军前进到了离斯大林格勒35英里的地方就再也推进不动了，他要求保卢斯向外突围，这样两军内外夹击还有希望打开一条逃出生天的通道。

但保卢斯的优柔寡断断送了最后的机会。当他一战期间还是个上校时，上级军官对他的评价就是“做事缓慢迟钝……缺乏果断性”。有人干脆评价说他长着一张殉道者的脸。对于曼施坦因的要求，他不敢下决心突围，因为希特勒的命令是要求死守、不许突围。保卢斯不敢违抗希特勒的旨意，他只好征求下属的意见。大多数将军坚持认为情况紧急，突围势在必行，纵使违背希特勒的严令，也必须突围。但保卢斯又表示军人在任何情况下都必须服从命令，因为

〈 漫画：戈培尔只能检阅已变成骷髅的德国军队。

希特勒扬言：“谁想离开斯大林格勒，谁就死定了！”

12 月 16 日，大批苏军又打垮了顿河上游的意大利第 8 军，惊恐万分的意大利人四散而逃，他们以最快的速度踏过深深的积雪逃窜，不比罗马尼亚士兵跑得慢。许多人在雪堆上被活活冻死，人跟冰雪冻在一起，像一座座千姿百态、晶莹剔透的大理石雕像树在公路两侧。因为德国人偷走了他们的卡车，扔下意大利伤兵以腾出地方。

当意大利外交官询问他们的军队在苏联战场上损失是否严重时，德方的回答是：“一个人都没有损失，他们全都拔腿溜掉了！”一块儿溜掉的还有曼施坦因的救援部队，他们要不撤退，也要被包饺子了。

当 1942 年的圣诞夜来临的时候，包围圈中的第 6 集团军已经奄奄一息，起初为了防止机枪被冻，要在每支机枪下面吊一桶点燃的煤炭。后来连取暖的煤炭都没有了，饿死的、冻死的、病死的、被轰炸死的士兵与日俱增。一些悲观绝望的德国士兵认为再也逃不出去了，因为敌军已经离最后一个飞机场不足3000 米了，一旦这个机场丢失，连一只老鼠都逃不出去了。但“乐观”的德军士兵则不这么认为，他们认为要逃出这个炼狱起码还有两种途径：一种是上天堂，一种是去西伯利亚（指成为苏军的俘虏）。

为了诱降被包围的德军，苏军方面承诺所有的投降者都会得到食物和安全，伤病者也会享受到良好的医治。为了加强宣传攻势，苏军飞机还向德军阵地撒下了云层似的传单，并用高音喇叭不停地高声广播：“在俄国，每七秒就有一名德国士兵阵亡……每七秒钟啊……”另外苏军还特意把战地厨房设置在上风向，这样风就会将热气腾腾的食物香气吹到德军阵地的地方，因为他们知道，被包围的德军已经饿得饥肠辘辘、前胸贴后背了。

解救行动失败了，历时 62 天的空中救援也失败了，但飞机还是成功地运回了 3.5 万名伤兵和成袋的被围士兵写给他们爱人的绝笔信。希特勒做出了最后的努力，他下令提升保卢斯为元帅以避免他投降，因为历史上还没有一个德国元帅投降过，盼星星盼月亮、盼补给盼救援的保卢斯最后盼来的只是个空洞的元帅头衔。

不过这个元帅最后还是选择了投降，他没能战死或是杀身成仁令愤怒的希特勒骂了好长时间。当一个面带病容、筋疲力尽的投降士兵被苏方“采访”，“你为什么选择投降而不自杀”时，他有气无力地回答道：“你也得有力气才能自杀呀！”

在第 6 集团军覆灭后，进军高加索的 A 集团军也不得不撤退了，否则克莱斯特就要成为第二个保卢斯了。高加索地区的德军刚开始推进迅速，以至于每天都需要新的地图。但很快他们就由于后劲不足而停滞不前了，当他们不需要支援的时候，霍特的第 4 装甲军来添乱，当他们需要援助的时候却没有人了。除了苏军的顽强抵抗，另一个重要原因是他们的燃料不足了，在夺取石油燃料

^ 漫画：向东方进发的德国将军们都走进了苏联的战俘营，为首的是拿着元帅权杖的保卢斯。

^ 漫画：朱可夫正捏着希特勒的鼻子喂他吃下一剂“苦药”——斯大林格勒的失败。碗里写着苏军在1942年的胜利。

的途中没有了燃料，这真是够讽刺的。

1943 年 2 月，斯大林格勒战役落下了帷幕，这次大战的失败让德军损失了 25 万人，相当于前线四分之一的兵力。

希特勒把斯大林格勒失败的锅甩给了自己麾下的将领们，他声称自己再也不能容忍他们了！所有的将军都在撒谎，所有的将军都反对国家社会主义，所有的将军都是反动分子。

战事的不断失利让纳粹领导人急了眼，1943 年 2 月 18 日，在保卢斯进入俘虏营两周后，戈培尔宣布整个德国进入“总体战”，国内消费品和服务业都被大幅削减，德国人民被要求勒紧裤腰带支援前线战争。但希特勒的女友爱娃·布劳恩听说有一项禁止电烫发的法令后大为不满，不厌其烦的希特勒只好特意下命令修改了那条“停止维修电烫发机器”的法令。

连续两年的挫败使得德国这个老大的威望在其小弟中急剧下降，队伍就快没法带了：墨索里尼不断恳请希特勒与苏联停战，腾出兵力来对付逼近意大利本土的英美联军，因为意大利的北非殖民地已经丢了个精光，裤子已经输没了；罗马尼亚和匈牙利这两个小弟见势不妙也开始偷偷摸摸搞小动作，暗地里给自己找后路；西班牙的佛朗哥在斯大林格勒惨败后也下令撤回侵苏的志愿军，并宣布西班牙恢复中立。为了收拢人心，希特勒急切地想夺回战场主动权，这次他把目标定在了库尔斯克，目标是剪除这个讨厌的突出部。

苏德战场上的第三回合 PK 开始了。

对于这次战役什么时候打，德军将领们又陷入了争吵，曼施坦因与克鲁格表示支持，但要求尽早开始打苏联人个措手不及；古德里安则表示反对，因为

^ 重 68 吨的德国虎式坦克配有 88 毫米口径的大炮，可以击穿一英里以外的美国谢尔曼坦克，它的正面装甲有 6 英寸厚，几乎任何一辆美军坦克的炮弹都无法将其击穿，一辆虎式坦克就曾有过受到 14 枚谢尔曼坦克炮弹的正面攻击而毫发无损的记录，这让盟军士兵几乎是谈“虎”色变。盟友日本知道后向德国提出了购买虎式坦克的要求，但德国人将 300000 帝国马克一辆的报价变成了 645000 马克，翻了一倍还不止，狠狠宰了“盟友”一笔。这辆虎式坦克到达波尔多站后，德国人又宣称由于坦克超过铁路规定重量而不能发送，需要“等一段时间”，实际上是在提醒：“日本佬！快付钱！”但日本付了钱后，由于战事紧张，1944 年德国方面又发布通知“禁止向日本出口虎式坦克”，将这辆虎式充公，编入国防军部队上了前线，书面称“借贷给德国军方”使用。至于日本人，不但没有拿到坦克，还白白付了足够买两辆虎式坦克的钱。

向那里发起进攻是苏联人能够料到的，根本没有突击性，这将无法发挥德军的优势。希特勒也开始犹豫不决起来，本来这次战役定在5月份展开，但希特勒决定要等一等，等到新式的“虎式”、“豹式”坦克大规模下线时再打，打苏联人个出其不意。在他看来新型“虎式”坦克威力巨大，一个坦克营足以抵得上一个装甲师，这可以弥补德军数量上的不足。但问题是它们的产量太少，前者一个月只能生产25辆，后者一个月最多50辆。于是整个计划一拖再拖、一改再改，而苏军正好利用希特勒给他们留出的这段充足时间加强了防御。

对于是先攻后守还是先守后攻，苏军高级将领开始也意见不一，中央方面军司令员罗科索夫斯基提议苏军应先实施防御，疲惫并削弱进攻之敌，然后再转入反攻，最后彻底消灭敌人。但沃罗涅日方面军司令员瓦图京则坚持跳过任何防御行动直接转入进攻。一向喜欢进攻的斯大林更喜欢瓦图京的观点，但广泛听取了包括朱可夫在内的大多数将领的意见后他开始转而支持罗科索夫斯基的作战方案。7月4日夜里，罗科索夫斯基高兴地给斯大林打电话报告说：“斯大林同志！德国人开始进攻了！”斯大林问道：“您高兴什么呢？”罗科索夫斯基回答说：“从现在起，胜利将属于我们，斯大林同志！”事实证明，罗科索夫斯基是对的。因为从1942年末开始，苏联的武器产量已经超过了德国，在库尔斯克前线的苏军已经以逸待劳地准备好了2万门大炮，并发动库尔斯克的全体军民挖了3000英里长的战壕，设置了无数的铁丝网并通上了电，最“丧心病狂”的是，他们还在前线密密麻麻地埋下了94万颗地雷，一位德军指挥官形容说苏联人埋下的地雷之间甚至放不下一枚奖牌。而德军的计划却一拖再拖，等拖到1943年7月份时，库尔斯克周围已经被建成了一座坚不可破的堡垒，而“堡垒”正是德军此次行动的代号。

7月5日凌晨，炮弹把库尔斯克前线变成了一片火海，首先发起进攻的却是苏军，因为他们已经事先得知今天德军要发起进攻。——第52军的一个捷克逃兵告诉苏方，德军上下只分发了五天的军粮配给。于是他们决定先下手为强，打乱德军的进攻步骤。

苏联红军的炮击完全出乎德军的意料，让他们的进攻比原计划推迟了近 3 个小时。凌晨 3 点半，德军的炮弹倾泻向苏军阵地，接下来的 45 分钟里，所消耗的炮弹比德军在波兰与法国的闪电战中所用掉的还要多。

这次跟 1941 年与 1942 年的突袭不同，双方这次都知道对手要如何行动，各自筹备几个月，准备正面硬扛。90 万德军对 180 万苏军的库尔斯克战役开始了！

最激烈的战斗在普罗霍罗夫卡上演，在这次空前绝后的坦克大战中，共有 3000 辆钢铁巨兽投入了厮杀。德军的“虎式”和“豹式”重型坦克皮糙肉厚、火力强劲，简直就是个移动的碉堡，唯一的缺点是机动性不足容易瘫痪，因为它们实在是太重了，仅第 4 装甲军就有 160 辆坦克因机械故障而在战场上“趴

∧ T-34 坦克纪念碑

窝”。苏军的 T-34 坦克虽然火力不及德军的虎式坦克，但像兔子一样灵活。射不穿德军“虎式”坦克的前装甲，它们就开足马力撞上去，把坦克战变成了碰碰车。而且他们只投入了一种基准型号的坦克参战，这也让出现故障的坦克更容易找到零部件更换。而德军投入了“马克”三型和四型、“虎式”、“豹式”等好几样坦克，它们的零部件根本不配套，出现故障后修都不好修。德方新亮相的“费迪南”坦克歼击车（后来改称为“象”式坦克歼击车）也没能扭转乾坤，这款庞然大物打坦克没问题，但德国设计师忘了给它按机关枪！这让它对冲上来的苏军步兵毫无办法，因为用它的大炮打步兵简直就像用“大炮打鹌鹑”，而苏联士兵则可以用火焰喷射器对准通风口向里边喷火，把里面的人烤熟。这导致“费迪南”反而需要步兵的保护，而且它跑得太慢了，对手甚至来得及现场埋地雷来炸它。结果 70 辆“费迪南”在头两天就损失了 40 辆。

“费迪南”歼击车

^ 二战苏联宣传画："将德国侵略者推向死亡！"

虽然这次坦克大战中德军以相对较小的损失摧毁了更多的苏军坦克，但苏军回血要比德军快得多，仅 T-34 坦克的产量就达到每月 1000 辆，而德军装甲兵却缓不过来了，它们已经被打残。更重要的是他们并没有占领普罗霍罗夫卡，而随后不断赶到的苏军援兵使他们的防线更加坚固。

大战打得难解难分之际，希特勒突然下令终止"堡垒"计划，这又引发了一轮争吵，原来坚持发动作战的克鲁格立即表示同意结束战役及时止损，原来坚决反对作战的古德里安却坚持要打完不能半途而废。但希特勒没工夫听他们吵了，他必须中止作战、抽调兵力去援助意大利了，四面开花的恶果终于显现了出来，因为墨索里尼这个猪队友又掉链子了，非洲军团在北非一败再败，盟军已经打到意大利家门口了。

1943 年夏苏德东线战场军事实力对比

	军队数量	坦克	火炮
苏联	600 万	10000 多辆	105000 门
德国	350 万	3000 多辆	54000 门

第十二章
猎狐行动

★★★

"他（隆美尔）是个冷静狡猾的敌人，一位伟大的将军。"

——丘吉尔

对于在北非作战的士兵来说，这里的沙漠白天热得像蒸笼，坦克的钢板装甲上面可以做铁板烧；夜间又冷得像冰柜，简直是冰火两重天。而且还有无孔不入的沙子会随时随地钻进你的鼻子、耳朵、眼睛甚至枪口里，更可怕的是铺天盖地的沙尘暴，它不但能把卡车卷上天，而且还会使罗盘找不着北。而在伙食方面，看起来像咖啡但喝起来味道像硫黄一样的水，难吃的罐头被轴心国士兵称为“墨索里尼的屁股”。他们除了注意敌人外还要提防当地的小偷——这些小偷大部分是当地的居民——因为如果可以带走的话，他们连轮胎里的空气都会偷走。不过对于这里的指挥官来说这些都不算什么，最令人头疼的问题是补给困难。

在荒凉的沙漠里，所有的增援与补给都来自欧洲，这也导致北非战场变成了个跷跷板，获胜的一方往往由于推进得太远、战线拉得太长而导致补给日益困难，而失败撤退的一方却因祸得福缩短了补给线，这样一来胜利的一方反而变转为劣势，失败的一方由于补给到位、力量增强而逐渐占据了优势。当失败的一方胜利推进后这一形势就又会颠倒过来，双方一上一下、一来一往，打成了拉锯战。

由于德军主力全去进攻苏联了，在利比亚取胜的隆美尔迟迟得不到支援与补给，从意大利送来的为数不多的补给还被以马耳他为基地的英国海空军送到了海底——马耳他这个小岛正好在地中海的中间。随着时间的推移，“沙漠之狐”有被饿死在沙漠里的危险。而英国人的补给却源源不断，因为他们的补给线安全得多。1941 年 6 月，对中东总司令韦维尔迟迟未能扭转北非战局不满的丘吉尔将其解职了，丘吉尔称韦维尔“就像一个高尔夫俱乐部的主席”，取而代之的是奥金莱克。长着鹰钩鼻子、绰号“海雀”的奥金莱克到来之后，英军的规模已经通过增援扩大到了之前的三倍多。他们的坦克、飞机、大炮和士兵都比非洲军团要多。于是奥金莱克决定转守为攻。

在代号为“十字军行动”的反攻发动前，英方派出了一支特种部队去实施

“斩首行动”，目标是刺杀难缠的隆美尔，令敌军群龙无首。1941 年 11 月 17 日午夜，特种兵在难得的大雨中找到了目标所在的“司令部”——一栋白色的三层别墅。幸运的是，这里几乎没有防御工事！也无重兵把守！英军特种兵先是想从后门溜进去，发现根本打不开，又绕到前门，但依然如此，所有的窗户都用木头加固过了，如果强行用炸药炸开的话必然会惊动德军，于是英军队长凯斯中校做了一个大胆决定：直接叫门！他自己掏出手枪，装上消音器，走到门口，让德语流利的特种兵坎贝尔用德语要求德国士兵开门。一名叫作亚马特的德国宪兵只带了一把刺刀就来开门了。门一打开，凯斯举起手枪就想击毙他，谁知道这个德国兵的反应更快，一把就抓住了手枪，并想反夺回来，还及时用门掩护了自己。这下尴尬了，队长和亚马特扭打在了一起，其他英国特种兵还帮不上忙。“有敌人！有敌人！”在亚马特的高声呼救下，楼上的四个德国兵听到了喊声，从床上爬起来，抓起武器就冲向门口。这时终于挣脱了的凯斯掏出一颗手雷扔进楼房里，然后关上大门。听到爆炸声之后，英军突击队员们念叨着：“已消灭敌人。”凯斯立即打开大门，谁知道迎面而来的是猛烈的冲锋枪射击，凯斯应声倒下。原来手雷只炸死了一个人，还有一人负伤。这时越来越多的德国士兵闻声前来。凯斯中校被战友抬到外面后很快就伤重身亡，而倒霉的坎贝尔遭到自己人的误击，腿部中弹负伤。

行动失败了，虽然打死了几个德国人，但暗杀小分队却连隆美尔的影子都没看到，因为隆美尔根本不在那座房子里，他早在几天前就搬到离此 100 英里的另一个司令部里去了，即使英国特种兵去那里也找不到隆美尔的，因为他此时正在罗马同妻子一起庆祝自己的生日呢。

而在正面战场上，虽然隆美尔的兵力与装备不占优势，但他把坦克集中起来直接冲向英军的后方和补给线，与英军打得有来有去。双方混战在一起，不知道自己身边的是敌是友，向东冲得太猛的隆美尔甚至冲进了英军的阵地里，之后他才发现大部队根本没跟上来！

不过隆美尔比奥康纳幸运，因为他们乘坐的是一辆缴获来的英国指挥车，在黑夜中英军没有发现这辆“自家的”大型指挥车里坐的是非洲军团的总司令。在睡了一觉后，天一亮，隆美尔就赶紧驾车从铁丝网上的缺口处溜了出去。

但随着战事的持续，消耗了太多能量的隆美尔逐渐不敌，他放弃了对托卜鲁克的围困，一直退到了阿格拉，那是他上一年进攻的起点。

12 月 7 日，被敌人围困了 10 个月的托卜鲁克港终于解围了，但英军在北非的胜利也很快就到此为止了，因为另一个坏消息从远东传来——日本人在这天偷袭了珍珠港并开始袭击英国东南亚的殖民地，这导致两个精锐的澳大利亚师不得不调回本国去防御日本人可能发起的进攻，奥金莱克的兵力一下子被削弱了。历史仿佛在跟英国人开玩笑，因为悲剧又重演了：上一次当韦维尔在北非大败意大利人、正要直捣黄龙的时候就被迫停了下来，为的是分兵援助被墨索里尼入侵的希腊，结果功亏一篑，给了敌人喘息的机会，最后被隆美尔打得溃不成军、转胜为败。而这次也将一样。

希特勒则趁苏德前线遭遇严冬无法进攻之际，将空军第二中队调到了地中海去轰炸马耳他，轰炸该岛的飞机最多时高达 5000 多架。到了 2 月中旬，岛上可参战的飞机一度只剩下了一架，完全被压制住了。为了对付马耳他的英军基地，希特勒还不顾海军司令雷德尔的反对，下令将大西洋上的 62 艘潜艇抽调到地中海。

德国海空军的围剿令地中海航线变得极其危险，从英国到苏伊士运河只能绕道非洲南端的好望角，航行距离变成了原来的四倍，北非的英军逐渐陷入补给不足的境地。而隆美尔的补给则源源不断地运到了，但他却散布谣言，说自己要继续撤退。

1942 年 1 月，隆美尔迫不及待地从陆上发起了进攻，为了出其不意，他不仅没有通告意军总部，就连德军最高统帅部也被蒙在鼓里，非洲军团军部在进攻前五天才接到通知，各个师长们知道得更晚，他们只提前两天接到了口头通知。奥金莱克的英军被打了个措手不及，被再次赶出了利比亚东部。一番鏖战之后，到 6 月份的时候，隆美尔已经兵临托卜鲁克，这次隆美尔在炮兵和空军的掩护下只用了 24 小时就攻克了这个港口，他讥讽被俘的英国军官道："先生们，对你们来说战争已经结束了。你们的士兵作战像雄狮，却被一群蠢驴领导着。"

51 岁的隆美尔也因此被希特勒晋升为元帅，而且是最年轻的元帅。

为了一劳永逸地解决补给问题，空军司令阿尔贝特・凯塞林（Albert Kesselring）提议在意大利海军的配合下对马耳他岛来一次空降登陆，像夺取克里特岛那样拿下这个英军基地（行动代号为"大力神"），在彻底拔掉这根肉中刺之后，再去进军埃及。希特勒与墨索里尼都表示同意。

就在马耳他危在旦夕的时候，隆美尔却救了它。在托卜鲁克缴获的大批战利品令隆美尔大受鼓舞，经不住诱惑的他提议要先集中力量占领埃及后再实施

〈埃尔温・隆美尔（1891—1944 年）
隆美尔与曼施坦因、古德里安一起被后人并称为二战期间纳粹德国的三大名将。由于善于以装甲坦克部队在北非沙漠中迅速机动、深入穿插，英国人送给他一个"沙漠之狐"的绰号，有人甚至称他为"二十世纪的汉尼拔"。虽然隆美尔在战场上豪情万丈，但生活中却是儿女情长。作为一个"爱妻模范"、"宠妻狂魔"，隆美尔几乎把所有业余时间都用在了给妻子露西写情书上，即使在逐日吃紧的北非战场上，他也每天都要给露西写一封信，有时甚至是几封，落款统统是"你的埃尔温"。到战争结束时，露西共收到了北非期间隆美尔给她写的 1000 余封信。1944 年，从前线归来的隆美尔碰到一群空军女官兵，女兵们看到崇拜的元帅就在眼前，高兴地把他围住让他签名留念。但隆美尔突然推开她们冲了出去，他的参谋长奇怪地问他怎么了。隆美尔解释道："这些姑娘实在是太迷人了，我几乎难以自制。但我不能背叛露西，露西已经成了我的生命，背叛她就是背叛自己的生命。"

〈阿尔贝特·凯塞林（1885—1960 年）

空军元帅凯瑟琳是纳粹德国 27 个获得钻石橡叶双剑骑士铁十字勋章者之一。凯塞林具有坚韧不拔的乐观性格，在整个二战期间，他一共被击落五次，但都安然无恙。其对手盟军也给他取了个“微笑的阿尔贝特”的绰号。原来希特勒是打算放弃意大利半岛的，但凯塞林乐观地表示他可以在罗马以南阻挡敌人六个月，后来的事实证明他是对的。1944 年 10 月凯塞林在意大利遭遇了车祸，他的汽车和从路旁飞来的炮弹碎片撞在了一起，虽然受了伤，但军队中却传言：陆军元帅安然无恙，倒是和他撞上的那把枪估计以后是用不了了。从意外中痊愈之后，凯塞林取代了龙德施泰特，于 1945 年 3 月出任西线总指挥官。虽然西线已岌岌可危，但上任伊始的他仍乐观地跟新同僚们开玩笑道：“好了，先生们，我就是新的 V-3。”

“大力神”计划。希特勒本来就对意大利舰队的可靠性表示怀疑，他认为英国海军一出现，意大利舰队就会不顾空降到马耳他的德军部队的死活，先行撤离。夺取这个小岛的计划被放弃了，而意大利人也乐得不担责任，没有表示异议。于是东进的隆美尔一路绿灯冲入埃及，他保证 7 月的第一周即可占领开罗。

到 6 月底的时候，进入埃及的隆美尔距亚历山大只有 60 英里了。英国驻埃及的大使馆开始烧毁机密文件，搞得浓烟与纸灰飞得到处都是。在亚历山大的巴林银行，一天之内就有 100 万英镑被提走，逃难的汽车与卡车不断从城里开出来跑路。

看来胜利就在眼前了，隆美尔的参谋甚至已经计划好了他们到了开罗后下榻哪家酒店，并将哪座大楼作为他们的司令部。

墨索里尼也大为兴奋，在经历了一系列的难堪与丢脸的失败后，他终于可以风光一回了。他幻想着腰里佩戴着伊斯兰镀金宝剑，胯下骑着一匹阿拉伯白色名马，引领着他威风凛凛的军队风光地进入被攻克的埃及首都开罗。于是他急忙乘坐飞机赶往利比亚，生怕错过这个出风头的机会，但事实证明这一切只是沙漠中海市蜃楼般的美好幻想。因为他一到北非，非洲军团的进攻就被英军阻挡住了，一些德国兵甚至认为是墨索里尼把晦气带来了，他一来非洲军团就打败仗。于是在沙漠里百般无聊地等了三个星期后，墨索里尼又灰溜溜地飞回了意大利。

在一番猛冲后，后劲乏力的隆美尔推不动了，他的补给线拉得太长了，从的黎波里到阿拉曼，已经足足超过 2000 英里。而且英军已经占据了地利，隆美尔被卡在了阿拉曼这个瓶颈上，这里北邻大海，南靠洼地，坦克无法绕过去。

在北非战场迟迟没有进展时，丘吉尔急躁的毛病又犯了，他认为奥金莱克缺乏进攻思维，决定第二次换马。8 月，奥金莱克的中东总司令和第 8 集团军指挥官的职务被解除，分别由亚历山大和伯纳德・劳・蒙哥马利（Bernard Law Montgomery）担任。本来第 8 集团军指挥官是由戈特中将接任的，但倒霉的戈特将军在坐着一架又慢又没有护航的客机飞往埃及的时候，被轴心国的战斗机击落了，于是这个职位意外地落在了蒙哥马利头上。

对峙从 8 月挨到了 10 月，双方都在不断地补充力量，准备给对手最后一击。

但明显英军占了上风，因为希特勒已经把轰炸马耳他的飞机调走了，由于苏联战场吃紧，不调不行。于是英国位于地中海中央的这个小岛又缓过气来了，轴心国没有拿下这个海空基地的后遗症也逐渐显现了出来，在它的“骚扰”下，运送给隆美尔的物资有四分之三沉到海底喂了鱼，盟军的空军与潜艇三个月里炸沉了支援隆美尔的 20 艘补给船，导致他每月只能得到可怜的 6 千吨补给，而他至少需要 3 万吨才能满足。隆美尔的补给日益枯竭，而讽刺的是，当初正是隆美尔自己要求推迟占领马耳他的计划的。

蒙哥马利信心满满，因为英军一方的兵力与武器远胜对手，几乎是 2:1。相信必胜的他以破釜沉舟的决心把撤退时用的卡车全部开到了后方去。他告诉

〈伯纳德·劳·蒙哥马利（1887—1976年）

有人说如果有个人最适合坐在心理医生的沙发上夸夸其谈，那他就是蒙哥马利。蒙哥马利在一战伊普尔战役中踢中了一名德军士兵的睾丸而俘虏了他；在一次作战中他伤势严重，大家都给他挖好坟墓了，但他却活了下来；在妻子贝蒂被毒虫叮了脚得了败血症去世后，他终身不娶。但蒙哥马利最突出的个性要算是傲慢自大，他认为自己是自惠灵顿公爵（曾在滑铁卢战役中击败拿破仑）以来英国最伟大的陆军司令。别人对他的昵称是"蒙蒂"，意思是"必胜"。对他这个"刚愎自用"的军人，几乎每个跟他相处的英国人都不喜欢他。因为他总是喜欢做领导者而不愿做小弟，比如，在他上学参加体育比赛时他就必须是领队。就连他自己也承认自己很难相处，但他解释道："为了在军中成功，你必须表现得无耻一些。"

士兵们他们的任务就是杀德国兵，平常每天杀一个，星期天杀两个。一些对蒙哥马利"过分自信"反感的英国士兵编造笑话说："一位心理医生被天使带到了天堂，天使对他说，'上帝最近感觉不好，他以为他是蒙蒂（蒙哥马利的昵称）。'"蒙哥马利一直等到积蓄的力量对德军形成压倒性优势，才准备千斤压四两，用泰山压顶之势一举压死"沙漠之狐"。

隆美尔兵力不够，只好拿地雷来凑，他在前线埋下了50万颗地雷，并给它起了个浪漫的名字"魔鬼花园"，其中一种被称为"飞人地雷"的可以跳到人的腰部并发射出360个钢珠。他希望能凭借这片"花园"守住既有阵地。

为了掩饰即将在阿拉曼北部展开的进攻，以其人之道还治其人之身的蒙哥马利也用"造假"的手段来迷惑隆美尔。他利用木头和帆布在阿拉曼防线南部造了三个半野战炮兵团的模型，其中一些惟妙惟肖的假士兵还正在上厕所。而用空汽油桶制作的假供水管道向南绵延了20英里，一直到沙漠里一处假的军备储藏地。而在北部战线的坦克则被通通罩上了帆布伪装成卡车，许多看起来很像弹药库和粮仓的废弃物（比如说拆掉的旅行箱）也被堆在那里，而到了夜间，在前线的英军又将那些废弃物换成了真正的弹药库、油罐和粮仓。而德军却没有察觉。

阿拉曼战役之前双方兵力对比

	士兵	坦克	反坦克炮	大炮	飞机
英军	19.5 万	1029 辆	1451 门	908 门	750 架
轴心国军队	10.4 万	496 辆	800 门	500 门	480 架

1942 年 10 月 23 日午夜，月光照亮了寂静的沙漠，晃眼的亮光让露天睡觉的人都得拿毯子盖住头才能睡着。晚上 9 点 40 分，随着 900 门大炮发出的密集炮火声，巨大的爆炸声让大地都颤动起来，连后方 60 英里外的亚历山大港都能听见。后来盟军估计这次战役共打出去 100 万发炮弹。

进攻开始了。炮弹引爆了地雷，工兵在前面排雷开道。这次进攻的代号是“轻足行动”，因为首先出击的是轻装上阵的步兵，他们不会触发反坦克地雷。在步兵向前推进的同时，工兵会在“魔鬼花园”中为随后的装甲部队开辟一条 24 英尺宽、刚刚好能让坦克以一路纵队前进的安全通道。但由于探雷器的数量不足，行进速度只能用“爬行”来形容。步兵前进太慢导致随后而来的坦克和装甲车辆都堵在了后面，前线顿时变成了个巨型停车场，本来数量上占据优势的英军反而转为处于劣势。

不过幸运的是，在英军发起决战的关键时刻，非洲军团的司令隆美尔却不在北非前线，长期在沙漠里待着的他患上了一大堆病，有慢性胃炎、肠炎、肝病、鼻窦炎还有咽喉痛，不得不飞回后方的意大利治疗休养。他的参谋长也正好在休假，而暂代隆美尔的斯登姆将军是个有高血压的大胖子，他在开战第一天就心脏病突发挂掉了。——斯登姆将军在赶往前线的路上被甩出了汽车，因为疾驰的司机光顾着躲避敌人的炮火根本没注意到上司已经不在车内了。于是战斗刚一开始，非洲军团就没了指挥官。

德军的轰炸机发起了反击，盟军的许多补给车和坦克都陷入了火海，仿佛有人点燃了生日蛋糕上的蜡烛。三天过去了，原计划八小时搞定的任务还没完成，而英军的坦克已经消耗了 100 多辆，但蒙哥马利坚持继续执行原计划，他已经通过“超级机密”得知隆美尔的资源即将耗尽，但他自己还有 900 辆坦克，财大气粗的他消耗得起。

10 月 25 日，疲惫不堪的隆美尔飞回沙漠前线，但他也回天无力了，因为他的部队缺乏燃料与弹药，英军还在企图切断他的补给线。为了挽救北方防线，隆美尔不得不将有生力量派去支援，这些坦克很可能肉包子打狗有去无回，因为它们只有去的燃料，而没有回来的燃料，但他没有选择了。这时蒙哥马利在“调虎离山”后已经把主力南移了 5 英里，直插德意联军的结合处，而意大利军坦克的无线电设备只要坦克一开动起来就不管用。这次代号为“增压”的行动开始逐渐将非洲军团压死，11 月 2 日凌晨，英军的坦克终于穿过了敌人的火力封锁，绝望的德国士兵甚至向敌人的坦克扔出了手榴弹，结果坦克安然无恙，英国的一位坦克指挥官站在指挥塔内大喊：“还差点儿！”

尽管双方损失了大约同样多的坦克，但是这个数量对于英军来说只是小菜一碟，而对于隆美尔来说相当于全军覆没。第二天，损失了 90% 的坦克后，只剩下 35 辆德制坦克的隆美尔收到了希特勒“坚守阵地不要动”的命令，元首称“不允许有其他想法”，他要隆美尔“把所有枪炮士兵都投入战斗……这将成为历史上第一次人民靠坚强的意志战胜比自己强大的部队……要么胜利，要么死亡！”隆美尔的评论是：“元首一定是疯了！”

11 月 4 日，为避免被全歼，隆美尔开始擅自做主地向西撤退，当他撤到富卡的时候，1200 吨油料的增援被送来了，但这时候已经为时太晚，这些油料只能被白白烧掉。一天之后，希特勒发来电报同意撤退，但只同意撤到富卡，但此时富卡早就在英国人手里了。

隆美尔的残兵败将趁着大雨拼命西撤，英军只是尾随而不敢尾追，小心谨慎的蒙哥马利鉴于韦维尔和奥金莱克的前车之鉴，怕狡猾的“沙漠之狐”突然杀个回马枪，长途跋涉的隆美尔这才得以安全地一路撤到突尼斯。不过英军还是抓到了逃跑时落在后面的 3 万名意大利俘虏。因为德国人把他们的汽车都抢走了，并带走了淡水和食物。而在沙漠里逃跑是不可能的，不当俘虏的话不是渴死就是饿死。

隆美尔虽然暂时逃过一劫，但很快他就发现自己处于一个更危险的境地，

︿ 漫画：钳形行动。推着隆美尔向前跑的墨索里尼正面临前后夹击，后面是英军，前面是美军。

因为就在他从阿拉曼撤退四天后，另一支盟军部队已经在北非的阿尔及利亚和摩洛哥登陆并迅速由西向东推进，他们和东面的蒙哥马利东西夹击，“沙漠之狐”马上就要变成“肉夹馍”了。

这次名为“火炬”的登陆行动将在“沙漠之狐”的尾巴上点一把火。

本来美军是想直接在欧洲登陆的，但丘吉尔声称在欧洲登陆太危险，最后在他“迷人的魅力、冷静的劝说、粗鲁的坚持、口若悬河般的雄辩、短暂的愤怒和几近落泪的伤感”下，罗斯福勉强同意先在北非战场实施一次登陆，刷刷经验。

10 万多的登陆盟军中有四分之三为美国人，四分之一为英国人，美军较多的一个原因是他们登陆的地方是维希法国的殖民地，因为英国人和法国人在 1940 年结下了梁子，在第二次世界大战中，英军与前盟友法军的交战不少于 14 次，为减少后者抵抗的阻力，因此美国兵占了大头。

这也导致美军参战以来的首次大战不是跟德国人打，而是要跟中立的法国人打。为了不被法国人当成英国人，美军还特意将美国国旗绑在降落伞上空投下来，并发射照明弹照亮。一些没经验的士兵被他们的上级告诫：“上岸之后，在没有找到任何掩护物之前，不要像狒狒一样张牙舞爪。要先找掩护，再疯狂射击……”

在这 500 多艘战舰登陆的前五天，直布罗陀的德军代表已经发现海面上突然出现了大批军舰，但希特勒却认为这批船只不过是又一支穿过直布罗陀海峡去马耳他的护航舰队而已，并没有予以警惕。到了 11 月 7 日黄昏时分，希特勒才意识到情况不对头，因为这批本来向东航行的军舰突然向南拐弯向海岸冲去，他们借着黑夜的掩护开始登陆了。11 月 8 日凌晨，当第一批军舰靠近海岸时，舰上的大喇叭不断冲岸上喊：“不要开枪！不要开枪！我们是你们的朋友，我们是美国人！”海岸上的回应很及时，法国人 75 毫米的海岸机枪像闪电一样射出了一道道火舌。

为了避免法国人开枪，一些英国兵也穿上了美军的制服，或者在袖子上缝上了美国星条旗假装成美国人。“只要能保命，我才不介意缝什么呢，就是插上中国国旗我们也不在乎。”一名英国军官说道。但这也要看运气，比如在阿尔及尔海湾两侧登陆的先头部队，在西岸的受到了朋友般的欢迎，在东岸登陆的士兵则遭到了激烈的机枪扫射。

不管怎样，拿着武器、背着蚊帐、装着补盐药片、戴着护目镜和防沙面罩的盟军士兵终于登陆了。面对盟军的进攻，北非的法军也处于中立混乱状态，他们不知道到底该不该还手。因为法属北非殖民地听法国维希政府的，而维希政府又听命于纳粹德国，他们被告知要反击盟军的进攻，保卫自家的殖民地。反击吧，岂不是帮希特勒的忙？不反击吧，谁想来打就来打，还要不要面子？更重要的一点是，他们的养老金是要维希政府来发的。结果有些地方盟军遭到了激烈的抵抗，但在有些地方他们却轻松登陆，只遇到了“象征性的抵抗”。结果是法国在面临“火炬行动”时的表现既不让盟军满意，也不令轴心国满意，简直是两面不讨好。盟军认为法国人“顽固不化”，需要予以痛击，于是加大了火力；而希特勒则认为维希法国背约，所以迅速发兵占领了法国南部，把维希政府推翻了。

在“火炬行动”开始的时候，维希法国二号人物、法军总司令达尔朗正好从法国来北非看望自己患脊髓灰质炎的儿子，他得知盟军登陆的消息后并没有做出最终决定，他要看看盟军的实力够不够大，两面下注。到了 11 月 12 日早上的时候，达尔朗下令法军停止抵抗，他不用再听命于维希政府了，因为 11 月 10 日深夜，德意联军已经全面控制了法国南部的“自由区”，维希政府已经不存在了。希特勒得知盟军在北非登陆后，不但发兵占领了法国南部，还抢先一步派出了大批军队进入了突尼斯，隆美尔喊破喉咙要援军要补养时他不肯派援兵来，现在隆美尔大败之后援军却源源不断如同黄河泛滥般到了。

不过盟军要赶在轴心国军队之前占领突尼斯的希望被突降的瓢泼大雨浇

灭了，泥泞的土地拖住了他们的后腿。1943 年 1 月份，逃了 1400 英里的隆美尔终于在此次赛跑中获胜，与来援的阿尼姆将军在突尼斯会合。会师后的他们计划集中兵力先打败西线的美军这个生瓜蛋子，再掉过头来对付蒙哥马利。突尼斯南部的马雷特防线可以阻挡补给线拉得太长的蒙哥马利一阵子，这里本来是法国人修建用来防御意大利人的，现在却成了德国人用来阻挡英国人的防线。

不过在轴心国内部，互不统属的阿尼姆和隆美尔却为作战方案与指挥权争吵不休，虽然最后凯塞林元帅同意了隆美尔的进攻方案，但阿尼姆仍拒绝将自己的部分兵力交给隆美尔指挥，于是两个人各自为战，结果他们谁也没有达到目标。

2 月 14 日，德军的突然反攻令初出茅庐的美军顿时崩溃，受到攻击的美军第 19 战斗工程营在出国前没有受过全面的步兵训练，战壕也挖得太浅，当德国人来的时候，他们的铁丝网大部分都还绕在线轴上，而反坦克地雷就倒在地上而不是埋在地下……虽然美军被迫撤退了 85 英里，但有个指挥部向上级回复说部队没有崩溃，他们只是在“转移阵地”。

如果轴心国军队通过漏斗似的卡塞林山口，就可以直通阿尔及利亚和泰贝萨，那里是盟军的物资供应基地，而隆美尔现在最需要的就是那里的东西。

2 月 20 日下午 4 点半的时候，敲碎了卡塞林隘口这个“瓶口”的轴心国军队潮水般地涌过山口，进入了盆地。但他们却没有发现美军的任何抵抗，这让“沙漠之狐”疑心顿生，他怀疑这是敌人的“阴谋诡计”，为的是要等德军的坦克集中进入盆地后再关门放狗、聚而歼之。当隆美尔停下来纠结的时候，盟军加强了泰贝萨公路的防御，而增援部队也及时赶到了。于是一夜之间形势就扭转了，隆美尔通过缴获的武器判断出敌人的增援已到，而且他们的补给之充足令隆美尔大惊失色，此时德军只有够六天吃的食物了，汽油只够向前推进 120 英里了。于是隆美尔决定撤军，他急于返回马雷特防线去阻止蒙哥马利，但实际上他距离梦寐以求的给养物资只有 12 英里了。

隆美尔的撤退是如此迅速和隐蔽，以至于 24 小时之后美军才发现“沙漠之狐”不辞而别了，他们能做的只有组织意大利战俘埋葬团去掩埋战场上的尸首。

3 月 6 日，转移到东线的隆美尔又与蒙哥马利在马雷特防线东南的梅德宁展开激战，英军反坦克手藏在掩体后面，令德军报销了 52 辆坦克。心灰意冷的隆美尔不得不飞回去劝说希特勒放弃北非把军队全撤回来，以避免被全歼。希特勒的回答是：“你可以去养病了。”于是“沙漠之狐”永远地离开了沙漠。

记吃不记打的希特勒又犯了“一根筋”的毛病，刚刚因为“寸土不让，赖着不走”而在斯大林格勒丧失了 25 万大军的他又犯了同样的错误，宁死也不许撤退！结果是又把突尼斯战役变成了第二个“斯大林格勒”。

这次在北非的行动也是英国与美国第一次联合作战，但也正如英国空军副司令约翰·斯莱瑟对于美军到来的评价：“战争没有盟友已经是够糟糕，但是有了盟友则会更糟糕。”随着美军与英军对轴心国军队钳形夹攻的形成，两军军官之间的“鄙视”和“较劲”也开始了：盟军陆军总司令亚历山大是个英国人，看不起美国军队的亚历山大把他们称为“白痴、软弱、缺乏训练的军队”，制定作战计划时都把美军排除在外。美国人则认为英国人太精明，简直是老奸巨猾，根本认识不到他们国家的伟大。美军将领乔治·巴顿（George Smith Patton）就表示他讨厌所有的英国人，从丘吉尔到蒙哥马利他都讨厌，因他们说大话做小事，英国女人也不例外，因为她们都是丑八怪。在被称为“捕鼠器”的 609 高地（因为它有 609 米高），任何穿行于山下河谷的部队都会成为山上大炮的靶子。美军主张把它拿下，英军则建议绕着走。

事实证明美国人是对的，遭到山上炮火洗礼的英军的一个连只剩下了几个排，在损失惨重之后，布莱德雷下令把坦克开上了山，用 75 毫米的大炮轰哑了德军的据点，这才拿下了这个山头。当 609 高地最终被拿下后，美军将领布莱德雷骄傲地说：“我们早就说过要拿下那个高地！”并询问英军是否需要美军当参谋。

随着钳子的夹紧，在突尼斯的轴心国军队已如同瓮中之鳖。在海上，盟军的飞机不断击沉轴心国的补给船只，阿尼姆的士兵每天只能吃两片面包。陆地上，盟军的炮火天女散花般地向轴心国军队射击，整个阵地仿佛开满了深红色的郁金香。进展神速的盟军像洪水一样涌向突尼斯和比塞大。一辆疾驰的美国吉普车超过了两名德国机枪手，后者目瞪口呆了好久才回过神来想起要射击，但吉普车已经跑得没影了。在突尼斯的一些德国人甚至不相信城市已被敌人占领，直到他们亲耳从收音机里听到城中心发布的投降消息。

逃到邦角半岛的轴心国军队已经是上天无路入地无门，但阿尼姆接到的希特勒的命令是：“德国人民希望你们顽强战斗,直到用光最后一颗子弹！”懂得变通的阿尼姆对此的解读是当最后一辆坦克打出最后一发炮弹时，他们就可以投降了。

∧ 漫画：墨索里尼被刺刀挑出了非洲。

于是在 5 月 11 日，德军第 10 坦克师的最后七辆坦克最后一次齐射后，第二天，在宣布“弹药已用光了……按照命令战斗到了最后一刻”后，阿尼姆就向盟军投降了。约 23 万的轴心国军队士兵——几乎跟斯大林格勒战役中被俘的一样多——有的骑着自行车，有的坐着马车，有的骑着毛驴，来到指定的战俘集中地点。当一些士兵被河水挡住无法蹚过去投降时，当地的阿拉伯人牵着牧马出现了，他们表示可以把德军送到对岸，但每个人必须付 50 法郎。这些德军只好极不情愿地自掏腰包，自己付钱到对岸投降并接受监禁。而在山坡战壕里的一群德军士兵要求敌人给他们发一张证书，证明他们是最后放下武器的战士，因为这是一种骄傲，而且他们害怕自己上当受骗，生怕别的战友还在坚持战斗时他们却投降了，这会很没面子。美军气得大骂道："兄弟，你要么立马出来，别再啰唆什么愚蠢的交易！要么我在你们的墓碑上刻上证书！"这些德国兵于是乖乖地走出了战壕。

就这样，历时三年的北非"跷跷板"战役终于结束了。

第十三章
鳄鱼的软腹

★★★

“这块肚皮怎么又老又硬，根本不是他说的软肚子。”

——美国第 5 集团军司令马克·克拉克

北非战役胜利后，下一个目标打哪儿?

美军主张大部队从英国渡过英吉利海峡，经法国直捣纳粹德国的心脏。为了显示与法西斯势不两立的决心，1942 年 3 月，美国还提出轴心国必须“无条件投降”！盟军既不与之妥协谈判也不承认轴心国的原政府。虽然这表示了盟国战斗到底的决心，给苏联吃了定心丸，但这样一来也产生了反作用，德国和日本内部一些本来想投降的人也不敢投降了，反而坚定了两国死战到底的决心。这简直就是发给德国与日本的动员令，分明是要把欧洲打个稀巴烂，到时美国好取而代之。后来为了独占日本、减少自身伤亡，美国却又放水，同意日本“有条件投降”，保留天皇制就是明证。

这样英国人自然不愿意。心眼太多的英国人采取的是能不打就不打，能让别人打就让别人去打的避战政策，要打也要先解放自己家的地盘。总之，尽量保存自己的实力，而去消耗盟友的实力，因为几个盟友在战后可能就是竞争对手。于是丘吉尔对在法国开辟第二战场的计划一拖再拖，一方面确实是有困难，但一方面却是想让苏联与德国打得越久越好，两国彼此消耗，最好同归于尽才好。作为替代方案，丘吉尔提出了“间接路线”，即实行迂回战术，避开布有重兵的法国西海岸，避实击虚，大军直指“鳄鱼的软腹部”，在南欧的意大利登陆，先拣意大利这个软柿子来捏捏，刷刷经验。而且还能把德军兵力牵制在这里，为将来在法国的登陆提供方便。总之好处多多，但有一个好处他没说，那就是地中海南岸是英国传统势力范围，理应优先得到解放。

在丘吉尔的忽悠下，权衡利弊后的美国人也心照不宣，最终同意了他的这一计划。

不过，在意大利的哪里登陆好呢?在丘吉尔看来，除了傻子，每一个人都知道下一个进攻目标将是西西里。因为那里离北非最近。但怎么能把希特勒忽悠成“傻子”呢?

英国人想出了个“妙招”，他们找了个刚三十出头、死于肺炎的男人，给他穿上英国少校的军装，然后用潜水艇把这位“少校”运到了西班牙海岸，让尸体顺着潮流漂到岸边。因为死者肺部里都是液体，会被人误以为他是溺水而亡。这具尸体担任着一个重要的任务，把他身上带的假情报送到德国人手里。

为了避免敌人收不到，这个“情报”被特意装在一个带锁的公文包里，牢牢地系在他的腰带上。上面暗示说盟军攻击西西里完全是个幌子，真正的目标是撒丁岛、科西嘉岛和希腊。为了让这个并不存在的“威廉·马丁”少校显得更真实，他身上还有两封来自她未婚妻“帕姆”的情书以及一份来自菲利普商店订购钻石准备结婚的订单，在另一封来自他老爸的信里则对这桩婚事表示强烈反对，还有一封银行通知他已经透支了 79 镑 19 先令 2 便士的催缴单。

不过要伪造身份证却犯了难，因为当时可没有 AI 换头技术，根本不可能

︿ 漫画：意大利火山突然爆发，需要希特勒去救援了。喷出的火焰上写着：盟军的攻势。

给死人拍的照片还能让他看起来像活人一样，但就是这么巧，负责这项“骗局”的人在一次会议上遇到了一个长得简直像死者孪生兄弟的人，并劝说他坐下来拍了一张照片。一切准备妥当后，这个诱饵就被抛出去了，这次行动被命名为“馅饼”，为的是让受到“美味”诱惑的敌人一口吞下，然后——被噎死！

一个西班牙的渔夫“幸运”地发现了这位被命名为“威廉·马丁”并意外“溺死”的英国少校，在西班牙尽职尽责的德国间谍很快闻讯而来，他们立即发现了死者身上携带的极具价值的情报信件，并吞下了“馅饼”这个饵。希特勒也对此深信不疑，他立即千里迢迢地将援助部队派往撒丁岛、科西嘉岛和希腊，而不是去支援盟军即将进攻的真正目标——西西里岛。

盟军把在西西里岛登陆的日期选在了 1943 年 7 月 10 号，这天明月将很早升起并在午夜落下，明亮的月夜将给空降兵提供照明，而海军则可以在随后的夜幕掩护下登陆上岸，这次行动代号为“哈士奇”。

美军的空降部队用的是伞兵，英军用的是滑翔机。虽然有明月这个大灯泡照明，但降落的效果却很差劲，大部分美军伞兵都没有接近目标，而是被大风吹得像蒲公英似的散得到处都是，有的士兵甚至搞不清楚自己是不是落在了西西里岛上。英军的 144 架滑翔机有 70 架提前掉进了海里，剩余的散落在了预定地点几公里以外，只有 87 人幸运地到达了预定的桥梁目标。不过这次天女散花般的空降却因祸得福，搞乱了德军，因为到处都报告有敌人从天而降，闹得德国人以为敌人少说也空投了两三万人，但实际上只有 4600 人。

地面的登陆部队则顺利得多，在利卡塔登陆的美军未遇抵抗就占领了一个敌人放弃的战地指挥所，一个美国战地记者刚进入指挥所时发现电话铃还在响，于是他就接了电话。“美军现在在哪里？”电话那头用意大利语问道。“在哪里？”这位记者幽默地回答道，“就在这里。”在杰拉，德军的赫尔曼·戈林师发起了反击，差点将美军赶下海去，关键时刻海边的军舰开炮了，德军装甲兵指挥官也清楚 26 吨的马克四型坦克没法跟排水量上万吨的巡洋舰 PK，只好掉头就跑。

地面上的敌人被打退后，空中又出现了德军的轰炸机，他们投下了降落伞照明弹，好像在挑选袭击的目标。船上的炮手被蓝白的亮光晃成了睁眼瞎，只能拼命地向空中投掷光粉和铁屑，希望这样敌机就看不见船只了。但这时德军突然犯了个错误，他们的飞机竟然开始在离水面几百英尺的低空飞行，连飞机排气时的蓝色火苗都能清楚看见。盟军可不愿意放过这个好机会，5000 多门各种口径的大炮像火山一样爆发了。

当看到万恶的敌机或坠入水中或掉在滩头时，盟军士兵们情不自禁地发出了一阵阵的欢呼。这时还不断有从飞机上落下、带有黑色不明物体的降落伞在空中晃荡。一定是敌人向舰艇投掷的水雷！士兵们一面咒骂着一面狠狠地向它们开火。当一架飞机坠毁在美军驱逐舰附近时，“痛打落水机”的炮手们为确保它被“完全消灭”，还用 20 毫米的加农炮向它的残骸猛轰了几分钟，直到发现这是一架美军 C-47 型的运输机！原来刚才打下的飞机全都是自己家的，降落伞下挂的黑乎乎的玩意儿都是空投的伞兵，德军的袭击与美军的伞兵空投同时进行导致了这次伤亡惨重的乌龙事件。229 名美军空投人员伤亡，23 架飞机被毁，38 架遭到重创，一架倒霉的飞机身上甚至被打出了 1000 个洞。

在这次进攻中，英军当先锋，美军当后卫。但性格刚猛的乔治・巴顿对英军当主角、美军当配角十分不满，他向亚历山大提出抗议，因为蒙哥马利的英军正在东海岸被阻挡不前，简直太没用！他要求直冲西北方的港口巴勒莫。从看门狗变成了下山虎的美军在四天内推进了 400 英里，拿下了巴勒莫后的巴顿开始向最后的重点墨西拿挺进。“这是场关乎美军声誉的重要比赛，我们必须在英军之前拿下墨西拿！”巴顿强调。他时刻琢磨着如何在战场上胜过英军，这既是为了满足个人的自负，也是为了证明美国兵天下第一。

8 月 7 日，美军比英军早几个小时进入了墨西拿，但德国人已经溜走了，凯塞林下令德军撤退，而意大利军队在此之前就开始撤了。德国人也来了一场

〈乔治·巴顿（1885—1945 年）

号称“铁胆将军”的美国陆军四星上将巴顿粗鲁、野蛮，还随地吐痰。这是他在战争中留给后人的印象，潘兴上将甚至把他叫作“美军中的匪徒”。注重军容风气的他规定不按规定戴头盔系领带的人都要受到处罚，军官罚款 50 美元，士兵罚款 25 美元。任何角落都要受到检查，甚至正在厕所蹲坑的美国大兵也要开门接受检查，看看有没有按规定戴头盔。作为统帅，巴顿的最大特点就是以自己的尚武精神去激励部下，用他的个性去影响士兵奋勇向前。他在演讲中激励将士们道：“二十年后，你会庆幸自己参加了此次世界大战。到那时，当你在壁炉边，孙子坐在你的膝盖上，问你，‘爷爷，你在第二次世界大战时干什么呢？’你不用尴尬地干咳一声，吞吞吐吐地说，‘啊……爷爷我当时在路易斯安那铲大粪。’与此相反，弟兄们，你可以理直气壮地说，‘孙子，爷爷我当年在第 3 集团军和那个该死的巴顿并肩作战！’”战争结束那年的 12 月，他突遇车祸去世，享年 60 岁。

︿漫画：坐在意大利半岛上的墨索里尼沮丧地看着自己的破船，接连失败的他已是衣衫褴褛、面容憔悴。

敦刻尔克式的大撤退，不过与英军相反，他们是从岛屿撤往大陆，但相同的是他们的撤退同样出色。双方的角色调换了过来，这也预示着形势开始逆转了。

随着战事接连败北，意大利的经济每况愈下，通货膨胀加物资短缺一发而不可收，老百姓有时排一天的队才能买到配给的食物，而且还有警察看守着以防出现哄抢。除了人以外，能喘气的东西都成了盘中餐，意大利民众开始把皮带上的最后一个孔戏称为“墨索里尼孔”。一个讽刺故事也开始在民间流传：一个意大利人去商人那里买一个无花果，商人要价一个里拉（意大利货币单位）。“什么？！一个无花果根本不值一个里拉！”这个人生气地大叫。商人更正道：“你是说，一个里拉不值一个无花果才对吧！”而民众对墨索里尼为首的法西斯党的不满也成倍地增长，甚至还有法西斯分子参加了大罢工。一个笑话称有一支反法西斯的代表团从米兰来到罗马想要暗杀墨索里尼，结果几天后又愤愤地回到了米兰，因为要杀墨索里尼的人太多了，他们还得排好长好长的队才能轮到。在罗马，不满的妇女和市民甚至闯进了法西斯党的总部。心力交瘁的墨索里尼本人健康状况早已不佳，政府不得不发布“领袖因公务繁重而劳累”的声明，但老百姓纷纷议论：墨索里尼大人恐怕是已经得了梅毒。最后甚至连法西斯党内部的领导人也开始反对主战的墨索里尼，最后连墨索里尼的女婿齐亚诺也参与了进来，因为此时的意大利海军几乎已经瘫痪，空军只剩下了零星的力量，陆军虽然人数众多但已经斗志涣散，根本无力再打下去了。

1943年7月29日，法西斯党召开了一次大枢密院会议，这个议会本来是个橡皮图章似的机构，已经有三年半没有集会了。与会的大多数议员已经串通好了要让墨索里尼立即下台。元老之一的格兰蒂还在大腿上偷偷地绑了一个手榴弹，准备万一失败就同归于尽。凌晨2点多的时候，在九个小时的激烈讨论后，大会以19票对7票通过了罢免墨索里尼的决议。气急败坏的墨索里尼在天亮后要求觐见意大利国王，以否决这个决议。但事与愿违，国王艾曼纽三世也是格兰蒂一党的，他直接对墨索里尼言道：“你很清楚意大利人民对你的看法，眼下你可是人民最憎恨的人……罗马的所有人都知道这一决议了，他们正期待着这一变化。”于是墨索里尼长达 21 年的法西斯独裁统治就这么通过“民主投票”结束了。

当沮丧的墨索里尼离开王宫的时候，发现自己的汽车已经不见了。接着他被警察带上了一辆救护车，因为国王保证要给他提供“武装保护”。——实际上是被囚禁起来了。得知墨索里尼下台后，高呼着“处死墨索里尼”的群众洗

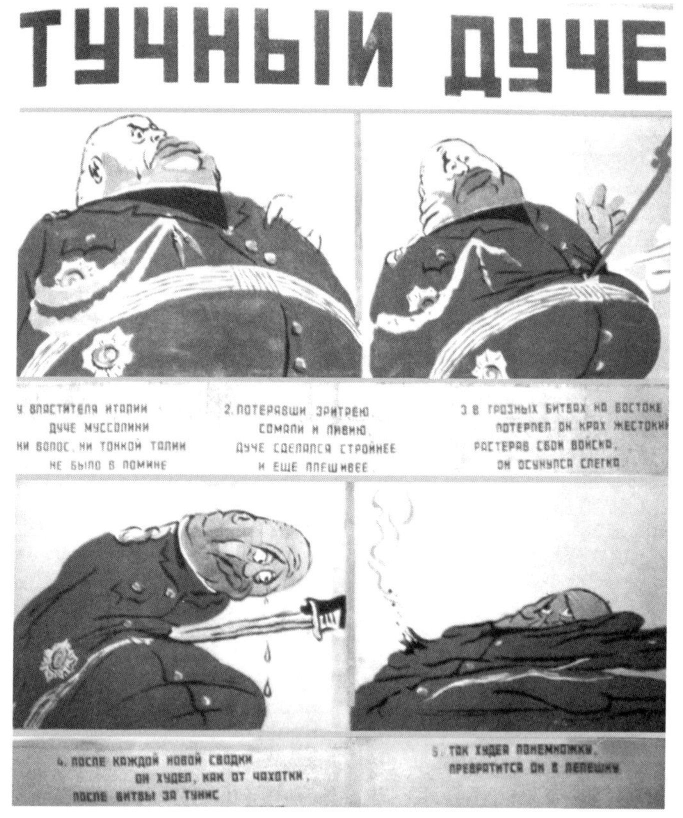

^ 苏联漫画：外强中干的墨索里尼像个气球——一戳就破。

劫了政府的办公室，并一路打砸抢，四处搜捕法西斯领导，以至于大批的意大利官员不得不跑到德国大使馆去避难，一个德国纳粹官员戏称他们的大使馆已经成了“旅行社”。

被任命为意大利新总理的是巴多格里奥，这位新总理虽然嘴上还强硬地喊着要与德国并肩作战，但身体却很诚实地向盟军一方靠拢，私下里开始与同盟国谈判停战事宜。他们不但要赶紧从德国车上跳下来，还想搭乘盟军的车，摇身一变加入同盟国。

就在巴多格里奥政府还在拖拖拉拉地跟盟军讨价还价的时候，在西西里岛登陆的盟军已经开始敲意大利的大门了。9 月 8 日傍晚 6 点 30 分，不耐烦的艾森豪威尔不等意大利方面对投降条件做出回应，就单方面播出了官方声明：宣布意大利已经投降。1 个小时零 15 分钟后，没有退路的巴多格里奥政府这才宣布意大利向盟军投降。

虽然意大利新政府“信誓旦旦”地保证要跟盟友同进退，但这可骗不了老到的希特勒，他的第六感早就察觉到意大利新政府身在曹营心在汉，在墨索里尼下台后他就开始怀疑意大利新政府会反水，安排的眼线也已经秘密地盯着意大利很久了，所有准备都已做好，只要意大利一有不稳的迹象，德军就会占领它。希特勒可不想放过意大利，这个国家还有利用价值，那就是当德国南方的挡箭牌。于是意大利投降的消息一传出，南方战区总司令凯塞林立即命令德军迅速开始行动，全面接管意大利，罗马在二十四小时内几乎被洗劫一空。德国大使馆的德国人拼命地北逃想赶最后一班去德国的火车，他们怕被意大利人抓住献给盟军；而意大利国王艾曼纽三世与总理巴多格里奥也在 9 月 9 日黎明之前逃出了罗马，拼命向南逃去，他们也怕被德国人抓住。他们这一跑，意大利军队都傻了眼，因为没人来指示他们应该怎么办，英国和德国这两个主人之间到底应该选哪一个？是抵抗盟军呢还是抵抗德军？是配合德军打盟军呢还是配合盟军打德军？还是看着德军与盟军打，自己在旁边看热闹？

∧ 漫画：新的法西斯敬礼方式。希特勒冲自己的盟友们高喊："嗨！希特勒！"匈牙利、保加利亚、罗马尼亚都举手响应，只有意大利人高举双手，胳膊上的字写着"无条件投降"，转身就向盟国投降了，意大利也成了德国众盟友中最先反水的一个。

许多意大利士兵选择了给自己"放假"，他们一听到投降，就脱下军装、扔下武器消失在了夜色中。而德国人则迅速地接管了他们的阵地，好像双方商量好了要交接班一样。对于丧失了意大利这个盟友，凯塞林并不感到十分沮丧，因为终于没有猪队友拖后腿了。

因为害怕墨索里尼死灰复燃，巴多格里奥想要把罢黜的"领袖"藏到一个谁都找不到的地方，而希特勒则想要扶一把这个老朋友，让他当个"意大利北部统治者"什么的，于是一场"猫抓老鼠"的"躲猫猫"游戏开始了。德国情报部门开始极力搜寻"领袖"的下落，而巴多格里奥的军情部门则不断散布墨索里尼的虚假下落来迷惑德国人。

为了不让墨索里尼被找到，他被频繁地转移来转移去，他先是从罗马的军营里被送到了那不勒斯以西加塔湾里的一个叫作文托提的小岛，后来又向西转移了 25 公里，到了旁兹亚岛。在这里，一支德国小分队发现了"老鼠"的踪迹，在他们火速通知德国情报部门的时候，意大利人察觉了，于是"领袖"又被火速转移。德国人则被假消息骗到了热那亚东南部的斯塔西亚港，扑了个空。

1943 年 8 月 17 日，墨索里尼的一个看守给德军写信报告称"领袖"正被关在撒丁岛东北角一个叫作拉马达尼拉的小岛上，于是德军计划派出突击队从一艘潜水艇上向该岛进行两栖登陆，但行动马上就要开始的时候，突击队又接到新的命令，跳伞跳到了另一个小岛上，结果是他们又被骗了。

8 月 29 日，德军对拉马达尼拉岛进行了空袭，但又晚了一步，墨索里尼早已被转移到了罗马东北部位于亚平宁山脉上的滑雪胜地格拉萨索，要想进入这里只能坐空中缆车。不过很快德国人就“闻着味儿”找来了，因为德方在距罗马 18 公里外的战地指挥部曾看到一架水上飞机秘密降落在了布拉齐亚诺湖，很快纳粹的党卫军又截听到了意方的无线电报，得知格拉萨索的“安全安排”已经完成，于是德国人推理出一定有个重要人物乘坐那架曾停在布拉齐亚诺湖的飞机飞往格拉萨索了，那个人很可能就是他们要找的墨索里尼。

于是一次大胆的营救行动出炉了，负责人是被称为“欧洲最危险的男人”斯科尔策尼，这个身高近两米的党卫军特种部队头目在大学期间曾与人决斗 14 次，脸上留下了一道伤疤。1943 年 9 月 12 日，他带领着 8 架滑翔机降落在了格拉萨索这个滑雪胜地，负责看守的意大利士兵完全没有心理准备，他们像老鼠见了猫似的四散逃命，斯科尔策尼几乎一弹未发就把墨索里尼给“捞”了出来。“我就知道我的朋友希特勒不会抛弃我的！”墨索里尼热泪盈眶地说道。为了离开这里，斯科尔策尼和墨索里尼连同飞行员都挤进了一

︿ 希特勒跑来支援快要倒下的墨索里尼斜塔。希特勒背着的棍子上写着“纳粹支柱”。

架小型飞机里，而跑道就是一片伸向悬崖的下坡草地。这架严重超载的飞机颠簸着弹出了草坪，在撞到了一块大石头后从悬崖上掉了下去，就在所有人都以为完蛋了的时候，飞机又慢慢地升了上来，最终腾空而去，这一幕惊险的特技让在场的意大利士兵也不禁欢呼起来。

不过受到一连串打击的墨索里尼已经心灰意冷，连人也衰老了许多，他被接到希特勒的“狼穴”后提出只想回家。不过希特勒可不想听这个，他又滔滔不绝地给“领袖”进行了两小时的“洗脑”，鼓动他报复那些背叛者，并扶植他在意大利北部的萨洛建立了一个傀儡政权。“好心”的希特勒连墨索里尼的情妇克拉拉·贝塔西也救了出来并把她送到了墨索里尼身边，这下令“领袖”的老婆雷切尔妒火中烧，醋意大发的墨索里尼夫人跑到贝塔西那里去大吵了一架。两个小时后，两个女人都是泪眼婆娑，一听到这个“不幸”的消息，墨索里尼就躲在办公室过了一夜。

墨索里尼“复职”后，6 个曾投票反对他的同僚被统统处死，包括他的女婿齐亚诺，其他 13 个人没被处死是因为他们不是已经逃出了意大利就是已经投靠了盟军。而墨索里尼也沦为了“好朋友”的傀儡，德军卫兵监听他的电话并暗中观察他的一举一动，“他们一直在那里，好像美洲豹在侦察。”墨索里尼抱怨道。他已经沦为了一个“犯人”。

虽然墨索里尼复出，但要在意大利阻挡盟军还是要靠德国人。

10 月 13 日，在盟国的压力下，还在自称意大利国王、阿尔巴尼亚国王和埃塞俄比亚（阿比西尼亚）皇帝的艾曼纽三世才向德国宣战。但实际上意大利人已经被踢出了战局，他们只能抱着“爱咋咋地”的态度看着两拨军队在自己的领土上争来夺去了。

而在盟军这边，9 月 3 日，蒙哥马利已经轻松地渡过了墨西拿海峡，爬上了“意大利的脚趾头”。但丘吉尔对从意大利半岛南端向北推进的计划十分不满意，他突发奇想道：“为什么要像一只臭虫那样从脚趾爬到大腿？我们要直

^ 漫画：墨索里尼已经变成了德国人的傀儡。

^ 漫画：希特勒兔死狐悲地看着被装箱的墨索里尼。

接向膝盖发起进攻！”这个“意大利的膝盖”就是萨莱诺，那里离意大利南方最大的城市那不勒斯很近。

于是一个代号为“雪崩”的两栖登陆的计划被制定了出来，目标是意大利西海岸那不勒斯南边的萨莱诺。

9月8日傍晚太阳还没有落山、美军的舰队离萨莱诺只有20海里的时候，广播里传来了意大利已经宣布投降的消息。本来寂静无声怕被敌军发现的舰艇上顿时爆发出了欢天喜地的呼声，许多士兵甚至在甲板上手舞足蹈，一些人还特意开酒“庆祝”……一名士兵畅想着“不用遭遇任何反抗就能停在那不勒斯港，一手拿着橄榄枝，另一只手拿着剧院的门票”。最后还是军官们比较冷静，他们严令禁止欢呼，而是让风笛手演奏了一曲《苏格兰卫队远征那不勒斯》。

可当美国第5军的士兵们马上就要靠近海岸的时候，从岸上传来了英语广播声：“赶快上来投降！你们已经被包围了！”在岸上等待他们的不是已经宣布投降的意大利人，而是严阵以待的德国兵。这导致萨莱诺的登陆变得十分混乱，在一个滩头上，从一艘登陆舰上卸载下来的第一件东西居然是一架钢琴！萨莱诺海滩附近群山环绕，被凯塞林称为“上帝赐给炮手的礼物”，德军可以居高临下地对付来犯之敌。反击凌厉的德军只差两英里就能将敌人赶下海去了。在万分紧急的关头，盟军的火炮、舰炮、坦克和飞机统统赶来支援，只要能开火的都开火了，德军损失惨重，反击也以失败告终。六天后，美军与从南方赶来的蒙哥马利会合了。10 月 1 日，盟军进入了那不勒斯。

不过胜利进入那不勒斯城内庆祝的盟军又遇到了比德军更“凶猛的”敌人——那就是当地热情如火的意大利女性，俗话说“英雄难过美人关”，许多士兵在跟她们“互动”后都染上了花柳病，以至于大量士兵丧失了战斗力进入了医院。虽然盟军医疗部队准备了大量的床上“武器”——避孕套，但许多士兵根本不用，因为他们想与当地女性更亲密接触，最后盟军当局不得不下令那不勒斯的妓院禁止盟军士兵进入。

若论战斗力，意大利军确实可以算是个“软腹部”，但按照地形来说，意大利却是“硬”得不行，南北长、东西窄的“意大利皮靴”上群山纵横，简直是大自然的鬼斧神工，半岛上河流众多，亚平宁山脉横亘全岛，北部还有巍峨的阿尔卑斯山，而且半岛上 10 月就遍布积雪，很利于德军层层设防，要从这里打到柏林，那简直是举步维艰。因为德军的巴巴拉防线后面是伯恩哈德防线，伯恩哈德防线后面有古斯塔夫防线，古斯塔夫防线的大后方是哥特防线，哥特防线后面还会有希特勒防线和恺撒防线……盟军不久就发现，刚翻过了几座山，又越过了几条河，但前面的山、河怎么还是那么多？德军利用这些天然的防线节节抵抗，盟军的推进简直像在爬行。而且翻越陡峭的山路只能靠骡子来驮运物资，每个师至少要 300—500 头才够，于是士兵们开始在农村四处搜寻骡子。有了骡子还要蹄掌、钉子、笼头，还需要考虑工人和兽医，于是又成立了骡驮大炮营……

^ 德国的一幅漫画：凶残的卡西诺群山正高兴地吞噬着英国与美国的军队。

1944 年 1 月，盟军首先遇到了古斯塔夫防线，古斯塔夫防线上有座天然的堡垒——蒙特卡西诺山，卡西诺山岭是令人头疼的死火山，陡峭得像是从地平面垂直升起一样，而且乱石丛生、积满冰雪，崎岖的山路连山羊爬上去都很困难，更别说是坦克了。德军的坦克、大炮与机枪就隐藏在山谷或林中，炮台隐藏在山上坚固的岩石之间，道路上遍布铁丝网、陷阱和地雷，一些小型碉堡甚至可以用拖拉机拖来拖去。

在一次向卡西诺防线的攻击后，美军第 34 师就损失了 2200 人，步兵中的 75% 丧失了战斗力，盟军的飞机数量虽然比对方多，但高山形成的天然屏障却让他们有力无处使；他们的坦克也比对手多，但爬不上接近 45 度的山坡，更何况这些坦克在火力、机动性和防御性方面还不如德军——盟军的“谢尔曼”坦克被德国人戏称为“汤米的炊具”，因为 88 毫米炮弹足以把它的发动机燃料轻易点燃——这点美军士兵也深有同感，他们给自家“谢尔曼”坦克起的外号更形象，叫作“郎森打火机”。而且盟军的坦克视野狭窄，在里面驾驶简直就像开着一栋连体别墅却只能透过信箱缝往外看……

盟军能做的只有发射大批的炮弹，美军曾在一个小时内就朝德军防线发射了 2.2 万发炮弹，但这并没有伤到德军的筋骨。一个无聊的美国战地记者计算了一下，如果按每发炮弹 50 美元算的话（还要加上运输费、训练费以及大炮

∧ 谢尔曼坦克

的价格），炸死一个德国兵要花费 2.5 万美元。“为什么不用更好一点的办法？”一个士兵不高兴地抱怨道，“只要给每个德国兵发 2.5 万美元让他投降不就好了？我打赌他们会接受的。”

丘吉尔对这种死磕的打法也不满意，他找到了比爬山更简洁的方法，那就是在敌人防线的后方来次两栖登陆。用他的话来说，这次登陆将像一只扔出去的野猫，一下抓碎德国佬的心脏，迫使前线的德军放弃他们坚固的防线而逃跑。丘吉尔向罗斯福提议发起这次登陆的时候正在生病，他得了严重的肺炎。本来罗斯福不主张多此一举的，因为大批资源马上要调往英国，进而发起在法国的登陆了，但可能出于对病重中的老朋友的同情，最终他勉强同意了。不过有些人回想起了一战时期的加里波利战役的惨败，即将指挥安齐奥登陆的卢卡斯将军在日记中写道：“我好像一只待宰的羔羊……整个行动有股强烈的加里波利战役的惨剧味道”，而那次登陆战也是丘吉尔极力主张实行的。

事实证明，只要是丘吉尔亲自抓的登陆战，就没有不失败的。远的不说，就说 1915 年第一次世界大战期间的那次，在加里波利半岛的登陆就是赔了夫人又折兵。1940 年在挪威和希腊的登陆最终也以英军卷铺盖逃走而告终，这次在安齐奥的登陆也不例外。

1944 年 1 月 22 日，在安齐奥的登陆一开始只遭到了轻微的抵抗，那里只有德军编制不齐的两个营，许多人还在床上就被美军俘虏了。但登陆部队在此后的几天内却在海滩附近按兵不动，因为卢卡斯得到的命令是“在安齐奥附近控制并包围滩头阵地”，如果条件“可以”的话则向内陆进军。为人谦和的卢卡斯已经 54 岁了，但由于老态而被同事们称为“狡猾的老爷爷”，过于谨慎的他曾说：“我只是一个努力向前的可怜小姑娘。”他现在觉得条件还不成熟，他想等装甲部队到齐了之后再进攻。

但德方的凯塞林元帅反应就很快，德军的增援部队很快就陆续赶到，到美军登陆第四天的时候，滩头已经来了八个师，而且还有五个师在路上。直到登陆的第九天（1 月 20 日）凌晨，卢卡斯才慢吞吞地向内陆推进，在黑暗中的突击队以为自己没被德军发现，结果遭到了德军的伏击，767 人只有六人回来。于是登陆的美军开始拉起铁丝网并到处布雷，摆出了防御的姿态。

希特勒此时已经决定不惜代价清除这个罗马南部的“肿瘤”，不让它扩散。2 月 16 日这里的德军达到了 12.5 万人，超过了盟军的 10 万人。盟军靠着强大的空中支援才没被彻底赶下海去，否则第二次敦刻尔克大撤退就要重演了。贻误战机的卢卡斯最后被解职，但后来也有人说幸亏卢卡斯没有一上来就急着向内陆的罗马挺进，因为如果那样的话，反攻的德军就会轻而易举地切断他们的后路，然后结果就会如同他所说的那样：罗马过一夜，战俘营里 18 月。

双方在安齐奥海岸上僵持了下来，盟军躲在了用沙袋、酒桶、废木头和空弹药箱建造的地下室里，地面上则是德军大炮和飞机不断的轰炸声，而无聊的盟军士兵则在地下影院里看电影，或是打打篮球和棒球来解闷儿。德军则宣传这里已经成了“世界上最大的自助战犯集中营”。

丘吉尔沮丧地发现，在安齐奥的登陆又变成了一次“加里波利战役”，他抱怨道：“我本来想往岸上扔一只野猫，谁知道却变成了一头搁浅的鲸鱼！”

本来安齐奥的登陆是为了出奇制胜，打破卡西诺防线前的僵局，但令盟军尴尬的是，为了打破这个僵局，他们又制造了一个僵局，这简直就是一战加里波利战役的重演。现在在安齐奥滩头的美军反而需要攻打卡西诺防线的盟军为他们解围了。

在瓢泼的大雨、过膝的泥浆和刺骨的严寒中，古斯塔夫前线的士兵们不是得了肺炎，就是患上了痢疾或战壕足病——严重的会掉脚趾。一些德军山地部队甚至声称他们宁愿回到苏联前线，也不愿意在这儿受折磨。而除了上面这些折磨，盟军还要忍受山上德军猛烈的炮火轰击。另外，盟军方面的多国部队也引发了混乱，他们这支“万国部队”中有美国人、英国人、加拿大人、新西兰人、印度人、南非人、法国人、阿尔及利亚人、摩洛哥人和巴西人，语言上的沟通不畅还是小问题，比如北非的穆斯林不吃猪肉，要给他们单独提供牛肉；巴西人拒绝吃美国食品；而法国人用餐必须有白兰地……

久久没有突破的盟军算来算去，把原因算在了卡西诺山顶的修道院身上。在天气昏暗的冬雨中，卡西诺山云雾笼罩，像个巨大的怪物，显得神秘莫测。而山顶的修道院正好居高临下可以从 17000 英尺的高处俯瞰全城，对山下的一切都一览无余，在那里可以轻而易举地发现下面任何移动的东西，简直就是个绝佳的观察哨所。这座修道院始建于 16 世纪，里面珍藏了许多艺术品。虽然凯塞林向梵蒂冈保证不会占领这个神圣的宗教场所，但盟军可不相信，他们怀疑狡猾的德国人一定已经偷偷地进入了里面，把那里变成了一个巨大的堡垒和观察所，要不他们的炮怎么打得那么准?

于是盟军决定炸毁这个可疑又可恶的修道院，但问题是他们没有任何相关的情报。直到一位名叫图科尔的盟军少将在那不勒斯的书店转悠的时候，才得到了一本有关修道院的小册子：里面介绍了修道院的建筑大小和墙的厚度。最后他们得出结论，由于太坚固，只有巨型炸弹才能炸掉它。

炸掉它可能背上毁坏珍贵文物与艺术品的骂名，因为修道院里面都是宗教文物，连修道院本身也是个文物，而且里面可能还有难民避难。但盟军方面很多人坚信修道院里已经有了德军，侦察飞机还言之凿凿地报告说他们看到了修道院上的德军无线电天线!

实际上德军并没有占领修道院，德军指挥官冯・辛格尔是个虔诚的天主教徒，他甚至不允许自己的士兵面向修道院的窗户，以免亵渎神灵。

但盟军不知道这些。1944 年 2 月 15 日，持续几个小时的空中轰炸开始了，500 吨炸弹把修道院夷为平地。尘埃落定后到处都是残垣断壁，许多僧侣和难民不是被炸死就是被砸死，但没有德军士兵伤亡。德军指责对方毫无人性地炸毁了修道院，盟军则声称德国人贼喊捉贼，直到战后很多年以后，美国才不好意思地承认这件事确实是盟军干的。

不过炸毁修道院后的盟军沮丧地发现，他们的目的根本就没有达到，成堆的废墟更适宜德军炮手和机枪手的隐蔽，而且辛格尔毫不犹豫地占据了这个制高点，因为令他敬畏的修道院已经不存在了。

轰炸和炮击都不起多大作用的情况下，盟军调集了 15 个师来硬攻，直到 5 月 11 日一支法国远征军穿过了看起来不可逾越的奥伦兹山，才算有了突破。兵力不足的凯塞林本来指望这里崎岖的地形可以阻挡敌人，但他没有料到盟军里有爬山高手，法军中在山里长大的北非士兵：突尼斯、阿尔及利亚和摩洛哥人，爬山对他们来说根本不叫事儿。

^ 漫画：希特勒的“意大利靴子”被画着英美国旗的钳子夹走了。

5月18日，盟军的旗帜终于插在了修道院的废墟上，德军开始紧急撤退。但美军指挥官克拉克顾不得拦截抓获他们了，他的目光盯着意大利首都罗马这个更为耀眼的“战利品”。沉迷于出风头的克拉克有个多达50人的团队，他们的任务是确保每份报纸至少要在头版上报道克拉克三次、其他版面报道一次。占领罗马这个轴心国第一个陷落的首都正是大出风头的好机会，于是克拉克要求他的军队必须在6月4日4点之前通过罗马市区，因为他迫不及待地想在那里照张相，好刊登在报纸上。为了保证摘到这顶桂冠，他甚至下令，如果英国盟友敢在美军之前进城就向他们开枪。于是大批德军从容地避开盟军溜走了，克拉克如愿以偿地进入了没有设防的罗马，但他却没有如愿以偿地大出风头，因为他刚进入罗马的第二天，诺曼底登陆就开始了，大家的眼球都被吸引到法国去了，根本没人再关注他了。

∧ 1943年的苏联漫画：希特勒在东线被夹住了爪子，墨索里尼已经被沉到了海底。

第十四章
第三战场

★★★

“英美军队联手进攻欧洲将最终决定这场战争！”

——龙德施泰特

斯大林深知，用别人的东西做自己的事才是最爽的，于是在苏德大战爆发后他对外不断宣传渲染德军是如何如何强大，苏联就快顶不住了，不断催促英美提供各种援助物资，并要求他们尽快在西欧开辟第二战场对德国两面夹击。为了使援助物资赶快发货，他还不时透露一些苏德正在秘密议和的小道消息来吓唬英美两国。盟军对苏联的援助源源不断，但对第二战场的开辟却拖拖拉拉，只听楼梯响，不见人下来。一方面是丘吉尔对登陆作战心有余悸，他曾对英国外交大臣艾登喊道："记住，我的胸前挂着达达尼尔[①]、迪耶普[②]、达喀尔[③]和希腊奖章！"这四场他指挥过的两栖登陆行动都以损失惨重的失败而告终；另一方面丘吉尔看到苏联转危为安后又萌生了坐山观虎斗的想法，最好是希特勒被打死，苏联人也被打残，英国在战后仍美滋滋地做欧洲的霸主，如此岂不美哉？！这是他希望的结局。但斯大林也不是傻子，他对丘吉尔的小算盘自然心知肚明，于是不断催促盟国在德军最多的法国西海岸开辟第二战场。苏联的"快乐袭击者"剧团还专门编排了一出戏剧来讽刺西方盟友开辟第二战场的承诺：剧中一个英国人不断向苏联人担保盟军即将开赴欧洲，但到了故事的结尾，他都长出了长飘飘的白胡子了还在不停地承诺着……

苏联驻英国大使也不断要求英国立即采取行动，他抱怨道："我们已经没时间等到最后一颗纽扣缝制到最后一名士兵的最后一件制服上。"在催促多次仍不见效的情况下，斯大林放出了狠话，如再拖拖拉拉，老子就跟希特勒讲和！他没有告诉英国和美国的是，苏德双方确实也偷偷摸摸地在私下谈判过。

美国人也对英国人的这套利用美军实力巩固大英帝国的把戏十分不满，美国海军部长欧内斯特·约瑟夫·金就向记者抱怨，称丘吉尔的"主要兴趣是保住大英帝国，与美国合作赢得战争倒是其次"。因为北非与地中海南岸是英国

① 即加里波利战役。
② 1941 年盟军在法国迪耶普的试探性登陆，结果失败。
③ 1940 年英军在法属西非首府达喀尔的登陆，结果失败。

的传统势力范围。后来的首任美国空军司令阿诺德也看出来“英国人怕苏联甚于德国，所以想保留后者来对抗前者”。最后美国总统罗斯福出于维持联盟（或者说削弱并取代英国）的需要，选择了支持斯大林，他表示丘吉尔的地中海战略已经走到了尽头。在法国诺曼底实施登陆的“霸王行动”开始提上日程，为了保密，登陆日被称为D日。

^ 漫画：从门外伸进脑袋来的三个小孩问丘吉尔：“爸爸，你什么时候带我们去欧洲啊？”三个小孩分别代表英国的陆、海、空军。

面对盟军即将在法国展开的登陆，希特勒早有准备。从1942年开始纳粹德国就开始在西欧沿海构筑一条“大西洋防线”，这条漫长的防线包括一系列的碉堡、炮台和要塞等工事，计划由1.5万个坚固的支撑点组成。

虽然希特勒吹嘘这条“大西洋防线坚不可摧”，但视察过后的隆美尔却将它称为“希特勒一个虚幻的理想国”，因为这项工程太庞大了，尽管25万劳工不分昼夜地施工，耗费了100万吨钢铁和2000万立方米混凝土，有的地方也只完工了15%。为此被调到西线的隆美尔在接手担任“监工”后又兼任“设计师”，亲自操刀设计出了“隆美尔之笋”。——树干做成的滑翔机障碍杆，此外还有由扭曲的钢条支架焊接而成的反坦克拒马“刺猬”，空心三角锥的恶

^ 讽刺丘吉尔对开辟第二战场一再拖延的漫画。丘吉尔正把墙上的标语“现在开辟第二战场”的“现在”划掉，改为“在适当的时候”。

魔方块和“龙牙”型障碍物，海滩的木桩上挂着地雷和能划破登陆艇的刀片，低洼地区也被引进海水形成了人工沼泽，用以溺毙登陆的敌兵，另外海滩上还埋下了400多万颗地雷……总之稀奇古怪的各式各样的障碍物已经把原来美丽浪漫的法国海岸变成了“世界上最丑陋的海滩”。为了迷惑敌军，一些碉堡还被涂成岩石的颜色，一些炮台会伪装成咖啡屋或别墅。

但后来的事实证明，希特勒的“大西洋防线”就是个大号的“马其诺防线”，根本没挡住敌人。因为“大西洋防线”刚开建不久，盟军就获得了整个大西洋防线的蓝图：1942年，一名法国油漆工意外偷到了德军整个大西洋防线设计图，并把它交给了盟军。

而对于如何对付来犯之敌，德军将领间又起分歧。隆美尔认为胜负将在海滩上进行，一定要御敌于国门之外，依靠防御工事不让敌军踏上陆地半步。因此他提出把德国精锐的装甲师部署在尽可能靠近法国海岸线的地方，准备当盟军登陆时，以钢铁雄师给他们来一个迎头痛击，一举把盟军赶下海去；但龙德施泰特却认为盟军海空优势明显，应该避其锋芒，放弃海滩诱敌深入，在内地以运动战歼灭来犯之敌。

面对分歧，作为最高统帅的希特勒却摇摆不定，一会支持隆美尔的意见，一会儿又改变了主意认为龙德施泰特说得对。气得隆美尔咬牙切齿地抱怨道："谁最后一个从他的门里走出来谁就是对的！"最后希特勒搞了个折中方案，希特勒选择把大部分装甲师留在巴黎附近，并把其余的师分散在法国南部的海岸线上。最终，隆美尔只指挥了其中三个装甲师，而且只有一个师在诺曼

〈卡尔·鲁道夫·格尔德·冯·伦德施泰特（1875—1953年）出身于普鲁士贵族家庭的陆军元帅龙德施泰特是纳粹德国众多军官中资历最老的指挥官之一，他的经历可谓三起三落。1933年希特勒掌权后，他作为国防军的代表人物，因大量扩军问题而与希特勒发生分歧，1938年主动辞职退役。1939年他应召重新服役，指挥了入侵波兰和闪击西欧的战役，并于1940年晋升为元帅。1941年入侵苏联后担任南方集团军群司令。11月因进攻罗斯托夫受挫被解除职务。1942年希特勒又任命他为西线总司令。1944年6月，盟军在诺曼底登陆后，他又因在战略上与希特勒发生分歧再次被免职。1944年7月暗杀希特勒事件发生后，他因站在希特勒一边，被任命为特别军事法庭庭长负责审理这次叛乱案，并再一次担任西线德军总司令。1945年3月，因莱茵河雷马根大桥失守而再一次被撤职。战后被美军俘获，并引渡给英国。但1949年汉堡审判时英国人释放了他。此后，他在一所养老院度过了余生。

^ 漫画：趴在海峡边准备出征的英国狮和美国鹰。

底海岸附近。结果搞得隆美尔和龙德施泰特两个人都不满意。后来有人形容：“这位智计百出的沙漠之狐是被他神经质的元首戴上了镣铐。”

就在德国还在为防御方案纠结的时候，1944 年 5 月，大约 350 万人的军队已在英国集结准备出征，还有供这些人使用的飞机、大炮、战舰、坦克、卡车、弹药、燃料、食物、衣服、药品、口香糖和数不清的棺材……艾森豪威尔后来提到：“当时有人开玩笑说英国这个岛国之所以没有沉到海底全靠天上飘浮的大量阻塞气球。”

在这些军队里，美国士兵占了 150 万。许多英国人开始抱怨美国大兵傲慢粗鲁、没有礼貌、精力充沛太喧闹，而且让人厌烦地喜欢嚼口香糖，有人还编了一首名为《英国少女的挽歌》的民谣来抱怨：“占据英国的美国兵，我深爱的古老英格兰已与众不同，恐怖的入侵已然到来。但不是，不是残忍的匈奴人，而是美国佬军队的来临。”因为一个美国士兵的收入是英国同行的五倍，而且不能容忍的是他们还常常慷慨大方地把它们花在英国女人身上。这在英国的士兵们看来简直是不正当竞争！最后一个喜剧演员总结道：“美国大兵只有三件事做错了，他们薪酬过高、性生活过多和来到此地。”但至少对英国姑娘们来说，与美国小伙子的约会交往是二战中仅次于德国轰炸的难忘经历，最终有 7 万多名英国女性作为“战争新娘”嫁到了大洋彼岸的美国。

而美军的一些“风俗习惯”也让保守的英国人受不了。美军飞机上常常画着各种搔首弄姿的半裸美女，后来一位来访的美国国会议员在视察之后，也认为这“太低俗”，建议给飞机上的女性画像画上衣服以免冒犯某些观众，这个建议被无动于衷地接受，然后很快就被顺理成章地忘掉了。

为了令希特勒像个没头苍蝇似的到处乱跑，即将登陆的盟军还兵不厌诈地发布了一系列假消息，比如有消息称在英国爱丁堡的人数超过 50 万的第 4 陆军需要大量的滑雪绑带去进攻挪威，其实这 50 万人根本不存在。

当几乎所有的德国参谋人员都认为盟军登陆的地点将是离英国最近的法国加莱的时候，希特勒凭借他不可思议的直觉判定诺曼底有危险，于是他特意调动了一个装甲师前去防御。

而在盟军方面，因为天气的原因，原定于 6 月 4 日进行的登陆被推迟了一天，延迟导致一位不知情的美联社驻伦敦办事处的女工作人员无意中发出了一条紧急电讯：“艾森豪威尔总部已宣布在法国进行联合登陆”，幸好这则消

∧ 画着美女涂鸦的美军飞机。

息在美国和莫斯科被播放后就被马上禁止了，但这把盟军领导人吓得够呛。

不过德国人还是通过一个渠道获悉了盟军的进攻时间：为了得到法国的地下抵抗运动的配合，盟军与他们约定了暗号。——英国广播公司 BBC 在广播中播放保尔·魏尔兰《秋歌》中的两行诗句的时候，就是进攻即将开始之时。

^ 漫画：陷入疯癫的希特勒，地上的日历上写着“可能的入侵日期”。站在旁边的戈培尔正在为他倒补药。

播放第一行“秋日小提琴绵长的呜咽”就表示登陆日期已经初步确定，播放第二行“不变的抑郁使我心伤痛”就表示进攻即将在 48 小时之内开始。6 月 5 日上午，得到德国间谍（还是个双面间谍）情报的德军监听部门在一大堆废话后终于在播音中听到了这首诗的第二行。但警报上报之后却石沉大海，因为西线总司令龙德施泰特不相信英国人会傻到用广播来通告自己的作战计划。

就在盟军大行骗术之际，老天爷也来帮忙作弄德国人了。登陆日前一天，即 6 月 5 日晚上希特勒上床睡觉时，一场可怕的暴风雨席卷了包括英吉利海峡在内的整个法国海岸。这样的恶劣天气，让许多纳粹高级军官都懈怠了，即便是有“沙漠之狐”之称的隆美尔元帅也认为盟军不可能在这样波涛汹涌的海面上尝试两栖登陆的，于是连一些例行的飞机、舰艇的巡逻也都被取消了。多风多云又多雨的天气令大海上能见度很差，诺曼底附近的德军也想当然地认为“这样糟糕的天气，什么也不会发生”。为此，第 7 陆军指挥官多尔曼特意命令其麾下的指挥官趁此机会前来参加 6 月 6 日上午 10 点在雷恩进行的一次参谋人员的军棋战争演习，主题是“敌军登陆诺曼底，从伞兵空降开始”。

谁料想第二天天气突然好转，而且是 36 个小时的好天气，这都是天气预报的功劳。于是，在第一架美军飞机接近诺曼底海岸的时候，这里的德军指挥官却全都离开了他们防守的阵地。而当盟军大举来袭之际，作为“B”集团军群司令的隆美尔也不在前线，这位爱妻模范特意从诺曼底前线驱车赶回德国为自己的妻子露西庆祝 50 岁的生日，他还在巴黎为露西购买了一双新鞋作为生日礼物，他妻子的生日正好是 6 月 6 日。

此时在登陆船里驶向目的地的盟军士兵们正在毯子下面挤成一团，由于海浪的颠簸，许多人开始晕船呕吐，发给他们的呕吐袋很快就装满了，以致许多人开始使用登陆战斗时才会用到的头盔来装呕吐物。一个军官坏坏地说道：“我敢打赌你们将很高兴抵达海岸。”

6 月 6 日破晓时分，诺曼底海岸的德国士兵们正点上香烟，开始准备早餐。

一位叫弗雷尔金的中尉漫不经心地拿起望远镜眺望了下大海，眼前的情形让他整个人都惊呆了。“不可能，不可能的！”感到透不过气来的他把望远镜塞到他身旁的一等兵谢韦尔洛手里，扭头就向碉堡跑去。谢韦尔洛拿着望远镜也看到了令人血液凝固的骇人场面——船！数不清的船排成的一支庞大的、似乎无边无际的舰队，正随着波涛的起伏从天边颠簸而来！战舰、巡洋舰、驱逐舰、指挥舰的天线、烟囱、阻塞气球看上去就像一片丛林，它们的后面跟着的是装满士兵的运兵船和登陆舰，简直就像一座浮动的城市！正向他们迎头驶来……

为了迷惑敌人，声东击西的盟军飞机在加莱地区投下了大量的被撕碎的金属铝箔片，让德国人的雷达误以为是成群结队的飞机正呼啸而来，这样敌人的雷达上就会出现类似轰炸机的点。但 1943 年之前英国人一直不敢用这招，因为他们怕这招被德国人学了去来干扰迷惑英国。实际上德国人也早就发现了这一伎俩，他们心照不宣地没有使用的理由跟英国人一样：怕敌人仿效用来对付自己。后来为了破解敌人使出的这一障眼法，戈林还特意拨钱举办了一个全国范围的竞赛，奖金高达 162500 德国马克（合 6.5 万美元），但提交的方案没一个可行的。

除此之外，盟军还在登陆前让上面绑着巨大气球的船只故意闯入德军雷达监控区里，给对方造成一支庞大舰队正向加莱进发的假象。为了让德国人坚信这里就是盟军的登陆点，在中立国首都的英国人员还买光了有关加莱地区的所有地图存货。而在真正要进攻的诺曼底海岸，盟军不断派飞机空投穿着空降兵服装的橡皮人，这些假人身上还拴着可以模拟机关枪声音的电子装置，这在德军中引起了极大的恐慌，但也让他们以为这只是一次佯攻。

大规模的伞兵先头部队首先从天而降，一些幸运的伞兵一落地就兴奋地高喊：“我告诉过你们，我们不必为游泳而祈祷！”他们首先夺取了内陆的一些重要枢纽，为迎接登陆部队做准备。6 月 6 日上午 6 点半至 7 点半，盟军的五支部队登上了诺曼底的海滩，伴随着许多登陆士兵的是扩音器里播放的《滚出圆桶》和《我们不知将向何处去》这两首歌。

盟军强大的火力掩护把防守者打得晕头转向，德军士兵根本想不到会有坦克像浴缸似的从海里冒出来朝他们开火（它们是在充了气的帆布罩上面飘向海岸的，美国人称这种坦克为“唐老鸭”），一些登陆士兵由于潮流的原因阴差阳错地偏离了原来的目的地，但他们却因祸得福，因为实际登陆点的防守更薄弱。对于登陆者来说，德军的零星抵抗令他们很满意。但在另一些海滩上却并非如此，比如在对“奥马哈”的德军防御阵地进行了猛烈的炮火轰炸后，一名美军士兵高兴地说道：“我猜那里应该没有一个人还活着！”一位随军的战地记者后来回忆道：“这是我在那天上午听到的美国士兵说过的唯一一句话。”因为德军的防御工事根本没有被摧毁，狂轰滥炸根本没打中目标。美军三小时的伤亡就达到了 4000 人，后来这个登陆海滩也被称为“血腥奥马哈”。

就在布莱德雷将军分析了奥马哈滩头的战况，感觉在此成功登陆的可能性非常渺茫，准备放弃继续投入兵力，改在其他滩头登陆时，一个好消息从奥马哈滩头登陆部队中传来了。原来一支幸存的美军小队发现德军布设在一处悬崖上的六门岸炮都是用电线杆伪装起来吓唬人的假货。得知消息的布莱德雷立即命令海军 17 艘驱逐舰不顾搁浅和触雷的危险，驶到距海滩 730 米的位置，利用舰炮摧毁德军的主要火力点，为登陆部队提供掩护。美军第 5 军趁机突破敌人防线并登上了岸，军长杰罗少将登上陆地后立刻发电报给布莱德雷称：“感谢上帝缔造了美国海军。”

在空中，从登陆一开始，盟军的飞机就占据了压倒性的优势，牢牢掌握了制空权。他们在 D 日当天共出动了 10585 架次的飞机，而德军出动的只有 319 架次。面对铺天盖地的轰炸机，德国士兵不断困惑地问：“我们的飞机去哪儿了？”一些德国步兵无奈地开玩笑说：“天上飞过的银色飞机是美国的，天上飞过的深色飞机是英国的，天上飞过的隐形飞机才是我们的。”

他们不知道的是，艾森豪威尔在诺曼底登陆前夜曾自信满满地告诉即将登陆的士兵们："如果你看到空中的飞机，那一定是我们的！"诺曼底海滩130英里范围内的36个飞机场和德国飞机都被地毯式的轰炸摧毁，没有被炸毁的飞机是因为他们都调去加莱了，因为这些德军飞行员被用德军空中频率发出的英国广播所误导，这些广播用德语命令他们离开诺曼底去支援它处。德国地面管制人员很快发现英国话务员的德语单词发音不准，他们立即对飞行员发出警告："注意！不要被敌人引入歧途！"但德军飞行员根本分不清哪个命令是真哪个命令是假，愤怒的德军管理员的咒骂声不断在扩音器里出现，英国话务员立即广播称："现在英国人正在气急败坏咒骂！"德国管理员气得直喊："正在骂人的不是英国人，是我！"

当龙德施泰特把盟军开始登陆的消息上报并要求调动预备队反攻时，一直受失眠困扰的希特勒服用了安眠药正在睡觉，谁也不敢去叫醒他。而没有他的批准，增援诺曼底的装甲师是调不动的。直到上午10点盟军已经向全世界发布了登陆的消息，希特勒才被叫醒，成为全世界最后一个知道此事的人。

醒来的希特勒并没有改变什么，一直提醒注意诺曼底的他现在又认为在诺曼底的进攻只是佯攻而已，只同意调两个装甲师前去增援。为了安抚众人，给大家造成他是为了诱捕盟军而故意允许这次进攻的假象，他在会议上说道："感谢上帝，那些傻瓜终于登陆了！"但此时增援已经太晚了，增援的装甲部队从100—200公里外匆匆忙忙赶来，一路上早被盟军的猛烈空袭炸得七零八落了。

在诺曼底的唯一一支装甲部队在马克斯将军（第21装甲师第192装甲步兵团）的率领下展开了反击，企图在盟军登陆的"利剑"海滩与"朱诺"海滩之间插入，在晚8时左右穿透至海岸地区包抄英军。但恰好一支庞大的英国滑翔机运输队在空中经过，吓得这支装甲部队的指挥官以为是冲着他们的坦克部队来的，于是下令赶紧撤退，德军装甲部队在D日里发起的唯一一次反攻就这样失败了。

1944年6月6日，也就是被隆美尔预言为决定性的24小时、被艾森豪

∧ 漫画：英、美、苏三国合力，将要绞死希特勒。

威尔称作历史上最长的一天，就这样过去了。

而远离诺曼底的德军却在等待永远不会来的敌人。一直到战争结束，德国参谋总部仍然认为诺曼底登陆只不过是分散他们注意力的佯攻，而它取得的辉煌胜利只不过是侥幸而已。

随着局势的恶化，隆美尔和龙德施泰特要求与希特勒会晤以应对这一局面。6 月 17 日，希特勒来到了法国北部瓦苏松附近的堡垒，会议一直从上午 9 点开到下午 4 点，午饭时，在别人替他品尝了午饭确定没有下毒后，希特勒狼吞虎咽地吃下了一盘高高的米饭和蔬菜。虽然食欲颇佳，但他“看起来脸色苍白、严重失眠。只是弓着腰坐在那里用指尖不安地玩弄眼镜和一排彩色铅笔”。隆美尔认为前线的局势已经到达让人绝望的地步，除了撤退，而撤退之外的更好的选择是“停战”。但在希特勒看来，撤退不可能，投降想都别想。他为两位元帅鼓劲，声称新式的秘密武器——V-1 飞弹马上就会大显神威，炸得英国人前来求和。但希特勒刚刚说完这句话没多久，一枚发射出去的 V-1 飞弹在英吉利海峡上空拐了个 U 型弯又飞了回来，正好落在希特勒所在堡垒

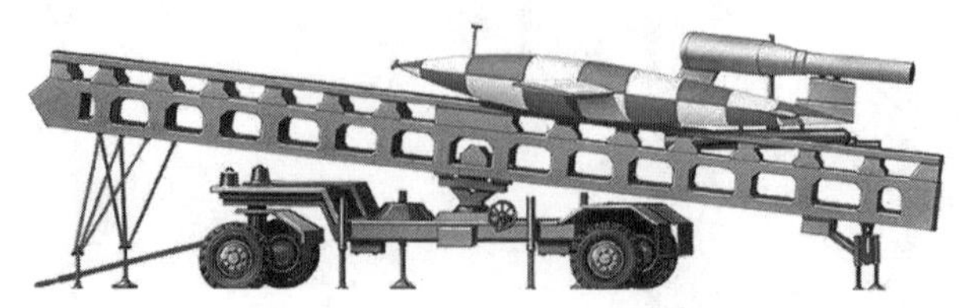
∧ 在发射车上的 V-1 飞弹。

的上方爆炸了，这把希特勒吓得够呛，他立即取消了去诺曼底前线的视察，跳上汽车驶向自己的飞机，迅速地逃离了法国。

1944 年 6 月 13 日，希特勒的秘密武器亮相了，它像一架有翅膀的小型无人驾驶机，又像一枚空中的鱼雷，在发出摩托车一样刺耳的呼啸声后，俯冲向伦敦，炸死了六个人。不过希特勒一开始却对这种“新式武器”兴趣不大，早在 1939 年 3 月，他在别人的一再劝说下才来参观柏林附近发射基地的火箭发射演示，但令负责该项目的陆军少校多恩博格和科学家布劳恩大失所望的是，心情很不好的希特勒只是阴沉地站在一旁观看，午餐时只是心事重重地拨弄了一下沙拉，喝了点矿泉水，在午餐结束后含糊不清地说了一句：“它确实很厉害。”于是这一项目就这么不紧不慢、不温不火地进行着。直到形势越来越不利于德国时，病急乱投医的希特勒才又想起了这款“秘密武器”，1943 年 7 月 7 日，他把多恩博格和布劳恩召到了他在东普鲁士的总部“狼穴”，在看完了 V 型火箭如何从库房运到发射基地，又如何从熊熊烈火中腾空而起的一部影片后，希特勒突然站起身来，猛地抓住了多恩博格的手说道：“我太感谢你了！我为什么不相信你能够成功呢？如果我们 1943 年就造出了这些火箭的话，战争就不可能打这么久了！”当多恩博格离开时，希特勒还罕见地为曾经的忽略而向他道歉，并说这是他一生中第二次向别人道歉。希特勒下令立即给予此项目高度关注并加速研制，并决定将这一秘密武器命名为 V 型武器

（Vergeltungs Waffe，复仇武器），来回击盟军的进攻。当晚他很早就进入了梦乡，以为找到了决胜武器的他几个月来首次睡了个安稳觉。

不过美觉里却有噩梦来打扰，英军很快就得知了德国人的秘密试验，这要怪德国将军的大嘴巴。——在阿拉曼战役中被俘的非洲军团将军冯·托马在囚房里对另一名被俘的同事炫耀道："有一次我在一个专门的基地见到了这种火箭，一个少校胸有成竹地告诉我'等到明年，就有看头了！'"他的这番话立即被英国方面在房间里隐藏的麦克风监听到了（有时英国人还会假扮成德国战俘的室友来套取情报），再加上其他渠道的消息，英军很快就发现了德国人在佩内明德的火箭基地。于是，对这里的空中轰炸开始了。

1943年8月，英国飞机将几乎毫无防备的佩内明德夷为平地，德国的火箭计划被迫延迟了好几个月，工厂不得不搬迁到山洞或隧道里躲避轰炸。

好不容易V-1飞弹研制成功了，但它的第一次亮相就失败了。发射场的士兵一共向伦敦发射了10枚飞弹，结果4枚立刻爆炸，2枚失踪，因为不知道飞哪去了，剩下的4枚只炸毁了一座铁路桥。空军元帅戈林赶忙提醒希特勒，这都要怪负责研制此武器的空军总监米尔契，跟他无关。两天后，在第二次发射的244枚火箭把伦敦变成了一片火海时，戈林又急急忙忙地声称这是他的功劳。到7月底的时候，共有5000枚V-1飞弹发射了出去，但准头却太差，只有不到25%到达了目标。因为它在飞行到快要爆炸时会发出巨大的嗡嗡响声，所以又被英国人叫作"嗡嗡弹"，虽然V-1飞弹像嗡嗡的大黄蜂一样讨厌，但好像是事先给敌人提醒做好准备，伦敦人一听到"嗡嗡"声就赶紧向防空洞跑，因为他们明白灾难要来了。而且很快英国人就想出了各种法子来对付它，由于V-1飞弹最高时速只有360英里，而且能被雷达侦查出来，英国方面除了利用防空大炮和阻碍气球来拦截这种"飞行炸弹"外，还让他们的飞行员驾着飞机去拦截。对于英国飞行员来说，拦截V-1飞弹是项颇有技术含量的活儿，简直像在跟死神共舞。——他们要先驾驶飞机飞到飞弹的上方再向下俯冲，用炮火将其引爆，或者用飞机翅膀将其拨歪，让它偏离轨道后坠毁，但又不能离得太近，因为那可是跟 1 吨的炸药肩并肩，弄不好就会引起爆炸同归于尽。

不久后盟军还得到了首份德国人绝密的 V-1 火箭详细的图样，这份材料来自一名卢森堡的士兵，他被德国人强征入伍，成了佩内明德的一名守卫，在休假回家的时候他顺手牵羊，带回了这份宝贵的资料。

点亮了科技树的德国人很快又造出了 V-1 飞弹的升级版，没有“翅膀”、从移动的平台上就能发射的 V-2 超音速火箭，它的一个显著缺点是太贵——造价相当于 V-1 的 10 倍!

不过 V-2 火箭要比 V-1 更厉害，它飞得又高又快，速度比“喷火式”战斗机快 10 倍，比声速还要快，而且飞起来悄无声息，英国人事先既看不到它的踪迹，也听不到它声音。因为它落地爆炸的声音要比它在空气中飞行时发出的呼啸声更早被人听到，就跟超音速火车似的，因此这种武器的来袭没有任何先兆，神出鬼没，令人无法防备，英国人根本没法儿拉警报。一些爱开玩笑的伦敦市民总结道：“如果你听到火箭飞过的声音，恭喜你！你没有被击中。如果你没有听到火箭飞过的声音，很不幸，说明你已经被炸死了。”为避免造成恐慌，伦敦政府一开始声称这种奇怪的爆炸只是地下天然气管道的不慎爆炸，但当这种爆炸声在伦敦不断响起时，伦敦市民开玩笑说：“又一个煤气厂炸了！”不过这种比 V-1 更先进的武器对伦敦市民的影响反而小了，因为人们不用一听到嗡嗡声就担惊受怕地往防空洞跑了，引发的恐慌反而变小了。

虽然希特勒的“秘密武器”给英国人制造了很多麻烦，但实际上这种虚张声势的武器收效甚微，并没有起到扭转乾坤的作用，它总共造成 8588 人死亡，而盟军仅用空袭就在德国的德累斯顿炸死了 35000 人。1944 年 6 月，2500 架英国轰炸机轰炸了柏林，第二天美军也不甘示弱，好像跟英军比赛似的也派了由 1200 架战斗机护航的 1000 架轰炸机前来轰炸，变成火海的德国首都浓烟翻腾、遮天蔽日，让中午的柏林提前进入了黄昏。希特勒向伦敦发射的 V

型火箭跟英美的轮番轰炸比起来简直就是毛毛雨，而且盟军从诺曼底海岸登陆后迅速呈扇形散开，很快夺取了 V 型武器向伦敦轰炸的发射场。一些德国市民嘟囔着调侃 V 型复仇武器现在变成了“Versager（失败）”。

6 月 26 日，希特勒要求死守的港口瑟堡也没能保住，投降后的守城将领席立本将军总结性地抱怨说：“苏联人和波兰人怎么会为了德国人去对抗美国人和法国人呢？”因为城内的许多守军是被俘的波兰人、苏联人和意大利人，根本没什么战斗力。

一直到 6 月 29 日，当几乎所有人都看出来诺曼底是盟军的主攻方向时，希特勒仍固执地认为那里只是佯攻，盟军真正的主攻方向是加莱，因此他坚持驻扎在那里的第 15 集团军的 20 万人马原地待命，而在 200 英里以外，毫无还手之力的诺曼底守军正在绝望地等待着援军，这里的盟军登陆人数已达到 90 万人，几乎是德军数量的三倍了。

龙德施泰特的一位作战参谋事后悲伤地总结道：“富有讽刺意味的是，艾森豪威尔这位伟大的民主政体的仆人，被赋予了全权统帅一支由三国军队组成的武装力量的权力；而我们生活在独裁体制下，原本以为可以千军万马随意调遣，但事实上每一支部队都在孤军奋战！”

冲出诺曼底的盟军装甲师势如破竹，由于跑得太快，以至于他们的后勤部队不得不拼命追着为他们提供服务。盟军的空中轰炸将虎式坦克掀了个底朝天，德国的高射炮在炮筒还没来得及调高之前就被炸成了一堆废铁，大批德国士兵被炸得或死或伤，或疯或傻，一些经历过轰炸的德军士兵在过后的几个小时里都控制不住地浑身哆嗦……

绝望的凯特尔在电话里向龙德施泰特喊道：“我们该怎么办？！”龙德施泰特冲口答道：“安静，你这个笨蛋！除了求和你还能干什么？！”于是在第二天早上，希特勒的一名副官就给陆军元帅龙德施泰特送来了一枚所有德国军人都梦寐以求的栎叶徽标，随后递上了一张元首不失礼貌的便条：鉴于年龄与健康的原因，68 岁的他可以光荣退休了。

克鲁格接替了龙德施泰特成了新的西线总司令。

8 月 15 日，另一支盟军又在法国南部登陆了，这次名为“铁砧”的计划最大的障碍来自丘吉尔，这位英国首相一点也不看好这个计划，他一直到行动发起前都在顽固地向艾森豪威尔提意见。艾森豪威尔的助理回忆说，那天整个下午艾克（艾森豪威尔的昵称）都在说“不”，谈话结束后他已经把英语里所有的“不”字都说完了，差点儿虚脱掉，最后才挫败了丘吉尔的“进攻”。于是这次行动开始了，由于是丘吉尔反对的，所以结果也是大获成功。有的地方德军进行了激烈的抵抗，有的地方则轻而易举地易手，比如一个会说德语的法国军官接通了打往加布伦港的电话，告诉那里的德军司令说，元首命令他们高呼“嗨！希特勒”三遍，把枪毁掉然后投降。摸不着头脑的德军居然执行了这一命令。

盟军离法国首都越来越近了，是用武力解放这座城市呢，还是围而不攻逼其投降呢？

从战略上来说，盟军根本不想这么快就进入法国首都巴黎，因为这不但会牵制盟军的力量，导致他们无法全力追歼撤退的德军；而且，解放巴黎后他们还要为 200 万的巴黎市民提供食物与生活必需品，这将消耗大量物资。因为巴黎此时正面临食物短缺的困境，巴黎人编的一个笑话这么说：肉的供应配额是如此之少，以至于用一张地铁票就能把它包起来。——如果管理员没有给票打孔的话。要是打了孔，肉就会从这个孔中间掉下去的。

所以还不如将这个“包袱”继续留给德国人，让他们去为各种物资费心与头疼吧。但正当盟军指挥官准备绕过这座城市时，他们却意外地收到了德国人要求他们迅速前来“解放”巴黎的消息，声称如果盟军再不来接收，巴黎这座“光明之城”就要付之一炬了。

希特勒已经发来命令，要求在巴黎的德军司令迪特里希·冯·肖尔蒂茨

（Dietrich von Choltitz）给巴黎举办一个“一流的葬礼”，也就是“彻底摧毁”这座城市，“不留下一个教堂和纪念碑！”总之他得不到的，谁也别想得到！德军统帅部还列出了 70 个需要破坏的重要目标，埃菲尔铁塔、凯旋门和巴黎圣母院也在其中。说起来，肖尔蒂茨这位矮胖的德国将军总是在“搞破坏”，1940 年他曾把鹿特丹炸成一片废墟，1942 年参与攻陷塞瓦斯托波尔并将其彻底摧毁，1943 年德军从苏联撤退时他又负责掩护殿后，把身后变成了一片片焦土，1944 年把华沙夷为平地时虽然他正在西线，但这桩破坏也算在了他头上……

不过这次良心发现的他可不想因毁灭巴黎这座历史文化悠久的城市而遗臭万年，于是他开始与盟军暗通款曲。而对于希特勒一天发来好几次不加密的明电询问“巴黎开始燃烧了吗”，肖尔蒂茨每次都说已经开始按计划爆破了，但实际上并没有行动，只是在拖延时间。戈林担心埋下的炸药威力不足，破坏不充分，曾建议出动空军来饱和式地轰炸巴黎。也被肖尔蒂茨以“那样会误炸无数德军”为名阻拦下来了。

这时法国人民在首都起义的消息也传来了，他们传话给盟军要求其前来配合。事已至此，艾森豪威尔也不愿意担上见死不救而导致文化古都巴黎毁灭的恶名，于是当戴高乐强烈要求进军巴黎并允许法国军队第一个进入首都巴黎时，艾森豪威尔同意了，他派出了自由法国的第 2 装甲师向巴黎进发。最后，在法军对守城的肖尔蒂茨发出最后通牒后，肖尔蒂茨签署了降书向盟军投降，巴黎终于获得自由了！当 8 月 25 日中午三色旗飘扬在埃菲尔铁塔上时，塔基下埋着的炸药还没拆除呢。

现在延缓盟军进军速度的是法国人了，那就是一堵堵的“人墙”，也就是被布莱德雷称为“高卢之墙”的欢呼人群，法国人民太热情了，他们把鲜花、水果和葡萄酒等好东西统统撒向盟军士兵们以表达感激之情。一位美军少校的吉普车开到塞纳河时，车上已经被浇了 67 瓶香槟酒。每个人都凑过来想摸一下这些士兵，以确认他们是不是真的，一些热情群众的拥抱和热吻几乎令盟军士兵们窒息，尤其是年轻姑娘们的。当盟军战士们在街头与负隅顽抗的德军激战时，倚在窗户前的巴黎市民纷纷为他们欢呼，一点都不怕飞来飞去的流弹，仿佛在看枪战大片。

刚刚刮过胡子的肖尔蒂茨穿着将军礼服，端坐在他的办公室里等待着胜利者前来。当他在法国士兵的押解下穿过街道、被塞进汽车押往警察局的时候，周围的巴黎市民用秽语谩骂和唾沫星子来迎接他，还抓碎了他的军服，但他们不知道的是，正是这位将军违抗了希特勒毁灭巴黎的疯狂命令，才使他们的首都幸免于难、免遭毁灭。

为了不抢戴高乐的风头，艾森豪威尔在戴高乐进入巴黎几天后的 27 日才进入法国首都。可当艾森豪威尔“慷慨”地表示，他现在将伟大的巴黎完整地还给伟大的将军戴高乐时，后者却并不领情，戴高乐反唇相讥道：“这座城市，法国人民自己起义，自己解放，自己管理。何曾有赖盟邦出力？美军又何曾控制？既未出力，又无控制，谈何归还？”令艾森豪威尔讨了个没趣。

为了庆祝首都的解放，8 月 26 日下午，戴高乐特意在香榭丽舍大道举行了一次盛大的游行，当全国抵抗委员会领导乔治·比多走上来跟戴高乐并肩前行时，戴高乐小声地说：“请你往后去一点，好吗？”在戴高乐看来，光荣只属于他一个人。成千上万的法国人站在大道两旁、趴在窗户上、挤在屋顶上、爬到树上或灯杆上向他欢呼。但这个热烈的时刻却突然被一声枪响打断了，本来热情洋溢的群众立马惊慌失措地纷纷逃避，一些来不及逃的人只能就地卧倒趴在了地上，街道上几乎所有带枪的人都向路旁的大楼窗户疯狂地开火——大家都认为枪声来自那里，只有戴高乐面不改色地走进了一辆敞篷汽车继续下一站的行程。当他进入有点昏暗的巴黎圣母院时，又有枪声在屋里响了，参加集会的人纷纷受惊卧倒。“我看到的屁股比脸还多。”戴高乐的一位部长形容当时的情景。但戴高乐还是穿过长廊，坚持唱完了《圣母玛利亚颂》。

第十五章
脑洞大开的黑科技

★★★

“一件杰作，即便人人得之，却无人信之。”

——《圣经》

︿ 二战期间，意大利人发明了一种“人操鱼雷”，这是一支形状像雪茄一样，长 20 英尺，宽不过 3 英尺的两人座武器，靠电池座位提供动力，最快时速仅 2 公里。前面是驾驶员的座位和所有按钮都是夜光的操作台，以便在夜间也能操作，后面座位上的人负责将鱼雷卸下来安在敌舰的船底。在经过训练后，两名操作员会只把脑袋露在水面上偷偷地靠近目标，这样也可以节省氧气，然后戴着氧气面罩、穿着潜水衣的潜水员会潜入水中，摸索着将炸弹挂在船底，在设定好爆炸时间后溜之大吉。虽然听起来很滑稽，但这些敢死队员给英国海军带来的损失比整个意大利舰队造成的损失还要大。

︿ 随着海战的不断失利，想要出奇制胜的日本人发明出了一种秘密武器——把飞机塞在潜艇里，就成了水下航空母舰。这种名为伊 400 的水下航母可以在水下持续作战四个月，作战半径可以达到世界上任何地方。它不但可以像潜艇那样发射鱼雷，而且在它长 35 米、直径 3.5 米的密封机库里还可以搭载三架折叠起来的水上飞机。如果研制成功就可以避开美军的空中打击，从海底悄悄地潜到美国西海岸投掷细菌武器，还能够隐蔽地对美军舰艇发起突然袭击。但“水下航母”只造出来三艘日本就投降了，这种没有发射过一枚鱼雷、没有起飞过一架飞机，也没有扔下过一枚炸弹的秘密武器就这么被美军俘获并沉到了海底。

THE GERMAN SPACE MIRROR

NAZI MEN OF SCIENCE SERIOUSLY PLANNED TO USE A MAN-MADE SATELLITE AS A WEAPON FOR CONQUEST

∧（左图）由于英国运输船队屡遭德国潜艇的攻击，国内钢材奇缺，无法建造更多的反潜驱逐舰与护航航母。为了弥补海军力量，英国人在二战期间发明了一种用冰块做成的航母，这种航母被命名为“哈勃库克”——名字出自《圣经》中的一名先知，他允诺给人类“一件杰作，即便人人得之，却无人信之”。用冰块和木浆混合起来的“混凝土”为原料制作，虽然 90% 由冰构成，但它却不容易融化，而且还像木头一样坚硬，航母在受到鱼雷攻击后只需用冰水填补上即可完成止损，简直是物美价廉！丘吉尔把一小块“混凝土”放进自己的浴缸后，它没有融化。于是这位英国首相对此深信不疑，拍板予以大力支持。按照计划，“哈勃库克”有 2000 英尺（600 米）高，排水量达 180 万吨，这是“伊丽莎白”号排水量的 26 倍，内部可以装一个飞机库和一个冷藏库，安装有 20 个电动马达。但理想与现实总是会有差距的，因为这需要 28 万块“混凝土”块，还要 8000 名工人像拼积木似的在极度严寒下工作八个月的时间。最重要的是本来以为用冰块价格会便宜，但实际上花费高达 7000 万美元！而且只要发动机一启动，周围的冰就会开始大量融化。于是随着战局的好转，这艘未完工的“冰航母”最后被默默地用燃烧器融化了。

∧（右图）太阳炮。太阳炮的原理就像顽皮的学生用镜子照在教室的天花板上，然后将光反射到老师的脸上。二战爆发后，德国科学家奥伯特脑洞大开，设想将一副直径为 100 米的巨大反射镜发射到太空，它可以在夜间将太阳光反射到地球上。根据纳粹的设想，只要把一副巨型凹面镜发射到太空，聚集起足够多的阳光，它就可以产生任何防御设施都无法抵挡的超高温度，焚毁地面上的敌军战舰，甚至摧毁敌方的城市！实际上，反射太阳光作为武器并不是什么全新设计。早在两千多年前，希腊就流传着先贤阿基米德利用反射镜聚焦太阳光，烧毁入侵敌舰的传说。

消息传到美国《生活》（Life）杂志，嗅觉敏感的编辑马上被“纳粹试图用太阳反射镜烤焦地球”这个主题吸引。1945 年 7 月，纳粹德国的这个惊人的秘密武器被公之于众。

根据《生活》杂志的报道，纳粹德国的太阳炮将是一款规模空前的巨型武器，一个由金属钠制成、直径超过 5000 英里的巨型反射器将被发射到外太空，随后便可利用它将太阳的能量聚焦在地球上的某个地点，它的威力将是毁灭性的，简直是现代太空武器的前身。不过这项构想在当时的技术条件下是根本不可能完成的，因为德国发明的火箭只能打到英国。

〈 纳粹钟,德语代号为Die Glocke,由党卫军武器高阶领导卡勒姆负责带队研究。这个钟由重金属制成,约2.7米宽,3.7米到4.6米高,装置内部有两个反向旋转的圆柱体汽缸,它内部充满了紫色的像汞一样的物质,是一种高放射性的元素。它通过不停旋转来放射有害的射线,暴露在纳粹钟周围的动物、植物在几小时内便会被分解腐烂,变成黑色黏胶状物质,是一种杀伤力极强的生化武器。被实验的生物组织内形成了一种结晶状的物质,由内向外地摧毁生物体。人类遭到的影响将会是失忆、平衡感被破坏、血液中的水分蒸发等。这个装置运行时相当耗电,会发出强烈的电磁,开机,一到两分钟后必须马上停止,七位科学家在其第一次开机时死亡。但也有人认为这是一种尖端的反重力装置,通过"自旋极化"、"自旋共振"的方式,使得自身发出的频率和目标生物的频率相同,以达到破坏生物器官的作用。不过关于这个武器的"谜团"今天也未完全揭开,有人认为纳粹钟的最终目的不只是杀人这么简单,而是想获得扭曲时空的能力。

〈 英国发明的被称为"螃蟹"的谢尔曼扫雷坦克,许多链子被连在一个10英尺宽的金属鼓形圆桶上,圆桶在坦克的前端。当坦克向前推进的时候,圆桶就会高速旋转,它上面的链子就会猛烈地敲打地面,引爆埋在路上的地雷。

〈 ∧ 美军军官在实验一把缴获的会拐弯的枪。德国设计出的这种步枪的最大特色就是枪管可以转弯，士兵隐蔽在拐角或坦克后面的时候能不用探头就直接射击，在沟壕里也能用。这种好似潜望镜的步枪的设计弯道达 90 度，士兵躲在角落还可以通过镜子看到后面的战况，专为城市巷战设计。这个想法很好，然而德国人却忽略了让子弹拐弯技术的难度。他们花费巨资研制出来的弯型枪根本没达到预期的效果，经常炸膛，很多时候能把子弹打出去就不错了，精准度就更不用说了。不过这种设计在今天变为了现实。——2003 年一家以色列公司研制出了“会拐弯的枪”（下图），基本原理很简单，将手枪固定在枪头上，通过摄像头捕捉拐角外的视野。从而达到从掩体后开火的效果。

第十六章
暗杀“有神魔保佑”的男人

★★★

“希特勒的大船已经驶入了暴风雨中，很多人因为晕船而呕吐，还有人甚至想离船登岸。”

——不莱梅省长保罗·维格纳

随着德军的接连败北，德国内部的一些军官坐不住了，他们再也无法忍受希特勒这个“波西米亚下士”控制军队并带领德国走向失败的瞎指挥了，在他们看来德国的失败全要怪外行领导内行的希特勒。他们决定趁着赌本还没输光，赶紧与盟国媾和，但和谈最大的障碍就是那个死硬的“好战分子”——他们的元首，必须先将其除掉，于是他们想到了暗杀。

说起暗杀希特勒的人，那不是一个两个，计划也不是一次两次了（据统计大概有 17 次之多，另有人统计多达 42 起），但每次希特勒都如有神助似的与死神擦肩而过。就像希特勒后来自己洋洋得意吹嘘的那样：“我有上千次遇到过生命危险，但我今天还活着，仅仅是因为我运气好。”

要说此前希特勒遭遇到的最危险的一次暗杀，算是 1939 年 11 月 8 日的那次了，而“杀手”却是个名不见经传的小木匠。这位名为格奥尔格·埃尔瑟（Georg Elser）的木匠手艺很棒，他同情共产主义，对纳粹党独裁政策十分不满，不但平时拒绝听希特勒的广播，拒绝行纳粹礼，还不给纳粹组织的选举投票。后来在教堂背诵主祷文的时候，他冒出了一个想法：决定为了“改善工人的条件并避免再战争”，暗杀掉希特勒。但是身为德国元首的希特勒身旁保镖如云、护卫如雨，行动诡秘莫测，一个不知名的小小木匠怎么接近他呢？

所谓天无绝人之路，很快埃尔瑟就找到了门路，他将行动地点定在了位于慕尼黑的贝格勃劳凯勒啤酒馆里。

这个啤酒馆就是 1923 年希特勒在里面发动未遂政变的那个，希特勒平步青云之后，为了纪念自己早年的“革命生涯”，每年 11 月 8 日都会定时定点地亲自来此，举行一年一度的纳粹老战士聚会，并亲自发表演讲，回忆和纪念当年的“创业”时光。1938 年 11 月 9 日，就有人趁希特勒来到德国慕尼黑纪念他 15 年前发动的“啤酒馆暴动”的时候企图刺杀他，这位“刺客”就隐藏在数千名站在大街旁欢迎希特勒到来的人群中，他的外套口袋里藏着一把 6.5 毫米口径的手枪，准备当希特勒从前面经过时就给他一枪。这位名叫巴沃德的瑞士小伙儿确信希特勒是魔鬼的化身，所以计划将这个纳粹狂魔杀死。然而，当希特勒从他面前经过时，他身边的人群齐刷刷地伸出右手向希特勒行纳粹礼，口中高呼着“嗨，希特勒！”前面几十条胳膊像柱子似的竖起来，把他的视线挡得严严实实的，别说朝目标开枪了，他压根儿连目标什么样儿都没看清，于是这个暗杀计划就这样还没有开始就失败了。沮丧的巴沃德只好决定回家，可是抱定“壮士一去兮不复还”念头的他根本没有带回家的路费，于是这个穷学生决定爬火车去巴黎，火车是溜上去了，可他却在火车上被一名检票员逮住了，因为他逃票。后来警察对他进行了询问和搜查，结果在他的手提箱中发现了那把手枪，以及希特勒的行进路线图，这可真是意外发现。于是这桩本来无人知晓的未遂刺杀案就这样暴露了，巴沃德立马被逮捕，在审讯后被纳粹党卫军残忍地砍头处死。

相比巴沃德用手枪近距离暗杀的计划，埃尔瑟的点子是安放定时炸弹，这个炸弹就安装在希特勒发表演讲的贝格勃劳凯勒啤酒馆里，因为这个啤酒馆成为纳粹党的圣地后仍然照常营业，平时什么人都能进来喝两杯，这对于“暗杀者”来说，是个天大的好机会。

埃尔瑟来到实地勘察后，发现演讲的主席台后面有根支撑阳台的巨大柱子，如果在里面按一颗炸弹，就是希特勒不被炸死，炸塌的阳台和天花板也能把他砸死，而且其他纳粹党徒如戈林、戈培尔正好在希特勒身旁，正好给他们来个一锅端。

于是埃尔瑟开始了准备，白天他都会背着一个小箱子，装作顾客来光顾啤酒馆，每天都来吃晚餐。等到晚上快打烊的时候，他就趁人不注意悄悄地躲到楼上的一个储藏室里，等所有人都离去、酒馆关门后的半夜时分他再偷偷地溜出来，在黑暗中，他用蓝色手帕蒙着手电筒遮住光，拿出小箱子里的工具，借着微弱的光线开始他的夜班“工作”。

他的计划是在那根大柱子上凿个洞，掏空里面的水泥层，然后把炸弹藏进去。虽然啤酒馆保安措施松懈，只有两个警卫夜间巡逻，但夜深人静时叮叮当当的“装修施工”还是很危险，他只能趁着大街上有电车经过或者趁着那两位警卫老兄上厕所冲水的时候迅速搞几下。完工后，工艺精湛的他还会把柱子的外表修补好，让人看起来毫无破绽，然后偷偷地再溜回储藏室里睡一觉。等到早上 6 点半酒馆一开门，他就通过后门悄悄地溜出去，离开的时候把石头碎块和灰土一点不剩地全装起来打包带走，以免惹人怀疑。

就这样偷偷摸摸的夜间施工，足足搞了一年之久，终于在 1939 年 11 月 2 日晚上搞定了！那天晚上埃尔瑟把炸弹安放好了，这颗炸弹是他用从各处偷来的炸药、雷管和时钟巧手改装的。

根据他此前的调查，希特勒总是在晚上 8 点半左右开始他那冗长的演讲，能持续俩小时。于是埃尔瑟把定时炸弹定在了 9 点 20 分，也就是希特勒演讲到高潮的时候。为了庆祝大功告成，他在希特勒到来前一天特意来到啤酒馆喝了两杯咖啡，就等着明天“主角”登场了。

但是这次希特勒没有按常理出牌。由于当晚慕尼黑突然起了大雾，慕尼黑机场被迫关闭。坐不成飞机的希特勒为了在演讲结束后赶上返回柏林的火车，以准备对西线的战争，临时改变了他的时间表，把演讲开始的时间提前到了晚上 8 点，并把演讲压缩到了一个小时。1939 年 11 月 8 日晚上 8 点，希特勒对 3000 名纳粹党羽开始了演讲，戈培尔、希姆莱、赫斯、海德里希等纳粹领导悉数到席，簇拥左右。他们不知道，元首背后的大柱子里此时正藏着一颗滴答滴答、即将爆炸的炸弹！

晚上 9 点 07 分，结束了演讲的希特勒离开了啤酒馆，这时候离定时炸弹爆炸还有 13 分钟。

就差这么 13 分钟。

9 点 20 分，啤酒馆里一声巨响，柱子被炸断了，阳台和天花板轰然倒塌，砖头石块如下雨般砸在人的脑袋上，希特勒刚刚演讲时站的主席台被砸断，整个大厅都成了瓦砾山。炸弹虽然没有炸死希特勒，却把希特勒未来的岳父炸死了，就是爱娃·伯劳恩的父亲。当时还在大厅里的 120 个人里共有 63 人受伤、7 人死亡。

当在火车站的希特勒得知这一爆炸事件后，他对戈培尔说道："一个男人必须足够幸运。"他认为这是上帝的旨意，是为了帮助他实现自己的目标。

这时埃尔瑟已经离开了慕尼黑，他准备趁着夜色逃到瑞士去。但他却没有希特勒那么幸运了。晚上 8 点 45 分，在距离德国与瑞士边境仅 25 米的时候，他被德国警察发现并逮捕了，在他身上搜出了安装爆炸装置的大量笔记和炸弹的设计草图、导火线等作案工具和材料。这些资料他还带在身上而没有销毁处理掉，因为他想向瑞士方面证明自己是反纳粹的，但他的这一大意送了他的命。几分钟后，贝格勃劳凯勒啤酒馆发生爆炸的消息也传来了。

第二天，埃尔瑟就被送给了盖世太保，希姆莱一声令下，上百个与埃尔瑟相关的人都被抓入大牢严刑拷打，他的家人、前女友、被他偷了炸药的采石场老板和提供时钟金属配件的锁匠……

埃尔瑟一人做事一人当地供认了一切，但希特勒却不相信，他大吼道："是哪个白痴在进行这项调查？"他坚持认为埃尔瑟后面肯定还有人，说不定就是英国人秘密指示的，于是他下令：上大刑。虽然遭到了惨无人道的酷刑，但埃尔瑟却坚持他是单枪匹马作战，为了证明都是自己一个人做的，还重新复制了一枚定时炸弹，他精湛的工艺连盖世太保都叹为观止，后来还把这一制作方式纳入了自己的野外培训手册里。

埃尔瑟此后一直被关押在集中营里，希特勒希望留着他作政治上的宣传。直到 1945 年 4 月 9 日纳粹即将迎来覆灭，埃尔瑟才被党卫军枪杀，而此时希特勒也只有二十天好活了。

埃尔瑟的尸体被党卫军焚烧掉，后者对外则声称他是被盟军的空袭炸死的。直到 20 世纪 60 年代，人们才发现了纳粹对他审讯的原始记录，他的这

^ 埃尔瑟在波兹坦广场的雕像（左）。在柏林威廉大街的埃尔瑟的纪念雕像，一根弯曲成埃尔瑟面孔轮廓的钢条，远远看去，宛如一缕凝固了的黑烟（右）。

一“壮举”才被人知道，为了纪念这位单枪匹马差点干掉希特勒的孤胆英雄，德国人后来还在柏林威廉大街和波茨坦广场中央为他树立了雕像。

在随后爆发的战争中，德军战绩辉煌，声望大涨的希特勒受到了德国军民的一致支持，对希特勒不满的密谋分子们只好暂时偃旗息鼓。但随着战事越来越不利，密谋分子又开始活跃起来。他们的暗杀活动进行了一次又一次，但没一次接近成功的。1943 年 3 月 13 日，希特勒坐飞机来到了斯摩棱斯克视察，密谋者抓住了这个机会。午饭时分，密谋者之一的特斯科夫中将假装漫不经心地询问希特勒的助手勃兰特，是否可以捎两瓶白兰地给自己在统帅部的朋友施蒂夫上校，勃兰特欣然答应帮忙。于是当勃兰特登上飞机要跟着希特勒飞回东普鲁士的时候，他收到了一个包裹，但他不知道的是，包裹里面根本不是什么美味的白兰地，而是两颗三十分钟后能将整个飞机炸成碎片的炸弹。

炸弹与希特勒一起升空，但没有等来空难的消息，他们左等右等，等来的却是听到了希特勒的飞机安全降落的结果。哪里出了问题？第二天，施拉布仁多夫赶紧赶到希特勒的总部，借口包裹有问题而把它从勃兰特手里要了回来，已在死神身边溜达了一圈的勃兰特还不知道怎么回事儿，后来检查发现，可能是高空太冷导致炸弹失灵了。

3 月 21 日，密谋者再次发力，他们准备趁希特勒在柏林的战利品展览会上讲话的时候炸死他。执行者戈尔斯多夫上校在外套口袋里装了一枚炸弹，引信为十分钟。但他进入展览厅的时候得到通知，元首只在这里停留八分钟，于是这个计划也泡汤了。

下一个机会是 11 月的 25 日，这天希特勒要在拉斯登堡检查为东线御寒设计的新军服外套，负责试穿的人里面有个叫布西的 24 岁少将，他秘密带了一颗引信短到 4.5 秒的手榴弹，计划到时死死地抓住希特勒与他同归于尽，但是这次来“捣乱”的盟军救了希特勒一命，因为他们的空袭炸毁了要展览的大衣，展览会取消了。

在屡试屡败后，密谋者开始变得沮丧起来，因为希特勒仿佛有“神魔保佑一样”，这时一个新的“领导”参加了进来，而且还是个残疾人。陆军上校冯·施陶芬贝格在北非的时候，由于车子撵上了地雷，导致他失去了一只眼睛和右手，另一只左手也少了两根手指头。但他却是身残志坚，1944 年 7 月 11 日和 7 月 15 日，他曾两次携带炸弹面见希特勒，但希特勒都不在，于是这两次计划也都失败了。不过密谋者的机会还没有用完，7 月 19 日下午，施陶芬贝格又得到了一次接近希特勒的机会，那就是第二天下午 1 点在东普鲁士拉斯登堡的“狼穴”向希特勒汇报训练新战备师的进展，于是施陶芬贝格立即通知同伙做好准备，他计划借此机会在会议室放置定时炸弹，将希特勒炸死，然后向德军在各

^ 漫画：希特勒不解地问党卫军头子希姆莱："为什么他们不喜欢我们呢？"背后是被纳粹吊死的人。

地的驻军司令发出代号"伐尔克里（女武神）"的密电，在宣布希特勒的死讯后立即接管政府并解除党卫军和秘密警察的武装，组成以贝克将军和格德勒等人为首的临时政权。

就在 7 月 19 日夜里，午夜会议结束后，希特勒在跟他的秘书闲聊时突然有点儿心神不定。秘书问神情紧张的希特勒怎么了。希特勒答道："我好像有种不祥的预兆。"在沉默了一下后，他又若有所思地说道："只要我身上不发生什么就没什么大碍，我可不能生病！我连生病的时间都没有，德国当下的处境很困难，没人能替代我！"由于习惯了熬夜，他到凌晨 2 点才去睡觉。

他再三叮嘱自己的男仆明天早上 9 点叫醒他，因为下午 1 点要开个军事汇报会议，午后他最亲密的猪队友……不对，是亲密的盟友——墨索里尼还要来访，需要他接待。

7 月 20 日中午 12 点半左右，副官向希特勒报告称军官们已经到齐了，希特勒与站在平房外等候的军官们一一握手问好后，带着大家进入了会议室。由于天气闷热，屋里的 10 扇窗户都大开着，以便风能吹进来凉快点儿。房子正中间有一张长方形的会议桌，但这个桌子的桌腿却不是四根棍，而是用两块又厚又宽的大木板作为底座来支撑，这个构造奇特的桌腿将改变半小时后发生的历史。

就在希特勒听取豪辛格将军对东线战事的汇报时，凯特尔领着施陶芬贝格进来了。在进入会议室之前，施陶芬贝格说自己要找间卧室换件衬衫，在卧室里，他打开了自己的公文包，里面装着两枚英国制造的炸弹，这种炸弹的引信点燃时不会嘶嘶响的被人发现，其原理是打碎装有腐蚀溶液的玻璃管后，拉紧弹簧的炸弹导线将在十分钟内被熔断，弹簧驱动撞针就会撞击火帽，然后就——嘭！施陶芬贝格只花了几秒钟，就用自己仅有的一只手的三根手指头拿着镊子捏碎了玻璃管，为了能熟练操作他已经事先练了 N 多次了。但正当他准备启动第二枚炸弹时，凯特尔的副官不耐烦地派遣一个中士推开卧室的大门催他快一点儿，被打断的施陶芬贝格为了避免被人怀疑，只好把已经启动的那颗炸弹放进了公文包里，将另外一个炸弹交给自己的同伙去处理。另一种说法是因为装着两个炸弹的包实在太重了，施陶芬贝格提着装着炸弹的包进入狼穴时，他只有三个手指的胳膊，实在承受不住两枚炸弹的重量，无奈他只好取出了一枚炸弹，结果导致炸弹威力不足。

倒计时开始。

凯特尔的副官对施陶芬贝格的拖拖拉拉很恼火，不过他还是体谅地提出要帮行动不便的施陶芬贝格拿公文包，施陶芬贝格勉强笑了笑，婉拒了这一好意。

当迟到的他们提着致命的公文包走进会议室的时候，定时炸弹已经启动三分钟了，离炸弹开花还剩七分钟。

会议室里的矩形橡木大桌旁已经围坐了 24 个人，这个房间有 450 平方英尺，背对着门的希特勒正在桌子一边的正中央低头看地图，当施陶芬贝格进来的时候，他还跟这个要送他上西天的下属打了个招呼。

施陶芬贝格挤到了离希特勒右边只隔一个人的地方坐下，然后偷偷把公文包放在了桌子下面，就靠着木头底座的内侧，距离希特勒的腿仅有 6 英尺（大约 1.8 米）。只要一爆炸，10 个希特勒也炸死了！

这个时候是 12 点 37 分，还剩五分钟。

施陶芬贝格假装听了一分钟左右的汇报，趁着大家都没注意的时候又偷

^ 1944 年 7 月 20 日，“狼穴”爆炸后的场景。

偷地溜了出去。

施陶芬贝格离开后，豪辛格的参谋长勃兰特——就是那个带白兰地炸弹的中校——不小心踢到了桌下的公文包，他嫌这个玩意儿太碍事，于是弯腰把它挪到了桌腿的另一侧，也就是离希特勒较远的那边，现在炸弹与希特勒之间就隔了一层厚厚的橡木板了。

这时离爆炸还有两分钟。

“俄国人正在以强大的兵力……向北推进，”豪辛格讲到道，“如果我们的集团军再不立即撤退，一场灾难……”刚说到“灾难”这个词儿，灾难就被召唤来了！

12 点 42 分，一声巨响把会议室的房顶都炸塌了，整个会议室就像挨了 150 毫米大炮的轰击。会议桌被掀到了半空，灰泥与碎块噼里啪啦落下，玻璃和木头片像子弹一样横冲直撞，浓烟和火焰瞬间弥漫了整个房间，所有人都被气浪掀翻了。

屋外大约 100 码以外，施陶芬贝格正抽着雪茄欣赏着自己的杰作，屋顶都被炸塌了，窗户玻璃四处飞溅，里面传来受伤者的嚎叫，看到这一幕后，他马上弹掉了雪茄登上了汽车。

但车在通往大门的路上被哨卡拦住了，施陶芬贝格解释说他要马上去机场！哨兵也被突如其来的爆炸搞晕了，稀里糊涂地给他放了行。到了第二个哨卡时，施陶芬贝格跳出车来问哨兵是否可以用电话，他对着话筒自顾自地说了几句就挂了。然后对哨兵一本正经地说：“我们被允许通过了！”于是被唬得一愣一愣的哨兵把检查哨的障碍挪开了。

骗过哨卡的汽车一路冲向机场，下午 1 点多的时候，施陶芬贝格已经坐在飞往柏林的飞机上了。

在他看来，希特勒即使是钢筋铁骨铜脑壳也炸死了，但他没料到的是希特勒没有钢筋铁骨铜脑壳，但他却有极好的运气。屋里的 24 个人被炸死四个，还有三个重伤，不过希特勒不在其中，因为他的好运气又来了，他居然摇摇晃晃地从冒着烟的瓦砾堆里钻了出来。

由于窗户大开，希特勒又正好背对着开着的大门，巨大的冲击波都被分流了，而且勃兰特无意识的挪包举动也救了他一命，作为桌腿的粗大结实的木板成了希特勒的“盾牌”，挡住了炸弹的威力，而包括勃兰特在内的四人则被当场炸死。头发冒着烟的希特勒在唯一没有受伤的凯特尔的搀扶下从废墟中走了出来，还没弄清楚是怎么回事的他仿佛在梦游。

受了惊吓的希特勒只是双耳鼓膜被震破，右臂扭伤，脊背被掉下来的椽子划伤而已。在回住所的路上，十分兴奋的希特勒不断地重复：“我什么事儿也没有！”在见到他的三个女秘书后，希特勒又跟她们炫耀道：“我的运气好得令人难以置信，我安然无恙！”

刚开始希特勒还以为是俄国人投下的炸弹；有人则认为是建筑工人搞的鬼，是他们在墙里埋下了炸弹；有人则觉得是暖气爆炸了，但回头又想想这时候是夏天，暖气根本没开啊？直到两个小时后，才有人想起有个独眼上校曾把一个公文包放在桌子下面，而现在到处都找不到他，打电话给机场才发现他早就飞回柏林了。希特勒立即下令将这个重大嫌疑人逮捕。到了下午 5 点多的时候，拉斯登堡的通讯恢复了，柏林的报告不断出传来。现在终于明白了，不是外患，而是“家贼”。

当见到狼狈不堪的希特勒从废墟中走出来时，留在“狼穴”负责切断通讯的密谋分子菲尔基贝尔将军大惊失色，他赶忙给柏林的同伙、国内驻防军副司令奥尔布里希特将军打电话称：“发生了可怕的事情。元首还活着！”但是由于信号不好，奥尔布里希特没有听清楚希特勒究竟死了没，不知该如何是好的他于是决定先去吃午饭，政变行动就这样被耽误了下来。虽然待在柏林班德勒大街陆军总部的密谋分子得知暗杀已经进行，但由于不知希特勒是死是活，他们像瘫痪了一样什么也没敢做。这天天气阴沉沉的，一些密谋者沮丧地说这不

∧ 2009 年美德合拍电影《行动目标希特勒》的海报。

是搞革命的天气，结果“女武神”的行动计划就这样锁在保险柜里，白白浪费了宝贵的时间。奥尔布里希特信誓旦旦地向国内驻防军司令弗罗姆保证拉斯登堡与外界的通讯已经被他们切断，希特勒已经完蛋，但后者却犹豫不决。奥尔布里希特为了证明给他看，还自信地拨打了一下电话，但意外的是电话居然接通了！在希特勒的命令下，电话刚刚在几分钟前恢复。吓傻了的奥尔布里希特听到凯特尔的声音后赶紧把电话给了弗罗姆，凯特尔通知他有人暗杀希特勒，但元首安然无恙，只是受了点轻伤。本来就摇摆不定的“投机分子”弗洛姆一听到希特勒没被炸死，立刻宣布与政变者划清界限，马上转换了立场。

等到下午 3 点 45 分，施陶芬贝格的飞机降落到柏林时，已经过去三个小时了。他在机场既没看到来逮捕他的人，也没见到来迎接他的同伙。当得知同伙啥也没干把他气得够呛，他赶紧敦促马上执行原计划，但弗洛姆非要确认希特勒真的被炸死了才敢发动政变。施陶芬贝格坚持说希特勒已经死了，这是凯特尔在撒谎，然后他也撒了个谎——是他亲眼看到希特勒的尸体被抬出来的。于是在互相争吵中，下午也过去了。由于弗罗姆不肯下命令，奥尔布里希特挥起老拳跟他打了起来，施陶芬贝格也加入了战团。最后在手枪的威逼下，弗罗姆才被制服并软禁了起来。

在控制了班德勒大街后，密谋者立即发出了“伐尔克里”的密令，宣布希特勒已死，为防止动乱国防军开始接管政府。但这些搞政变的人简直太不专业了，柏林卫戍区司令、密谋分子之一的哈斯将军竟然派了个没有参与密谋的警卫营营长去逮捕在柏林的戈培尔，占领宣传部和广播电台。这位营长觉得不对劲儿，因为给他下的命令好像是要搞军事政变。满腹狐疑的雷默少校一进门，戈培尔就要雷默少校好好想想他对希特勒的誓言。雷默反驳说，元首已经上西天了。戈培尔回答说元首还活着，因为他刚同元首通过电话。为了证明这一点，戈培尔一面说一面接通了与最高统帅部的电话。雷默少校一听到从电话里传出的希特勒特有的嘶哑声调，马上唰地来了个立正，大叫道：“是……我的元首！”

希特勒当即将雷默晋升为上校，叫他在柏林服从戈培尔的命令，搜捕反叛者，确保首都安全。新任上校的办事效率明显比密谋分子要高得多，他马上调兵遣将很快控制了柏林，并掉过头来把密谋分子逮捕了。

傍晚 6 时许，电台播出了“有人企图谋刺元首，但他仅受一点轻伤而安然无恙”的消息。许多墙头草、骑墙派纷纷转向，比如担任西线德军总司令的克鲁格元帅在和参与密谋的贝克元帅通电话时，询问是否确定希特勒已死，当贝克回答还不能确定时，克卢格立即拒绝与密谋集团再合作，并告诉这些密谋者“别再来烦我了！”

到了晚上 9 点，广播里传来了希特勒颤抖的声音，他向全国人民广播以表示他安然无恙，并得意扬扬地声称他的死里逃生是“神的保佑，再一次让我确信我要尽我的终生去实现的目标”。最后一只靴子终于落地了，政变失败了。

晚上 10 点，陆军部的军官们手持武器冲进了密谋分子的办公室，救出了被软禁的弗洛姆将军。弗洛姆将军一获得自由，马上下令逮捕了施陶芬贝格、奥尔布里希特、哈斯和贝克等人。为了杀人灭口，他宣布他已经“以元首的名义”举行了一次“军法审判”，判处他们死刑，然后下令将施陶芬贝格、奥尔布里希特等几个同谋者赶到院子里，在摩托车灯的照射下，将他们通通枪毙了。老元帅贝克本来想自杀，但他连开两枪都没能解决自己，最后还是一名上士帮了下忙，给他补了一枪。午夜过后，党卫军头子希姆莱已经赶到了柏林，他打电话给希特勒，报告叛乱已经被平定。纳粹德国历史上仅有的一次政变，就这样在短短的十二小时内就被平息了。

希特勒曾感慨，他有反动的陆军、纳粹化的空军以及基督化的海军，而这次事件正好印证了他对陆军的猜忌是对的。于是他展开了疯狂的报复，希姆莱取代弗洛姆当了上国内驻防军总司令，他忠实地执行了希特勒的命令，开始大肆搜捕密谋分子，有近 5000 人被处死。参与密谋者被用肉钩子挂起来，并慢慢吊死，行刑过程还被拍成了电影以供希特勒欣赏解恨，反水的弗罗姆也没有

^ 施陶芬贝格和他的妻子

逃过一劫，他以“怯懦罪”的名义被处死了。而对于已经被枪杀的施陶芬贝格也不放过，希姆莱专门把他的尸体又挖出来火化，骨灰被胡乱撒在农田里。两名牵涉其中的陆军元帅——克鲁格与隆美尔也被迫服毒自杀。当暗杀事件发生时，隆美尔正躺在医院里，刺杀希特勒前三天，隆美尔乘坐敞篷车视察诺曼底前线时遭到了两架英国“喷火式”战斗机的轰炸。炸毁的汽车撞上了路旁的一棵大树，隆美尔被抛出汽车，失去了知觉，后来经检查他头颅破裂、面颊骨粉碎，左眼永远不能再睁开了，而他遇袭的地点恰好也叫作蒙哥马利，“沙漠之狐”还真是跟蒙哥马利犯冲。

隆美尔是在病床上得知刺杀希特勒行动失败的消息的，据说他当时面如土色。后来隆美尔的传记作家雷米对《图书报》说：“他（隆美尔）一生的悲剧是：1. 当英军袭击阿拉曼时，他不在非洲；2. 当盟军在诺曼底登陆时，他不在法国；3. 当 7 月 20 日刺杀希特勒时，他躺在战地医院里。”总结起来就是关键时刻他总是不在线……由于隆美尔名气太大，是德国的大众偶像，宣布他背叛了元首，也是打自己的脸，而且会起到动摇军心和民心的反面作用。顾及影响的希特勒于是私下里派人告诉隆美尔，要么自杀后享受国葬待遇——对外会宣称他是旧伤复发病死的；要么上法庭接受审判后被公开处死，二选一。为了保护自己的妻子和儿子不受牵连，隆美尔选择了前者。而在他规模隆重的葬礼上，猫哭耗子的希特勒还送来了一个巨大的花圈。

在当天下午前来与希特勒会面的墨索里尼正好遇到这次炸弹谋杀案，惊魂甫定的希特勒兴致勃勃地告诉他刚才的惊险一幕：“一架邪恶的机器刚刚暗算了我！”他越说越激动，“几个小时前，我经历了有生以来最大的一次好运！”好像怕墨索里尼不相信，他兴致勃勃地坚持要带墨索里尼去参观了一下案发现场，好像刚才挨炸的不是他一样。

∧ 漫画：在 7.20 事件中遇刺受伤的希特勒大肆报复，希姆莱为他献上了一批“叛徒”军官的人头。

看到凌乱的现场，墨索里尼吓得够呛，好像刚才挨炸的是他。希特勒却没事儿人似的向墨索里尼情景再现，他像导游一样边说边演示着自己当时怎样弯着腰去看桌上的地图，又怎样用手支着身子……最后他还给自己的盟友看了自己撕破的裤子和后脑勺上烧焦了的头发，唯一让他不高兴的是他的一条新内裤被烧坏了。对于这次与死神擦肩而过的死里逃生，希特勒很是得意，还缠着绷带的他向墨索里尼吹嘘道：“这不是我第一次死里逃生。这无疑是命运安排要我继续前进，完成我们所从事的伟大事业……我们必将渡过目前的难关，一切都会有很好的结果。”墨索里尼也频频点头表示同意，认为大难不死必有后福。他附和道：“今天可真是个奇迹，我想我们的字典里今后不会有‘失败’二字了。”在回去后，因“叛徒”而倒台的墨索里尼好像心理平衡了些，他有些“幸灾乐祸”地对他的情人克拉拉·贝塔西说：“元首自己也有叛徒呢！”但墨索里尼没想到的是，这将是两人最后一次见面了。

经过这次打击的希特勒变得更加偏执和多疑，不久后就躲进了柏林总理府下深达 50 米、与世隔绝、如同坟墓、满是钢筋混凝土的地下室里，并将在那里度过余生。

第十七章
跳蛙夺岛战

★★★

“美国是日本在这个世界上最不应该与之作战的国家。”

——1931 年日本中将栗林中道

1942 年 6 月美国海军在中途岛的大胜令日本领导人气沮，也让一个美国人很不舒服，这个人就是身在澳大利亚的陆军将领道格拉斯·麦克阿瑟（Douglas MacArthur）。看到举国上下齐声歌颂海军的战绩，羡慕加嫉妒的他坐不住了，他立即主张在俾斯麦群岛组织一次由陆军当主角、海军做配角的登陆作战，一举攻占日军所在重镇拉包尔，为陆军挽回一些面子。

但太平洋舰队司令切斯特·威廉·尼米兹（Chester William Nimitz）对此表示反对，他认为美军在中途岛的胜利是一次以少胜多的“巧仗”。太平洋舰队现在还没有压倒性的实力与日本海军抗衡，如果只用现在的三艘航母去掩护陆军登陆，风险太大；而且日军在拉包尔经营多日，已有完备的防御工事，去啃这根硬骨头只会碰个“头破血流”，因此他主张先对薄弱的所罗门群岛下手。

双方的争吵一直闹到总统罗斯福那里，后者只好亲自出面调解，为陆海军分配“工作”，先由尼米兹指挥第一阶段的作战，再由麦克阿瑟指挥第二阶段，由南向北逐渐推进，最终夺取拉包尔。但美军很快发现日本人已经开始在所罗门群岛中的瓜达卡纳尔岛修建机场，这让他们立即意识到不妙，因为所罗门群岛就在澳大利亚北边儿，如果机场建成，日本空军就可以轰炸附近的美军基地并截断从美国到澳大利亚的运输线，没有了前者的援助，澳洲很可能沦陷。他们必须阻止日本人。

虽然美军已经决定夺取瓜岛，但很多美国士兵根本不知道这个岛在哪儿。负责率领陆战 1 师进攻这一地区的范德格里夫少将甚至调侃说，他可以列出 100 条为什么这次军事行动会失败的理由。

1942 年 8 月 7 日，对瓜岛的登陆开始了，但由于缺乏配合，整个过程乱哄哄像在“过家家”。负责掩护陆军登陆的特混舰队担心附近的日本飞机来轰炸航母，原定停留五天，结果只停留了两天。见负责掩护的撤了，暴露在敌军威胁之下的运输编队也不顾还有许多物资没运上岛，也脚底抹油溜走了，要命的是船上还有 1400 名海军士兵和一半的物资没有卸下来，重型装备只卸下来一台推土机，岛上只留下孤零零的陆战 1 师。气得范德格里夫站在岸边大骂战友不讲“义气”，“撇下”他们不管。但也幸亏“不讲义气”的战友们跑得够快，因为附近的日军舰队很快就发现了前来登陆的美军，三川军一率领的舰队一路追击，一共击沉了美军四艘舰艇，自己无一损失，运气如此之好令三川自己都不敢相信，但他害怕美军航母在附近，于是没有追击失去抵抗能力的运输船就撤退了，放走了一条更大的鱼。

虽然范德格里夫缺乏物资弹药，但他很快发现夺岛的过程出人意料地顺利，因为岛上的日本建筑工人和水手如同惊弓之鸟，早就逃到丛林里去了，第一个受伤的美国士兵是在沙滩上的椰子树上用刀砍椰子时切到了手，而他们受到的唯一威胁是灌木丛中的野猪。

“勤劳”的日本人等于给敌人做了嫁衣——他们不但留下了快要修好的飞机跑道，而且还留下了 100 多辆卡车和压路机，美军正好可以利用这些把机场修完。可能怕美国人燃料供应不上，日本人还遗弃了大量的天然气、石油、煤油和水泥，一个美国外科医生欣喜地表示，他们缴获的医疗设备比自己带来的还要好。为了避免敌人饿肚子，日本人还留下了成百箱的肉类、鱼类、水果罐头和成吨的大米，美国人吃不完也没有关系，因为他们还提供制冰机保鲜，留下的制冰机旁还有东条英机题词的牌子：东条英机制冰厂——在新的管理体制之下。

虽然如此，上岛的美国士兵们却还是很紧张，学过地理的同学都知道，这里属于热带雨林气候，复杂且陌生的环境令他们草木皆兵：晚上，丛林中的鸟不停地叫、大个儿的螃蟹仿佛在锯管道，要不就是在嚼核桃或贝壳，从来没有听到过的奇怪声音令哨兵们战战兢兢甚至神经衰弱，他们被告知过日本人会利用夜色前来偷袭，于是只要一听到可疑的声音他们就朝黑暗里开枪。岛上正躺着休息的日本人听到枪声也纳闷地琢磨：美国佬朝什么玩意儿开火呢？

很快日本人就来夺岛了，没有了航母威胁的日军每天都来轰炸，岛上的美国海军士兵开始称这段挨炸的时光为“东条的时代”。不过日本人留下的设备帮了他们的大忙，白天美国工兵们用日本人留下的炸药来清除树木等障碍物，用日本人留下的铁锹和铲子挖土，然后再用日本人留下的燃料发动日式卡车将其运走，继续延伸飞机跑道；当日本飞机来轰炸的时候，他们就钻到日本人挖好的地洞和防空工事里去。更为有利的是，日本人又犯了狂妄自大的毛病，他们低估了美军的力量，范德格里夫在瓜岛上有 1 万人，但日本人认为岸上只有区区 2000 美国兵。

一贯的狂妄自大加上一贯的情报不准，导致日本军方把夺岛的这个“小任务”交给了陆军上校一木清直，让他带了 1000 人前去扫荡一下即可。还不知道自己只是去送人头的一木在登陆后还自信满满地在日记中事先写下了：“8 月 21 日，享受胜利果实。”但美军的大炮和机关枪将他的美梦击得粉碎，如同绞肉机一般的坦克把不论活的、死的还是半死的日本兵统统碾压成了肉酱。一木清直扔下 800 多具惨不忍睹的尸体逃跑到他登陆的地方切腹自尽了。

9 月 11 日，不甘心的日军派来了第二支登陆部队，这次他们吃一堑长一智地带来了更多的兵力——6000 人。但指挥官清武川口犯了和一木一样的错误，那就是狂妄自大、目中无人、自我感觉良好。虽然他谨慎的上司希望他重新考虑是否需要更多的兵力，但川口认为凭自己的这些兵力已经绰绰有余了，他甚至异想天开地计划着私下里接受范德格里夫的投降，甚至连在哪里举行受降仪式他都想好了。

但现实给了他迎头痛击，本来想要出其不意地迂回到内陆，然后从丛林中突然冲出来包抄美军占领的机场，但当日军穿过丛林自以为神不知鬼不觉地向前挺进的时候，美军以迅雷不及掩耳之势占领了他们的营地，摧毁了他们的重型大炮和粮食供应。事实证明，川口不但低估了敌人的实力，还低估了这里的环境。他们在热带雨林中钻来钻去，泥淖，暴雨，加上一人高、带着锯齿的芦草让他们还没见到美国佬长什么样就已经累得半死不活了。相反的是，范德格里夫正在以逸待劳、守株待兔，他们把日本人挡在了离机场 1000 码（约 914 米）的山峰上，机关枪和大炮把山脊变成了“血岭”，虽然高喊着“美国陆战队去死吧”的日本兵最近的时候甚至冲进了范德格里夫所在的隐蔽壕里，但他们还是被击毙了。本来计划在 9 月 14 日坐享美军物资的川口只能带着他的残兵败将逃到山里，自力更生地靠扒下的树皮、挖出的树根和步枪的皮带来果腹，最后变成了只剩下皮和骨头的原始野人。

不死心的日本人又派来了第三波部队，这次是丸山政男中将率领的日本第 2 师团。但他们的装备跟美军根本不是一个级别的，美军的穿甲弹会在日军的坦克上面打出一个贯穿两面的洞，因为日本人坦克的装甲简直太薄了，以至于无法触发炮弹的引信……

在日军锲而不舍地在瓜岛上送人头的时候，双方还在附近海域进行了数次海战，互有胜负，但由于美军已经占据了海空优势，日本人始终没能把计划中的兵力与补给送上岛去，而是只能一点一点地趁着夜色的掩护送小股兵力上去。这种在晚上进行的偷偷摸摸的运输方式日方称之为“老鼠运输”，美军则给它起了个名字叫“东京特快”。但这样也是杯水车薪，于是日本人又脑洞大开地想出了新办法，那就是把药品和粮食装入许多个铁桶里，但不装满，这样铁桶刚好能浮在海面上，然后用绳子把铁桶拴在一起，挂在舰舷上。当驱逐舰驶近瓜岛时就将绳子割断，让一个个铁桶像项链似的，自己飘向瓜岛海岸，美其名曰“项链运输”，“老鼠特快”则立即返航。但是，运送铁桶的舰队不是遭到美军拦阻全被炸毁，就是发出去的水中“快递”到不了收件地，因为海浪说不定把它们送哪儿去了，收件人收到收不到全靠运气。

1942 年 12 月 8 日，岛上的日军被美军赶到了瓜岛东部的希望角，但到了这里的日军根本没有什么希望了，他们在岛上的补给越来越困难。自 12 月 11 日日军驱逐舰运输编队被美军拦截以后，日军已经三个星期没收到补给了，

1943年1月以后只能拿野果、树皮充饥了。而美军则向瓜岛多次增兵，总兵力已经增加到5万人。

对于困在岛上的日本兵来说，这里简直就像个动物园，沼泽里有想吃大餐的鳄鱼、仿佛变异了的蜘蛛与马蜂——前者有拳头大后者有手指长，像云团一样蜂拥而来的一团团蚊子大军，还有看不见却无孔不入的疟疾、痢疾、登革热等热病，一下暴雨到处都是腐臭的味道，湿热的丛林不但令枪管里都长满了霉菌，而且让人也发霉，所有士兵的体力都随着不断流下的汗水消耗殆尽。这里

^ 漫画：被太平洋波涛淹没的日本军官。下面是犹太传说中的圣贤所罗门说过的一句名言："贪多嚼不烂，牙毁受痛苦。"

变成了名副其实的“饥饿岛”。——瓜岛的“瓜”在日语中的读音是饥饿的意思。再这么熬下去，不被打死，也要饿死、病死了。

经过商议，日军做出了放弃瓜岛的决定。1943 年 2 月 7 日，最后一班“东京特快”趁着茫茫的夜色把岛上饥肠辘辘饿得半死的日本兵运走了，此时送上岛的 36000 名日本兵只剩下 13000 名了。

为了阻止美军继续西进，1943 年 4 月，山本五十六派出强大的空军对瓜岛和巴布亚的美军基地进行了狂轰滥炸，这次空袭规模仅次于偷袭珍珠港那次，但由于事先得到了警报，大多美军补给舰艇早就溜之大吉了。不过日军飞行员却自我感觉良好，他们夸大了击沉敌人舰艇和飞机的数量，这让山本很满意。一些士兵后来辩解说自己说瞎话是为了安慰自己的领导……于是山本错误地认为局势已经发生了大逆转，因此，他决定要亲自去各基地视察，鼓舞士气，以便一鼓作气地夺取最后的胜利。为此他亲自制订了视察路线：从拉包尔出发，飞行 1.5 个小时左右，到达布干维尔岛，然后再飞行 15 分钟左右，到达布因岛，接着再飞行 5 分钟左右，到达肖特兰岛。对于这个热血沸腾、盲目冲动的视察计划，众参谋极力反对，因为这些基地十分危险，肖特兰岛距瓜岛很近，两岛之间只隔着个巴拉尔岛，而巴拉尔岛只有一个机场那么大，驻扎在瓜岛的美军航空部队眨眼的工夫就能飞过来给他们一发炮弹。

山本根本听不进去，反而命令参谋渡边将行程通知给即将视察的部队。渡边本来打算派专人将情报送去的，但负责通讯的军官认为发电报更快一些，渡边认为这样不稳妥，因为美国人可能截下日军的电报并将之破译。负责发报的军官非常坚定地告诉他，这套复杂的新密码是 10 天前刚刚启用的，美国人再聪明也不可能这么快就将其破译出来。于是渡边同意了。电文很快发给了肖特兰岛上的司令官城岛高次。大惊失色的城岛脱口而出：“对长官的行踪，用如此长的电文，如此详细地拍发出来，这不是傻子是什么！”他急忙赶到拉包尔去拦阻山本。无奈山本固执己见地非要去“送死”，谁拦也拦不住。他反而让城岛回肖特兰岛去，等着第二天和他一起共进晚餐。城岛唉声叹气地走了，他觉得美军可能已经截获了那份电文，并且已经破译出来了。事实正如他所料，美方早就通过“魔术”得到情报了，而且只用了几个小时就把电文破译了，山本那顿晚饭是吃不到了。鉴于山本一向很准时，美国人连他的座机在 4 月 18 日上午 9 点 35 分会出现在目的地上空都算得一清二楚。山本果然没有爽约地送上门了，在从瓜岛机场起飞的 16 架美军战斗机的围殴下，山本的座机被准确地击落了，他烧焦的尸体后来在坠机地点的丛林里被找到，还保持着手握军刀端坐的姿势，歪着脑袋好像在纳闷：究竟发生了什么？但后来有人指出这根本不科学，这只是日本人出于宣传的需要编造出来提升士气的“神话”而已，为的是塑造一个“英雄山本”的形象。

在取得瓜岛战役的胜利后，美军决定给予日本双管齐下的待遇。——以麦克阿瑟的西南太平洋部队沿新几内亚北海岸推进，从棉兰老岛进入菲律宾；而尼米兹的中太平洋部队将攻占马绍尔、加罗林和马里亚纳诸群岛，之后两路进攻部队会合后北上进攻日本。兵分两路既可以相互支援、掩护，又可以分散日军兵力，使敌人顾此失彼，难以判明美军的主攻方向。1943 年 11 月，尼米兹负责的中太平洋战区开始行动，目标是攻打日军占领的吉尔伯特群岛，其中最为激烈的要数在塔拉瓦岛上的战斗。塔拉瓦岛是个面积不到纽约中心公园一半大的环礁岛，战前美军通过空中侦察拍摄到了岛上的一排坑道厕所，通过计算蹲位数目并估算每个坑厕能分配多少个人，美军估计出了岛上的守军大概有 4800 人。这个数目惊人的准确，岛上的日军实际兵力是 4836 人。不过防守这里的日军将领柴崎惠次狂妄地声称：“100 万人花费 100 年也别想拿下塔拉瓦岛！”而负责炮轰该岛的美军少将金曼则向海军陆战队保证：“我们不是压制，也不是破坏，而是会消灭那里的防御工事！”但后来的事实证明，两个人都自大过头了。

一开始，美军舰艇就在塔拉瓦环礁最大的岛屿贝蒂奥岛上倾泻了 3000 吨炮弹，每英亩的地面都有幸分到10吨高爆炸药，一个战地记者数着大炮齐射的次数，一分钟还没到他就数到100了！这时又有一打（12艘）以上的战舰开了火，最后实在数不清的他只好放弃了统计的努力。在美军士兵看来，这座该死的小岛竟然还没有沉没简直就是个奇迹！连续发射了两个半小时的炮手最后也认为，没有人可以在这种情况下还能活下来，一些士兵甚至开玩笑说，他们登陆后要做的就是用自己挖壕沟的工具来挖坑埋死尸。

但日本人活下来了，而且还活得挺好。他们像鼹鼠一样隐藏在隐蔽的地下工事里，躲过了震天撼地的轰炸，等到美军的两栖车登上海滩时，他们把手榴弹扔到了车里面作为欢迎。不过他们遇到了硬茬，一个叫斯皮莱尔的美军下士眼疾手快地捡起了在甲板上乱滚的手榴弹，并准确地把它投回到了日本人那边，因为他是位投掷与防守能力俱佳的棒球运动员，早已闻名美国全国棒球协会。紧接着他又在空中接住了第二颗手榴弹把它扔到了船外，当他把第三颗、第四颗和第五颗飞过来的手榴弹统统扔回到敌人那边时，他身边的战友都看杂耍看得着了迷，紧接着他们就听到了日本人的尖叫声，海堤上的一架机枪也哑了火。这时第六颗手榴弹到了，这次它在斯皮莱尔的右手上爆炸了，狡猾的日本人拖延了几秒后才把它扔了过来。虽然失去了右手，但斯皮莱尔为他的战友争取到了时间，20多名美军士兵已经冲上了海堤。

其他登陆舰就没这么幸运了，它们搁浅在珊瑚礁边缘成了日军炮火的活靶子，因为美军事先得到的塔瓦拉环礁的海道测量图是美国海军探险队1841年绘制的，其中的海水深度被估计过高了。“（你）就像在台球桌的中央，没有任何隐藏的地方。”一个美军士兵后来回忆道。在日军精准的射击下，轰的一声，一艘登陆艇就消失了，紧接着又是一声巨响，第二艘也不见了。还没开到珊瑚暗礁的第三艘登陆舰的舵手害怕地大叫道：“我只能到这里了！”然后就匆忙地放下了滑梯，溜之大吉。一船的士兵顿时都被倒在了齐胸深的海水里……而岸上的无线电由于受潮而通讯不畅更加剧了混乱，以至于美军花了七个小时才前进了100码（约91米）。

直到登陆的第二天中午，战局才开始扭转，因为涨潮了，美军的登陆舰可以穿过暗礁并送来更多的支援。得到援兵的美军杀出了一条血路，美军上校肖普如此概括这晚的战斗形势——“伤亡人数：很多。阵亡比率：不详。战斗结果：我们正在获胜。”而躲在防弹碉堡里的柴崎还在幻想东京给予他的承诺：如果美军进攻塔拉瓦岛，他会得到各种各样的援助——数不清的援兵、飞机、大炮、战舰、潜艇……但后来的事实证明他被放鸽子了，援军根本没抽调过来。最后，一辆美军的推土机用沙土堵住了碉堡的火力口和入口，然后把汽油灌进了通风口，紧接着填进了点燃的炸药作为药引子……一声沉闷的爆炸声夹杂着垂死的嚎叫后，进到里面的美军发现了200具熏黑的尸体，柴崎可能也在其中，说可能是因为所有死人都面目全非，连他们的老妈都认不出他们来了。

^ 美国海报：美国鹰向盘踞在小岛上的日本蛇投下炸弹。下面写着：打捞废料轰炸日军。提醒人们节约物质。

本来美军估计要肃清岛上负隅顽抗的残敌还需要花费五天时间，不过主动跑出来送死的日本兵让美军的任务变得简单了，他们以“武士道”的精神冒着炮火尖叫着冲向美军阵地。一位美国中尉向上级汇报道：“我们正在以敌人扑向我们的速度歼敌。”

到登陆第四天下午的时候，除了一些几天后出现的迷了路的日军士兵外，所有日军已经都被消灭，没被美军打死的都自杀了。——他们把步枪枪口插进嘴里然后用脚趾扣动扳机。

不过这次惨胜也令美国人吃一堑长一智，当他们攻占马绍尔群岛时，伤亡就只有贝蒂奥岛战役的一半了。

负责西南太平洋战区的麦克阿瑟想重返让他念念不忘的菲律宾，一雪前耻。他指责海军穿越中太平洋的战略完全是浪费时间，塔拉瓦夺岛战的惨痛代价都源于“海军的骄傲和无知”，海军则认为麦克阿瑟是个爱说大话、无可救药的笨蛋，总是哗众取宠。

虽然麦克阿瑟大言不惭，但他也知道太平洋上还有星罗棋布的大大小小的岛屿等着美军去解放，如果像这样一个一个地去打，那这仗要打到猴年马月了。于是麦克阿瑟等人找到了一个伤亡更小的捷径，那就是“跳蛙战术”，直接跳过日军重兵布防的岛屿据点，比如说拉包尔，然后出其不意地在他们防守薄弱的小岛登陆，进行迂回进攻。一开始日本人还纳闷地想：为什么美国人宁愿花费大力气在沼泽和丛林里建一个飞机场，也不愿意直接攻占他们现成的飞机场呢？但很快这些小岛上的日本人就发现自己被“隔离”了，美军将利用海空封锁将他们活活饿死在孤岛上，他们空有坚固的堡垒和充足的兵力，但敌人就是不来进攻，不给他们用武之地。

在这种战术的指导下，麦克阿瑟开始绕过敌人的战略要点，沿新几内亚北海岸一路西进。为避开美军的包围圈，那里的日军开始向西撤退，不过追击者和撤退者都没有实现自己的目标，他们都要忙着与第三方作战，那就是这里的地形——布满杂乱红树林和沼泽的海岸、令人头晕目眩的悬崖峭壁——被麦克阿瑟誉为“世界上少有的鬼地方”。一位美军士兵沮丧地回忆用绳子攀登绝壁的情景：“你必须往上爬、往上爬，爬到没有人占据的空隙。然后你卧倒，你站起来，你渐渐地不行了。你分明感觉到胸部阵阵痛楚，你吃力地呼吸着。你无暇注意那些呼啸着擦耳而过的子弹，你只想着向上，向上，再向上，这只手，再换另一只手。顶峰马上就要出现在你上方了，然后你就看到了日本人黑洞洞的枪口，还冒着火……”而幸运地登上了顶峰的战士还要忍受痛苦，一点一点

^ 道格拉斯·麦克阿瑟（1880—1964 年）

麦克阿瑟被美国国民称为“一代老兵”，但他却是美国最年轻的准将、西点军校最年轻的校长、美国陆军历史上最年轻的陆军参谋长。也是美国将军中唯一一个参加过第一次世界大战、第二次世界大战和朝鲜战争的人。1950 年朝鲜战争爆发后，麦克阿瑟率领“联合国军”进行了干涉并承诺会在圣诞节前带孩子们回家，但中国志愿军的反击打破了他的大话。麦克阿瑟傲慢自大的毛病又犯了，他叫嚣着要将战争无限扩大，甚至声称要与中国和苏联决一死战！杜鲁门曾试图召唤麦克阿瑟回国讨论战争局势，但后者却以战事紧张脱不开身为由拒绝回国。无奈的杜鲁门不得不亲自飞往威克岛和麦克阿瑟会面，麦克阿瑟穿着作战服、叼着烟斗会见了总统，在会谈后竟谢绝与总统共进午餐，匆匆飞走。在战事持续不利的情况下，杜鲁门决定将其解职，撤职令像突然袭击一样通过新闻广播传送出来，并且立即生效。

地移动，有时候双方的战线就是一个澳大利亚士兵趴在悬崖的羊肠小道上，狙击着 20 码（约 18 米）以外卧倒的一个日本兵。

为了不被中太平洋上推进的尼米兹超过，麦克阿瑟决定亲自出马，他对位于新几内亚北部阿德米尔勒群岛发起的进攻只花了四天的准备时间，当命令传达下去时，大多数的船员还在岸上放假 Happy。海岸巡逻队不得不发疯似的转遍了所有的酒吧，手提着播音器大声叫嚷着通知他们归队，一些迟到的水兵最后靠着租来的小船才赶上了他们的军舰。1944 年 2 月 29 日下午，麦克阿瑟还亲自登上了滩头，在看到了两具半小时前刚刚被打死的日本士兵的尸体后，他幽默地说道："我喜欢看到他们这个样子。"

在接下来的两天里，岛上的日军发动了一次次的反扑，他们唱着"德克萨斯内心深处"，前仆后继地向前发起了"猪突"冲锋，狡猾的日本人还接入了美军的电话线，用英语命令他们的排长马上撤退，美军的排长没有起疑心就遵命了，因为对方甚至知道他的名字。不过这些小伎俩没有改变战局，最终，没有骑马的美军第 1 骑兵师靠着他们的迫击炮稳住了战线。到了黎明时分，前线已经到处都是日本人的尸体了。

从 1944 年开始的八个月里，麦克阿瑟在西南太平洋战区的军队已经在新几内亚北海岸飞奔了 1100 英里，到了"鸟头"半岛，距他念念不忘的菲律宾

>切斯特·威廉·尼米兹（1885—1966 年）
1913 年，已经是美国海军上尉的尼米兹为美军潜艇引进了较为安全的柴油发动机，他也逐渐成为海军中潜艇动力的知名专家。一家美国柴油引擎制造厂听闻尼米兹技术精湛，派人企图说服尼米兹从海军辞职，到他们公司工作，并开出了 2.5 万元的年薪！而当时尼米兹海军月薪仅为 240 元，外加 40 元的通勤费，但尼米兹以"不想离开海军"为由拒绝了。——这也让美国少了个富有的技术专家，多了个五星上将。二战时尼米兹担任了太平洋战区的盟军总司令。二战结束后，美国为纪念尼米兹，将其去世之后所建造的第一艘，也是当时最先进的核动力航空母舰以他的名字来命名。

只有 300 英里了。

而在中太平洋上，尼米兹正准备夺取马里亚纳群岛中的塞班岛、天宁岛和关岛，从那里起飞的轰炸机可以直接往日本本土上扔炸弹。

1944 年 6 月 19 日，小泽治三郎率领第 1 机动舰队前来阻挡，但日军老练的飞行员大部分都死得差不多了，剩下的都是刚训练了两到六个月的菜鸟。美军飞行员把这些菜鸟变成了“火鸡”，他们的“地狱猫”战斗机凭借优势将日军的“零式”战斗机一一击落，把它们全送进了地狱。一些不解恨的美军飞行员甚至将自己飞机上的电台调到和日机相同的频率上，然后跟日军飞行员对骂。日本飞机只有挨打的份儿，根本没有还手的劲儿。美军飞行员仿佛不像是在打飞机，而好像是在射火鸡。在海面上的四轮空战中，小泽派出的 373 架飞机只有 130 架回来，加上从关岛起飞被击落的 50 架飞机，一天内日本海军就损失了四分之三的空军，外加两艘航母被美军潜艇击沉，包括小泽的旗舰“大凤号”。美军则不好意思地只损失了 30 架飞机。

转移到另一艘战舰上的小泽还天真地以为没有回来的飞机只是飞到关岛去加油了，再过一会儿它们就会光荣地返回，所以他坚持待在原地傻等，这给了美军一个乘胜追击的大好机会。第 58 特遣舰队司令米切尔放出了 216 架飞机前来为小泽“送行”，又击沉了日军的一艘航母和 65 架飞机。这时候小泽才意识到已经彻底玩儿完了，这才带着残部赶紧撤退。不过大获全胜的美军飞机却遇到了麻烦，他们回家的时候天色已经渐晚，根本找不到自家的航母了，为了让飞行员看到甲板，米切尔大胆下令打开所有舰只的灯光，作为降落飞机的指路明灯——这等于完全暴露自己，招呼着敌人来攻击！如果日本飞机飞蛾扑火似的前来轰炸，那后果就不堪设想了。但米切尔的冒险成功了，因为附近的日军潜艇已经撤退了，他们根本没看到这个大好的机会。几乎所有的美军飞机都安全地着陆了，但还是损失了 80 架，这些飞机大多是燃料用尽后坠落到海里的，这比与敌人战斗中损失的飞机还要多，黄昏中的激战美军只损失了 20 架飞机。

这一仗简直打垮了日本的空军力量，他们再也无法救援塞班岛了。

在此次的马里亚纳群岛航母大战中，一个日本航母舰队其实就在附近，但苦于燃料不足而无法前去支援参战。——这又是陆海军争夺石油资源导致的后果。美军航母这才得以从容地派遣和召回飞机，打日军打得游刃有余。

总之，日本陆海军的互相推诿扯皮、明争暗斗帮了美军的大忙，陆军埋怨海军在岛上建机场，拖累了陆军；海军骂陆军无能，连几个机场都守不住；陆军说夺回机场可以，但海军要负责运送给养装备；海军说陆军不拿下机场的话，海军的船只一靠岸就得被飞机炸沉……最后双方干脆搞起了战场责任区，划起了“三八线”：这个岛海军负责守的话，陆军就绝对不去管，反之陆军负责守的，海军也一样不上心。要是双方不幸必须共同待在某个小岛之上，那就按照老规矩继续开撕。最后连美国人也看出了便宜，于是他们要么专门打日本海军，要么专门打日本陆军，因为这样另外一方大概率会躲在一边看热闹。

7 月 5 日，塞班岛上失去支援的日本兵对登陆的美军发起了绝望的冲锋，有两颗手榴弹算是好的，许多人只有一根绑着刺刀的长棍或是一根大棒，冲过来的还有好些缠着绷带、拄着拐杖的伤病员。一位经历过这场自杀式冲锋的美军士兵回忆道：“就像电影中受惊的牛群，摄像机就放在地上的一个洞穴里。你会看到牛群不停地狂奔过来、跳过你，然后就消失掉了。”因为他们都被美军的机关枪撂倒了，美军机枪手不得不过一会儿就挪动一下机枪才能继续射击，因为倒下的日本兵的尸体把他们的视线都给挡住了。两天后，海滩上就有了 4300 多具日军的尸体，绝望的南云忠一最后开枪自杀。

塞班岛的失守震动了日本，“我们正面临着地狱！”天皇的海军顾问愤怒地喊道。他说对了，很快从这里起飞的美军飞机就会把日本变作人间地狱。东条英机内阁也在塞班岛失守的这天垮台，小矶国昭成为新的首相。

7 月 21 日，美军又开始在关岛登陆，不过在关岛登陆的美军发现，这里的地形跟日本人一样难对付。虽然美国人在战前占领关岛长达 43 年，但他们却连一张精确的地图都没有。一直到登陆的第五天，他们才封锁了岛上的日军。当意识到已经被堵在瓮中的时候，日本人准备在夜间突围，他们在冲锋前饱餐了一顿并喝得酩酊大醉，离日军前线很近的美国士兵甚至能听到日本人叫骂着大笑和摔酒瓶子的声音，声音就像“动物园的新年之夜”。于是美军炮手根据声音的大小估算出了大炮到日军营地的射程。

午夜过后，狂欢中喝高了的日本兵士气高涨，他们挥舞着长刀、举着旗子，冲出营地向美军这边奔来，没有武器的士兵则挥舞着叉子、棒球棍，甚至是空酒瓶子。但高潮很快就被打断了，美军军官一声令下，一道道弹幕就落在了疯狂的日本人中间，胳膊和大腿顿时像雪片似的到处乱飞，醒了酒的幸存者尖叫着扭头就跑，但逃回营地的人也并不安全，早已调好发射距离的美军大炮把他们全部消灭了。

两个星期后，关岛解放了。美军已经逼近菲律宾，下一个目标就是它了。

在麦克阿瑟离开菲律宾的日子里，他那句“我要回来”的誓言被印在了各种各样的东西上，杂志、烟盒、火柴盒甚至纽扣上，这些物品被美国潜艇偷偷运到了菲律宾广为散发。这搞得日本人也深知早晚会在菲律宾有一场大战，面对美国人即将发动的攻势，他们制定了一个庞大的作战计划，准备派联合舰队与美国海军在这里来一次一战定乾坤的大决战。由于实力不如对手，只好采用“调虎离山”计，日本人计划趁着美军登陆菲律宾的时候派出四艘航母作为诱饵，先引诱美军的航空母舰离开莱特湾，调虎离山成功后他们的战舰将把失去保护的美军运输船全部击沉，登上岸的美军则会被包围消灭。为了讨个好彩头，这次战役的代号被定为“捷 1 号”，取“一击制胜、万里传捷”之意。

但日本人的计划一开始就被打乱了，他们反而先中了调虎离山计。——1944 年 10 月中旬，美军派出上千架战机空袭了台湾和冲绳的日军基地，日本人误以为这是美军要攻打这里的前奏，决定启动保卫这里的“捷 2 号”计划，航母编队上的大部分飞机都被调到那里去了，而失去了大批飞机的日军将在菲律宾海战中吃大亏。

美军这次大空袭还起到了意想不到的作用，在台湾的指挥官服止茂目睹着己方的拦截飞机大规模地猛扑过来，他后来写道：“飞机一个接一个地掉了下来，被火焰包围着。‘干得好！干得好！这是一次巨大的胜利！’我拍着手，但很快我就失望了，因为我走近观察后发现，原来所有被击落的都是我们的战斗机……”到当天下午的时候，只剩下美军飞机自由地翱翔盘旋，想炸哪儿就炸哪儿，天上已经没有日本飞机的影子了。更要命的是日本人又犯了情报不准的错误，没有经验的日本菜鸟飞行员把自家坠毁飞机产生的火焰当成了正燃烧的船只，他们兴高采烈地回来向上级报告自己取得的战绩，于是日本领导人也以为这次他们又取得了大胜，美军的海空力量已经遭受到了重击，无法在“捷1号”作战中占据优势了。为此天皇还特意下令庆祝了一番，连日本报纸也开始大肆宣扬，用大标题写着：“第二次珍珠港！”但实际情况是“捷1号”还没开始，日本已经损失了近600架飞机，几乎是所有战斗机中的一半。

就在日本领导人高兴地认为美军第3舰队已经有一半在台湾海域被击沉时，美军对菲律宾中部莱特岛的登陆已经快要开始了。菲律宾有7000多个岛屿，选择在这个岛上登陆的一个原因是哈尔西的航母编队在空袭莱特岛时竟然没有遭到日本飞机的抵抗。一名迫降跳伞的飞行员在莱特岛上躲藏了一天后获救，他听当地人说：“这个岛‘一攻就破’。”

1944年10月17日，尼米兹麾下由哈尔西指挥的美军第3舰队和麦克阿瑟麾下由金凯德指挥的第7舰队开进了菲律宾海域会师，历史上最大的海战鸣锣开演了，将有超过282艘战舰卷入这场大海战。

得知美国人开始行动，从新加坡出发的栗田健男中将与西村祥治中将率领的两支舰队也开始东进，他们将按计划分进合击，对莱特湾的美军来个南北夹攻；志摩清英中将率领的第3舰队也从本土开往菲律宾助战，支援西村。——

这三支舰队都没有航母和潜艇，只有水面舰艇。航母都在由北方南下的小泽治三郎麾下，他负责作为诱饵引诱美军航母舰队离开莱特湾，给栗田与西村他们创造机会。

计划赶不上变化，10 月 23 日早上，栗田的舰队刚刚靠近菲律宾周边海域的巴拉望岛就被美军的潜艇发现了，被发现还不算，日军还被击沉了两艘巡洋舰。这下偷袭变成了明攻，哈尔西派出的舰载飞机闻讯而来，缺乏飞机保护的栗田只能寄希望于他舰艇上的防空炮了，他的每艘战舰上都装了 90—120 门防空炮，而“武藏号”和“大和号”（世界上最大的战列舰）上还有一门 18 英寸的巨炮，一发炮弹就能天女散花般地喷射出 6000 个钢球。

但很遗憾的是，二战已经不是 19 世纪大炮互轰的时代了，虽然栗田的防空炮统统指向天空，仿佛豪猪一样吓人，防空弹幕也猛烈得骇人，但美军飞行员发现他们的准确度却是惊人的差，炮弹总是在他们飞机的后面爆炸。因为日本炮手没有雷达，只能靠眼睛来瞄准。刚开始“武藏号”的舰长还舍不得用他的“天女散花”炮弹去打飞机，因为发射一次炮管就损耗一次，他本来还想等着到了莱特湾决战时再用呢。不过显然他的愿望实现不了了，因为装载大炮的船都快被击沉了。

迫不得已之下，日军的超级大炮终于开火了，震耳欲聋的巨响让甲板上的日本兵都失聪了，但美军飞机仍然穿过烟雾恶狠狠地直扑过来，为了让日本炮手看不见他们，“狡猾”的美军飞机专门绕着飞到与太阳光直射相同的方向——这样光线就晃得日本人睁不开眼——然后再俯冲下来发动攻击。

被击中的“武藏号”进水后开始倾斜，如同“半身不遂”的偏瘫患者一样开始在水面上不停绕圈。栗田只好下令让它在最近的岛上靠岸，想把它作为一个陆上炮台来用，但这个任务也完不成了，因为“偏瘫患者”已经全身不遂，很快“武藏号”就在落日的余晖下沉入了海底。还没抵达目的地就已经损失惨重的栗田不得不改变计划，把他通过莱特岛北部圣贝纳迪诺海峡的时间拖到晚上，企图利用夜色的掩护“悄悄地进村”。

这时候蹲在圣贝纳迪诺海峡等“老鼠”前来的哈尔西已经发现了小泽舰队。——为了暴露自己让敌人发现，小泽故意不停地发送出没有加密的电报，在发现没有引起敌人的注意后，他干脆命令舰队大摇大摆炫耀似的快速南行。哈尔西发现后担心这支舰队会对麦克阿瑟的登陆造成威胁，但实际上这支诱敌的舰队根本没有多少飞机，即使想威胁也威胁不了。

但不知详情的哈尔西上了钩，他对小泽的舰队展开了全面追击，没有留下一艘驱逐舰防备圣贝纳迪诺海峡。他认为栗田已被打残了，不可能掀起什么大浪了。就在莱特湾门户大开的时候，敌人已经逐渐逼近，南路西村的舰队正靠近莱特湾的南部入口苏里高海峡，而仍具战斗力的栗田也正从北路赶来。但南方的西村舰队已经没有获胜的机会了，指挥官西村与他的搭档志摩中将不和，闹得前者甚至拒绝与后者沟通，最后两个人互相都不知道对方制定的进攻计划。

10 月 25 日黎明时分，在这种情况下，一场夜战打响了。

这次夜战简直就是一边倒，美军航母在 18 分钟内就发射了 4000 发炮弹，西村舰队中除了一艘驱逐舰外，其余都被击沉或重创。最后美军指挥官奥尔登多夫不得不下令停止开火，以防止在黑暗中误伤自己人。两个小时后，就在战役结束的时候，志摩的舰队才姗姗来迟，但迟到的他只能打扫战场了。他看到的只有熊熊燃烧的日军战舰，此时西村正与他的旗舰“山城”号一起下沉。志摩见势不妙，决定赶紧开溜。他只在现场待了五分钟，但就在这漫长的 5 分钟时间里，他的旗舰“那智”号还慌不择路地撞上了燃烧的“最上”号，把后者的左舷上又撞出了一个大洞，气得“最上”号上正忙着救火的官兵们破口大骂：“混账！看不见这么大个儿的着火军舰么？！”结果丧失机动能力而跑得太慢的“最上”号第二天就被美军飞机击沉了。千里迢迢赶来的志摩既费油又耗时地白跑了一趟，他在这次战役中的唯一贡献就是通知栗田，将不会有舰队来与他会合了。

而此时的栗田正在茫茫黑夜中锲而不舍地穿过圣贝纳迪诺海峡，10 月 25 日天亮时分他看到了敌人的舰队，栗田以为自己遇上了美军的航母舰队，这让他心惊胆战，实际上哈尔西的航母编队正在北部 300 海里远的地方追击小泽舰队。小泽也曾发电报给栗田通报过这一消息，可惜栗田没有收到，事实上他看见的只是负责为登陆提供掩护的“吉普车航母”——或者叫“婴儿航母”，这些“航母”没有钢制甲板的保护，而只是铺设了短飞行甲板的商船，每艘船上只有 28 架飞机，航行速度只有栗田舰队的一半，而且没有一门炮能打穿栗田战舰的厚钢板，简直就是挨打的货。

这支舰队的指挥官斯普拉格少将刚收到敌人舰队来袭的情报后还大发脾气，他还以为飞行员看走了眼，误把自家的第 3 舰队看作敌人了呢，但实际上哈尔西的第 3 舰队早就不在附近了。当确认无误后，斯普拉格能做的只有不停地发出无线电求救。日军的大炮齐射，火力掀起的巨大水柱有红色的、绿色的、黄色的和紫色的，原来日军的每一发炮弹都包含一种颜色的颜料，这样

〈小威廉・弗雷德里克・哈尔西（1882—1959 年）

1941 年 11 月 28 日，哈尔西率领以“企业号”航母为主的第 8 特混舰队运送海军陆战队飞机去威克岛。按计划应在 12 月 7 日前返回珍珠港，但因为突遇狂风而延误了一天，他和“企业号”也因此逃过一劫。1942 年 5 月初珊瑚海战役爆发之时，哈尔西正在赶往战区的途中。随后的中途岛战役中，他又因患皮肤病而被迫住院治疗，错过了这两次大海战。1943 年 10 月，哈尔西开始担任南太平洋战区司令兼第 3 舰队司令，因作风勇猛获得了个“蛮牛”的绰号，“和哈尔西在一起，你永远不会知道在下一个五分钟要做什么？”一名军官曾这样说道。战后哈尔西被晋升为美国海军五星上将。

没有雷达帮助的炮手就可以根据鲜明的颜色调整下一次的射击。“他们利用颜色技术朝我们开火！”一名美军士兵嘲讽地说。斯普拉格的舰队也只能用颜色技术来阻挡敌人，他们放出了黑色或白色烟雾来遮挡敌人的视线，“我们的战舰已经不能再经受住五分钟这样的打击了！”斯普拉格用无线电求救道。他的士兵们使用了机械库里的所有东西来与日本人搏斗，包括门把手。但这时候上帝帮了忙，一场暴风雨突然而至，让斯普拉格的舰队有了躲避之处。

在接下来的三个小时，斯普拉格的电台疯狂地呼叫求救，金凯德也疯狂地用无线电呼叫哈尔西返回救援。而此时哈尔西正杀得性起，最后连尼米兹也发来电报急切地询问：“快速舰队在哪里？第 34 特遣舰队在哪里？全世界都想知道！”最后一句话令哈尔西这个“老男人”十分恼火，他以为这是在讽刺他。但实际上最后一句话是发送编码的发报员例行公事在秘密急件上随意加的废话，为的是迷惑敌人令其不知所云，但解码的收报员却以为这是电报的一部分，因为它确实太像电报的一部分了……受了刺激的哈尔西于是掉转船头，开始争分夺秒地南返。

这边的栗田还以为自己打的就是美军第 3 舰队，但就在已经占据了上风的时候，他收到了两条消息，一条消息是两个小时后美国舰队的援军即将到来，另一条消息是西村舰队已经覆灭。眼见会师计划已经泡汤，栗田决定“见好就收”、赶紧撤退。日军的突然撤退让斯普拉格目瞪口呆。“我简直不敢相信自己的眼睛！我的上帝！他们撤退了！”他不敢相信日本人把吃到嘴里的肉又吐了出来，在即将要大获全胜的时候突然放弃了。

而在北面，在没有哈尔西航母的帮助下，米切尔的舰载飞机就把小泽的四艘作为诱饵的航母全击沉了，哈尔西白跑了一趟，而小泽也成了四支舰队中唯一一个完成任务的指挥官，但问题是他的“牺牲”白费了，日军的最终目标并没有完成，因为哈尔西犯的错误被栗田犯的错误弥补了。在这次有史以来最大的海战中，日本损失了四艘航母和 22 艘其他战舰，他们的联合舰队已经基本上不复存在了。美军在 10 月 20 日一天之内就有 13 万人登上了莱特岛，几乎和盟军在诺曼底第一天登陆的规模一样。戴着墨镜、叼着玉米芯烟斗的麦克阿瑟终于拉风地重新登上了菲律宾的海滩，虽然夺取菲律宾的战斗还很漫长。

不过一直到了 1944 年 11 月 20 日，日本首相小矶国昭还在痴人说梦般地大谈特谈日军莱特岛的胜利，但没有人告诉他，就在美军第一批登陆部队踏上莱特岛仅仅五天后，日本联合舰队三分之一的力量就已经被消灭，最高指挥部已经决定放弃莱特岛了。——因为陆军参谋本部根本不支持小矶，不但不让他看机密资料，甚至不及时向他报告作战计划。

第十八章
一败涂地

★★★

军无辎重则亡，无粮食则亡，无委积则亡。

——《孙子兵法》

跟麦克阿瑟念念不忘要打回菲律宾一样，史迪威也念念不忘地想要打回缅甸去、重开滇缅路。

在滇缅公路被日军切断后，美军援助中国的物资只能通过空运来完成。美军运输机必须越过高达 1.5 万英尺（约 4600 米）的喜马拉雅山支脉“驼峰”来完成，这导致“驼峰”后来变成了一座铝山，因为坠毁的飞机太多了，而飞机大多是铝做的。通过这条危险路线抵达昆明的物资简直是杯水车薪，而要把航空燃料空运到前线更是得不偿失，因为运输机每运送 2 加仑的燃料就要消耗掉 3 加仑的燃料。物资的匮乏导致在中国的美军飞行员只能用嚼过的口香糖来填补油箱上的子弹孔。武器弹药补给统统不足，还怎么对日本人发起反攻？于是赶快打通滇缅公路就成了迫切的要求。

念念不忘重返缅甸一雪前耻的史迪威对此非常积极，他制定了一个由在印度的英军（X 军）和中国军队（Y 军）东西夹击，并同时在南部登陆缅甸的计划。这个计划很理想，唯一的缺点就是英国和中国都不愿意施行。因为在盟军士兵看来“在缅甸服役，简直就是抽到了现役中最差的一张彩票”。这里的热带雨林里不仅有胳膊那么长的蜈蚣，还有盘子那么大的蜘蛛，而且疟疾横行。雨季一到，简直像上帝开了水闸，如同 100 万根高压水龙头齐刷刷地射下来，环境简直不要太刺激。战后一名英军士兵被问及缅甸战场和北非战场的区别时，他回答道：“天上的飞机基本上都差不多，但那些该死的日本人不像意大利人那样会逃跑。跟缅甸相比，在北非沙漠里就好像在天堂了。”

在英国人看来，优先打败家门口的德国比什么都重要，离英国十万八千里的缅甸才排不上号。而且打通滇缅公路支援中国，让其实力增强，成为一个大国？丘吉尔才不愿意呢。于是这位英国首相把在丛林作战中收复缅甸比喻成“一根刺一根刺地咀嚼一头豪猪”。蒋介石对此也是三心二意，因为第一次入缅作战就几乎将 10 万人赔光，还要再来一次？！在蒋介石看来史迪威就是典型的冒险主义，简直是拿鸡蛋碰石头，是赶着去投胎！蒋介石不愿意，他还要把剩下的军队节省下来对付国内的共产党呢。于是史迪威不断地来往于中国重庆和印度德里之间，用他自己说的“拉袖子战术”，一面哄蒋介石，一面哄英军在印度的总司令韦维尔。他感叹道：“老天，我就像个跑腿的。我跑到重庆拉住蒋介石的袖子，告诉他最好准备渡过萨尔温江，因为英国正准备从南方登陆进入缅甸。我告诉他，如果英国人独自行动的话，中国将会很没面子。然后我又飞到印度，拉住韦维尔的袖子，告诉他，蒋介石的军队就要渡过萨尔温江了，你们英国人最好也立即行动。如果中国人有胆子去战斗，而你们英国人没有的话，你们将会大大地给白人丢脸。”

史迪威喋喋不休的结果是白费唾沫，因为两方都不是省油的灯，而是打太极的高手。韦维尔以后勤不给力、雨季马上来临等等一大堆借口来推托敷衍；蒋介石倒是答应合作，但前提是他要更多的美国的租借物资。但史迪威却不愿意，他还想要拿这些援助物资来当作筹码要挟蒋介石采取行动，不听话就不给他。于是这个计划一拖再拖，最后告吹。而之后制定的“斗牛士计划”、“海

〈约瑟夫・史迪威（1883—1946 年）

史迪威在二战时是中印缅战区的美军总指挥，又是中国陆军的参谋长和中国租借法案的主任、分配美国援华物资负责人，以及东南亚司令部的美国代表，但没有一个任务的困难度比得上他担任蒋委员长的参谋长。蒋介石只想让他当个传声筒，而他则想亲自指挥中国军队大展身手，这让视军权如命根的蒋介石大为恼火，最后双方以闹翻告终。战后史迪威想要再来中国探望几个好友也被蒋介石拒绝，可见后者已经恨死他了。陈纳德对史迪威的评价是：“性格粗犷，勇猛无比……但他总是把自己完全看成是一名陆军军人，而根本不明白他作为外交官的基本职责，他也没有那份耐心去弄明白这一切。”史迪威的好友，美军总参谋长马歇尔将军也承认“酸醋乔”是他自己最大的敌人，本来派他来中国是因为他跟同事的关系不好，但他来之后又把同中国人的关系搞砸了。

盗计划”、“夹击计划”、“狩猎野猪计划”也没一个成为现实。

一直到1943年11月，蒋介石去参加开罗会议，战事才有了一线转机。参加这次会议的还有罗斯福和丘吉尔，主要商讨的内容是对日作战问题。在这次会议上蒋介石提出，要想中国派出远征军进攻缅北，英军必须在孟加拉湾来一次两栖登陆以切断日军的海上运输线，并在缅甸中部的曼德勒来一次空降突袭来策应中国军队，以确保此次行动万无一失。英国人认为在安达曼登陆可以，但从天而降到曼德勒的热带雨林里根本不切实际，于是蒋介石也模棱两可起来。11月25日，丘吉尔与新任东南亚总司令蒙巴顿亲自会见了蒋介石，说服了他在英军没有进攻曼德勒的情况下仍然出兵缅甸。但就在当天晚上蒋介石与罗斯福会面后，蒋又明确地表示自己改变了主意。于是第二天喝茶的时候，丘吉尔、罗斯福和蒋夫人宋美龄又轮番上阵地一起做他的工作，蒋介石才再一次表示同意。不过到第二天早上要离开开罗的时候，蒋介石又一次变了卦，他明确告诉史迪威，除非英军进攻曼德勒，否则他不会参加这次战役。气得英军总参谋长评论这次会议：“完全是在浪费时间！”当蒋介石从开罗回国的途中，顺道参观了印度的兰姆伽基地，他看到这里受到训练的中国军队精神焕发后，又一次改变了主意，表示即使没有英军进攻曼德勒，他也会派遣军队反攻缅甸。但这回英国人却不干了，丘吉尔与罗斯福从开罗到德黑兰与斯大林会晤，当斯大林承诺一旦打败了德国就对日宣战后，丘吉尔马上认为中国已经不那么重要了，于是他提议将原计划在安达曼作战中使用的登陆艇用于进攻西欧的诺曼底和法国南部，蒋介石得知后表示，自己再一次改变了主意，于是这次反攻缅甸的计划又在扯皮中泡汤了。

一直到1943年快结束的时候，在经历了一系列的互相争吵和讨价还价后，在史迪威的坚持下，一个缩小版的计划才开始实施。——只收复缅甸北部，打通通往中国的运输线，见好就收。他能动用的只有当年撤到印度的中国军队和少量美军，而且由于史迪威坚持跑到前线亲自指挥作战，他被美国人讽刺为“美国陆军最优秀的三星连长”。

就在盟军的联合作战拖拖拉拉的时候，日军准备的大规模进攻已经箭在弦上。在太平洋海战中的不断失利，让日本人把目光转到了陆地上。1944 年 3—4 月，信奉“进攻是最好的防守”的日本陆军开始在两条战线上先发制人，发起了猛攻。——从缅甸向印度的进攻为的是消灭在那里的英军基地，预防敌人即将对缅甸的反攻；而对中国正面战场的进攻为的是摧毁那里的美军空军基地，消除其对日本本土的轰炸。

负责对印度进攻的日军指挥官是牟田口廉也，这位脾气暴躁的中将喜欢不停地给士兵下命令，发起脾气来像中了风一样可怕，所以他的下属都不敢把令他不高兴的坏消息报告给他，结果这耽误了很多事。前线日军士兵还编了一首歌讽刺这个上司：“牟田口阁下喜欢的东西：一是勋章，二是女人，三是新闻记者。”

在英帕尔作战发起之前，自我感觉良好的牟田口“舍我其谁”般地向官兵演讲道：“说起大东亚战争，那是我的责任。在卢沟桥下令开第一枪的是我，因此（作为间接责任人），我必须设法尽早解决这场战争。”第 15 军的小烟参谋长认为日军的后勤捉襟见肘，要越过缅甸的丛林把补给运送到前线根本不可能，于是反对发动此次作战，结果马上被撤职了。牟田口对此的回答是：“没有补给，就不能打仗？那怎么能行！日本军队能够忍受任何艰难困苦。粮食可以从敌人那里夺取！”在他看来，我们没粮食没关系，英国人不是有吗？把英国人打败了把粮食夺过来不就有了？除了寄希望击败英军后“就食于敌”外，牟田口还灵光乍现地想出了个“妙招”，那就是仿效中世纪的蒙古人的作战方式，征发了 3 万头牛、羊等牲畜随军，一来可以驮运军需物资，二则在军粮缺乏时可以宰杀充饥，即所谓的“成吉思汗作战”。有些军官听完牟田口的作战计划后调侃道：“指挥官阁下的作战计划似乎没有把敌军的战斗力考虑在内。”

日军第 31 师团的指挥官佐藤幸德也根本不看好上司的“异想天开”，他在战前曾忧心忡忡地来到军部问负责后勤的兵站参谋有没有信心，这名参谋当即直白地回答："没信心"。于是他也被撤换了，在撤换后佐藤再问他，结果这个不识时务的参谋的答案还是"没信心"。于是在渡过钦敦江之前，佐藤有所预感地向属下进行了一番"饥饿训示"，他称："诸位，今夜我们要开始横渡钦敦江了。在此之前，我有话要对大家说明白，请好好听着！只要不发生奇迹，诸位的性命将会在即将发起的此次作战中丧失。但是，不是倒在枪弹之下，你们中的大部分人将会饿死在阿拉干山里。请做好心理准备！"

1944 年 3 月 8 日，在"向德里进军"的宣传口号下，日军的进攻开始了。从缅甸出发的日军翻山越岭来到了科希马，由于丛林不利于装甲作战，大部分日军都轻装上阵，只带了三周的口粮和给养。但一上来，日军的炮弹就把英军的供应水管打得千疮百孔，让对手饥渴难耐了，因为后者的供水管完全赤裸裸地暴露在光天化日之下，毫无遮掩。最激烈的战斗在英国代理总督旧居的一个旧网球场上上演着。——一个笑话这么说，德国人占领一个地方后首先勘察地形，建立防御阵地，英国人占领一个地方首先要建个网球场。双方在球场的两端建立了阵地，像打网球一样把手榴弹扔向对方。一周的围攻战后，英军的饮水、弹药和医疗用品已经消耗殆尽，他们不得不依靠空投来维持补给，但守军急需的迫击炮炮弹被投到了 2.5 英里（约 4000 米）外的第 161 旅阵地，而第 161 旅需要的作为掩护火力的炮弹却被投给了科希马的防御阵地，而后者根本没有炮兵部队。更多的物资都落在了日军的阵地里，日军用这些英军"送"来的炮弹装在缴获的英军迫击炮里，再通过发射"还给"英国人。

在科希马南面的英帕尔，双方也打得筋疲力尽，直到"没有一方能够再次采取大规模行动"。最后英军不得不把三万名非战斗人员空运走，以减少供给的需求。不过通过强大的空运能力，英方也得到了大批的增援与补给，在代号为"耐力"的空运补给中，从天而降的不但有活的骡子和山羊，还有整座的预制桥梁。英军士兵后勤供应十分充足，甚至有热咖啡喝，有干净的衬衣换，粮弹药品储备始终保持在两周左右。

而他们的对手日本人就没这么高端的补给方式了，日军由于没能夺取到敌人的补给，只能开始吃自己带来的牛羊，但问题是这些不通人性的畜生不听指挥，没有纪律性的它们要么怎么打也不走，把路堵得结结实实，让谁也过不去；要么听到炮声就吓得到处乱跑，日本兵还得费好大劲才能把这些“口粮”抓回来。最后日军部队不得不抽调兵力把那些倔牛全部赶走，羊肉则大多进了日军的肚子。到了最后，缺乏食物的日本士兵只能靠青草来果腹，加上缅甸丛林里寄生虫横行，许多士兵都染上了伤寒、疟疾、痢疾、霍乱、流感等疾病，战斗力大幅下降，有的人连站都站不起来，因为没有药品，军医只能看着他们在泥地里呻吟。当事者回忆道：“士兵们的皮肤常常布满溃疡和脓疮，身穿湿透了的衣服躺着任蚂蚁去叮咬。”

下至普通士兵、上至师团长对牟田口的不满也开始爆发，连一向强调绝对服从的日本士兵们也开始咒骂他们的长官，称牟田口为“鬼畜牟田口”。在收到前线日军部队要求补充粮食的电报后，牟田口暴跳如雷，他回复道：“日本人自古以来就是草食民族。你们被那么茂密的丛林包围，居然报告缺乏食物？这算怎么回事！”

在科希马的佐藤实在是顶不住了，他的第 31 师团已经连续两个半月没有一粮一弹的补给，虽然不计代价夺下了科希马，但整个师团近乎弹尽粮绝，已经完全丧失战斗能力。佐藤认为这仗实在是没法打了，再打下去简直就跟自杀没区别了。于是已死伤 7000 多人的佐藤要求允许他们撤退到有给养的地方。在被牟田口拒绝了多次后，没有收到后方一粒米、一颗谷子和一发子弹补给的佐藤发了怒，他怒气冲冲地向仰光的总部发了一封电报，称“第 15 军参谋的战术能力比军校的学生还要低！”然后就自行撤退了。发了飙的牟田口狂怒地回复：“如果你擅自撤退的话，我就把你送上军事法庭！”气得失去理智的佐藤针锋相对地回电道：“你爱做什么就做什么吧，我也会把你斗倒！”

气愤不已的牟田口召集了司令部全体人员进行训话道：“诸位，佐藤师团长违背军令，擅自抛弃了科希马战线。因为没有食物无法战斗，就擅自撤退。

这样的人还能称之为‘皇军’么？‘皇军’即便没有了食物，也必须继续战斗的。没有武器弹药和食物就不能打仗？这决不能成为正当的理由！……没有子弹的话，不是还有刺刀么？没有刺刀的话，还有拳头呢。没有拳头的话，还可以用脚踢的。就算这些都没了，不是还可以用牙齿咬么？……不要忘记日本男子应该有的大和魂！日本是神州，神灵必定会保佑我们的……”

由于牟田口喋喋不休的训话时间长达一个多小时，部分营养失调的军官因脑贫血而接连倒下……

史迪威曾评论说：“日军没有自我纠正错误的能力。”虽然大多数日军军官已经看出败局已定，尽快保存有生力量、组织撤退才是上策，但谁也不愿先提出来显得自己怯懦无能。于是当日军参谋本部的东条英机咆哮着宣称“皇军”的字典里没有“撤退”这个词后，没人再敢吭声了。

三个“作战不利”的师团长都被牟田口撤换掉了，但他的“精神胜利法”根本不管用。当缅甸方面军司令河边正三催促他继续作战的时候，牟田口亲自指挥部队向英帕尔南部发起了一次进攻，但很快就因为部队太虚弱而失败了。他终于领会到了佐藤的困境与心情，牟田口也要求河边正三允许他撤退。但是河边正三却命令他发动一次四个方位的进攻，这简直是纸上谈兵、痴人说梦，牟田口只能喃喃地念着日本神道的祈祷词，悄悄地撤退到了一座小山旁，所幸的是河边正三终于改变了主意，在第二天允许撤退了。

撤退的日本士兵们衣衫褴褛，大多光着脚丫，除了能帮助他们走路的木棍外，他们把一切东西都扔掉了，没有弹药、没有衣服、没有食物，沿途的村庄也没有给他们提供吃的东西，因为他们来的时候就把这些地方洗劫一空了。很多人走着走着就倒下死掉了，尸体很快就被虫蚁啃成了骷髅白骨，这条溃退之路也因此被日本士兵称为“白骨街道”或“靖国街道”，因为道路的两旁倒毙着大量的遗骸。死要面子的日军为了不给缅甸人留下自己遭遇惨败的印象，特意在渡过钦敦江后短暂休整了一下。一些不知情的当地人看见日军昂首挺胸的模样，还以为他们打了胜仗呢。

取得胜利的英军来到英帕尔—科希马公路的一个村庄时，发现了日本兵在墙上的涂鸦，上面写着："英军——太多的大炮、坦克和部队。日军要撤走了，但是会在六个月后卷土重来。"但是写下这些话的日本人错了，日军再也没有回来。

在这次日军有史以来最大的陆战中，日军一败涂地，一共死了 5 万人，伤亡率高达 84%。牟田口和佐藤都被解除了指挥权，当佐藤回到牟田口的司令部时，牟田口的参谋给佐藤送了一把武士刀和一块白布，建议他切腹自杀，但后者拒绝了。佐藤坚持说自己只是把"士兵从一场毫无意义的毁灭中挽救了出来"，这场失败不是他的责任，他也没有被送上军事法庭，因为医生在检查后认为他的精神状态已经经不起一场审判了。而因佐藤的撤退命令而活下来的日本官兵们却很感谢他，在佐藤死后，他们特意为这位长官修建了一座纪念碑。

因战败被撤职的牟田口垂头丧气地来到了 15 军司令部，当着众多总部军官的面，他以微弱的声音对参谋藤原说道："藤原，这次作战死伤了那么多部下，损失了那么多武器，作为司令官，我应该负起责任。如果我切腹自杀的话，是不是可以求得天皇和众多阵亡将兵的原谅呢？我想听听你的意见，请毫无保留地说出来。"正在写字的藤原根本没停下来，他看都没有看牟田口一眼，就头也不抬地说道："自古以来，口头上喊着要死要死的人从来没有真正想死的。如果司令官和我商量关于自尽的事情，作为下属幕僚，在形式上我有责任不得不制止您……只是，如果您真的感受到了作为司令官的责任，想要以死谢罪的话，那么请在没人的地方悄悄地切腹，谁都不会阻拦您。请您毫无牵挂地自尽好了。"说完这番话，藤原又低下头继续工作起来。

"啊，是么？我明白了。哈哈……"打着哈哈、表情尴尬的牟田口带着自嘲的笑声转身离开了。大家也像没有发生任何事情一样，继续自己的工作。藤原早就看出自己的上司在演戏，想让大家劝阻他不要自杀，只是他没有想到大家根本不配合……

不过牟田口的故事还没有结束，战后，他以战犯身份被盟军逮捕，但没有被起诉而被释放了。固执的他在东京开了一家料理店，就起名叫“成吉思汗料理”，以示自己当年的后勤战略没有错误。在受到报纸、杂志、媒体采访时，牟田口也不放过任何为自己辩解的机会，并且不忘把责任推到部下身上。但一听到有在英帕尔作战中的战死者家属来访，牟田口要么托病不见，要么就提前溜走。在参加旧部下的葬礼时，牟田口为了强调自己对当年的战败没有责任，还在葬礼上大肆散发为自己辩解的小册子，甚至他死前还不忘嘱咐儿子在自己的葬礼上散发一叠一叠的辩解传单……

与进军印度的失败形成鲜明对比的是，日军在中国的进攻取得了惊人的胜利。

由于美军海里的潜艇和天上的空袭，日本空有东南亚的资源却运不回来，既然海路不通，那么就走陆路，于是日本人制定了一个庞大的计划：那就是打通一条从日本经朝鲜到中国东北，贯穿华中、华南铁路线直到东南亚的交通大动脉，用来代替海上运输线。这个计划还可以将美军在中国的空军基地连窝端掉，因为从那里起飞的飞机不断轰炸日本的运输线，早让他们怀恨在心了，正好可以一举两得，而且最重要的是：中国是众多对手中最弱的那个。

就在中国战场即将大祸临头的时候，盟军内部还在扯皮打“内战”。日本与美国开战之后，驻华日军的精锐陆续被调往太平洋战场，暂时无力在中国发动大规模的全面进攻，只能发动一些小的局部进攻。国民党前方将帅早已看穿这一切，于是各显神通：日军来犯之时就避而不战、游而不击，美其名曰“节节抵抗”，日军撤退之际就尾随出境，号称击退敌军又创“大捷”。总之各大战区不动如山，敌不动我亦不动，纷纷满足于后退固守的现状，以“拖”字诀不变应万变，根本无心积极出击收复国土，只想着保存实力。反正在以蒋介石为首的国民党看来，日本人早晚要被美国打败的，他们等着摘桃子就好。而对于国内积极抗日的共产党，他们却毫不手软，1939 年日军的攻势刚开始放缓后，国民党就开始抽出手来压制封锁在陕北的共产党，企图将后者扼杀。拿着美国人的援助物资不帮着美国人打日本人，反而贪污私吞、消极避战，准备攒着排除异己打内战！这引起了史迪威的强烈不满。这位蒋介石的参谋长性格尖酸刻薄，被同僚们送了个外号叫“醋酸乔”，喜欢给其别人起外号的他送给蒋介石一个形象的绰号：“花生米”（美国口语中指“笨蛋”、“无聊的人”）。看到国民党军的腐败无能、不思进取，不满的史迪威开始把蒋介石称为“一个傻子！一个笨蛋！一个固执、无知、充满偏见、自负的暴君！”他怒气冲冲地认为：“美国一直被这个‘花生米’所操纵，不得不支持这个已经烂掉的政府。把这个政府的领袖美化成全才的爱国者和战士！”虽然他没有公开这些评论，但国民党的特务可不是吃干饭的，被激怒的蒋介石也认为史迪威根本不是来合作的，而是想当“太上皇”，是“被派来指挥我的！”

除了要跟蒋介石做“斗争”，史迪威还要跟同僚做“斗争”。中国空军特遣队（前身为美国志愿援华航空队“飞虎队”，后改为美国第 14 航空队）被称为“老皮脸”的克莱尔·李·陈纳德（Claire Lee Chennault）乐观地认为通过空中打击就可以挫败日本人的攻势。1943 年秋，日军对湖南常德发起了进攻，陈纳德也派遣了空军参战，当地面上的日军掠夺了物资主动撤退后，陈纳德产生了是空军击退了敌人这样的错觉，于是他宣称只用他的空军就能击败日本人；而史迪威认为要赢得胜利非地面进攻不可。两个人如同竖起刺来的豪猪一样针锋相对，前者认为史迪威就是个近视而又营养不良的老步兵，对任何比刺刀和步枪复杂的武器都表示怀疑；后者认为陈纳德的空军轰炸要是把日本人惹毛了，他们会从地面直接进攻并捣毁己方的机场。

就在各方争吵不休、互相看不顺眼的时候，日军的进攻开始了。

这次战役的代号为“一号”，日军动用了高达 60 万的空前兵力，在河南的国民党军汤恩伯部几乎一触即溃。1938 年，号称国军中央军精锐的汤恩伯

〈克莱尔·李·陈纳德（1893—1958年）
1940年，由于日本对中国大后方重庆、成都等地进行疯狂轰炸，中国空军又无力对抗，蒋介石急忙向美国求助。但美国此时还未与日本开战，于是罗斯福默许陆海军的后备航空军官、士兵参加美国志愿援华航空队，以民间身份去援助中国。美国的陈纳德上校成了指挥官，一开始美国飞行员在飞机头部画上鲨鱼头，用以吓唬日本人。志愿队初战告捷后，昆明各报相继报道称美国志愿队的飞机是“飞虎”，于是志愿航空队也因此被称为飞虎队。后来，“中华民国”代表团向好莱坞的著名的迪士尼公司请求设计一个队标，华特·迪士尼亲自动手，设计出了“一只张着翅膀的老虎跃起扑向目标，老虎的尾巴高高竖起，与身体共同构成了象征胜利的V形”的图案。

部对死守藤县的川军王铭章部见死不救，导致王铭章战死；1940年又对只率两团兵力与日军血战南瓜店的张自忠袖手旁观，坐看张自忠成仁……不过，此时再也没有杂牌军愿为其垫背了，一战之下，汤恩伯多年保存下来的所谓精锐部队几乎全灭，他也因此被免职。

日军一路南下打到了长沙，负责防守长沙的薛岳将军曾在此前用“天炉战法”击退了日军的三次进攻，并赢得了“长沙之虎”的绰号，但这次日军把他的“天炉”砸了个底儿漏。由于缺乏协调，当长沙的炮兵指挥官要求步兵指挥员派兵保护他们的大炮时，后者予以拒绝。结果日军很快消灭了不受保护的炮兵部队，然后扭头又把失去大炮支持的步兵干掉了。薛岳声称中国军队不得不撤退是因为敌人在炮弹中使用了毒气，但一名当时在长沙的美军中士却说：一天早上，他醒来之后发现中国军队神奇般地不见了，根本没有毒气，也没有明显战斗过的痕迹。

更激烈的战斗在长沙以南100英里的衡阳展开，这里是陈纳德最大的空军基地之一。防守这里的第10军进行了英勇的抵抗，重庆的国民政府宣布中国军队正在进行一次大规模的反攻来为衡阳解围。但当《时代》周刊的记者西奥多·怀特亲自到衡阳后发现，所谓的大规模反击仅仅是装备很差的两个团。孤立无援的第 10 军虽然坚守了衡阳 48 天，打破了抗战以来的守城纪录，但衡阳还是陷落了。

陈纳德的空军也没有挽回战局，一个原因是他的飞机缺乏燃料，不得不减少出击次数，当蒋介石请求负责援助物资分配的史迪威拨给陈纳德空军汽油时，很自然地被后者拒绝了。在当天的日记里，史迪威记载道："想为第 14 航空队骗到汽油，他们要想的是整个世界！却从来不知回报！"陈纳德见空中轰炸没有阻止日军的长驱直入，又急忙向史迪威要求调配物资给中国军队，但不信任蒋介石的史迪威认为中国战场已经没救了，所以他决定见死不救。在他看来，这批物资交给蒋介石后又会被贪污掉——反正不会用到刀刃上。而且他很高兴自己的先见之明被应验了，幸灾乐祸的他在拒绝了陈纳德后还在日记里刻薄地写道："让他们愤懑去吧！"《时代》周刊记者怀特报道当时的情形道："当中国哭喊着渴望空中力量时，鸟儿却在印度境内的 B-17 飞机的排气口里做窝。"最后到史迪威同意拨付 500 吨物资给中国军队时，日军已经打到桂林了，来不及运走的数万加仑汽油和其他物资只好全部销毁。

史迪威的心思只在缅甸战场上，在催促了无数次后，蒋介石终于同意派出军队西渡怒江，准备夹击缅甸。但鉴于华东局势急转直下，蒋介石又赶忙要求将军队撤回来。史迪威认为蒋介石屡次出尔反尔就是要拆自己的台，于是一气之下向罗斯福告了蒋一状，并提出要蒋介石授权他指挥中国的所有军队来挽救危局。听了史迪威报告的罗斯福也开始对蒋介石印象不佳，于是他表示同意并向蒋介石发来电报表达了这一立场，要不然就终止援助。后来罗斯福声称自己根本没细看电报内容，因为他当时正被丘吉尔的各种要求搞得心烦意乱。当面把电报交给蒋介石的史迪威后来兴奋地在日记里写道："我把这包'辣椒粉'交给了'花生米'……鱼叉正好击中了这个讨厌鬼的太阳神经，并且刺穿了他的身体。"蒋介石也被惹恼了，"洋大人"竟然想反客为主地爬到自己头上来，罗斯福竟然像对非洲酋长一样“命令”他！但他在读过电报后，表面上却不动声色，只是平静地表示：“我知道了。”这让想看蒋介石笑话的史迪威大失所望。但随后蒋介石立马也给罗斯福发去了一封“最后通牒”：他不但不能把指挥权给外人，而且强烈要求换掉这个参谋长，让史迪威卷铺盖卷儿滚蛋，因为后者已经跟他没有合作精神了。最后他还暗示道：如果不同意，中国就要退出同盟国。

在这场“老醋泡花生米”的争斗中，最终以蒋介石的胜利而告终，因为罗斯福不想失去中国这个世界上人口最多的国家，他只能选择蒋介石而牺牲史迪威。

就在史迪威卷铺盖卷儿离开中缅印战区后，他念念不忘的缅甸反攻计划终于结出果实了，X 军与 Y 军终于在 1945 年 1 月份成功在北缅甸会师，虽然最后起了点误会，把对方当作日本人而互相开火打了半天。滇缅公路终于打通了，英军在仰光的两栖登陆与空降也成了现实，成千上万的日本兵逃跑时掉进河水暴涨的锡唐河里被淹死，而在 1942 年日军入侵缅甸的时候，成千上万的英国士兵就是在这条河里被淹死的。

但中国的局势仍然在继续恶化，到 1944 年年底的时候，日军从湖南打到了广西。——就在中国远征军打通了滇缅的交通线时，日军也打通了在中国大陆上的交通线，将国民党统治区打了个对穿。日军的战略目的达到了，华东可以轰炸日本的机场被摧毁，大陆交通线也被打通。但根本没什么用，美军已经夺取了太平洋上的塞班岛，从那里照样可以轰炸日本；而太长的“大陆交通线”也根本不畅通，因为敌后的中国共产党军队正忙着拆路轨、扒铁道。

这次的一败涂地也让美国人看清了国民党这个盟友是个扶不起的阿斗，美国人要亲自上场拿下日本得死多少人？还是找苏联人吧。一开始美国低估了日军的战斗力，让日本人一路凯歌高奏地拿下了几乎整个东南亚和西太平洋，在战争结束前他们又犯了高估日军战斗力的错误，认为必须找苏联帮忙。

第十九章
拆东墙补西墙

★★★

“希特勒常说他是上帝派来的，对于这点我们深信不疑，但他是上帝派来毁灭德国的。”

——一个德国女孩

库尔斯克大战结束后，在苏联战场上的德军开始如退潮一样逐渐西撤，苏军则如同泰山压顶一般朝西席卷而来。

1943 年 8 月，哈尔科夫也被苏联红军解放了，德军撤离哈尔科夫的时候将城里城外的所有东西能搬的都搬空了，只剩下了一坛坛的俄罗斯伏特加，而就是这些酒为曼施坦因的部队赢得了 48 小时的撤退时间，因为对于苏联士兵来说伏特加的诱惑力实在是太大了，他们根本顾不上追击德国鬼子了。

随着形势的好转，一向冷酷的斯大林也有心情开起了玩笑。他在克里姆林宫的办公室里与他的高级参谋们讨论进攻计划后，最高统帅部的参谋长施特曼科发现丢失了两幅重要的作战地图，开会时地图与文件都是散乱地铺在桌上的。这把这位参谋长急坏了，他第二天整整一天都在寻找并询问他的助手，但都一无所获。最后根据推理小说上“排除掉一切不可能的，剩下的就是真相”这一定律，他认定嫌疑人只有一个。于是施特曼科壮着胆子找到了斯大林，“请把地图还给我。”施特曼科说道。

斯大林装着一副无辜的模样问道：“你凭什么认为地图在我这儿？我什么也没拿。”

施特曼科坚持道：“地图不可能在别处，一定在您那儿。”

斯大林笑了，他走进另一个房间，出来时拿着地图——这是一个考验他的将军们的恶作剧。

在将德军逐出别尔哥罗德和奥廖尔后，斯大林下令 124 门大炮齐鸣 123 次来庆祝胜利，巨大的轰鸣声把在睡梦中的市民们惊醒，他们还以为空袭来了，吓得惊慌失措地躲进了地窖里。斯大林则亲自发表讲话，在结尾时，他称：“光荣永远属于为祖国的自由而牺牲的英雄们。德国侵略者必定灭亡！”由于斯大林特别喜欢这个句子的语气，所以此后每次苏军取得胜利后，他都发表讲话，并用这句话作为结尾，到战争结束时，这句话他一共说了 300 多次。

到 1943 年底的时候，苏军已势不可挡地突破了德军在苏联领土上的最后

^ 漫画：在第聂伯河岸边“垂钓”的德军已变成了骷髅，他向其他战场上回来战友打招呼：“哈喽！又回来了？过得可好啊？”

一道主要防线——第聂伯河。在渡河的时候，苏联人甚至把坦克改造成了潜水艇，外壳和炮塔上的所有舱盖和缝隙都涂上了油灰或沥青，再用浸过油的帆布包裹住以防漏水，空气通过舱口盖进入发动机，废气则从加长的垂直排气管排出去。就这样，90 辆坦克顺利地过了河。

面对东线的糜烂局面，古德里安认为大丈夫能屈能伸，不如干脆撤出那些不好防守的地区，因为暂时的撤退可以缩短战线、集中兵力，还能创造反攻的良机。但希特勒可不这么想，他认为撤退就等同于失败，所以要死守占领的每一寸领土，坚决不撤退，可见元首的辩证法学得并不好。被气得够呛的曼施坦因也质问最高统帅部：是冒着被苏军突破的危险，坚守并不牢固的阵地，还是井然有序地撤退到预定的防御阵地，以逸待劳地杀伤来袭的苏军？希特勒的回复是：我全都要。——既要坚守住原来的阵地，又要在那里杀伤敌人。当然，最后他这两个目标一个也没达到。

1944 年初，苏联红军已经达到了 700 万，平均每个德国士兵都要抵挡数倍于己的红军战士，而且每一个苏军战士都对德国人充满着复仇的欲望。在北方，被围困了 29 个月的列宁格勒终于在 1 月 17 日解围了；在南方，苏军收复了克里米亚半岛并解放了乌克兰，只有两者中间占据着白俄罗斯的德国中央集团军群没受到打击。希特勒并不担心中路军，因为他得到情报说苏军即将继续在南线发动攻势，冲向巴尔干半岛。但不祥的是，中央集团军群不断地发现他们对面出现新的敌军部队，一名被击落的苏军飞行员也供述朱可夫已经来了，这预示着苏军大规模进攻即将开始。但"吃一堑、长一智"的希特勒拒绝相信，他认为这只是敌人虚晃一枪，他们的主攻方向仍在南部，在中路补充新的兵员只是为了牵制住他的中央集团军群。结果中央集团军群吃了大亏，在 1944 年 6 月 22 日希特勒突袭苏联三周年纪念日这一天，苏军在中路发起了"巴格拉季昂"行动。——巴格拉季昂正是在 1812 年战争中挫败了拿破仑的俄国名将。在 240 万苏军排山倒海般地猛攻下，德军平均每天要伤亡 11000 人，中央集团军群几乎被打垮。这简直就是 1941 年 6 月"巴巴罗萨"行动的再现，不过攻守双方已经调了个个儿。当德军指挥官命令后备部队堵住缺口时，前线询问道："你能说下要堵住哪个缺口吗？我们这到处都是缺口！"

1944 年 7 月 7 日，5.7 万名衣衫褴褛、邋邋遢遢的德军俘虏在莫斯科被游行示众，领头的是被俘的 25 个德国将军，整个过程一共花了六个小时，他们也被戏称为"第一批进入莫斯科的德国军队"。

在这场"可能是德国在二战中最大的单一败战"中，德国中央集团军群惨遭重创，在继库尔斯克大战打垮德国装甲部队之后，这次进攻把东线上的整个德军也打垮了。此时西方盟军已经在诺曼底站稳了脚跟，德国又陷入了两线作战的噩梦，开始顾西顾不了东，堵东堵不了西，东西奔走，疲于奔命。

面对苏军排山倒海般的推进，希特勒的回应仍是老一套：首先强调意志的重要性；其次贬低苏军的实力；最后拒绝放弃占领的每一寸土地。希特勒不允

∧ 漫画：1941 年与 1944 年之对比。1941 年时纳粹领导人已经从望远镜里看见克里姆林宫，但 1944 年的时候苏军的大炮已经破门而入了。

许将领有根据现实暂时撤退的权力，即使撤退可以缩短战线解放更多的兵力也不行，他宁肯部队被包围歼灭也不撤退！一位德军将领调侃说："军营的指挥官们都不敢擅自调换门口一个哨兵的位置。"

总之，一根筋的希特勒宁肯人地皆失，也不愿意存人失地。违反命令擅自撤退者通通撤职，因坚守导致惨败的将领也通通免职，因为希特勒要找人当替罪羊。当年西方国家想打一场一战那样的阵地战来耗死德军，结果被希特勒的闪电战破了局；现在面临东线的节节失利，希特勒又想像一战那样通过死守的阵地战来阻止苏军的推进，但这根本不可能了，苏军排山倒海的"闪电战"将德军死守的战线一次又一次撕裂。已经放弃一切战术的希特勒为了坚守，像一个精神病患者一样大发雷霆，搞得许多将领都不厌其烦，因意见不同，与希特勒"激烈争吵"后的克莱斯特、古德里安等人都被解职了，克莱斯特后来抱怨说自己不应该去跟希特勒沟通，而是应该找个心理医生去跟他沟通，因为"你跟他口干舌燥地谈了俩钟头，以为你终于说服了他相信了某件事，他却突然又从起点开始谈，好像你一个字都没讲过一样”。已经魔怔了的希特勒将靠直觉来指挥德国军队了，这也导致现在德军面临着两个敌人，一个是日益强大的苏联红军，一个是他们的元首阿道夫·希特勒。

继意大利之后，德国的另两个盟友罗马尼亚和保加利亚也宣布退场，先后向苏军投降。罗马尼亚独裁者安东尼斯库在觐见国王时被逮捕，简直就跟墨索里尼下台的剧情一样，随后罗马尼亚国王米哈伊一世就宣布和德国断交，接受同盟国的停战条件。保加利亚虽然加入了轴心国，但留了个心眼的国王鲍里斯三世一直没有对苏联宣战，看到苏军即将进入境内，保加利亚政府立马断绝了与德国的关系，并站在了苏联一边，向德国宣战。下一个倒戈的是北方的芬兰，在苏军的反击下，1944 年一个夏天里芬兰就伤亡了 6 万多人——占芬兰总人口的 1.3%，这对人口稀少的芬兰是个巨大的打击，再打下去芬兰士兵就死绝了！ 9 月 7 日，前去莫斯科谈判停战事宜的芬兰代表团被苏方故意冷落了一个星期，苏联提出的条件十分苛刻。边界恢复到了 1940 年，本来想要复仇的芬兰“竹篮打水一场空”，不但重新丢失了曾收复的领土，还赔上了佩特萨摩地区，并且要赔款苏联 30 亿美元，等于白白丧失了 5.5 万名士兵的生命。德军开始从芬兰撤退到挪威境内，紧随其后的芬兰军队假装在追逐他们，直到把他们“礼送”出境。

^ 漫画：希特勒的轴心国集团开始分崩离析，站在上面的他已岌岌可危。左边掉下的一块是意大利，右边掉下的两块是芬兰和罗马尼亚。

1944 年 7 月的时候，一路

高歌猛进的苏军已经攻入了一马平川的波兰平原，从这里通往柏林除了维斯瓦河与奥德河以外再无大的天然屏障了。

进入波兰的苏军马上在卢布林扶植了一个临时政府，这个“波兰政府”马上宣布拥护苏联人提出的苏波边界。而在伦敦流亡的波兰政府则表示无法接受，因为这条边界承认了 1939 年苏联吞并的波兰东半部领土，那样波兰要丧失掉 40 万平方英里的土地。

这时已经兵临城下的苏军对华沙开始了广播，他们呼吁波兰人民挺身而出，发动起义赶走德国侵略者。起义在 8 月 1 日爆发了，波兰的地下抵抗运动者“国民军”决定自己解放华沙，他们想赶走德国人，并赶在苏联人到达华沙之前建立一个独立的政府，波兰人还是老毛病，既怕德国人赶走了再来，又怕苏联人来了赶不走。但寡不敌众的起义很快遭到了德国人的镇压，这时候莫斯科的广播哑巴了，好像什么也没发生一样。苏军停在了维斯瓦河东岸就不再前进，他们说要休息一下。

丘吉尔紧急呼吁斯大林援助起义的波兰人，当波兰起义军的领导飞到莫斯科希望得到支援时，斯大林回复道：“能否蒙您告诉我华沙正在发生什么？卢布林的波兰人告诉我那里根本就没有战斗！”当英美要求用下苏联的基地，通过他们的运输机为起义者提供武器和补给时，苏联外长莫洛托夫拒绝称：“苏联不会做出任何行动去把华沙起义者从他们愚蠢的行动中拯救出来。”当美国大使哈里曼提醒他莫斯科电台对起义的呼吁时，后者说他根本就没听到过还有这样的呼吁。斯大林则抱怨国民军的领导人简直就是“一小撮追求权力的罪犯……他们把德军的兵力与注意力吸引了过来，给苏联红军造成了困难……”简直是敌人的同伙！于是苏军以推进步子太快，导致补给线太长无法继续进攻为由，继续袖手旁观、不动如山。最后连波兰的共产党都看不下去了，一位女共产党员在埋葬了牺牲的战友后冲着维斯瓦河东岸的苏军部队声嘶力竭地尖叫着大骂：“你们这群狗崽子——你们不支援我们！”

时间一天天地过去了，幸存的国民军只剩下了 3500 人，虽然他们一开始只有七天的弹药储备，但坚持了九个多星期。到了 9 月 14 日起义即将失败的时候，莫斯科的电台又响了起来，鼓励他们坚持战斗，并许诺“胜利不远了！援助马上就要来了！”国民军领导人以为斯大林改变了主意，于是中断了同德国人的谈判。但他们很快发现，苏联飞机空投下来的援助物资都摔成了稀巴烂，因为他们没在空投物品上安装降落伞。

10 月 2 日，起义终于失败了，来年 1 月的时候，苏军进入了华沙，但这里已被夷为平地，斯大林借助德国人之手消灭了波兰反对共产党的势力。虽然丘吉尔此前对波兰总司令安德斯许诺说：“你必须相信，我们不会抛弃你们。”但波兰还是被他的盟友抛弃了，大战开始时被卖给了德国，战后又被卖给了苏联，成了苏联的势力范围，直到 1989 年。而这只是盟国之间钩心斗角的一个开始，随着德国失败的来临，双方都开始为战后布局。

在华沙起义自生自灭后，苏军如潮水般涌入波兰平原，如同坐上了特别快车一样。受到两面夹击的希特勒能做的只有破口大骂是“低能儿和叛徒”导致了失败。如果再算上意大利战场的话，那德国就是三线作战，也可以说是四线作战，因为还没有加上天空中盟军的飞机轰炸。

1944 年盟军对德国的轰炸可以说是一天到晚二十四小时无缝衔接，英国轰炸机白天来轰炸，接班的美军飞机晚上来投弹，让德国的城市没有任何喘息的机会。“当德国人开始灭火时，他们会发现不会有足够的水来泡壶好茶。”一位飞行员执行完轰炸任务后笑言道。盟军的轰炸飞机之多，以至于德军哀叹：“他们甚至‘丧心病狂’地连路上一个骑摩托车的士兵也不放过！”

在这样丧心病狂的轮番轰炸下，德国的产油量已从 1944 年 5 月份的近 20 万吨下降到了 10 月份的 0.7 万吨。盟军空袭造成的废墟与瓦砾山越来越多，许多德国人苦笑着说：“再这样下去，柏林会变成阿尔卑斯山的。”于是在空军司令戈林来视察被空袭炸得七零八碎的汉堡时，老百姓都说：“哟！赫尔曼·迈耶来了啊……”对于德国老百姓的嘲讽和取笑，戈林既没有生气也没有处罚谁，他认为这是群众爱戴和关注他的表现。

久而久之，德国首都柏林的市民甚至都习惯了盟军的狂轰滥炸，一向严谨的德国人甚至找到了敌人轰炸的规律。一位坐火车前往柏林的外地妇女发现沿途驶过的站台上人越来越少，这时坐在她对面的一个男人从报纸上抬起头来，看了下手表后又望了望天空，然后宣布：“空袭又快来了！ 12 点钟，跟平时一样准时。”当她下车后顺着路标躲进公用的防空洞里时，发现这里早就挤满了人，炸弹的气浪把她掀翻到了一位老太太的大腿上，但老太太却像念经似的数着 1、2、3、4……当数到 8 时，老太太松了一口气似的宣布：“可以暂时安生一会儿了。”因为每架轰炸机只能装 8 枚炸弹。

这时盟军的飞机产量与德国的飞机产量之比已经超过了 2:1，但在希特勒的优先次序里，德国空军被排在了第五位。可笑的是，大量制造飞机所需要的铝正被用来建造适用于战后德国热带殖民地不受白蚁损害的军营！当战斗机部队司令阿道夫·加兰德向戈林提出警告称美军的“野马”战斗机可以护送他们的轰炸机深入到德国内陆时，戈林还称这“纯粹是一派胡言！”当加兰德提议戈林亲自去看看坠落的飞机残骸时，戈林辩解说那些飞机可能是滑行了“很远很远很远之后才坠毁的……”不过随着轰炸的持续，最后连“没心没肺”的戈林也不得不公开地表示他羡慕敌人先进的技术，“他们有的是天才，而我们有的是笨蛋！”他赌气似的抱怨道：“这次战争结束后，我将给自己买一套英国的无线电系统！

空中力量的悬殊让德国飞行员只能靠装死来欺骗敌人，就是让飞机打着空翻冲向地面，同时排气管冒出大量的浓烟装作被击中了，之后趁机溜走。为了迷惑敌人的轰炸机，德国空军还在首都柏林的郊区用木板和卡片按 1:1 建造了一个直径为九英里的“假柏林”，上面还画着房子的油画。不过调皮的英国飞行员发现后幽默地向它们投下了一枚木头炸弹。

在希特勒的秘密武器V型飞弹没有发挥什么作用后，德国人民中间开始流传各式各样的谣言笑话，比如说德国又有了一种新型秘密武器，这种新型飞机飞得特别快，以至于它必须朝后方开火才不会撞向自己的导弹。事实上，德国确实研制出了一种飞得特别快的飞机，那就是他们新研制出的喷气式战斗机。

新型的梅塞施密特Me-262喷气式战斗机最高时速可达869千米，而且可以在高空飞行超过一个小时。在与一架梅塞施密特Me-262喷气式战斗机作战失败后，一名盟军飞行员担忧地说道："如果德军有了相当数量的这种出色的飞机，那么我们努力取得的空中主导权就会很快失去。"但是太晚了！1943年11月Me-262战斗机已经可以大量量产的时候，希特勒来视察了。总想着打别人的希特勒看到这种新型飞机后的第一句话是："它能否携带炸弹？"空军总司令戈林回答道："是的，我的元首。理论上是可以的。"于是这种战斗机在希特勒的要求下被改造成了能携带两个炸弹的轰炸机，但这样一来它的速度就降低到了670千米/小时，这跟盟军的战斗机相比就没啥优势了。这样一来一去就到了1944年的5月份，负责德国空军装备的陆军元帅米尔西气得冲希特勒大喊："我的元首，即使是最小的婴儿都能看出来它是一架战斗机，不是轰炸机！"因为现实中德国空军急需战斗机来驱赶不停来轰炸德国本土的盟军轰炸机，但结果是他被免去了职务。狂怒的希特勒赌气似的下令禁止把Me-262叫作除了"闪电轰炸机"之外的其他名称。但试驾过这款战斗机的德国飞行员都说体验超棒，最后还是试驾过Me-262的阿道夫·加兰德强烈要求配备这种新型战斗机，他声称驾驶这种飞机简直像天使托着你的翅膀在飞行……与其要五架老式战斗机，不如要一架喷气式飞机。希特勒这才妥协了，但已经为时过晚。这种新式飞机的产量太少而且来得太晚了，1945年初总数只有1300架，还不如盟军一次空袭的轰炸机总数多。加上缺乏油料，这些新飞机只好油箱空空，停在停机坪上等着敌机来炸。这样的结局也是

∧ 梅塞施密特 Me-262 喷气式战斗机。

拜希特勒所赐。

而在大西洋上的海战，德国的“狼群”潜艇战也无力回天了。美国的造船速度已经大大超过了德军击沉船只的速度。美国工人们仅用 80 个小时就能建造好一艘船，速度如此之快以至于诞生了一个笑话：一位夫人带着一瓶香槟上船来参加一艘新船的命名仪式，但船的龙骨还没有装好，她尴尬地问造船负责人：“我该怎么办哪？”负责人回答道：“摇摇香槟就好了！”

在盟军看来，欧洲的胜利似乎近在咫尺，连一向以稳扎稳打、谨慎有余著称的英国蒙哥马利元帅也跃跃欲试地想要冒一把险来个刺激的，于是堪称大胆的“市场-花园”行动隆重推出。蒙哥马利计划从北面迂回德国的“齐格菲防线”：先通过大规模的空降师来出其不意地进行奇袭，夺取在荷兰的一系列桥梁——即“市场”行动；地面装甲部队则赶来与他们会师，在协同作战下夺取莱茵河上的重要桥梁——即“花园”行动，从而跨越莱茵河直捣德国的工业心脏鲁尔区，趁德军立足未稳，在短时间内赢得这场战争。当本来滴酒不沾的蒙哥马利带着一身酒气摇摇晃晃地来到盟军司令部突然提出这个计划时，把布莱德雷吓了一跳。不过最后的结果证明蒙哥马利还是保持他的小心谨慎为好。

这个计划也导致了巴顿的不满，他开始抱怨自己有两个敌人：德国人和他的上司。因为艾森豪威尔把一部分汽油分给了蒙哥马利统帅的英军，这导致他的装甲部队不得不停下来，因为缺油。

这场代号为“市场 - 花园”的行动成功的前提是那里的德军很少，不能组织有效的抵抗。但实际情况是，有两个德军装甲师在阿纳姆附近休整——那里正是盟军要降落的地方。当一位情报官把他空中侦察拍摄的照片交给自己的上司时，后者看了看照片里显示的德军坦克后轻描淡写说不用太担心，因为那些坦克可能需要维修。

9 月 17 日，盟军战时最大的空降行动开始，3.5 万多名士兵从天而降，白色降落伞下吊着士兵，彩色降落伞下吊的是装备。被称为“红魔”的英军第 1 空降师碰巧降落到了一家度假旅馆附近，德军 B 集团军群指挥部就设在那里，英军离那里不足两英里（约 3 千米）。这把莫德尔元帅吓坏了，他以为敌人是要来绑架自己，于是他立即跳上一辆汽车向东狂奔了 18 英里（约 29 千米）。

由于英军的大意，德军在一架坠毁的英军滑翔机内发现了“市场 - 花园”行动计划的所有副本，里面包括接下来两天里盟军增援和空投补给计划的时间和地点，重要的是，这次是真真正正的“肉馅”。反应迅速的德军立马封锁了通往阿纳姆的交通要道，不过英军第 1 空降师的一部分已经到了那里。但从南面赶来接应的盟军地面部队被阻击的德军拖住了。虽然盟军已经夺取了七座桥梁中的六座，但跨越下莱茵河的阿纳姆大桥这个终极目标仍然遥不可及，这座桥后来一直被称为“遥远的桥”。

“这就好比把七根针用一根线串起来，任何一根针出了问题就会陷入麻烦。”一位盟军军官沮丧地抱怨道。被围困在阿纳姆的伞兵等来等去也没能等来援军，大多数的空投物资都空投到了德军防线后面，两天的空投结束后，德军获得了690吨空投物资中的630吨。一位德军上校乐呵呵地说：“这是我们打过的最廉价的战争，我们有免费的食物、免费香烟和免费军火。”德军猛烈的炮火最后令他们自己都觉得不好意思，一位德国士兵后来承认：“对那些英国人我确实非常抱歉。”

行动失败了，英国第1空降师原有的10000人只剩下了2500人，不过善于撤退的英国人还是趁着夜色悄悄地从德国人鼻子底下溜走了。“我们像进去时一样自豪地出来了！”一位英国军官自豪地说道。

就在盟军的奇袭失败的时候，希特勒也在秘密策划着一次奇袭，当他宣布要在西线发起一次大规模的反攻时，所有的德军将领都瞠目结舌。古德里安认为现在兵力捉襟见肘，如此大的反攻需要抽调苏联前线的兵力，后果是将会导致东线的崩溃；约德尔则认为盟军已占据了压倒性的空中优势，反攻凶多吉少。但希特勒则不以为然，他寄希望于恶劣的天气使得盟国的空军不能出动，他已经决定孤注一掷了。

1944年12月11—12日，被解除武装的德军指挥官们由一辆汽车载着七拐八拐地来到了法兰克福附近泽根堡的元首司令部——鹰巢，这里正是希特勒1940年指挥西线闪电战的地方。在最后一刻，希特勒才将他的反攻计划告知这些指挥官。

发动反攻的地点就是他们熟知的阿登地区，德军的目标是冲向海峡之畔的安特卫普，将英美联军拦腰截断，给盟军再来一次小型的敦刻尔克，再创1940年的辉煌！第二天，反攻的兵力开始秘密集结。为了掩人耳目，这次反攻计划被命名为“守卫莱茵”，让人误以为他们不是要攻而是要守。大量的木炭被点燃，制造出的烟雾冉冉升起，为部队提供掩护。为了保持安静并节约汽油，几乎所有的军火都由人力来搬运。为了保密，德军严禁用无线电传递信号，进攻的命令都是用信使在发起进攻前才传递到军队指挥官的手里的，这样一来，盟军的“超级机密”就变成了睁眼瞎，没有了用武之地。

12 月 15 日，希特勒四处搜刮来的 30 万德军、1900 门大炮、970 辆坦克和装甲车已经集结完毕，但盟军还如在梦中。当布莱德雷将军得知阿登前线的防守十分薄弱时吃惊万分，那里只有五个师，其中两个师全是新兵，另外两个则已经筋疲力尽，但他却安慰自己的下属：“别担心，他们是不会打到那儿去的。”战争初期，盟军以为德军会故伎重演，谁料希特勒出奇制胜，结果盟军吃了大亏；这次盟军以为德军不会故伎重演，结果又吃了大亏。这里的美军士兵在整个秋天都像在度假，他们玩纸牌赌钱，研究美国杂志上的美女照片，搭建小木屋准备过冬或在附近寻找娱乐场所。在一些小镇和旅游胜地，闲逛的士兵们四处买纪念品，尽情地喝啤酒、吃冰激凌和苹果派，愿意活动一下玩点儿刺激的美国大兵则可以在森林里打野猪和小鹿，但令卢森堡护林员气愤的是，他们居然在低空飞行的观察机上用机枪扫射野猪！

德军的接连溃败使得盟军乐观地认为敌人已经成了一群士气低迷、武器装备匮乏的散兵游勇，到处都弥漫着乐观的情绪，蒙哥马利甚至认为年底战争就会结束了，一些盟军将领甚至认为战争到冬季就会结束，正好赶上回家过圣诞节。——上一个这么想的是希特勒——盲目的乐观将使他们吃个大亏。当一些美军清楚地听到前线传来的马达声时，一个参谋长却说：“别神经质了，德国鬼子只不过是在播放留声机来吓唬你们这些新兵蛋子而已。”只有一个名叫本杰明·迪克松的美军上校意识到了问题的严重性，12 月 10 日他从一个战俘那里得知“德军的大规模集结很有可能是要发动一场大反攻”。迪克松立即判断德军的反击战将在阿登偏南的地区打响。12 月 14 日他又从一个本地的妇女那里得知大量的马车、浮桥和船只正向戈什林根开进，那里正对着阿登山区，于是当晚迪克松就向第 1 军总指挥霍奇思将军汇报：“德军就要在阿登地区反攻了！”但霍奇思却认为他太紧张过度了，需要好好地休息一下，于是便给他批了四天的假让他回巴黎“休养”。最后的机会被错过了。12 月 15 日当天，一名在阿登的美军士兵还在给家里的信里写道：“我们在这儿就像在英国一样安全舒适，这儿简直就是天堂，虽然不知道可以待多久，但可以肯定的是，只要我待在这儿，我就是安全的。”但就在第二天，也就是当迪克松到达巴黎的时候，天堂就变成了地狱，德军在阿登的大反攻开始了。

1944 年 12 月 16 日凌晨，埋伏在丛林中的德军士兵凭借弗吉尼亚香烟的味道注意到了附近美军士兵的位置，甜香的烟味激起了他们愤恨的斗志，他们现在穷得只能抽辛辣的土耳其烟，而敌人居然抽这么好的烟！

阿登前线的美军被突然的炮击打蒙了，因为这跟先前报道的根本不一样，曾有报道说德军的枪支弹药总共只剩两马车了。一名美军军官脱口尖刻地骂道：“德国鬼子这么猛搞是想整死他们的马啊！”火力减弱后，在清晨的薄雾中突然呈现出了一片可怕的红光，美军的阵地顿时暴露无遗。原来德军打开的巨大探照灯的强光穿透了薄薄的云层，制造出了人工的月光，为自己的进攻照明了道路。

在皑皑白雪与朦胧的薄雾中，巨大的虎式坦克如同怪物般怒吼着冲向美军，而穿着白色迷彩服的德军从伸手不见五指的浓雾中突然出现在美军面前，好似鬼魅。在毛骨悚然的黑暗树林中，德军有的没有上半身只有两条冲过来的腿，有的只有半截身子，如同漂浮在半空中的幽灵。——其实这是因为白色防雪衣不够，每个德国士兵要么只有裤子，要么只领到了上衣。

德军的突袭打了对手个措手不及，美军作战部队四分五裂，师被分割成了团，团被分割成营，营被分割成连……战线上一片混乱。四分五裂的美军像“蚂蚁群一样在一大堆被踢翻的东西周围团团转，想把它恢复成原来的模样”。美军第 28 师 122 团的一支侦察队想要撤退时，发现要通过的桥梁已被德军占领了。于是他们干脆在夜色的掩护下排成一个个编队，一位美军中士用德语喊着口令指挥着部队前进，他们就这样大摇大摆地在敌人的眼皮子底下从桥上过了河，德军士兵也没有怀疑。——如果东线的苏军像他们一样溃逃的话，早就被苏联内务人民委员会统统枪毙了。

为了在敌人后方制造混乱，希特勒还派出了“欧洲最危险的男人”斯科尔策尼率领了一个英语说得贼溜的德军小分队去执行一项特殊的新任务，他们穿上了美军的制服，驾驶着缴获的美军坦克和吉普车，手持美军士兵的武器和证件，摇身一变成了美国大兵。他们的任务是潜入美军后方搞破坏，令敌人鸡飞狗跳。

斯科尔策尼率领的特种部队很快渗透到了美军后方，把敌人搞得晕头转向，一些人转换了十字路口的路标，令美军的一整个团都开往了错误方向；另一些人用标记雷区的白带封锁了一个关键的路口，阻挡了美军的推进；几个更大胆的甚至忽悠了一名美军指挥官，他们告诉后者其部队所在区域已经被德军控制，必须马上撤离。而几个“不幸”被俘的“假美军”发挥了更大的作用，他们撒谎说斯科尔策尼的特种兵已经潜入到了通往巴黎的所有道路，即将在市内著名的和平咖啡馆碰头，他们的目标是前往凡尔赛的盟军最高司令部暗杀盟军总司令艾森豪威尔！

这个编造的“阴谋”把盟军的大后方搞得草木皆兵、风声鹤唳，他们派军队在和平咖啡馆附近白白地埋伏了好几天，军警不断在大街上拦截盘查过往的路人和士兵，保卫艾森豪威尔的卫队增加到了平时的三倍，最后巴黎干脆实施了宵禁。最后，被铁丝网和机关枪层层保护的艾森豪威尔被“关”得实在受不了了，他气冲冲地冲出办公室大叫：“这简直就是地狱，我要出去散步！如果有人要对我开枪就放马过来，我今天非出去不可！”艾森豪威尔不知道的是，盟军安全部门已经给他找了个替身来迷惑敌人，这个假的盟军总司令每天从艾森豪威尔的住处坐着他的指挥车前往总司令部，沿途向遇到的将士们微笑并敬礼。

斯科尔策尼的特种部队的四处破坏使得美军高度紧张，各处的军警开始逢人就拦，不论等级高低，为了测试是“李逵”还是“李鬼”，他们提出了一些只有本土美国人才能回答上来的冷门问题，比如：迪士尼动画片里米老鼠的女朋友叫什么？这个初级问题很多中国小朋友都知道，答案是米妮。但有些刁钻偏门的问题不仅高仿的“假美国人”答不上来，就连一些正宗的真美国人也答不上来，一位美国准将就因为把芝加哥幼年童子军说成属于美国退伍军人协会，而被关押了五个小时。就连乘坐着专车的布莱德雷将军也被三番五次地拦截询问，虽然他准确地说出了伊利诺伊州的首府是斯普林菲尔德，但发问的士兵却坚持说是芝加哥。第二次质询者让他说出美国的足球后卫在中锋和内边锋之间的位置，这也没难住这位美国将军。但第三次居然让他说出贝蒂·葛雷宝第三个丈夫的名字！这谁知道啊？！这下可把布莱德雷难住了，最后这名士兵得意地告诉他是哈里·詹姆斯，然后潇洒地挥手示意放行。——其实到最后这位盘查的士兵已经认出了他的上司，但捉弄高层军官的机会可不是经常都有的。

〈 奥马尔·纳尔逊·布莱德雷（1893—1981 年）
被称为“大兵上将”的布莱德雷是士兵出身，经过多年的摸爬滚打最终成为上将。二战后期，盟军在诺曼底登陆后，当时出任参谋长的布莱德雷借助“眼镜蛇计划”，一举撕破了德军在阿弗朗什的防线，并活捉了 2 万多名德军。后来他被任命为第 12 集团军群司令，在法国西部的法莱斯包围了德军数十个师，并最终俘虏了超过 5 万的德军。而在这场战役之前，巴顿还是他的上司，结果这场战役打完，巴顿反而成了他的手下。二战结束后，曾有人评价说：“艾森豪威尔是战争的组织指挥者，巴顿是战场上的英勇斗士，而布莱德雷则是美军的思想机器。1953 年，退役后的布莱德雷又进入商界，担任了布洛瓦公司的董事长。

而德军在马尔麦迪北部的空降活动就没有这么成功了，率领 1000 名伞兵的海特上校的任务是降落在那里，切断美军的必经之路。但上级只给了他们五天的时间来集结飞行员和战斗机，海特打电话向陆军元帅莫德尔抱怨说准备的时间实在太短，要求取消这次行动。莫德尔问他："有一成取胜的把握没有？"他回答说有。莫德尔说如果那样的话，你更应该去试试了，因为整个行动连一成取胜的把握都没有……

12 月 17 日清晨，这些伞兵出动了，但他们被美军的炮火打得七零八落，加上大风的干扰，大部分都落到了德军防线后方，一些远的甚至飘到了荷兰。最成功的反而是 300 多个用来迷惑敌人的假人模型，他们都准确地降落到了目的地。这让美军以为敌人很可能在附近进行真的空降，结果浪费了大量时间去搜寻根本不存在的德国空降兵。

最后海特上校只联络到了 150 名伞兵抵达了目的地，他意识到仅靠这么几个人想完成任务简直就是开玩笑，于是就躲在路口附近，等待自家的装甲部队前来支援。但等了一天又一天，他等来的却是三个美军装甲师，这批大部队当着他们的面大摇大摆地开过了本该由他们切断的公路。一直到第六天，德军的装甲部队还是没有踪影，于是海特放弃了，他下令分批返回后方防线，但在途中他却由于误入一幢房子而被俘虏了，因为房子里都是美军。德军在二战期间的最后一次空降行动就这么稀里糊涂地失败了。不过这次行动却歪打正着，让本来已经混乱不堪的盟军后方雪上加霜，一时间谣言四起，传说已有成千上万的德国伞兵在比利时和法国境内着陆，他们将出动绑架艾森豪威尔、布莱德雷、蒙哥马利甚至英国首相丘吉尔……

在前线，圣维特的守军坚持了一个星期，完全打乱了德军的推进计划。——这个地方本来是在战役打响后的第二天就要夺取的。不过到了 12 月 21 日，圣维特还是落入了德军之手，8000 名美军士兵投降，这也是自美国内战以来美军投降人数最多的一次。

最激烈也是规模最大的战役在四通八达的巴斯东打响了，有七条石头铺砌的道路从这里通向四面八方。在这里的美军被德军团团围住，当李奇微将军从第 18 军总部打来电话询问巴斯东现在的形势时，金纳德中校意识到德军有可能会监听到他们的无线电通讯，所以不想回答。但李奇微还在坚持地问，于是金纳德说道："想象一下油炸面包圈中间的那个洞！那就是我们！"不过在德军形成包围圈前，美军 101 空降师及时赶到了，但他们的医疗队，包括医生和设备都被德军截获了，所以不幸的伤员们只能用白兰地来当止痛药，幸运的是这里的白兰地多得很。由于天寒地冻，他们的枪都被冻住了，给武器解冻只有一个办法，那就是朝上面撒尿。

12 月 22 日早上，四名德国士兵打着白旗向美军阵地走来，于是美军士兵们议论纷纷，以为这是德军派来洽谈投降条件的代表，敌人准备缴械投降了！但实际上这些德军士兵是来要求美军投降的，他们送来的是最后通牒。101 师的指挥官麦考利夫看完文件后用一个词做出了回应："Nuts!"一位美国上校怕德国人听不懂，还特意解释道："如果你不明白'Nuts'是什么意思的话，我可以用一些通俗的话来告诉你，它和'Go to hell'（去死吧！）意思差不多！"

由于浓烈的冬雾、大雪和冻雨，盟军占据优势的空军根本无法出动，懊恼的巴顿不得不在卢森堡的教堂里向上帝"祷告"："万能的上帝啊……您必须帮助我们，这样我们才能把所有德军送去给您的和平圣子做生日礼物啊！"可能巴顿的"祷告"起了作用，12 月 23 日天气突然放晴了，美军趁着好天气派出 241 架运输机为巴斯东空投了急需的物资，盟军的轰炸机也开始出动并大显神威，四天内就出击了 15000 次，德军的"虎式"坦克虽然前装甲厚实，但挡不住从头顶扔下来的炸弹。这时候"超级机密"也恢复了正常，盟军已经得知德军的目标乃是马斯河。

圣诞节前夕，霍奇斯的第 1 集团军从北面、巴顿的第 3 集团军从南面向德军发起了夹击，这将把德军造成的突出部拦腰切断。

随着盟军的发力，到 12 月 27 日时，德军的反攻已成强弩之末，没有一辆德军坦克越过马斯河，他们的燃料不足了。到 1 月 28 日的时候，盟军防线上的“突出部”已经消失不见。

希特勒的孤注一掷让德军损失了 10 万人，第三帝国宝贵的预备队也消耗殆尽，他们再也无力抵御盟军的猛烈进攻了，希特勒的最后一次豪赌以赔本收场。此时，西线盟军的坦克数量已经是德军的 10 倍，飞机是德军的 3 倍，军队数量是德军的近四倍。

但胜利反而使英美联军之间的“不和”达到了高潮。早在战役还在激烈进行时，蒙哥马利就向艾森豪威尔请求任命他为西线所有盟军的指挥官，这样他就能很快消灭如此猖狂反攻的德军。这引起了美军将领们的不满，因为蒙哥马利此时这么说有暗示他们“无能”的嫌疑。在一次记者招待会上，因为蒙哥马利的大嘴巴，他的讲话经过英国媒体的“发酵”变成了蒙哥马利“早已预见到德军会进攻阿登地区”，“正是他用一只手就轻而易举地挽救了溃败中的美军”，这一下点燃了布莱德雷等美军将领们的怒火，巴顿称蒙哥马利是“自以为是的英国混蛋”，布莱德雷则称蒙哥马利简直“彻头彻尾地发疯了”，并告诉艾森豪威尔自己宁肯回美国，也不愿再跟这个英国佬共事了！最后不得不由英国首相丘吉尔亲自出来澄清打圆场，称这场战役完全是美国人的胜利，“我们不应将一份不属于英军的荣誉据为己有，这次战役毫无疑问是属于美国人的胜利……因为美军的伤亡人数是英国人的 60 至 80 倍，”以消除双方的误会与不和。

1944 年末到 1945 年初，在失败已成定局的最后一年，日本与德国进行了最后的垂死挣扎：孤注一掷的日军费时费力地在中国发动的“旷古之大作战”，虽然打通了“大陆交通线”，但这条交通线却根本没什么用；希特勒在阿登地区发起的疯狂反扑虽然令盟军一度手忙脚乱，但很快就被反推了回去。这两场战役也成了轴心国最后的回光返照，虽然给同盟国造成了极大的麻烦，但这将是他们最后的垂死挣扎了，法西斯国家离最后的失败已经不远了。

第二十章
独裁者之死

★★★

“很多鲜花，很多荆棘，最后是——阴森森的坟墓。”

——戈培尔

与西线的不平静形成鲜明对比的是，1944 年 12 月的东线一片平静。12 月 21 日，看到在阿登地区的盟军被突袭搞得手忙脚乱，苏军却迟迟不发动预定的东线攻势，丘吉尔急忙致信斯大林请求援助。

对此，苏联遗憾地表示“还未准备就绪”。他们要小小地报复一下，据莫洛托夫后来回忆，当时的斯大林一脸漠然，若有所思道：“着急开辟第二战场，英国人也尝到这个滋味不好受了。”

1945 年 1 月 6 日，希特勒虽然心有不甘，也不得不下令德军从阿登地区全部撤离，历经三周的突出部攻势终于停了下来。这天，丘吉尔再次向斯大林请求“开辟第二战场”。1 月 12 日，苏联红军在波兰和东普鲁士发起了维斯瓦河—奥得河战役。苏联方面声称：“为牵制德军兵力以改善盟军在阿登地区的险恶处境，苏联红军比原定日期提前八天发起了东线攻势。”

苏军以泰山压顶之势蜂拥而来，那真是万马奔腾、枪炮齐鸣、红旗招展、人山人海。从波罗的海到巴尔干，苏军进军之处，一路上的德语路标和宣传语通通被换成了俄语，他们一路上通过的这些国家也将在战后“插满红旗”。

对德军来说，现在整个东线仿佛是个瑞士奶酪——到处都是小洞，已经防不胜防。他们在东线的部队一个接一个地被消灭。不过德国广播和报纸等媒体是不会报道这些的，于是老百姓只能编一些笑话来解闷，比如：一个德国军官在科隆天主教堂遇见了一个带着收音机来的人。军官问：“为什么要带收音机来？”那人回答道：“因为它说了太多的谎，需要到教堂来忏悔。”而后方的德国民众也慢慢地摸到了规律，只要官方大肆渲染前线的某支部队，就意味着这个部队已经完蛋了。当一名德国女孩的哥哥所在的师被广播大肆地用军事术语夸奖了一番的时候，他的朋友们就都给她打来电话安慰她要节哀顺变并替她哥哥默哀……

为了应对 150 多个师的苏军在东线发起的猛攻，希特勒不得不把西线的兵力又调往东线，到 2 月份的时候东线共集中了 1675 辆坦克，西线只剩下 67

辆了，这又加速了西线盟军的进攻。面临东西夹击的德军疲于奔命、顾此失彼，已经完全丧失了主动权，只能毫无章法地像消防队一样哪儿有火就往哪儿扑了。3月，希特勒在与古德里安大吵一架后又将其解职，接替古德里安陆军参谋长一职的是克瑞柏斯中将，他从不与希特勒争论，因而被称为“好好先生”或“点头的驴”，这更加剧了局势的溃烂。

∧ 英国海报：英苏联手，正在掐死纳粹鹰。

此时在西线的盟军面对的只有最后一道天险莱茵河了，于是一场占领莱茵河上桥梁的比赛开始了，盟军必须抢在德军工兵炸毁前占领它们。希特勒已经严厉下令，必须在这些桥梁落在盟军手里之前将他们通通炸毁，完不成任务者枪毙！但同时又下令如果谁过早地把桥炸毁了，也要枪毙！这要求桥必须炸得不早不晚、恰到好处。负责地段内九座桥梁的第一伞兵部队总司令施莱姆接到这个自相矛盾的命令后认为自己肯定死定了，因为早点儿炸晚点儿炸都得被枪毙，谁能掐着点炸那么准啊？！很多“守桥官”都这么想，这种忐忑不安的心理也为来夺桥的美军提供了机会。

当顶不住盟军进攻时，莱茵河上的大多数的桥梁被及时炸毁了。有的地方就差那么一点点，美军坦克刚开上桥，就被德军炸毁了。第 83 师特遣队为了过河还想出了假扮成德军的一个纵队，在德国人眼皮子底下溜上去趁机夺桥的计划。为了骗过敌人，他们穿上了德军的军服装扮成敌人的样子，并把谢尔曼坦克改装成了德军坦克的样子，坦克上的白色星星被涂改成了大大的纳粹十字；由于美军的坦克没有德军坦克的那种刹车闸，他们还特意把坦克上的火药管拆卸下来，接上机关枪的枪尾假装一下；会说德语的美军士兵坐在坦克最前面，以防需要时同德国兵讲话、拉拉家常。这群“假德国鬼子”趁着夜色不费一枪一弹地就过了哨卡，但当天色渐亮的时候，一个骑着自行车的德国士兵停在了特遣队旁，他用狐疑的眼光打量了美国人一会儿，突然拿出了警哨。一个美国士兵立即一枪撂倒了他，于是伪装一下子暴露了。防空警报响了起来，到了桥边的美军坦克被随后的爆炸轰进了莱茵河里，于是这出特洛伊木马计就这么失败了。

就在美军准备放弃夺桥的希望而准备费时费力地在莱茵河上自己建桥时，他们的运气来了。3 月 7 日，来到科隆南部小镇雷马根的美军第 9 师的士兵目瞪口呆地发现这里竟然还有一座完好无损、没有被炸毁的铁路桥！这座桥就是以第一次世界大战的鲁登道夫将军的名字命名的鲁登道夫大桥。于是美军立马开始向上冲刺，就在他们快接近桥的西端时，爆炸声响了。

原来负责这座桥梁的德国军官弗里森汉发现对岸的情况后气喘吁吁地跑到对岸请求立即炸桥，但他的两个上司认为必须谨慎行事，下达炸桥命令的时间必须记录在案以免自己被枪毙。于是炸桥时间被精确地定在了下午 3 点 20 分，但当弗里森汉按下爆破装置后才发现电路早被切断了，派去手动引爆的士兵低着身子躲闪着美军的炮火，终于成功了。一声巨响后，大桥就像要从底座上飞出去一样，弗里森汉终于松了口气，任务总算完成了。可当他再次睁眼看时，他呆住了，大桥仍在那里，因为爆炸力度不够。巨大的爆炸声一开始也令美军沮丧万分，当他们以为大桥又被炸毁而功亏一篑时，烟尘逐渐散尽了，他们这才发现桥面只是被炸了一个 30 英尺（约 9 米）的坑而已，虽然坦克过不去，但步兵还是可以的。

于是美军步兵如同足球运动员一般连跑带闪、连蹿带跳地从桥那边冒着德军的机关枪炮火向这边冲来，最终他们成功了。

当其他部队陆续由此过河时，他们看到了第 9 师树立的巨大标语：

脚不湿就过莱茵河，这全得靠第 9 师！

得知此消息的巴顿立即给布莱德雷打电话喊道："看在上帝的面上，告诉全世界，我们过桥了……我想让全世界都知道第 3 集团军是领先于蒙哥马利跨过莱茵河的！"他始终不放过任何一个让英国人难堪的机会。

不过这座大桥还是在十天后轰然倒塌了，得知桥梁被占的德军立即展开了疯狂的反扑，他们用远程大炮和飞机不断地前来轰炸，穿着橡胶潜水服的蛙人拖着装满炸药的橡皮船想在水下炸桥，但都没有奏效。最后由于过桥的美军人员太多和设备太重而把这座伤痕累累的大桥压垮了，但大批的美军已经渡过了莱茵河这道天堑，在河对岸站稳了脚跟。

雷马根鲁登道夫大桥失守后希特勒立即找了个替罪羊，西线总司令龙德施泰特被宣布退休养老去了，这是他第三次也是最后一次被罢黜了。但局势已经无法挽回了，3 月末的时候，盟军已经在莱茵河上建造了近 100 座桥梁，分六路越过了这条河。接任龙德施泰特的凯塞林在了解到他手下的军队后无可奈何地哀叹道："我感觉自己像一个音乐会的钢琴演奏家，面对着一大群观众被要求演奏贝多芬的名曲，可是给我的却是一架又破又旧，音都没调准的钢琴。"

盟军的先遣部队如同马拉松队员一样快速推进，阻挡他们的德军都被空军和坦克搞定，如果扫清敌人花费时间太长，特遣队就绕开敌人继续前进，把他们留给后面的步兵。这些士兵把这种"战术"总结为"绕过敌人，拍拍屁股走人，然后为步兵加油"。

盟军铺天盖地的飞机已把德国空军打得毫无还手之力，它们几乎可以想炸哪儿就炸哪儿，以至于陆军元帅莫德尔下令，任何一个士兵如果“用步兵武器击落一架飞机，就能得到十天的休假”。由于武器装备不足，陆军后勤部也颁布命令：能够回收反坦克“铁拳”发射管的奖励香烟三根！

4 月 18 日，被包围在鲁尔地区的陆军元帅莫德尔已经走投无路，他知道抵抗下去也是死路一条，但又不愿投降，最后他干脆下令解散了军队，让 30 万士兵自由选择投降或是继续抵抗。于是投降的德军如同潮水一般涌向了美军，美军没有地方让他们住，只好先用带刺的电线把他们围起来。投降的士兵里有各种军衔和各种兵种，还有文官、伤员、护士，一些士兵甚至把他们的老婆和女朋友都带来了。当几天后发现没有莫德尔的影子时，布莱德雷声称要为找到他的人颁发奖章。不过，没人能得到这枚奖章了，莫德尔在解散了他的军队后就走到一处森林里开枪自杀了。

虽然形势一片大好而不是小好，但西线的盟军不准备去攻打柏林了。1 月 24 日，美第 12 军的指挥官布莱德雷接到了盟军最高司令部打来的电话，艾森豪威尔的副手、英国的怀里特将军命令他调几个师去法国东部扫荡负隅顽抗的德军。这让布莱德雷大为光火，他暴跳如雷地冲着电话大嚷：“再派我的军队去做那些没有价值的扫尾工作，那就是本末倒置！”当意识到他的抗议无效后，布莱德雷仿佛气炸了，他大嚷道：“要是你们想那么干，你们就抽调 12 军的人去吧！想他妈干吗就干吗吧！我们这些人留下来等着看你们的好戏。不管你信不信，我就是发火了！”

布莱德雷的怒怼赢得了在场所有美军人员的集体欢呼鼓掌，巴顿还站起来用大得足以让电话那头能听见的声音大叫道：“让他们去死吧，我们几个辞职不干了！”在他们看来这就是英国人的一个阴谋，在胜利最后到来之际剥夺美军直捣黄龙攻克德国首都的荣誉，而让蒙哥马利当盟军的最高领导来进攻德国。他们认为英国人一向瞧不起美国人，还把他们当作殖民地的居民。

美军将领认为这是蒙哥马利搞的鬼，因为后者还在不断要求艾森豪威尔给他率领军队进攻德国腹地给其最后一击的领导权。于是布莱德雷也向艾森豪威尔提出抗议："你派我回美国得了！要是蒙哥马利在我头上指手画脚，我可没信心指挥下去！"巴顿也语含讽刺地说艾森豪威尔简直是"英国有史以来最好的将领"。"这就像一场戏里有好几个首席女演员都吵着要演主角！"艾森豪威尔也厌烦地抱怨道。因为这些盟军将领们简直像学校里吵架的女生那么小气。

艾森豪威尔不得不从中调和，最后的结果是一碗水端平地对双方各打五十大板，他没有告诉两国将领的是，决定不去攻打柏林是因为政治上的原因，因为苏军离柏林已经近在咫尺，而且在雅尔塔会议上柏林已经被划为苏联占领区，那里现在是苏联人的进攻范围了，他们不想浪费兵力。另一个原因是他们必须集中力量去攻打德国南部的"阿尔卑斯民族堡垒"，传说那里是希特勒最后的防御地点，有100个师在那里，大量顽固的纳粹分子将在那里做最后的抵抗。美军开进德国南部巴伐利亚的一些城镇时，仿佛每天都是洗衣服的好日子——数不清的白色床单从窗户里挂出来示意投降。但当美军封锁了德奥边界所有的阿尔卑斯山通道后，他们发现根本没有什么所谓的"民族堡垒"，这只是纳粹宣传部长戈培尔虚张声势的咋呼而已，美军在那里什么敌人也没有找到，他们都被戈培尔的宣传骗了。

"The fates decide."

︿ 决定命运的时刻。希特勒面对三巨头无可奈何。

不过美军的这一错误判断却阴差阳错地让他们有了个意外收获：在德国南部废弃的矿井里，他们发现了纳粹搜刮的大量黄金，密密麻麻装满了7000多个麻袋，价值高达2.6亿美金，还有从欧洲各处博物馆和美术馆掠夺来的各种无价之宝与艺术珍品……

随着德军战线的全面崩溃，路上到处都是乱跑的士兵和平民，向西跑的人想躲避东面来犯的苏军，向东跑的人想躲避西面来袭的英军和美军。“只要你朝着天空放一枪，立马有几十个德国士兵从藏身处跑出来争着要当俘虏。”一位美国步兵军官这样描绘4月份的战场。虽然希特勒下令敢谈论投降者立即处死，但许多德军士兵仍然找各种理由向盟军投降，比如在勃兰登堡郊区的一支德军就要求美军用100辆坦克对他们发起象征性的进攻，然后“寡不敌众”的德军再体面地向他们投降。但对面的美军的手头上并没有100辆坦克，于是双方讨价还价地商量：要不50辆怎么样？德国人仔细考虑后认为50辆坦克也够吓人的了，表示可以“成交”。于是在50辆美军坦克假装发起进攻后，德军也假装进行了一些反抗，双方在演了一场戏后这支德军就向敌人投降了。

^ 漫画：脱下军装、打点好行李和棺材的希特勒准备跑路。墙上是苏联红军向柏林进军的地图。

垂死挣扎的希特勒只能寄希望于奇迹了。虽然德国即将战败，但希特勒还有取胜的机会，那就是通过幻想：病急乱投医的戈培尔把旧的占星图都翻腾了出来，这是纳粹党在 1933 年上台时拟就的，据说这张神图准确地算出了战争的进程，预言到了战争会在 1939 年打响，德国会初战告捷，甚至还说中了后来的几次灾难性的大败仗，但它又预言德国会在 1945 年 4 月的下半月时来运转，然后在 8 月和平停战。

奇迹会出现吗?

1945 年 4 月 12 日，在大西洋彼岸的美国总统罗斯福因突发脑溢血逝世，他的第四个任期只当了 39 天。在第四次总统竞选中，《纽约太阳报》在 1944 年 10 月曾“预言”：美国历史上已有六位总统在任期内去世。显而易见，罗斯福将是第七位。“这就是转折点！”仿佛抓到救命稻草似的戈培尔得知这个消息后大喊道，兴奋的他马上向希特勒打电话表示祝贺，因为占星图的预言又一次应验了！在他看来历史的奇迹又重现了！ 1762 年，战败的普鲁士国王弗雷德里克绝望得想要自杀时，他的敌人、俄国女皇叶卡捷琳娜二世突然暴毙，针对普鲁士的联盟不攻自破，普鲁士由此转危为安。占星图上早就预言过：今年 4 月下旬将有好事降临到元首头上，这次罗斯福突然死去就是德国好运来临的开始！希特勒立即开始庆祝，并兴冲冲地把这个消息告诉每个进入地堡的客人。

在希特勒等人看来，罗斯福一死，西方盟国与苏联之间勉强的联盟就会破裂，为了瓜分德国他们会反目成仇，这时西方国家就会拉拢德国与其合作，调转枪口一起对抗苏联。他幻想盟军与苏联的联盟破裂而大打出手，而第三帝国趁机获得新生。

历史的巧合如此相似，但结局却截然相反。

希特勒和戈培尔不知道的是，同盟国已经商量好了要对战败的德国大卸四块分区占领，柏林已经划给了苏联人去占领。1945 年 2 月，“三巨头”——罗斯福、丘吉尔和斯大林——在克里米亚半岛上的雅尔塔召开了会议，来商议欧洲最后的结局。由于斯大林拒绝离开苏联领土——他声称自己作为苏联最高指挥官必须留在国内——于是已经病魔缠身的美国总统罗斯福只好绕过半个地球来到雅尔塔，这也严重地损害了他的健康。在谈判中，美国大使哈里曼沮丧地抱怨称："跟苏联人打交道，必须为同一匹马付两次钱！"斯大林要求苏联与波兰的边界通通向西移，他在1939年吞下的波兰领土不会吐出来，而波兰损失的那部分就从德国身上来补。这引起了丘吉尔的不满，因为英国卷进这场大战就是为了保护波兰的独立与领土完整，这样做简直是打大英帝国的脸。他抗议说往失去消化能力的波兰鹅胃里塞那么多德国食物会把它撑死，边界移动意味着要迁走600万德国人，太困难。斯大林反驳说一点都不困难，那里的德国人早就被苏联军队吓得跑光了。丘吉尔又建议斯大林与卢布林的波兰临时政府联络，安排他们与伦敦的原波兰流亡政府会晤，建立一个联合的临时政府。但斯大林说自己曾给卢布林委员会打过电话，但找不到他们。斯大林最后同意在波兰举行一次自由选举，但最后却没有确定时间。罗斯福的顾问提醒总统说："这个协议弹性太大了，苏联人简直可以把它从雅尔塔拉到华盛顿。"结果果然如他所料，不到一个月后，苏联人拒绝"流亡政府"加入新的波兰临时政府。而在即将建立的联合国里，斯大林要求拥有16个席位，也就是苏联的每个"自由独立"的加盟共和国都拥有一个席位，这把英国人和美国人吓坏了。不过最后斯大林同意让步，表示只要俄罗斯、白俄罗斯和乌克兰拥有席位就够了。"他把他的要价从16个减少到3个的时候，我们才松了一口气。"美国大使哈里曼回忆道。

罗斯福死后第二天，苏联红军就进入了维也纳。希特勒期盼的奇迹并没有出现，纳粹德国已经山穷水尽了，德国士兵们还能使用的各种武器装备也是五花八门，它们来自德国攻打过的每个国家，除了国产的还有意大利、苏联、比利时、法国、荷兰、挪威、英国和捷克斯洛伐克的，但问题是比利时的来复枪可以用捷克的子弹，但捷克的来复枪却用不了比利时的子弹。

由于兵力的枯竭，小孩和老年人也被拉了壮丁，德国甚至开始征召 14 岁的童子军，一个德国军官讽刺地说："看上去就好像德国国防军都没能做到的事可以靠这些童子军来完成一样。"黔驴技穷的希特勒还发动了柏林所有的平民在街道和公园里挖战壕、设路障，准备与敌人打巷战。一个柏林市民看着一群工人修建的临时防御工事评论说：苏联人将花费两小时零五分钟将其摧毁。当有人奇怪地问为什么这个时间有零有整时，这个人回答道：苏联人将用两个小时嘲笑这个路障，然后用五分钟把它推倒。

随着苏联大军即将兵临城下，德国首都内早已人心惶惶，律师被想立遗嘱的柏林人包围得无法外出，很多德国人想在苏联人打过来时自杀，于是到处都是在找手枪、老鼠药和氰化钾的人，医生们则在忙着讨论和宣传结束自己生命

^ 漫画：巨大的俄国熊已经将希特勒逼入绝境。

的各种方式的相对优缺点……

纳粹的最后末日来临了。4 月 15 日凌晨，125 万苏军以 6300 辆坦克和 2.2 万门火炮对法西斯的巢穴发起了最后一击。苏联士兵开炮时必须张着嘴以防耳膜被震破，因为炮声实在是太响了。那些天柏林没有黑夜，因为到处都是火。

柏林战役双方军事实力对比

	士兵数量	大炮数量	坦克数量	飞机数量
苏军：德军	5:1	15:1	5:1	3:1

为了给自己的部队照亮前进的道路，朱可夫还别出心裁地亮起了 140 盏高亮度的防空探照灯，他想用强光晃瞎河对岸敌人的眼睛。他后来写道："我用 10 亿蜡烛的光亮强度把黑暗变成了白昼。"想法虽很好但实际却很糟，因为强光让尘土和硝烟弥漫得到处都是，反而让自家的部队看不清方向，变成了没头苍蝇。不过苏军还是慢慢地向前推进，对德国士兵来说仿佛到处都是苏联人。

4 月 20 日是希特勒 56 岁的生日，这天盟军派来 1000 架飞机前来柏林祝贺，寿礼是成吨的炸弹。

生日聚会过后，戈林借口自己在上萨尔斯堡还有要紧的工作要去指导，然后带着他搜刮的艺术珍品和贵重物品——一共装了 24 卡车——逃离了柏林。而双手沾满鲜血的党卫军头子希姆莱也开始偷偷摸摸地通过中间人希望与盟国谈判投降。眼看大树要倒，猢狲都准备散了。

希姆莱去了北方，戈林跑到了南方，只有戈培尔留下来准备与希特勒死在一起。

末日即将来临的时候，纸上谈兵的希特勒仍凭借着幻想在地图上指挥调遣着已经不存在的"幽灵"军队。当希特勒得知自己的命令并没有被贯彻执行（实

〈海因里希·鲁伊特伯德·希姆莱（1900—1945年）
纳粹党卫军头子希姆莱曾得意扬扬地说："许多德国人看到我们的黑色制服就发颤。"当过养鸡场农场主的希姆莱在1929年被希特勒任命为党卫军的主管，后来成为所有警察部队的主管。他有一个系统灭绝"劣等民族"的理论，并希望在120年内孕育出"纯正神圣的"德意志人，这些人将有北欧式的身高、金色的头发、蓝色的眼睛和白色的皮肤。战争末期，他见大厦将倾，又企图单独和英美媾和谈判，被希特勒发现后免除了一切职务。德国战败后他化装逃跑，但在途中还是被英军俘虏了。当士兵对他进行搜查时，希姆莱咬碎了镶在一颗假牙里的氰化物胶囊，自杀身亡。

际上根本无法执行）时，他歇斯底里地大发作了，尖叫着说整个世界都欺骗他、背叛了他。"战争失败了！"他叫喊着，一下子跌坐在椅子上。当凯特尔等人来安慰他时，希特勒指出："已经没有什么仗好打了，当开始谈判时，帝国元帅（戈林）肯定做得比我好。"

本来屡次打包票又屡次食言的戈林已经失宠，在战争后期，日益发胖的他只能无所事事地花费大量时间在自己的别墅里欣赏他从欧洲各处掠夺来的艺术品和珍宝。"就像一个小男孩玩耍他的弹球。"但当希特勒这句话传到戈林耳朵里后立即又激起了他的权力欲，于是又上演了一出闹剧。戈林立即发了一封电报给希特勒，上面称：

我的元首：

鉴于你决定留在柏林要塞，你是否同意我立即接管帝国的全部领导权，作为你的代理人在国内和国外都具有行动的完全自由？如果到今晚10点仍没有收到回复，我将认为你已经丧失行动自由，而我将为我们的国家和我们的人民的最大利益行事。你知道在这个我生命中最重大的时刻我是多么同情你。我无法用言语表达我自己，愿上帝保佑你并排除一切让你快点到这儿来。

你忠诚的

赫尔曼·戈林

第三帝国这艘船都要沉了，戈林还想着当一把船长过过瘾。这封电报传到希特勒那里后他立即暴跳如雷，他把这看作是戈林的最后通牒和逼宫，是迫不及待地想抢班夺权！于是立即下令以最高叛国罪逮捕戈林，并免去了他的所有职务，包括帝国狩猎掌管者。

几天后，希姆莱背地里偷偷地与敌国谈判并准备向西方盟国投降的消息也传来了，这位“忠诚”的党卫军领导人居然一点招呼也不打就叛了国，简直比戈林还恶劣！希特勒气得一阵狂怒之后就失去了知觉，等他清醒过来后立马下令将希姆莱作为卖国贼逮捕起来！

希特勒破口大骂他周围都是叛徒，临死前的他把失败的责任一股脑地甩在了陆军、空军和党卫军头上，因为他们背叛了自己，所以他把德国新领导人的位置传给了海军总司令邓尼茨。——这要多亏希特勒没有怎么指挥过德国海军。

4 月 27 日，柏林的电报局收到了最后一份电报，这份来自东京盟友的电报的内容是：祝你们所有人好运。

希特勒最亲密的盟友墨索里尼要比他先走一步。在德国控制的意大利北部，反法西斯游击队已经如同雨后春笋般的冒了出来，处处开花。4 月 27 日，众叛亲离的墨索里尼藏在一辆卡车的后槽里想要逃跑到奥地利去。穿着德军外套、戴着德军钢盔的他化装成了一名喝醉酒正在昏睡的德国士兵，因为意大利共产党的游击队只允许德国人通过。昨天他在一家旅馆里等了一天，但 3000 名要来与他会合的黑衫党队员一个也没有来，他只好继续北上。虽然化了装，但墨索里尼还是被识破了，因为他昂贵的皮靴漏了馅儿。游击队员把墨索里尼

〈卡尔·冯·邓尼茨（1891—1980年）
仅仅做了八天元首的海军元帅邓尼茨以其“狼群”战术而闻名于世。二战爆发后，邓尼茨首创并成功地实施了多艇集群近距离攻击的“狼群战术”，给盟国海上运输造成严重威胁，共击沉盟军舰船2491艘,被盟军称为“面目狰狞的海底魔王”。但当战争后期盟军加强护航，发挥其空中优势的时候， 德国的潜艇战也就趋于失败了。在纳粹德国崩溃前夕，他按照希特勒的政治遗嘱继任德国总统和武装部队最高统帅，八天后通告德国投降。1946年邓尼茨在纽伦堡国际军事法庭被判处十年徒刑。1980年因心脏病去世，是纳粹德国27名元帅中最后一个去世的。

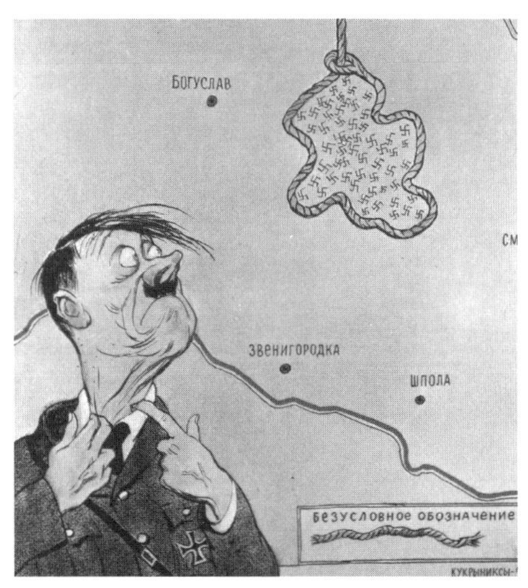

〉漫画：随着苏联红军攻势的加强，希特勒脖子上的套索正越缩越紧。

和死活都不愿跟墨索里尼分开的情妇贝塔西一块带到了科莫湖附近的村庄里，但游击队中间又发生了分歧，一派主张将这个法西斯头子交给盟国；另一派坚持立即将他们就地正法。

4月28日，从米兰来的三名行刑队员把这个问题解决了，他们上来就给了墨索里尼一梭子。在生命的最后一分钟，墨索里尼恢复了勇气，他扯开衣领露出胸膛喊道：“向我的胸膛开枪！”于是游击队员应他的要求开枪了，

^ 墨索里尼被处决地。

他和贝塔西都被打死在了一堵矮墙前面。

随后，墨索里尼和贝塔西等法西斯分子的尸体被运到了米兰，倒吊在洛雷托广场的一个加油站的横梁上示众，当尸体被放下来后人们朝他吐口水开枪甚至尿尿来泄愤。在意大利的德军也在5月2日投降了。

更为可悲的是，墨索里尼生前遭囚禁后被转移来转移去，死了以后也不得安生，其尸体也被转移来转移去。经过验尸后，墨索里尼的尸体被草草地掩埋在了米兰郊外一个村庄的地方坟场，坟墓编号384，为了避免墨索里尼的尸体被发现，连墓碑也没设置。但事与愿违，墨索里尼的尸体不久就被人发现了。

就在墨索里尼的尸体被埋在米兰公墓一年后的1946年4月22日，米兰一所监狱发生了叛乱，当晚墨索里尼的尸体突然失踪。很快，盗墓偷尸的人被确认是支持墨索里尼的法西斯分子，尸体丢失当晚正是世界各国庆祝打败法西斯一周年前夜。后来，有关尸体去向曾出现多种版本。墨索里尼的尸体先是被偷偷隐藏在当地的一个修道院长达100多天，但突然有一天，修道院来了一伙劫匪，偷走了墨索里尼的一条腿。四个月后，意大利当局才在修道院中发现了墨索里尼残存的单腿尸体。两名牧师被抓获后，供出了盗挖墨索里尼尸体的法西斯分子莱西西。随后，意大利在全国通缉、搜捕莱西西，最终被捕的莱西西被判处了六年监禁。出于政治因素考虑，意大利政府将墨索里尼的尸体秘密藏匿在了另一家修道院里。直到1957年，在墨索里尼遗孀雷切尔的多次请求下，政府才归还了墨索里尼的尸体并同意在其出生地普雷达皮奥下葬。

可是，关于尸骨的故事并未结束。1966 年 3 月，美国一名外交人员前往普雷达皮奥拜访了墨索里尼遗孀。这名外交官带来了一个皮包，里面除了一个小容器外，还装有一个黄色信封。容器里装的是墨索里尼的一部分大脑，这是美国人在 1945 年取去用于“实验”的，因为当时美国人怀疑墨索里尼是个“疯子”。信封里则有一张小纸条，上面写着：墨索里尼，大脑切片。这部分大脑被装进一个盒子，放进了墨索里尼的坟墓。——被处死多年后，墨索里尼终于有了“脑子”。

^ 墨索里尼的墓穴。

4 月 29 日，墨索里尼横死的消息传到希特勒的耳朵里的时候，他下定决心自杀，然后把尸体烧掉，以避免像墨索里尼那样被人鞭尸。为了试验他即将使用的氰化钾胶囊的效果，希特勒给他最喜爱的阿尔萨斯牧羊犬“布隆迪”来了一粒，在他看来这条狗也不会愿意在没有纳粹的德国生活下去。结果“布隆迪”当场毙命。虽然大多数人都“背叛”并“抛弃”了希特勒，但有一个人却赢得了他，那就是他的情人爱娃·布劳恩。在临死前，希特勒决定与她结婚，以此来奖励她多年来对自己矢志不渝的跟随与陪伴。此时苏联红军距离希特勒的地堡只有一英里了，而他们与地堡之间只有德军党卫队的一个营了。

在阴森潮湿的地堡里，希特勒的最后一觉只睡了一个小时，4 月 30 日不到 6 点他就起床了，此时苏联红军距地堡已不足 300 米了，上午 10 点的时候，苏军的大炮已经开始对市中心的德国国会大厦发起猛击。在用完最后的午餐（意大利面和凉拌沙拉）后，希特勒开始同身边的人逐个握手道别，因为他要先走一步了。随后，希特勒就和他的新婚妻子回到了自己的房间里。

下午 3 点半左右，负责守卫地堡的卫兵们猜测希特勒已经死了，因为他们看到了从通风孔冒出来的香烟烟雾。因为希特勒不抽烟也反对抽烟更讨厌闻二手烟，只有他死了，地堡里的人才敢肆无忌惮地吞云吐雾。

希特勒在自己的房间里向自己的脑袋开了一枪，为确保自杀成功，他还在扣动扳机前咬碎了一粒氰化钾的剧毒胶囊。只当了一天新娘的爱娃躺在他旁边，也是服毒自杀的。两个人的尸体被抬到了花园里，连墓穴都不用挖，因为苏联的炮弹已经为他们准备好了“墓穴”——花园里已经被炸出了许多弹坑，大小正好。尸体被浇上汽油，就这么烧掉了。

其实那张占星图已经应验了，德国确实在 4 月下半月时来运转了，因为希特勒死了，没有人再祸害德国了，和平马上就要来了。

戈培尔一家为希特勒陪了葬。——除了他们夫妻俩自杀外，他们还毒死了自己的六个孩子，然后他们也效仿元首，命令别人将自己的尸体烧掉，但他的尸体还是被到来的苏联红军发现了，因为缺乏汽油，他没有享受到跟元首同样的待遇，他的尸体根本没完全烧毁。

^ 漫画：面临战败的希特勒盯着桌上的手枪，门外的德国军官向他喊着：“元首，时间快到了！”他后面是希特勒的灵魂。

不过战后希特勒没死的谣言一直不断，有人说他偷偷逃到了阿根廷，有的说希特勒其实藏身于瑞士，甚至有人说元首躲在南极，世界各地也不断有人声称自己亲眼见到了希特勒……时间到了 2017 年的时候，有一个 120 多岁的老人突然站出来，说自己就是希特勒！他声称自己之所以现在才站出来表明身份，是因为以色列在 2016 年放弃了追杀纳粹战争罪犯的政策。这令全世界为之哗然。但老头的老伴儿立即给她的丈夫泼了一桶冷水，她表示，这不过是她丈夫出现阿尔茨海默病症状的表现罢了。

1945 年 5 月 2 日，柏林投降了，苏联红旗飘扬在了德国国会大厦上，这面红旗其实是三块红桌布拼起来的，上面的镰刀锤子的图案也是花了一整夜的时间剪出来缝上去。后来红军士兵将红旗插上国会大厦顶端的照片成了一张经典照片，不过当时却引起了一场轩然大波。——苏联塔斯社的编辑发现那位正帮着扶稳插红旗的士兵的两只手腕上竟然都戴着手表，显然是刚抢来的，于是他不得不让人把这个有损苏军形象的细节 PS 掉再发表。

1945 年 5 月 7 日，德国代表约德尔在法国兰斯的盟军西线指挥部正式签订了无条件投降书。参会的英美法代表均是高级将领，唯独苏联代表只是一名少将。很显然，德国更想向以美国为首的盟军投降，毕竟德军在苏联烧杀掳掠，他们害怕选择向苏联军队投降，会遭遇无穷无尽的刁难与报复。

不过，对于这一次的投降仪式，苏联领导人斯大林却并不买账。在他看来，苏联是与德军作战的主力，柏林也是苏联士兵在浴血奋战之后攻下的。做出巨大牺牲的苏联理应主导整个投降仪式。因此西线盟军搞的这个投降仪式，显然不能算数。因此苏联人坚持只有德国人签署了他们的投降文件，战争才算完全结束。于是德国人只好在柏林又投降了一次。不过当苏联人邀请英美等国将日期从 5 月 8 日推迟到 5 月 9 日时，前者已经开始庆祝了，于是西方欧洲胜利日就比苏联的早一天。第二次世界大战首先在欧洲结束了，但另一场没有硝烟的战争已经被揭开了序幕——那就是冷战。

^ 漫画：佛朗哥冲刚开完雅尔塔会议出来的丘吉尔小声说道：“买漂亮的明信片吗，先生？非常反俄的。”从左至右为丘吉尔、斯大林和罗斯福。

说来也讽刺，希特勒本来想通过扩张将所有德国人都统一在一个国家里，但这一目标最后却是由数百万德国人被赶出东欧，被迫回到缩小的德国境内而实现的；希特勒本来想夺取斯拉夫人的土地作为“生存空间”，但结果却是斯拉夫人夺取了德国的大片土地；希特勒发动战争想要摧毁共产主义，但战争的结果却导致共产主义统治了半个欧洲；希特勒想通过战争完全“消灭”犹太人，但这反而促使犹太人团结起来，建立了自己的国家……

不过有个结局却被希特勒这个“预言家”预言中了。他曾经说过：“随着

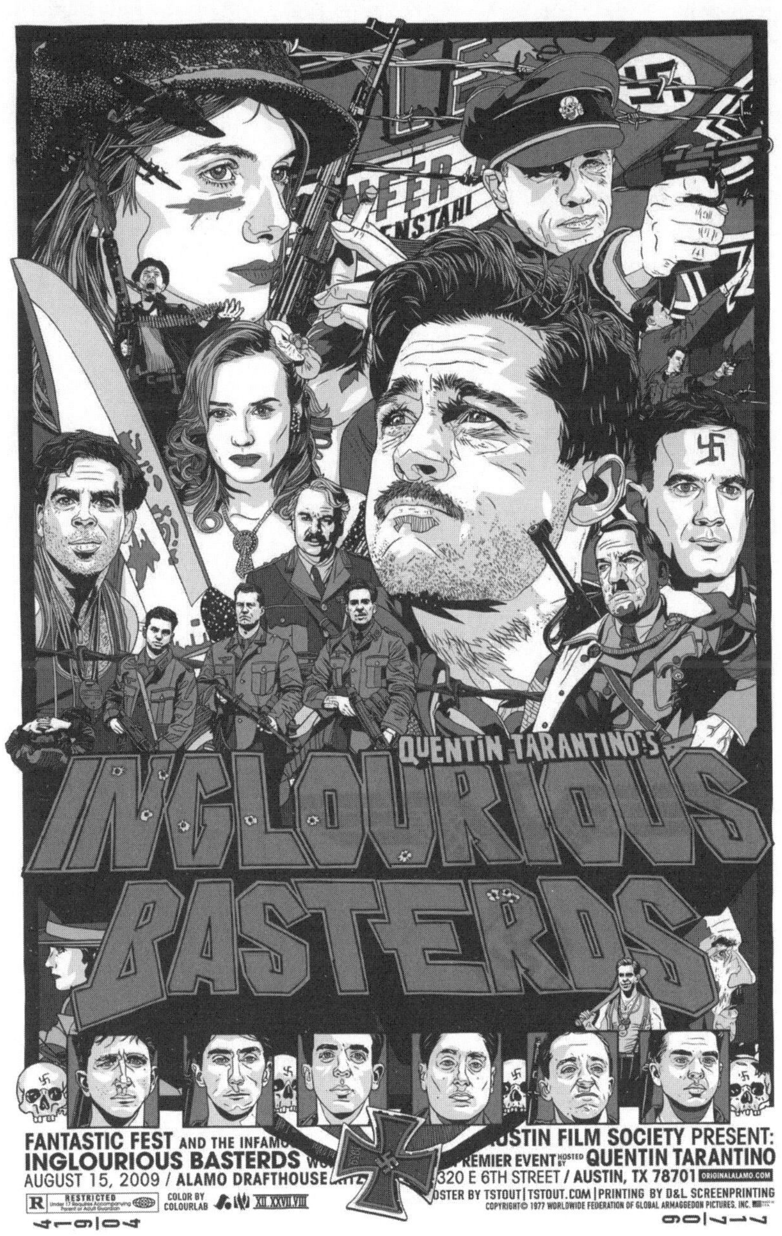

∧ 昆汀·塔伦蒂诺讽刺二战的电影《无耻混蛋》海报。

∧ 美国海报：工作赢得胜利！美军一脚踩碎德意日三个法西斯国家。

第三帝国的失败，世界上只剩两个有能力互相对抗的大国——美国和苏联。”经过战争的洗礼，战后美国取代了已经衰落的大英帝国，成了全球综合实力第一的超级大国。另一个大国苏联则扩大了地盘与影响，也实力大增，双方开始了争夺世界霸权的“冷战”。

第二十一章
瓦全

★★★

“其兴也勃焉，其亡也忽焉。”

——《左传》

当1945年来临的时候，美军已经离日本本土越来越近了，下一个目标是硫磺岛。

硫磺岛，顾名思义，这个火山岛到处弥漫着硫黄沉积物的刺鼻气味，地下热得要每工作五分钟就得回到地面透透气才行。本来美国人想要先用自己的空军优势，通过轰炸把日军岛上的防御工事都炸个稀巴烂，但日本人好像是属鼹鼠的，他们把地面上的工事都搬到了地底下，简直是挖出了一个错综复杂的地下迷宫，露出地面的出口只比大炮的炮口稍大一点。而岛上的折钵山则被他们挖成了蜂窝，他们在山体里共修建了约1000个房间，这些房间由七层隧道相互连接着。原来在经过了数次惨败、吃过了几次大亏之后，日本人也学乖了，他们放弃了“猪突战术”，而是藏身到洞穴里先躲过美军的首波轰炸，然后一声不吭地诱敌深入，等美军士兵以为可以上岛散散步、捡捡纪念品而大大咧咧地登上岛后，隐蔽的枪炮就会发起突然袭击，打对手个措手不及。这将成为一个惯例，美军一不小心就会吃大亏，当一个海军军官问一个从前线返回的美军士兵有没有纪念品可以交换时，后者憔悴地拍拍自己干瘪的裤子，“我在帛琉群岛失去了我的屁股，这就是我的纪念。”

于是美军下的炸弹雨变成了浪费弹药，在登陆硫磺岛之前，美国空军轰炸了这个小岛整整74天，但根本没什么效果，“除了让日本人卖力地把洞挖得更深。”而舰炮的轰炸也不起作用，一整天的轰击让整座小岛都笼罩在滚滚浓烟里看不见，给人的错觉是整座岛都要被炸沉了，但实际上岛上的700个目标只被摧毁了不到17个。

1945年2月9日，登陆的美军马上发现他们大事不妙。——松软的火山灰土地立马让沉重的登陆车陷了进去动弹不得，背着重重背包的海军陆战队士兵能陷到膝盖那里。他们以为这下完了，但值得庆幸的是海滩上没有敌人的炮火，也没有他们预想的拿着各种武器冲过来的日本炊事员和面包师。一个美国士兵还开玩笑地问：“接待委员会在哪里呢？”

防守此岛的栗林中道本来还异想天开："待敌人来犯时，我们可以牵制住他们，然后我们的联合舰队就会来扇他们的耳光！"但他的参谋长告诉他已经没有联合舰队了。栗林大吃一惊，郁闷的他在战役开始前用火柴点燃了12万日元的纸币，像烧冥币一样把它们烧掉了，他不想让这笔钱落在美国人手里——虽然美国人拿到这笔钱也没法儿花——在发给东京的无线电里，他说这燃烧的篝火象征着岛上注定毁灭的人员献给国家财政部的礼物。

日军隐藏的交叉火力令美军大为苦恼，因为栗林严禁士兵愣头青似的发起送人头的自杀性冲锋，他决定先放敌人进入包围圈，再让藏在地下的武器一起开火。躲藏在地下的日本人不见踪迹，仿佛在跟美军玩躲猫猫，打了半天连尸体都很少见。美军士兵只能不情愿地陪日本人玩起了"打地鼠"：把炸药投进日军碉堡的射击口或者通风口，要不就是用喷火器给地洞里的敌人来次烧烤的洗礼——据日本俘虏声称，受到这样攻击的日本兵就像"被炸的鸡一样"——或者用炸药把隧道口炸塌，将里面的日本人活埋，但到了晚上里面的日本兵有时会偷偷地挖开出口跑出来，最后美国人干脆一听到地下深处有日本人的说话声，就把成桶的汽油灌进地缝里去，然后点燃给他们来个一锅端。

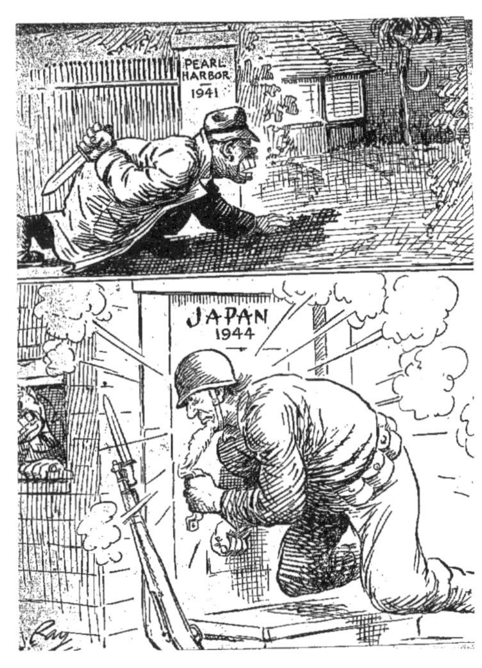

^ 1941年，日本鬼子趁夜偷偷摸摸地溜进了珍珠港；1944年，美国大兵已经在撞击日本的大门了。

在进攻发起后的第四天早上，六名美军士兵在小岛最南端的折钵山上升起了一面美国国旗，美联社的一位摄影师正好从海滩爬上来，于是拍下了这张著名的照片，由于过于生动，以致后来有人质疑是摆拍的。但向北方的推进却十分缓慢，在 382 高地（高 382 英尺）附近平均每前进一米，就有四名海军陆战队员倒下。一直到进攻发起后的第 14 天，美军才啃下了这块硬骨头，

3 月 8 日，约 1000 名绝望的日本兵发起了最后的冲锋，他们企图利用夜色来扳回一局。但美国人发出的照明弹多得简直把黑暗变成了白天，美国海军陆战队的一个连一次就用光了 20 箱手榴弹，第二天早上，他们数了下，战场上一共有 784 具日本人的尸体。一名叫御曲里的日本中尉死里逃生，退回山洞的他觉得幸存下来简直是奇耻大辱，于是他决定干票大的。他把炸药包绑在身上造了个人肉炸弹准备去伏击敌人，目标是炸掉美军的一辆坦克。经过实地考察后，御曲里发现一个峡谷里有谢尔曼坦克通过的痕迹，而且这里还有五个死去的日本兵。心生一计的他把身上脸上涂满了同胞的血和内脏，然后躺在尸体中间装死，等着坦克的声音逼近后就拉弦。但太阳光简直太毒了，成群的绿色大头苍蝇围绕着尸体嗡嗡乱叫，尸体的臭味简直太冲了，他躺了一整天也没等到一辆坦克，连一个敌人的影儿都没有。憋了好久的他最后实在忍受不了腐臭的尸体味儿了，只好爬起来回到山洞里去洗洗，但那臭味就是洗不掉。意志坚定的御曲里第二天又去原地躺在尸体当中守株待兔，躺着装死的他没事干开始“胡思乱想”：我就这样“玩完”了吗？为了天皇的荣誉变成一堆腐烂的垃圾，就像身边躺着的这位老兄一样？又躺了一天后，御曲里还是没等到美国坦克来自投罗网，极度失望的他只好解下炸药包又回到山洞里去了。在经过了一个月的思想斗争后，他最终向美军投降了。

这时美军正在进行最后的扫荡，一个一个的山洞和碉堡被烧光，每天都有 1 万加仑的喷火器燃油被用光。在进攻发起后的第二十三天（3 月 24 日），美军一名陆军上校宣读了尼米兹的公告，宣布：“在这个火山岛上的日本帝

国政府的所有权力到此终止！”而就在这一天，躲在山洞里的栗林收听到了来自东京的广播节目，讽刺的是，这个节目是为了表达国家和人民支持他的努力，由合唱团献给他的《包围硫磺岛之歌》——这是由他领导的士兵们在美国人登陆之前创作的——唱歌的孩子们都来自栗林的家乡。虽然收到了美军方面的劝降信，但栗林最终没有投降，他可能在最后的自杀性进攻中被打死，也有人说他受了重伤后自杀，因为士兵把他的尸体埋得很深很深，海军陆战队根本没找到。

美军离东京又近了一步，这里距离日本只有600多海里了。

硫磺岛之战虽然惨烈，但美军的伤亡只是下一次战役的一个零头，因为下一个目标冲绳岛有硫磺岛60倍那么大。跟硫磺岛战役开始时的情形一样，登陆过程很顺利，第一天有6万人上了岸，没有一艘船着火或搁浅，医务兵无所事事地坐在他们成包的绷带、血浆和担架中间，因为第一天只有28人死亡。这次行动的代号为听起来很浪漫的“L-day”——L是love的缩写，但后来有人不满地指出，那天恰好是4月1日，正好是愚人节。

美军在登陆两小时后就占领了一个机场，一个美军中尉还给家人写信说：“这里有成垄的白色冬麦，亮亮的小白花遍布在明亮的土地上。我们都不敢相信这是真的，就像我们走进了一个童话的世界。”

这就是冲绳守卫者牛岛满中将要的效果，令敌人放松警惕。

虽然牛岛已做好了失败的准备，但他决定要让敌人付出极高的代价，将他们耗死在岛上。这里的大批弹药本来是要运往菲律宾的，但由于转运出了问题，就阴差阳错留在了这里，而且牛岛的兵力有10万人，比美军还要多，他已经把兵力集中起来，防守在一个又一个的山岭峭壁上，准备一点一点地消耗敌人。在向部队发出的总命令中，牛岛宣布：“每个士兵要至少杀死一个美国恶魔！”在他坐镇的首里城，牛岛还把冲绳人遍布在山坡上的水泥坟墓改造成了机关枪和迫击炮的小碉堡。而根据硫磺岛的经验，地下工事也遍地开花，最大的洞里甚至能容纳一个连，成百条的隧道四通八达，后来当美军坦克向一个隧道的入口里发射了六枚磷烟炮弹后，坦克兵惊讶地数到共有 30 多个其他入口也在冒烟……

“蜜月结束了！”在登陆的第四天后，一位美军记者总结道，他们遇到的抵抗越来越激烈，美军步兵第 7 师夺取了一个又一个的山岭和高地，花了七天时间前进了 6000 码（约 5500 米）才从出发点到达他们的目的地。4 月 19 日，美军进行了太平洋战争中规模最大的一次集中炮轰：27 个炮兵营用 324 门大炮扫射了前线，从 105 毫米到 8 英寸的榴弹炮都被发射了出去，至少 19000 枚炮弹打到了前线或后方。接下来 18 艘战舰的大炮开了火，650 架飞机扔下了炸弹、凝固汽油弹，并用机关枪扫射。位于首里城堡的牛岛指挥部也挨了 1000 磅的炸弹，但没有丝毫损坏，因为它位于地下 100 英尺（约 30 米）的岩石洞里。

4 月 23 日，美军在太平洋上的总指挥尼米兹不得不亲自飞到冲绳岛前线来商议对策，最后确定的方案是投入更多的兵力继续从正面强攻。

美军舰队的变动也让日本人摸不着头脑。——哈尔西的第 3 舰队中的快速航母群被称为第 38 特遣队，但斯普鲁恩斯接手后舰队改为第 5 舰队，航母群更名为第 58 特遣队，搞不清楚的日本人还以为自己在跟两个舰队作战，士气更加低落。

而另一方面，病急乱投医的日本人又想重演调虎离山之计，这次他们打算用最大的战舰（有 1/6 英里长）“大和”号作为诱饵引诱美军航母离开冲绳周边水域，然后再用飞机对美军船只进行自杀式的进攻。——在 1944 年 10 月的莱特湾的海战中，“大和”号大部分时间都在追踪美国舰队，而且还跟丢了，根本没跟敌人交过火。一位海军将领讽刺说：“‘大和’号就是一艘飘荡在水上的服务于散漫无能海军将领的旅馆。”这一下子刺伤了联合舰队总司令丰田副武的自尊心，于是他们做出决定，不再让“大和”躲躲藏藏地躲避敌人的空袭，而是派它去送死。

但美军对日本船队的位置已经了如指掌，它们一出海就被美军潜艇盯上了。第 58 特遣舰队指挥官让参谋长询问第 5 舰队指挥官斯普鲁恩斯：“是你们（战舰）还是我们（舰载机）来干掉他们？”斯普鲁恩斯回答：“你们来吧。”敌人根本没把“老虎”调出山来。

于是在 4 月 7 日下午的几波空袭后，“大和”号变成了一个海上的废物，它在距离目的地冲绳还有 210 英里远的时候就沉没了，其倾覆爆炸而喷涌出的巨大火柱与浓烟，据说在东北部 120 英里远的九州南端都能看到……

输红了眼的日本士兵干脆开始驾着飞机自杀式地直接冲向美军舰艇，把飞机变成了空对海人肉炸弹。在日本领导人看来这笔一机换一舰的买卖很划算，用一架 15 万美元的战斗机去撞击价值 2000 万的战舰，一架飞机加一个飞行员就可以换敌人一艘舰艇跟船上的上千号人。而且军舰的目标够大，即使是没经验的菜鸟飞行员也能瞄准，关键还很省油，只用去不用回。由于 13 世纪的一场台风摧毁了前来进犯日本的蒙古舰队，这导致日本人相信“神风”将会一直保护他们不受侵犯，于是这种自杀式飞机攻击被冠名为“神风特攻队”。于是各式各样被搜罗来的飞机都被派了出去——过时了的战斗机、有俩发动机的轰炸机、水上飞机，甚至还有用木头和帆布做的训练机。一些飞行员只飞行训练了 60 个小时就要驾驶飞机升空去作战，这还算是好的，一些飞行员只能通过观看电影来学习如何在空中战斗。招募的新飞行员的标准已经降到了中学生，招兵的广告语是：飞行员活着是“飞翔的鹰”，死的时候是“空中的神”。但实际情况是，这些飞行员已经是“没有翅膀的鹰”，而要成“神”倒是可以，不过不是“神风”的“神”，而是“死神”的“神”。

日本“神风”突击队发动的自杀式进攻令美军心惊胆战，因为飞机一旦撞上他们的船，就像点燃了一串爆竹似的发生大爆炸，整艘舰艇不死也残。美军士兵开始称这些不要命的飞机为“妖怪”或“地狱之鸟”。不过日军的自杀式

∧ 富兰克林·罗斯福（1882—1945 年）

年轻时的罗斯福酷爱体育，擅长网球、高尔夫球，爱好骑马和驾驶帆船。但天意弄人，1920 年，他却因为脊髓灰质炎而下肢瘫痪，不过这并没有击垮他。他当上总统后使美国逐渐走出了大萧条，当到了他第一个任期终了的 1936 年时，国民收入的增幅达到 50%。而他也成为美国历史上唯一连任四届的总统。当 1944 年罗斯福第四次连任美国总统后，《先驱论坛报》的一位记者采访他，就他连任总统之事问他有何感想。罗斯福笑而不答，请记者吃了一片三明治。记者觉得这是殊荣，很快就吃下去了。罗斯福又请他吃第二片，记者受宠若惊，又吃了。这时，罗斯福又请他吃第三片，虽然肚子已不需要了，但他还是硬着头皮吃下去。这时罗斯福微笑着说："现在已经不用回答你的问题了，因为你已经有了切身的感受。"

战法对英国航母的效果就差劲多了，英军航母的起飞甲板不是用柚木而是用 3 英寸（约 76 毫米）的钢板做成的，巨大而沉重的钢板让他们的航母速度比美军航母慢得多，而且在热带海洋里会热得烫脚。但它的优点也显而易见：那就是够硬。当一架日本的自杀式飞机于 4 月 1 日在先岛群岛附近撞到英军"不屈"

号甲板上时，只在上面留下了一个3英寸的凹坑。一个小时后英国人就把它修好了，以至于美军联络官看了后抱怨道：“当一个敢死队飞机击中美军航母时，它需要在珍珠港里接受六个月的修理；而在英国人的航空母舰上，只用‘清道夫’拿起扫帚打扫一下就行了。”为了不让日本人得知他们的自杀式攻击有多么成功，顶着压力的尼米兹一直下令士兵们不要将遭到如此攻击的消息泄露给公众。但最终尼米兹还是不得不在4月12日发布了这一残酷的消息，但美国人几乎没有注意到这条新闻，因为还有一个更为悲痛的消息令他们目瞪口呆。——这天，他们的总统富兰克林·罗斯福去世了。

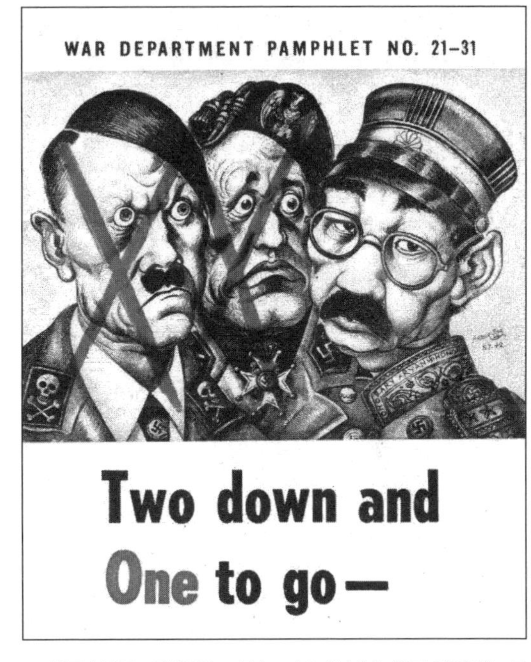

^ 美国宣传画：干掉两个，还有一个！意大利与德国已经投降，只剩下日本。

在冲绳岛上鏖战了一个多月后，许多美军士兵都患上了战斗疲劳症，山上日军大炮的威力与准确性甚至让美方怀疑是德国军官在指挥着敌人的火力。为了封闭那些张着血盆大口喷着炮火的岩洞，美军不得不使用“喷灯加拔塞钻”的战术：用坦克喷射出火焰就是喷灯，炸药和手榴弹就是拔塞钻。在付出了极大的代价后，美军逐渐逼近首里，但5月22日的倾盆大雨淹没了他们继续前进的希望，牛岛则趁着雨夜开始悄悄撤退。蒙在鼓里的美军直到敌人撤退进行到第四天的时候才发觉，5月26日天气稍微转好之后，美军的侦察飞机才发现了首里南部道路上繁忙的运输景象，飞行员报告说：一些人在被他们击中后就爆炸了，表明他们携带着弹药。

牛岛总共有三分之二的兵力撤到了新防线，如果不是季风雨的“保佑”，美军可能已经在首里包围消灭他们了；要不是糟糕的飞行天气，这些撤退的士兵也已经被美军飞机消灭在路上了。

6 月 20 日，美军在清除了一个又一个岩洞后，向牛岛所在岩洞的指挥部派出了一名俘虏前去劝降，但当这个日本军官向入口处喊着要传达的消息时，洞里的日本人将岩洞的入口炸塌了。牛岛在享用了一顿包括米饭、鲑鱼、土豆、菠萝、罐头肉、炸鱼饼、卷心菜、豆腐汤、日本米酒加茶的晚餐后穿上了白色的和服，然后切腹自杀了；怕自己死不透，他还命令副官挥刀砍下了自己的脑袋。

持续了近三个月的冲绳争夺战结束了，虽然伤亡大大超过了硫磺岛，但美军离东京又近了一步，从冲绳岛距离日本本土仅有 300 海里了。

而日军的“神风”攻击也并没有挽回他们失败的命运。因为自杀式的飞机也不是要多少有多少，要凑够去送死的飞机越来越难，美军正以压倒性的力量扼杀日本。在天上，美军轰炸机把日本的城市与工厂变成废墟；在海里，美军潜艇击沉日本商船的速度是日本生产速度的三倍，日本人每生产一艘商船，美方就已经击沉了三艘。日本人的原料进口已经被切断，日本本土很快也要变成“饥饿岛”了。为节省资源以供应战争，日本掀起了一系列节约运动，比如号召大家像禅宗和尚那样进行节食，戒掉大米，只吃少量的水果和蔬菜；爱国主义妇女团体则对任何浪费油料开车去红灯区的家伙的姓名予以无情地揭露。由于孕妇每天可以得到 70 克大米的额外供给，于是声称怀孕的妇女的数量一下子可疑地增多起来。由于食物的短缺，城里人不得不背着包袱鬼鬼祟祟地到农村去用自家的东西换取食物来维持生命。一个东京的中学生沮丧地写道：“我们吃掉了妈妈的结婚礼服，然后又吃掉了自行车，接着是缝纫机，然后我们四处观望，互相问：‘我们还有什么能吃的？’”物资的紧张最后导致连老百姓穿的鞋都无法生产，于是民众们只好穿上了笨重的木屐，为了宣传穿这种“爱国鞋”的好处，东京帝国大学的博士专门撰文宣称穿木屐可以“非常好地锻炼到脚趾尖上的小块肌肉”。但很快许多人连木屐都穿不上了，因为地方上的公共澡堂缺乏燃料，去洗澡的顾客们都被要求把他们的木屐捐献出来去当燃料。为了省电，东京的 31 层地标建筑帝国酒店宣布停用电梯，客人们需要自己爬楼梯。最后连靖国神社的大门都被拆下来去炼了钢铁。但这根本无法扭转日本国内资源日益枯竭的困局。

形成鲜明对比的是，美军的后勤供应富得流油，负责提供补给的船只简直就是个海上“移动商店”，不但装载着几十万桶的燃料油，还有上千吨的弹药和食物，肉、黄油、鸡蛋、苹果、橘子应有尽有，足够供应一个中等城市吃一个月，空出来的地方还装了几千包来自国内亲戚的慰问邮件。

德国在英国身上没做到的，美国人在日本身上做到了，那就是通过封锁与轰炸扼杀一个岛国。

一开始由于其他基地都离日本本土太远，美军把轰炸日本本土的空军基地选在了中国境内——在离日本 1200 英里的成都，由于条件恶劣，修建飞机跑道的 20 万中国劳工只能用锤子把地上的石头凿成碎块，再用木制的手推车推走，条件更艰苦的地方则用扁担挑着两个筐来回运送。

“手推车吱吱地叫着。”一个美国建筑师抱怨道，“成千上万辆吱吱叫的手推车刺激着我们的神经，简直要把人搞疯！所以当有一天中国工人出去吃午饭的时候，我们的工程师让人把所有的车轴上都加了机油。”下午开工的时候，讨厌的吱吱声终于没有了，但中国工人却闹起了罢工，一个个撂了挑子径直回家去了。困惑的美国人最后通过翻译才闹明白，他们费力不讨好地好心办了坏事。——“手推车要是没叫声的话就意味着鬼要来了。吱吱的声音可以让鬼不能近身，所以没有吱吱声就不工作！”哭笑不得的美国人只好入乡随俗，在他

〈柯蒂斯·李梅（1906—1990 年）
少言寡语，也从不微笑的李梅被称为“冷面之鹰”，因为他的面部神经曾因冻伤而坏死，所以无法做出笑容。1944 年底，在对纳粹德国进行了近 20 个月的轰炸后，李梅被调到太平洋战区指挥第 21 轰炸机联队轰炸日本。他创造的“火攻”战术点燃了日本。到了6 月份，燃烧弹已毁掉东京 56.3 平方英里的土地和其他城市的大部分土地，造成近 50 万日本人死亡。虽然杀死了数十万日本人，但李梅成了公认的英雄，连日本政客也不得不承认这一点。——1964 年，李梅被日本人授予最高级别的“勋一等旭日大绶章”。

们费力地又进行了一遍除油工作后，中美两国友好的劳资关系又重新恢复了。

这只是一个小插曲，随着在中国西南部的空军基地陆续建成，美军的“超级堡垒”B-29终于在1944年首次从中国起飞轰炸了日本本土，但由于从“驼峰”运送来的燃料有限，一直是小打小闹。于是在夺取了马里亚纳群岛后，美军马上在关岛、塞班岛和提尼安岛上面修建好了空军基地，从这里出发轰炸日本本土更近，而且再也不用冒险飞越危险的“驼峰”了。但执行一次轰炸任务仍要花费 15 个小时（轰炸的过程却只需要 90 秒），大部分时间都要在空荡荡的海面上航行，所有的机组成员都要在漫长飞行中与睡魔做斗争，比如用苯丙胺或咖啡来提神。“我第一次睡着的经历也是最后一次，”一个美国飞行员回忆道，“当我醒来的时候，我发现我们飞机上所有的成员都睡着了，飞机由自动驾驶仪驾驶着，像幽灵一般在空中游荡。”

当轰炸刚刚开始时，一些日本人不是躲进防空洞而是跑到街上看热闹，他们好奇地想看看发生了什么。刚开始日本人还戏称 B-29 为“B 先生”，把它的到来称为“定期服务”，一位日本妇女还颇有灵感、诗兴大发地写了一首诗：

“东方苍穹隐隐呈现，

一架、一架又一架的 B-29。

飘扬着洁白的气带，以完美的编队翱翔，

穿过全蓝色的天空，

就像珍珠鱼在海洋中徜徉。”

但很快日本人就没有心情开玩笑了。“超级堡垒”B-29 轰炸机如同一个个空中幽灵，准确地倾泻出串串炸弹，连日本天皇裕仁也被赶进了防空洞里。1945 年 3 月 9 日，美军 B-29 轰炸了日本首都东京，美丽的富士山成了美军轰炸机的天然路标，后来美军飞行员只要一看见它就知道，离东京只有 15 分钟了。这次美国人在东京投下的是燃烧弹，而日本的木质建筑简直成了最好的引火材料，这导致熊熊大火能持续燃烧好几天，这种战术是负责轰炸的美国少将李梅为日本“量身定做”的。无数的燃烧弹一时间仿佛祝融下凡，所有樯橹都灰飞烟灭，连 B-29 银色的机身都被熏黑了，美军飞行员们甚至能在轰炸机里闻到人肉被烧焦的味道。许多日本人不是被烧死就是被浓烟熏死，逃到防空洞里的人耗尽了氧气后窒息而亡，无处躲避的人跳进河里逃命，但水里也不安全，因为大火的热量使河水的温度迅速

^ 日本的氢气球炸弹

升高，最后沸腾了起来，许多人被活生生地煮死或被蒸汽烫死。

“日本播撒了风种，现在就让它收获旋风吧。”美国陆军航空兵司令阿诺德说道。此后这种轰炸将遍及日本本土，成为家常便饭。

而日本老百姓也开始想出各种各样的办法来消灾避难，在一次狂轰滥炸中，一对东京的夫妇毫发无损地从自家被炸毁的房子里逃了出来，他们将自己的幸运归结到了家里养的两条金鱼身上，这两条宠物被发现变成烤鱼死在了废墟里，好像是金鱼替他们的主人去死了。于是一传十十传百，很快东京地区活着的金鱼就都被以高得离谱的价格一抢而空。

为了报复美军的轰炸，日本人也放出了他们的秘密武器去轰炸美国本土，那就是巨大的洲际热气球炸弹。许多气球都由心灵手巧的女学生用 600 多块胶皮和羊皮纸一针一线地缝制完成，撑开后直径有 10 米大，他们带着一枚 30 磅重的炸弹顺着大风和气流进入大气层，然后漂洋过海地越过太平洋，之后来到美国上空，通常三到五天内就会定时爆炸。但这个很有创意的“飘炸计划”的战果却可以忽略不计，放出去的 9000 个气球只有 300 多个幸运地到达了美国，而且它们造成的破坏简直微乎其微，只炸死了六个人并引发了几场火灾。

^ 盟军宣传海报：轰炸机如同箭在弦上，即将射向被逼到角落的日本太阳。

这些“白色魔鬼”被发现后，美国有人也建议生产同类气球炸弹，对日本以牙还牙，但美国气象专家表示了反对，因为在美国头顶上空是恒定的西风，它只能越过大西洋，飞到英国去。而发明这种气球炸弹的荒川秀俊博士也在战后被定为战犯，判处了七年监禁。

后来防空力量薄弱的日本政府实在无计可施，能做的只有把 B-29 的发动机发出的声音录下来，做成 10 英寸大小的盘（名字叫作“末日之音”）来卖给老百姓，据说仔细听经常听反复听就会让人能够在炸弹落下来之前辨认出远方飞来的轰炸机的咆哮声，这样你就能及时隐蔽起来，从而提高自己存活的机会。

刚开始美军只是轰炸大型和中型的工业城市，后来一视同仁，连中小城市也开始轰炸，不论有没有军需工厂，全部地毯式轰炸。到了 1945 年 7 月份的时候，美军的 B-29 几乎把日本轰炸了个遍，已经没有目标让他们轰炸了，除了京都作为日本的文化中心逃过一劫外，还有广岛、长崎、小仓、新潟这四个城市一直不在 B-29 的轰炸任务中，纳闷的李梅后来才明白这是为什么——美国人要留着它们作为自己新型秘密武器的试验场。

研制这种秘密武器的代号被命名为“曼哈顿工程”，其过程极度保密，连很多参与者都不知道他们在造什么，基地附近的人甚至半开玩笑地猜测说这个秘密基地究竟是给潜水艇生产挡风玻璃雨刷呢，还是为骑兵团收集马鞍上的前扶手呢？当研制大获成功时已经是 1945 年的 7 月份了，试爆的巨大威力令几百里远的地方都感觉到了冲击波，玻璃都在摇晃。有人以为是正在飞行的轰炸机爆炸了，要不就是日本军队打过来了；有人则认为不是地震就是流星撞击了地球。这个秘密武器爆炸产生的温度是太阳表面温度的四倍，而它的闪光在另一个星球上也能看到，颜色由白变黄、变紫……就像“一次世界从未见过的日出，一个伟大的新兴的太阳”。一个正在帐篷里酣睡的醉汉也被巨大的爆炸声吓得跳了起来，不幸的是，他看到的闪光令他瞬间失明了。后来他被送进了疯人院，因为他坚持认为那天的爆炸是上帝在惩罚他，因为他在安息日喝了酒……

美国能这么快就造出这个大杀器也要托希特勒的福，在他的迫害下，许多德国科学家——有些是犹太人，有些不是犹太人——都移居到了美国，他们中的许多人为这种秘密武器——原子弹——的研究做出了贡献。丘吉尔的内阁助理雅各布爵士戏称盟国之所以战胜了纳粹德国，很大程度上是因为“我们的德国科学家比他们的德国科学家更优秀”。

现在美国人手里拥有了一副“王炸”，希特勒由于垮台得太快而没有赶上，于是这种武器的优先使用权留给了日本人。在 7 月 22 日召开的波兹坦会议上，美国新任总统杜鲁门得意扬扬地向斯大林炫耀美国首先发明了一种威力无比的秘密武器——他也是在罗斯福突然逝世，由副总统升职到总统后才知道美国还有这个秘密武器的——腹黑的斯大林听了后却故意装傻，丝毫没有惊讶的表情，因为他早在 1943 年就通过情报部门知道美国人的“曼哈顿”工程了，而

〈哈里·S·杜鲁门（1884—1972 年）
杜鲁门有严重的远视眼，这使小时候的他不能玩游戏也不能参加任何运动，他能参加一战还得感谢当时的考察军官对他放了水。战后他做过男装生意，但 1921 年的经济危机让他破了产。虽然他不擅长演讲也不擅长社交礼仪，但他投身政坛后展现出了惊人的洞察力与雷厉风行的铁腕风格，一步一步做到了副总统。本来他打算在副总统的位置上“坐着等死”，因为总统职位是轮不到他的，但罗斯福的突然逝世让他这位副总统意外地升职，成了美国第 33 任总统。

苏联也已经在两年前就开始自己的“曼哈顿”工程了，那就是研制原子弹。这令杜鲁门大失所望。

死到临头的日本领导人不是不想投降，而是死要面子想体面地“停战”。日本记者加藤益雄甚至总结道：“日本打仗只是出于一种习惯，因为它不知道该怎样停止。”死硬的顽固派坚持要为了天皇而在本土与美军决一死战，美其名曰“一亿玉碎”，许多妇女和儿童也被分到了诸如竹枪和长柄粪叉之类的武器，并被告知：“如果你没有杀死一个敌人，你就不能死！”

英军对日本人的“宁死不屈”评论道：如果500名日军被命令守卫一片阵地，我们不得不消灭495个人才能占领这个阵地，最后剩下的5个日本士兵则会自杀。日本人的死撑令美国人忧心忡忡，他们估计要亲自上阵的话还要伤亡100万美军，这可受不了，于是他们想起了苏联人。干脆让苏联人上吧，于是在1945年2月的雅尔塔会议上，盟国达成了在德国投降后苏联向日本宣战的协议，但斯大林可不愿意白帮忙，他提出了一系列的条件。日本人可不知道这些，因为发布的《波茨坦公告》上苏联并未签字，抱有幻想的他们还希望苏联人做中间人来调停，一厢情愿的他们甚至认为“苏联应将对德作战的胜利归功于日本，因为我们一直保持了中立”，现在苏联应该“报答”日本，因为斯大林肯定也不想看到美国太强大。

由于当时的苏联驻日本大使马里克正在东京70英里外的温泉旅游胜地度假，于是前日本首相和驻苏联大使广田弘毅也假装去那里，装成无意中在山村散步时偶遇的样子。6月3日晚上，广田弘毅在请马里克吃晚餐前先对苏联战胜德国表示了祝贺，并说：“日本和苏联在此次战争中没有交手真是幸运！”随后询问马里克苏联是否有意促成日本与美国进行和平谈判，并表示不会让苏联白帮忙。马里克对广田彬彬有礼、礼貌有加，但顾左右而言他，因为斯大林已经指示他要对日本人的任何请求装聋作哑，因为两国马上就要交手了。这个“打落水狗”的好机会斯大林可不会放过，等到打败了日本，他想拿什么就能拿什么。

由于日本人顽固不化，杜鲁门决定使用人类制造的最可怕的武器来终结这场历史上最具破坏性的战争。

在放大招之前，盟国发布《波兹坦宣言》最后一次警告日本，要求其无条件投降。日本首相铃木贯太郎看到后告诉记者：“日本政府不会认可它（波兹坦宣言）的重要性，我们对此不做评论。”他的意思是我们还要再研究研究……但日本记者却以为首相的意思是不予理会，用日语就是“以沉默杀死”，其实就是拒绝了。于是各大日本报纸纷纷发出评论，《每日新闻》头条甚至声称“（波兹坦宣言）是一件可笑的事情。”由于没有与“默杀”对应的英文词汇，等到美国报纸再翻译过来的时候，标题变成了“日本正式拒绝盟军促其投降的最后通牒”。

于是“达摩克利斯之剑”落下来了，日本人马上要大祸临头了。

1945 年 7 月 26 日这天，原子弹已经被用巡洋舰“印第安纳波利斯”号运送到了马里亚纳群岛的提尼安岛上，船员们只知道箱子里的东西很贵重，因为上级命令他们一定要不惜一切代价誓死保卫。有人猜测箱子里可能是黄金，是专门用来收买日本结束战争的，因为有人告诉他们“每天船向前行进多少，胜利就会向前推进多少”。幸运的是，这艘巡洋舰在返航的时候才被日军的潜艇发现并击沉，

∧ 终于开口了！来自缅甸、南太平洋、阿拉斯加和麦克阿瑟的四把大钳子死死地夹住了像核桃一样的日本人，旁观的苏联人拿着钳子正在偷着乐。

如果这一幕发生在来的时候的话，就连上帝也救不了船上的“宝贝”了——日本人的运气还是差了那么一点点。

1945年7月30日，美军巡洋舰“印第安纳波利斯”号被日本潜艇击沉——这也是日本海军击沉的最后一艘美军军舰——不过这艘巡洋舰一直坚持到向马里兰州装载原子弹的B-29轰炸机运送完配件后才沉没，而B-29即将在七天后为它复仇。

8月6日，B-29轰炸机载着代号为“小男孩”的原子弹起飞了，在四选二的轰炸目标里，广岛首先成功入选，那里有众多的兵工厂，而且还是日本第2陆军司令部的所在地，更重要的是，李梅认为那里没有盟军战俘，不会炸到自己人，但实际上他估计错了，市中心的广岛监狱里就关着23名美军战俘，更加要命的是，投弹点就选在了离广岛监狱只有半英里（约800米）的相生桥。

8点13分，广岛东部的一个日本观察站发现了这批美军轰炸机，但太晚了，两分钟后——准确地说，是8点15分17秒的时候，“小男孩”已经从天而降了。

43秒后，一道剧烈的白色强光突然闪现，甚至连太阳都遮蔽了，连投弹飞机的仪表盘似乎都发出了光芒。一大团烟云包裹着火一样的球翻滚着上升，四周裹挟着一团又一团紫灰色泡沫般的物质……30万度的高温把花岗岩建筑的石头表面都融化了。这天，一名被日军俘虏的新西兰战俘正把耳朵贴在藏在木屐里的收音机上偷偷地收听广播了解战况。由于信号不稳定，他只断断续续地听到新闻里广播员激动地说“什么什么在广岛给予了日本重创……人类历史上新的恐怖尝试……”摸不着头脑的他还以为自己调错了频道，听到的不是时事新闻而是讲述火星人入侵地球的戏剧故事。

广岛几乎被夷为平地，一共有14万人被杀死。

但在第二天的内阁会议上，日本陆军部长阿南惟几仍然坚决反对投降，不见棺材不落泪的他宣称：“我们还不知道这是否是真正的原子弹，这可能是美国人的圈套！毕竟除了杜鲁门的声明，还没有任何证据表明这是原子弹！”

日本领导人把最后的希望押在了苏联人的调停上，日本驻苏联大使佐藤尚武被要求尽快探明苏联人的态度。但与此前的找各种理由拖延敷衍相反，苏联方面对佐藤的回复出奇地快，苏联外交部长莫洛托夫在 8 月 8 日下午在克里姆林宫通知佐藤明天苏联将要对日本宣战……最后莫洛托夫还对佐藤致以了最高的个人敬意，并表示他可以帮佐藤发密码电报，当然佐藤想要自己发也可以。但是回到大使馆的佐藤发现他们的电话线已经被切断了，无线电设备也已经被没收了。

这下日本人傻眼了，在佐藤离开克里姆林宫两个小时后，8 月 9 日午夜，150 万苏联红军就以摧枯拉朽之势分三路攻入中国东北，横扫 60 万日本关东军。苏联驻日本大使马里克 8 月 10 日上午向日本外相东乡递交宣战书，东乡拒绝接受，原因是日本已提出投降，不想再打了。但苏联人可不想日本这么快就投降，为了能夺取更多的胜利果实，苏联红军正昼夜兼程地向前推进，当日本军使打着白旗来接洽投降事宜时，苏军指挥部竟然故意不接收，故意跟他们兜圈子。苏军就是为了能多占些地方就多占些地方，能多缴些战利品就多缴些战利品。一方急着投降，一方就是不接受，二战在远东的最后一场大战就这么一开场就要结束了。

而在8月9日，另一枚原子弹“胖子”也起飞了——有人说“小男孩”和“胖子”这两个代号分别指罗斯福和丘吉尔——它的目标是九州南部的小仓兵工厂，但飞行员飞到小仓上空后发现，这里的云雾遮挡住了瞄准目标，原来附近一座城市在两天前曾遭到常规的炸弹轰炸，随风飘来的烟雾救了小仓一命，于是目标被换成了备选的长崎。上午 11 点 01 分，“胖子”离开了机舱，一道闪光之后，连投弹的轰炸机都被震得颠簸起来，一名机组成员紧盯着翻滚涌动的巨大蘑菇云，问旁边的通讯员：“你现在感觉如何？”

“该死的，闭上你的嘴行吗？！”通讯员咆哮道。

“好吧，这也是我的感受。”这位成员说道。

当这架投弹飞机在冲绳岛降落的时候，油箱里的燃油只剩下 7 加仑了。

第二枚原子弹杀死了 7 万人，把长崎变成了墓地，墓地里没有剩下一块墓碑。一个叫森本义重的倒霉风筝商挨了两次炸，他本来受雇在广岛为军方制作反航空器的风筝，幸运的是当第一枚原子弹爆炸时，他所在油漆店内的墙壁保护了他。惊慌失措的森本跑到火车站爬上了一辆运煤车，急切地想离开这个鬼地方，连夜赶回自己的老家长崎去。8 月 9 日中午 11 点他刚回到家，正准备向妻子诉说在广岛的可怕经历时，第二枚原子弹仿佛追着他似的又来了，就在“胖子”爆炸的一瞬间，已有经验的森本义重迅速打开了家里地窖的活板门，将妻子和孩子推了进去。由于及时进到地下，他和家人躲过了这次核爆炸——也幸亏投弹飞行员由于长崎上空云层的遮挡改变了轰炸目标，否则这枚原子弹本来是要垂直落在森本家里的。比起森本幸运地躲过了两次原子弹轰炸，另一个叫山口疆的就倒霉多了，这位三菱重工造船厂的制图师在前往广岛出差时遇到了原子弹爆炸，结果他直接被冲击波炸飞。受到严重烧伤的山口疆第二天便搭乘政府的避难列车返回了老家，而他恰好跟森本义重是老乡。8 月 9 日，回到长崎的山口疆向公司老板报告了广岛之行的结果，但老板根本不相信他说的话，认为他“是不是被炸弹炸昏了头？”谁料老板话音刚落，那可怕的白光就又出现了，他又一次被炸飞了……由于遭受强烈的核辐射，山口疆患上了白血病和白内障。但他仍然活到了 2010 年，最后以 93 岁高龄去世。

11 岁的男孩中岛小市则相对幸运得多，他那天正和九个小伙伴光着身子在浦上河的池塘里玩“找铃铛”的游戏，从岸上把一个镀金的铃铛扔进河里，然后从一数到三，叫声“出发！”大家就一起钻进水里去找。但这次谁也没找到铃铛，这让中岛焦急起来，因为铃铛是他从姐姐那里偷偷拿出来的，弄丢了是要挨骂的。不死心的中岛吸足了空气，再次潜入水底，但等到一分钟后他再浮出水面后，整个世界都已经变了样，他已经认不出来了——在翻腾的迷雾里，所有建筑都看不见了，两个小伙伴在岸上打着滚儿尖叫，而另外七个人已经变成了黑色的尸体……就是这一分钟救了他的命。

而就在“胖子”摧毁长崎前一分钟，也就是中岛钻进水里的那一刻，日本战争委员会的“六巨头”——首相铃木贯太郎、外相、陆军部长、海军部长和海军与陆军的参谋长——召开了紧急会议，但到底是降是战，还是没达成一致意见，因为三个人想立即投降，另三个人想死战到底。内阁不断争吵相当于无所事事，最后实在看不下去的天皇站出来说话了，裕仁知道再不投降就不是输不输掉裤子的问题，而是要连脑袋都输掉了。

8 月 10 日，日本向盟国发出了乞降照会。

这遭到了一群死硬的年轻军官的抵制，他们决定再来一次“下克上”阻止投降，先是伪造继续作战的公报，后来企图刺杀主和的内阁成员，最后甚至发动了政变，闯进了皇宫企图去毁掉天皇宣布投降的讲话录音，但最后都失败了。当初日本就是在“下克上”的推动下逐渐走上了侵略之路，而最终的失败又以“下克上”作为终结。

8 月 15 日中午，天皇宣布投降的录音播放出来了，东京不时有枪声响起，

〈裕仁（1901—1989 年）

身为日本第 124 代天皇的裕仁天生近视，他对生物学很有兴趣，当去世的时候，在宫内的“生物学御研究所”里还保存着他幼年采集的五大箱各式各样的标本。裕仁 20 岁即位后周游欧洲，但在巴黎的时候却闹了一个笑话。微服出行的裕仁有生以来第一次搭乘巴黎地铁。当检票员要在票上打孔检票时，裕仁紧张地生怕票被夺走，竟然握着车票不放，双方就这样来回拉扯了数分钟，结果惹得检票员大怒。裕仁的年号“昭和”是昭示和平之意，但就在他在位期间发动了一场最大的战争。在美国的庇护下，战后的裕仁未受到审判，最后到 1989 年才去世，成了日本最长寿以及在位时期最长的天皇，执政长达 63 年。

许多陆军和海军军官都自杀了，而在天皇宣布投降几个小时前，陆军大臣阿南惟几也切腹自杀身亡。

决定自杀的还有前首相东条英机，但他不敢用日本传统的剖腹自裁法，毕竟太疼。在美军进驻日本后，东条也很清楚，早晚有一天美军是要来找自己算账的，于是他准备在美军到来的最后时刻才自杀——多活一天是一天。为了开枪自杀时能打准自己的心脏，东条还特意用毛笔在胸口心脏部位画了个圈，每天洗完澡，再让老婆重新画上。1945 年 9 月 11 日，被美英等国列入日本头号战犯的东条英机看到院子外面有盟军警察到来，便用当年希特勒赠送给他的瓦尔特自动手枪向心脏开了枪，不过他的准头还是太差了，加之是左撇子且心脏畸形的原因，子弹打偏了，只是洞穿了肺部。美国大兵冲入室内时他已经濒临死亡，不过美军最后还是输血救活了他。东条后来解释说自己朝心脏开枪自杀是为了“让别人能够看清楚自己的脸，从而知道他已经死了”。三个月后，伤愈出院的东条被直接送入了日本东京巢鸭监狱，虽然在三年后的东京审判中，东条狡辩说：“如果说我有罪，那么整个日本民族都是有罪的！”但他最后还是被送上了绞刑架，得到了应有的惩罚。

对于这位首相的评价，日本左派和右派虽然势同水火，但意见却出奇地一致，他们都认为东条英机是个蠢货，左派认为他是个蠢货是因为他竟然发动了对美国的战争，右派认为他是个蠢货是因为对美战争竟然打输了！在东京审判时作为证人的“理论家”石原莞尔得知东条英机被列为战犯时破口大骂：“连东条英机那样的蠢货都被划为战犯，那我也有资格！”

8 月 28 日，美军开始在日本登陆，双方都很紧张：美国人担心狂热的军国主义分子会不执行天皇的命令而突然袭击他们，日方也害怕仇恨美军的日本兵擅自“报复”，引起美军的报复。当日方指挥官在为接待美国人做准备时，他的两个意见不同的下属还在窗外用剑决斗，以决定是否继续战斗下去。但庆幸的是，最终冲突与袭击并没有发生。

为二战画上句号的日本投降仪式于1945年9月2日在停在东京湾的美军军舰“密苏里号”上举行——密苏里是美国总统杜鲁门的家乡——以日本新外相重光葵为首的九人代表团在登上军舰后受到了“羞辱五分钟”的“待遇”，在成千上万名美国士兵、水手和记者的注视下，“我们等待了几分钟，就像忏悔的学童，在众目睽睽下等待校长的到来。”一名日本代表团的成员回忆道。为了多给自己留些纪念品，麦克阿瑟特意用了五支派克金笔在投降文件上签字，他用第一支笔签了“道格”两字，然后把笔送给了当年在菲律宾被日军俘虏的温莱特将军；第二支笔接着写了“拉斯”，然后送给了当年在新加坡被日军俘虏的英军司令帕西瓦尔将军；第三支写了“麦克阿瑟”就收起来，赠送给了美国政府档案馆；第四支笔签了职务“盟军最高统帅”后送给美国西点军校；第五支笔最后签了年月日，留给了自己的夫人琼妮和儿子。

第二次世界大战终于结束了，但对于另一些人来说并没有。——在一些偏僻的角落里，零散的死硬日本兵仍在“宁死不屈”，比如日军陆军中尉小野田宽郎仍然遵循指挥官在撤退之前留给他的抵抗到底的命令，在菲律宾卢邦岛的丛林中坚持战斗。对投入到丛林里宣布日本已投降的传单、报纸、杂志和扩音喇叭中他哥哥的呼唤，小野都将其视作敌人的骗人“诡计”而充耳不闻。他在小岛上又“坚守”了30年，靠每天反复阅读《日本军队守则》来坚定自己的意志，时不时地还去袭击一下当地人，他坚信总有一天强大的日本军队会打回来的。一直到1975年，一个年轻的日本探险家才偶然在丛林中遇到了他，前者经过磨破嘴皮的反复说明才最终让他相信战争早已结束了。不过固执的小野坚持要收到自己指挥官的命令才能“投降”，于是他那已经改行做了书商的指挥官只好特地从日本坐飞机来到菲律宾，在丛林里为他宣读了1945年日本天皇颁布的正式投降书，野人“小野”这才“遵循命令”，结束了他一个人长达30年的抵抗。

参考书目

《第二次世界大战》，黄玉章等，世界知识出版社 1984 年版

《第二次世界大战的回顾与省思》，钮先钟，广西师范大学出版社 2003 年版

《二战大牌局：七强国的战略博弈》，王鼎杰，上海人民出版社 2017 年版

《战争风云：第二次世界大战新史》，[英]安德鲁·罗伯茨，长江文艺出版社 2010 年版

《第二次世界大战史大全》（共 11 卷），[英]阿诺德·汤因比主编，上海译文出版社 1995 年版

《第二次世界大战回忆录》（共 6 卷），[英]丘吉尔，南方出版社 2005 年版

《第二次世界大战史》，[英]马丁·吉尔伯特，长江文艺出版社 2016 年版

《第二次世界大战战史》（上下），[英]李德·哈特，上海人民出版社 2002 年版

《图文第二次世界大战史》（共 39 册），中国社会科学出版社，海南出版社 2004 年版

《第二次世界大战重大战役》，[英]迈克尔·哈斯丘，中国市场出版社 2012 年版

《第二次世界大战史》（上下），[德]库特·冯·蒂佩尔斯基希，解放军出版社 2014 年版

《战略论》，[英]李德·哈特，内蒙古文化出版社 1997 年版

《第三帝国的兴亡》（上中下），[美]威廉·夏伊勒，世界知识出版社 2005 年版

《第三帝国》系列（共 21 册），[美]时代生活丛书，海南出版社 2002 年版

《山的那一边》，[英]李德·哈特，上海人民出版社 2011 年版

《希特勒》，[美]约翰·托兰，国际文化出版公司 2009 年版

《最后一百天：希特勒第三帝国覆亡记》，[美]约翰·托兰，重庆出版社 2009 年版

《二战数据：第三帝国》，[英]克里斯·麦克唐纳，电脑报电子音像出版社2011年版
《失去的胜利》，[德]曼施坦因，湖南人民出版社2013年版
《思考与回忆》，[苏]朱可夫，中国对外翻译出版公司1984年版
《苏德战争：1941-1945》，[英]艾伯特·西顿，上海人民出版社1983年版
《大海战——第二次世界大战海战史》，[美]尼米兹、E·B.波特，海洋出版社1987年版
《日本帝国的衰亡》，[美]约翰·托兰，新星出版社2008年版
《联合舰队》，刘怡，武汉大学出版社2010年版
《佛门避难记》，钮先铭，南京师范大学出版社2005年版
《一个时代的侧影：中国1931—1945》，广西师范大学出版社2005年版
《中国抗日战争史》（上中下），解放军出版社2005年版
《中国抗日时期的战争》，蔡仁照，解放军文艺出版社2001年版
《中国现代史》，魏宏运主编，高等教育出版社2002年版
《世界史》（现代史卷），齐世荣主编，高等教育出版社1994年版
《现代世界史》（下），[美]R·R.帕尔默，世界图书出版公司2009年版
《新全球史》（下），[美]齐格勒，北京大学出版社2009年版
《剑桥插图战争史》，[美]杰弗里·帕克，山东画报出版社2004年版
《世界历史地图集》，张芝联主编，中国地图出版社2002年版
《世界现代史地图集》，王春良主编，中国地图出版社1992年版
《战后国际关系史图集》，张志、李谋源主编，中国地图出版社1999年版
《泰晤士世界历史》，[英]Richard Overy主编，希望出版社，新世纪出版社2011年版
《第二次世界大战：1939—1945》（图册），[苏]斯·普·普拉托诺夫中将，战士出版社1980年版（内部发行）

《地图上的德国史》，孟钟捷、霍仁龙，中国青年出版社 2014 年版 东方出版中心

《俄国历史地图》，［英］马丁 · 吉尔伯特，中国青年出版社 2009 年版

《英国历史地图》，［英］马丁 · 吉尔伯特，中国青年出版社 2009 年版

《美国历史地图》，［英］马丁 · 吉尔伯特，中国青年出版社 2009 年版

《中国现代史地图集》，中国地图出版社 1999 年版

《中国近代史地图集》，星球地图出版社 2011 年版

《中国战争史地图集》，星球地图出版社 2007 年版

《中国抗日战争史地图集》，中国地图出版社 2015 年版

一战后的欧洲领土变迁

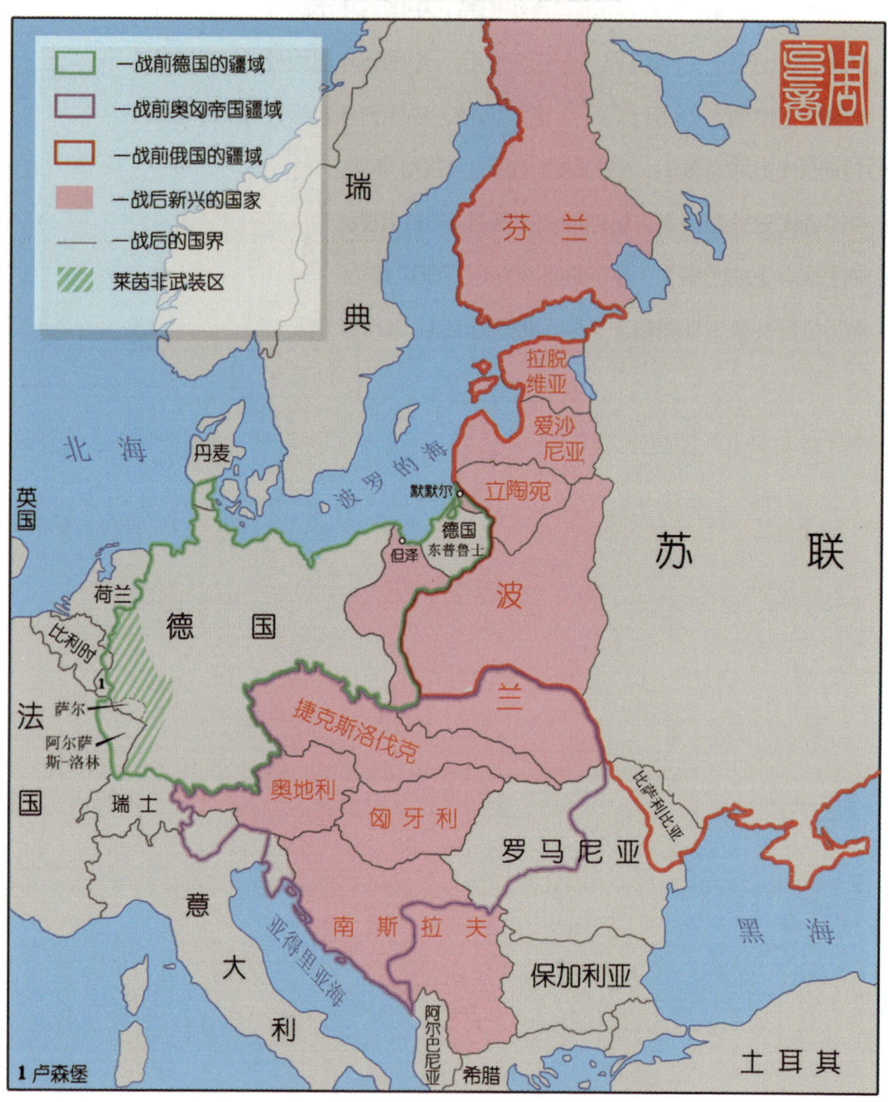
一战前德国的疆域
一战前奥匈帝国疆域
一战前俄国的疆域
一战后新兴的国家
一战后的国界
莱茵非武装区
瑞典
芬兰
拉脱维亚
爱沙尼亚
立陶宛
北海
丹麦
波罗的海
默默尔
德国
东普鲁士
但泽
英国
荷兰
德国
比利时
苏联
波兰
法国
萨尔
阿尔萨斯-洛林
捷克斯洛伐克
奥地利
匈牙利
罗马尼亚
比萨拉比亚
瑞士
意大利
南斯拉夫
亚得里亚海
黑海
保加利亚
阿尔巴尼亚
希腊
土耳其
1 卢森堡

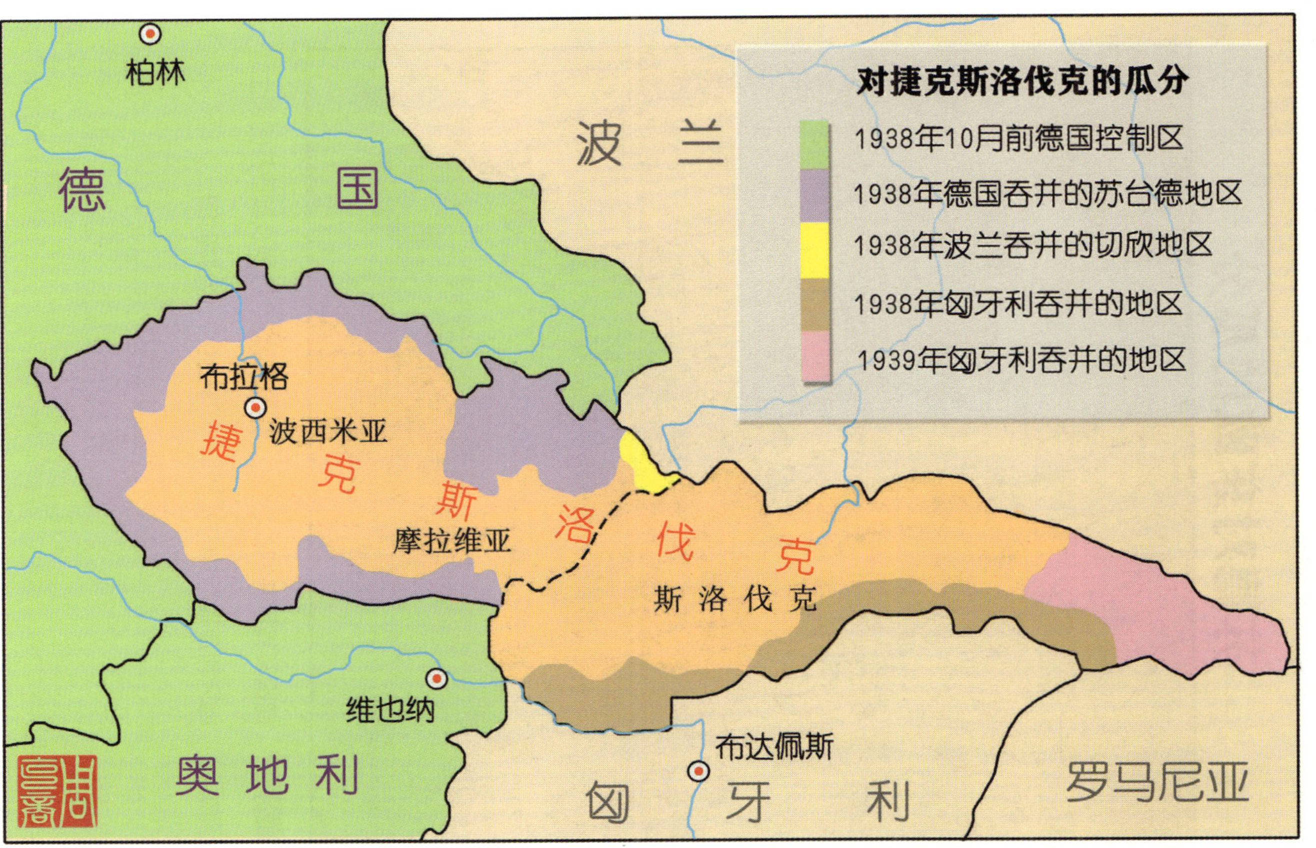
对捷克斯洛伐克的瓜分
1938年10月前德国控制区
1938年德国吞并的苏台德地区
1938年波兰吞并的切欣地区
1938年匈牙利吞并的地区
1939年匈牙利吞并的地区
柏林
德国
波兰
布拉格
波西米亚
捷克斯洛伐克
摩拉维亚
斯洛伐克
维也纳
奥地利
布达佩斯
匈牙利
罗马尼亚

苏德对东欧的瓜分

德国及其吞并的领土

苏联及其吞并的领土

匈牙利及其吞并的领土

1939.3 吞并时间

芬兰割让给苏联的领土

战前苏联愿意与芬兰交换的领土
战前苏联要求的边界
战后芬兰割让给苏联的领土
曼纳海姆防线
挪威
巴伦支海
佩特萨摩
瑙特西
摩尔曼斯克
芬
苏
瑞典
克米亚尔维
萨拉
库萨谋
白海
波的尼亚湾
索木斯萨米尔
兰
库谋
雷博勒
里波拉
波拉亚维
波拉约尔皮
伊洛曼特西
索尔塔瓦拉
拉多加湖
联
维堡
奥布
赫尔辛基
霍格兰岛
戈格兰岛
芬兰湾
汉科
列宁格勒
爱沙尼亚

德军在西线的胜利（1940年）

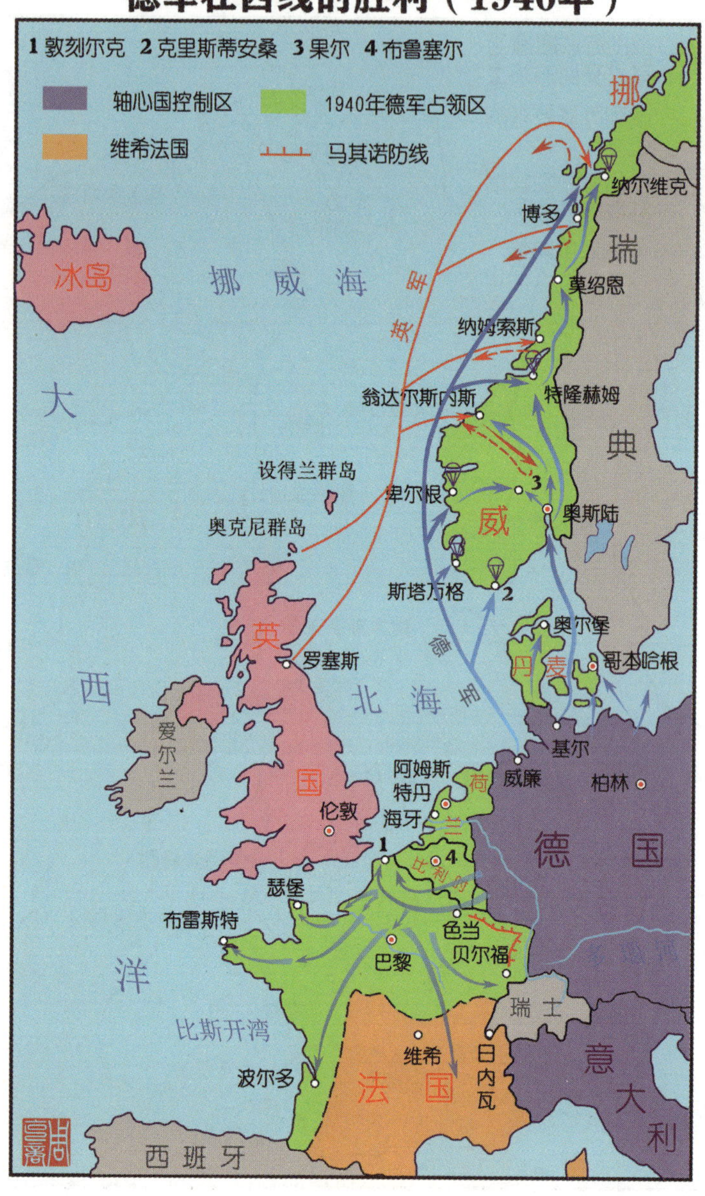

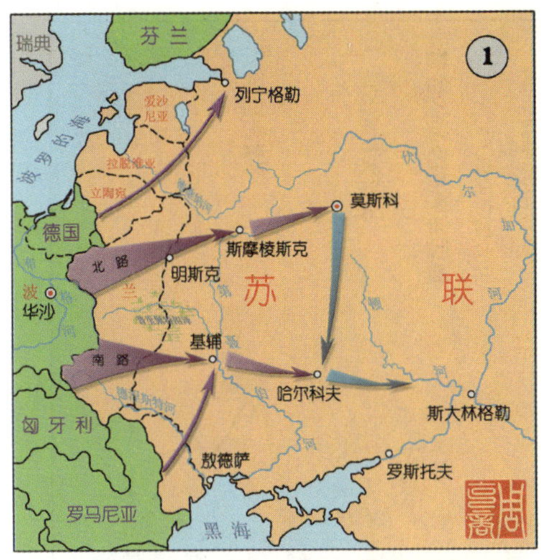

巴巴罗萨计划

① 最初的计划，主攻方向为莫斯科与基辅

② 修改后的计划，增加了向北方列宁格勒的主攻

③ 希特勒最终确定的计划，将列宁格勒改为主攻方向

1941年6月22日前轴心国控制区

第一阶段的主攻方向

第一阶段的次要进攻方向

第二阶段的进攻方向

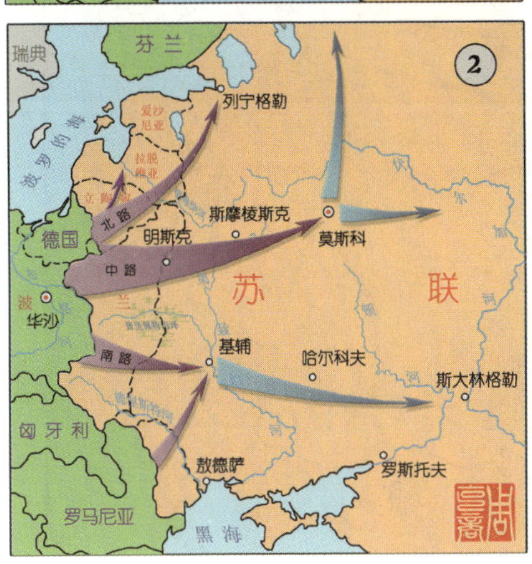

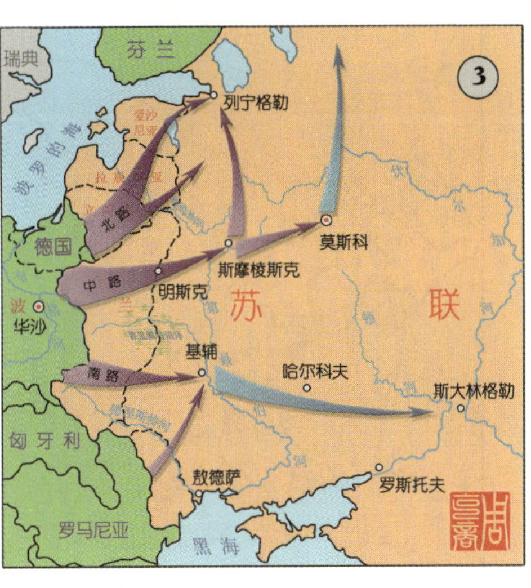

1941年的苏德战场
6月22日前轴心国控制区
10月初的战线
12月初的战线
德军的进攻
苏军的反击
德国集团军分界线
苏联各方面军分界线
北方集团军群（22+）
集团军名称及师的数量
瑞典
芬兰
拉多加湖
列宁格勒
波罗的海
里加
第4装甲集群
维捷布斯克
西北方面军（19+）
莫斯科
东普鲁士
德
北方集团军群（22+）
第3装甲集群
斯摩棱斯克
图拉
明斯克
奥廖尔
华沙
西方方面军（23+）
后备军（20+）
第2装甲集群
苏
第聂伯河
库尔斯克
联
中央集团军群（40+）
国
顿河
西南方面军（35+）
南方集团军群（27+）
哈尔科夫
第1装甲集群
基辅
斯大林格勒
捷克斯洛伐克
德涅斯特河
顿涅茨河
伏尔加河
匈牙利
南方方面军（10+）
罗斯托夫
阿斯特拉罕
敖德萨
罗马尼亚
塞瓦斯托波尔
黑海
南斯拉夫

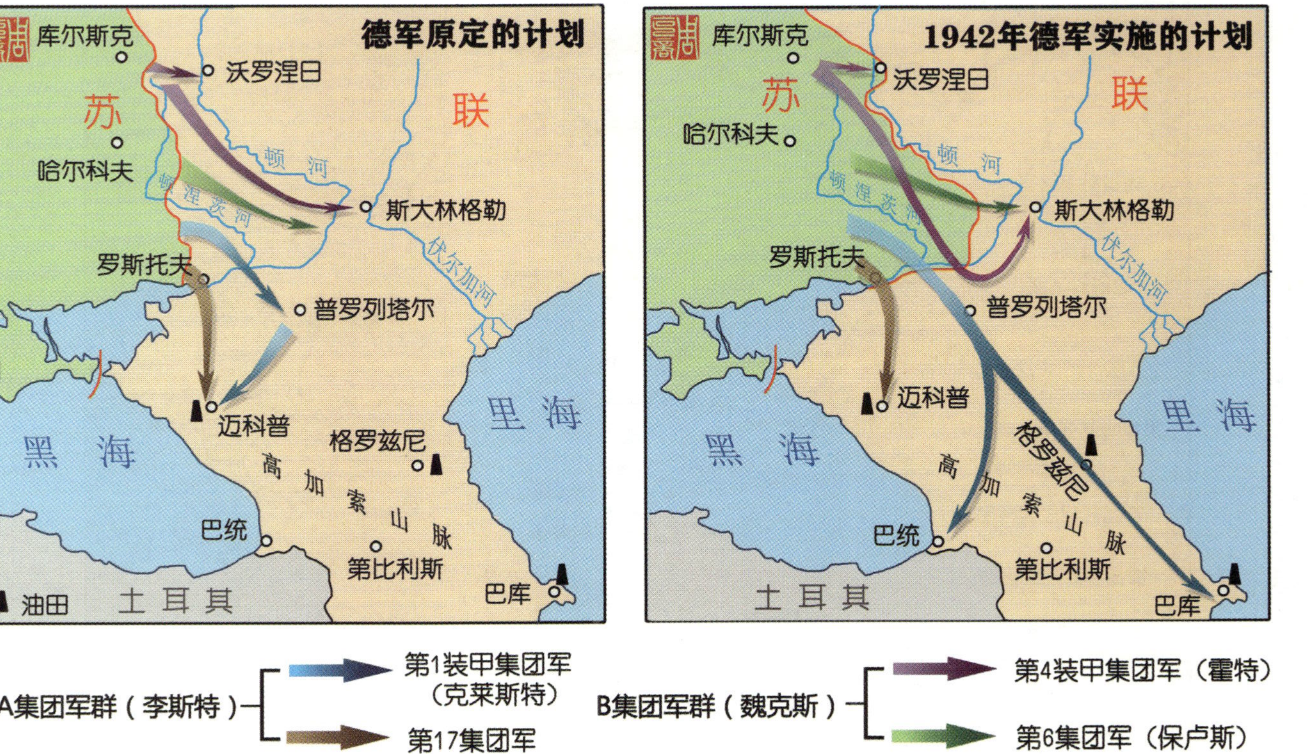
德军原定的计划
库尔斯克
沃罗涅日
苏
联
哈尔科夫
顿河
顿涅茨河
斯大林格勒
罗斯托夫
伏尔加河
普罗列塔尔
迈科普
格罗兹尼
黑海
里海
高加索山脉
巴统
第比利斯
巴库
油田
土耳其
1942年德军实施的计划
库尔斯克
沃罗涅日
苏
联
哈尔科夫
顿河
顿涅茨河
斯大林格勒
罗斯托夫
伏尔加河
普罗列塔尔
迈科普
格罗兹尼
黑海
里海
高加索山脉
巴统
第比利斯
巴库
土耳其
A集团军群（李斯特）
第1装甲集团军（克莱斯特）
第17集团军
B集团军群（魏克斯）
第4装甲集团军（霍特）
第6集团军（保卢斯）

1942年的苏德战场
5月的战线
11月的战线
德军的进攻
苏联各方面军分界线
德国集团军群分界线
北方集团军群（22+）
集团军名称及师的数量
芬兰
瑞典
波罗的海
拉多加湖
列宁格勒
列宁格勒方面军（16）
沃尔霍夫方面军（12）
西北方面军（16）
加里宁方面军（24）
北方集团军群（26）
里加
涅曼河
维捷布斯克
第3装甲集群
斯摩棱斯克
中央集团军群（53）
明斯克
莫斯科
西方方面军（28）
图拉
奥廖尔
布良斯克方面军（20）
苏
联
第聂伯河
第2装甲集群
库尔斯克
第4装甲集群
南方集团军群（46）
顿河
西南方面军（20）
沃罗涅日
哈尔科夫
基辅
斯大林格勒
南方方面军（20）
北顿涅茨河
第1装甲集群
罗斯托夫
伏尔加河
阿斯特拉罕
里海
德涅斯特河
普鲁特河
敖德萨
迈科普
格罗兹尼
塞瓦斯托波尔
黑海
德国
东普鲁士
华沙
波兰
德国
捷克斯洛伐克
匈牙利
罗马尼亚
南斯拉夫

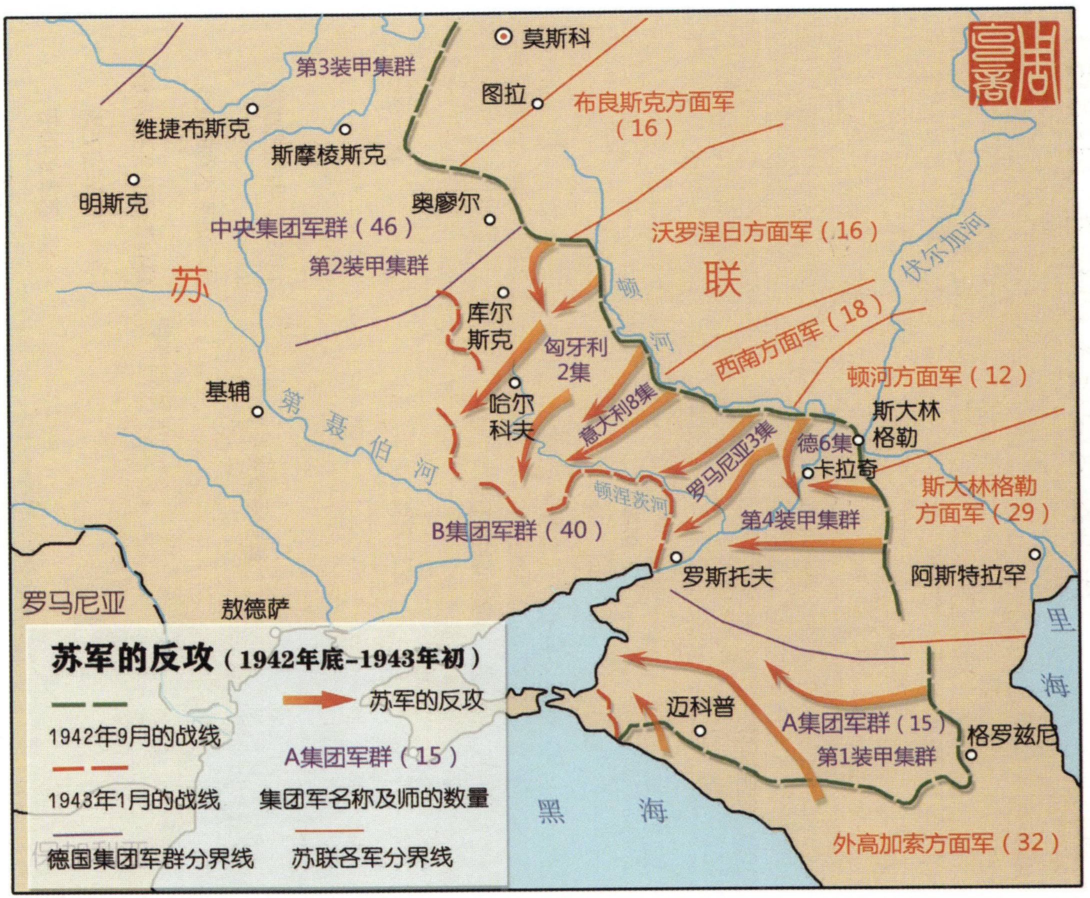
苏军的反攻（1942年底–1943年初）
1942年9月的战线
1943年1月的战线
德国集团军群分界线
苏军的反攻
A集团军群（15）
集团军名称及师的数量
苏联各军分界线
莫斯科
图拉
布良斯克方面军（16）
第3装甲集群
维捷布斯克
斯摩棱斯克
明斯克
奥廖尔
中央集团军群（46）
第2装甲集群
沃罗涅日方面军（16）
苏
联
伏尔加河
顿河
库尔斯克
匈牙利2集
西南方面军（18）
顿河方面军（12）
斯大林格勒
基辅
哈尔科夫
意大利8集
罗马尼亚3集
德6集
卡拉奇
第聂伯河
顿涅茨河
斯大林格勒方面军（29）
第4装甲集群
B集团军群（40）
罗斯托夫
阿斯特拉罕
罗马尼亚
敖德萨
里
海
迈科普
A集团军群（15）
第1装甲集群
格罗兹尼
黑
海
外高加索方面军（32）

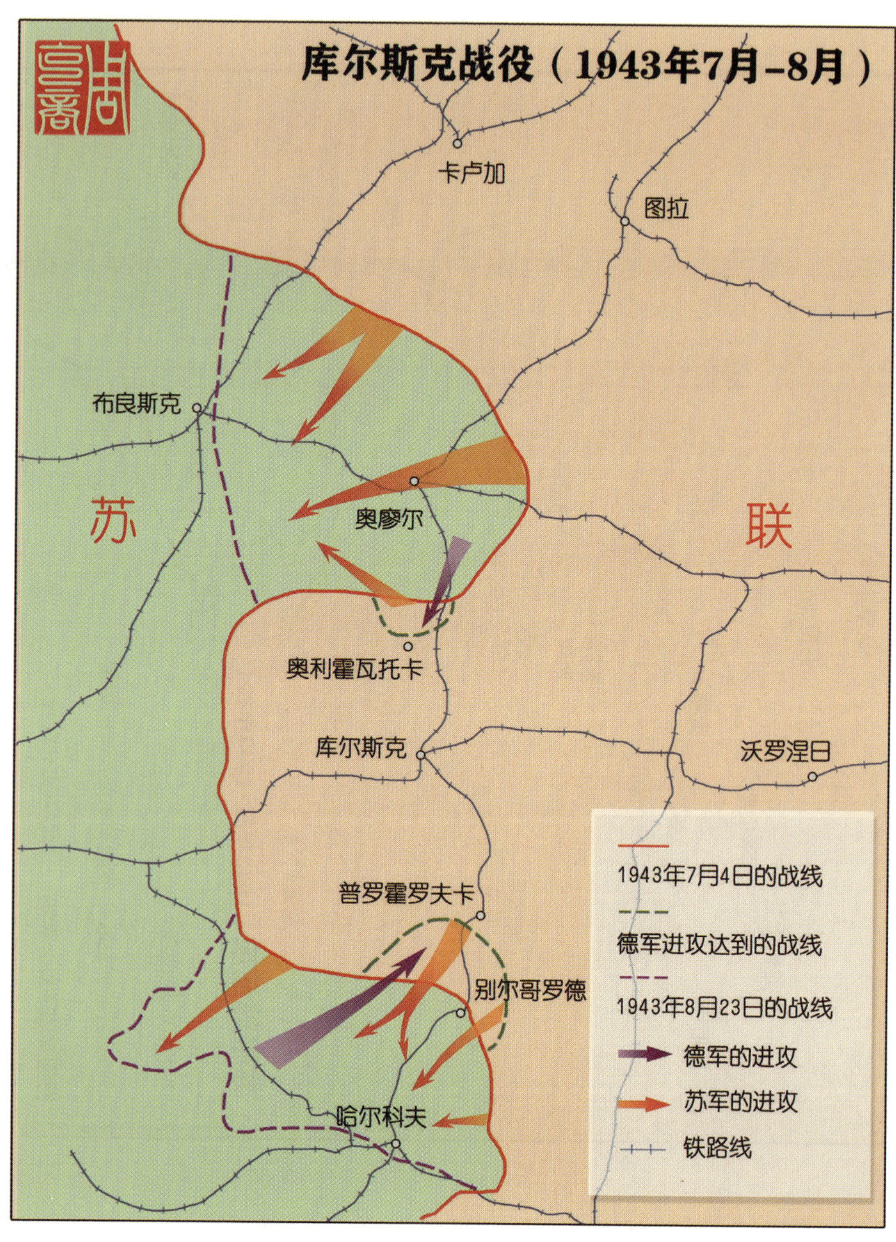
库尔斯克战役（1943年7月-8月）
卡卢加
图拉
布良斯克
奥廖尔
苏
联
奥利霍瓦托卡
库尔斯克
沃罗涅日
普罗霍罗夫卡
别尔哥罗德
哈尔科夫
1943年7月4日的战线
德军进攻达到的战线
1943年8月23日的战线
德军的进攻
苏军的进攻
铁路线

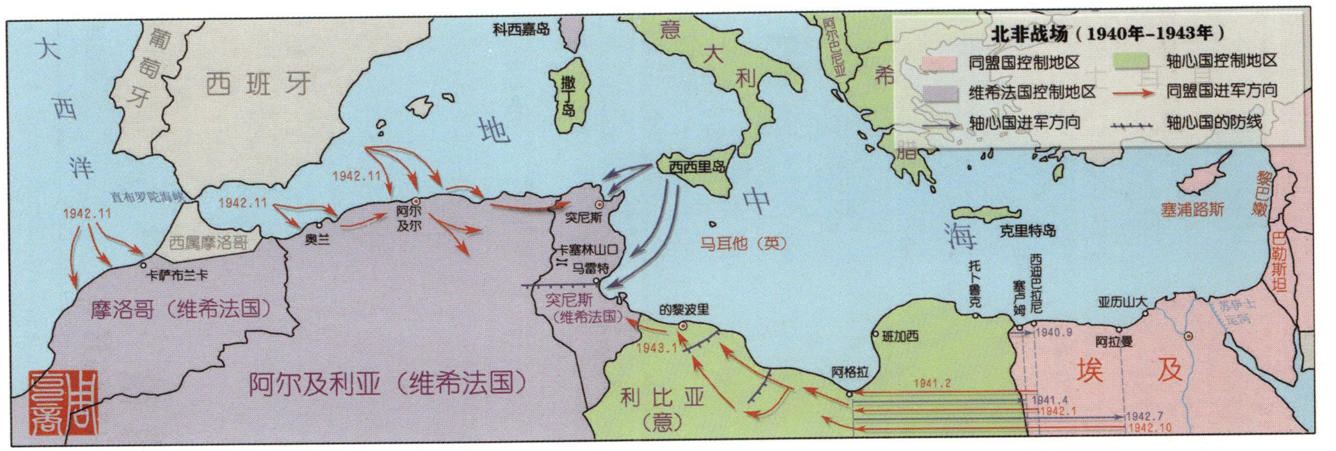
北非战场（1940年-1943年）
同盟国控制地区
轴心国控制地区
维希法国控制地区
同盟国进军方向
轴心国进军方向
轴心国的防线
大西洋
葡萄牙
西班牙
科西嘉岛
撒丁岛
意大利
阿尔巴尼亚
希腊
地中海
西西里岛
马耳他（英）
克里特岛
塞浦路斯
黎巴嫩
巴勒斯坦
直布罗陀海峡
西属摩洛哥
卡萨布兰卡
摩洛哥（维希法国）
阿尔及利亚（维希法国）
奥兰
阿尔及尔
突尼斯
卡塞林山口
马雷特
突尼斯（维希法国）
的黎波里
利比亚（意）
阿格拉
班加西
托卜鲁克
西迪巴拉尼
塞卢姆
亚历山大
阿拉曼
埃及
苏伊士运河
1942.11
1942.11
1942.11
1943.1
1941.2
1941.4
1942.1
1942.7
1942.10
1940.9

瑞 士
奥地利
美军的进攻
英军的进攻
1945.4 行动日期
米兰
维罗纳
帕多瓦
的里雅斯特
威尼斯
波
河
南斯拉夫
热那亚
1945.4
哥特防线
里米尼
亚
得
里
亚
海
佛罗伦萨
安科纳
意大利
亚
平
宁
山
脉
台伯河
1944.5
佩扎罗
奥尔托纳
古斯塔夫防线
1943.10
科西嘉岛（法）
厄尔巴岛
罗马
1944.6
卡西诺
安齐奥
1944.1
沃尔七诺河
福贾
那不勒斯
萨莱诺
1943.9
撒丁岛（意）
塔兰托
地 中 海
墨西拿
勒佐
巴勒莫
1943.9
西西里岛（意）
杰拉
锡拉库塞
1943.7
意大利战役
（1943年7月-1945年5月）

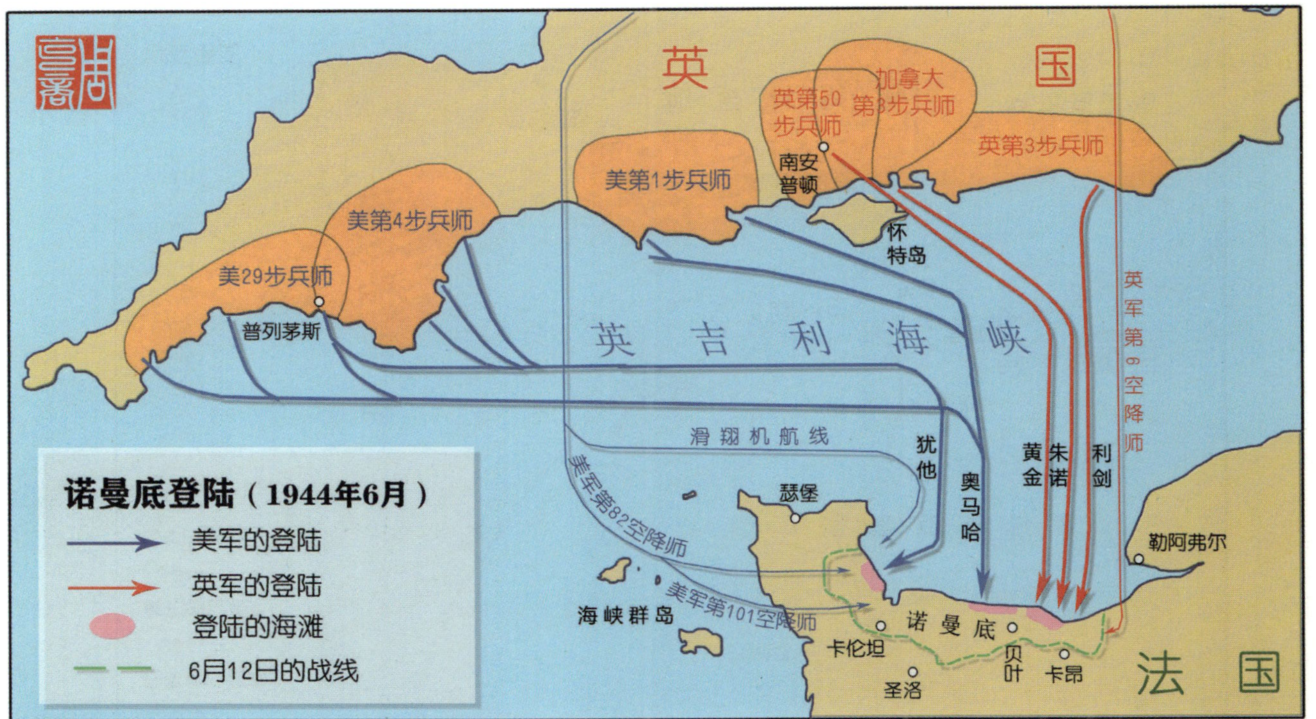
诺曼底登陆（1944年6月）
美军的登陆
英军的登陆
登陆的海滩
6月12日的战线
英国
法国
英吉利海峡
英第50步兵师
加拿大第3步兵师
英第3步兵师
南安普顿
怀特岛
美第1步兵师
美第4步兵师
美29步兵师
普列茅斯
英军第6空降师
滑翔机航线
美军第82空降师
美军第101空降师
海峡群岛
瑟堡
犹他
奥马哈
黄金
朱诺
利剑
勒阿弗尔
卡伦坦
诺曼底
贝叶
卡昂
圣洛

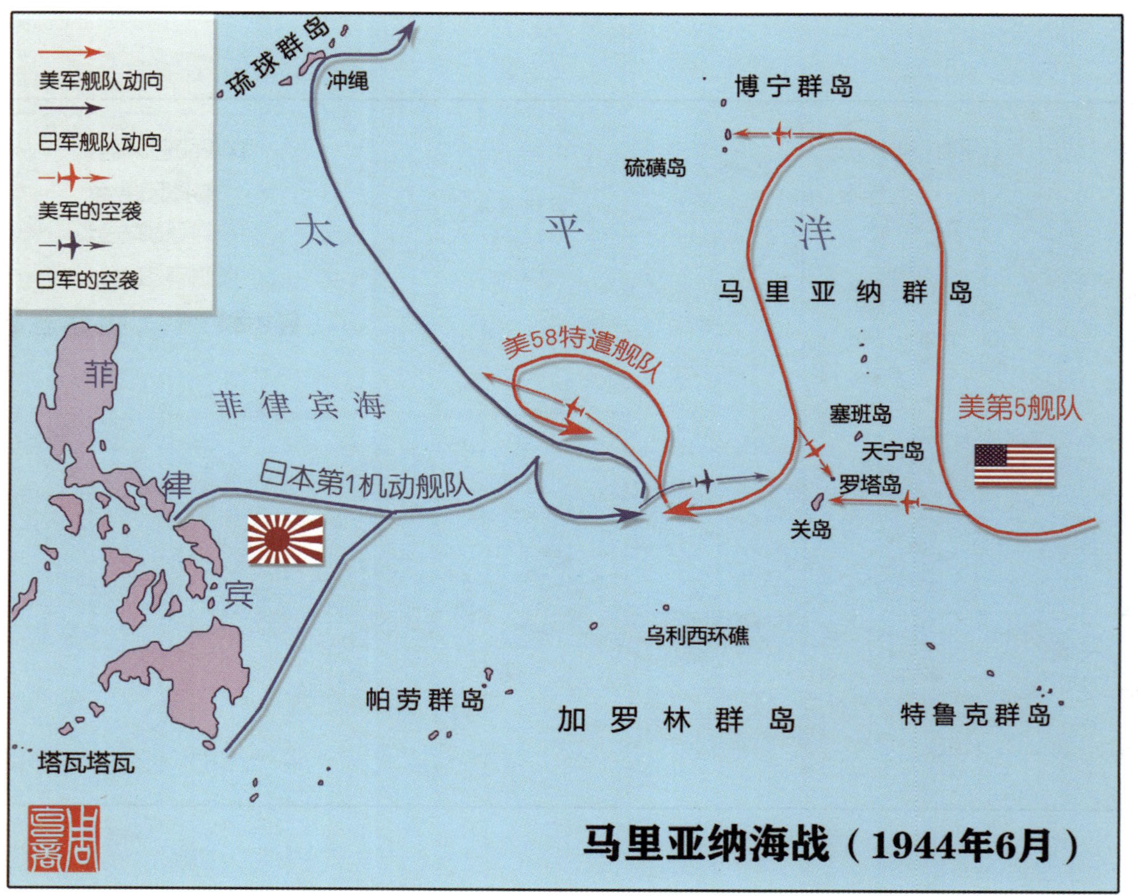
美军舰队动向
日军舰队动向
美军的空袭
日军的空袭
琉球群岛
冲绳
博宁群岛
硫磺岛
太
平
洋
马里亚纳群岛
美58特遣舰队
菲律宾海
菲
律
宾
美第5舰队
塞班岛
天宁岛
罗塔岛
关岛
日本第1机动舰队
乌利西环礁
帕劳群岛
加罗林群岛
特鲁克群岛
塔瓦塔瓦
马里亚纳海战（1944年6月）

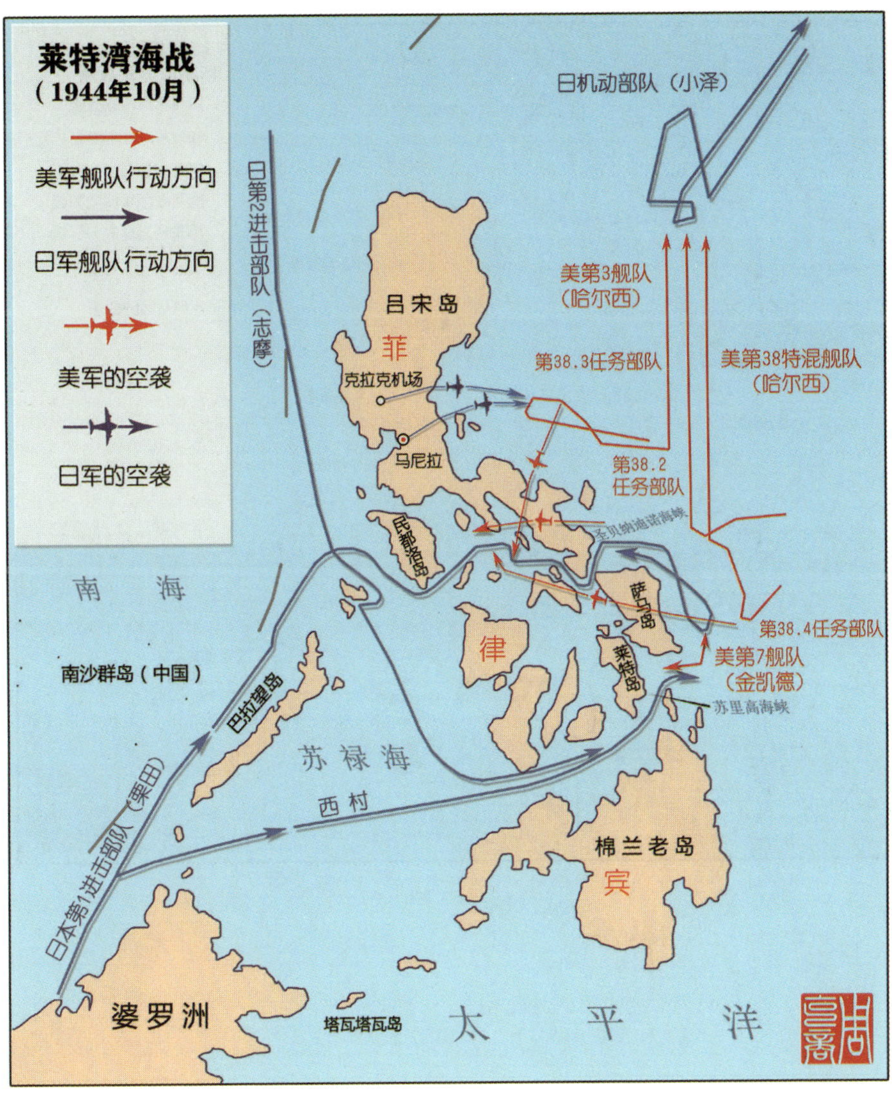

莱特湾海战
（1944年10月）
美军舰队行动方向
日军舰队行动方向
美军的空袭
日军的空袭
日机动部队（小泽）
日第2进击部队（志摩）
美第3舰队
（哈尔西）
吕宋岛
菲
第38.3任务部队
美第38特混舰队
（哈尔西）
克拉克机场
马尼拉
第38.2
任务部队
圣贝纳迪诺海峡
民都洛岛
南　海
萨马岛
第38.4任务部队
律
莱特岛
美第7舰队
（金凯德）
南沙群岛（中国）
苏里高海峡
巴拉望岛
苏禄海
西村
日本第1进击部队（栗田）
棉兰老岛
宾
婆罗洲
塔瓦塔瓦岛
太　平　洋

1943底-1944
年初的苏德战场
1943年12月的战线
1944年4月的战线
苏军的进攻
德军集团军群分界线
苏军各方面军分界线
列宁格勒方面军（22）
方面军名称及师的数量
瑞
典
芬 兰
拉多加湖
列宁格勒
列宁格勒方面军（22）
沃尔霍夫方面军（12）
波罗的海
北方集团军群（20）
波罗的海第2方面军（24）
波罗的海第1方面军（16）
莫斯科
图拉
斯摩棱斯克
第3装甲集群
东普鲁士德国
德
明斯克
涅曼河
西方方面军（18）
中央集团军群（28）
奥廖尔
维斯瓦河
华沙
苏
联
白俄罗斯方面军（30）
国
波 兰
库尔斯克
乌克兰第1方面军（46）
第4装甲集群
哈尔科夫
顿河
斯大林格勒
乌克兰第2方面军（36）
基辅
南方集团军群（54）
第聂伯河
顿涅茨河
捷克斯洛伐克
德涅斯特河
第1装甲集群
伏尔加河
乌克兰第3方面军（22）
匈牙利
罗斯托夫
敖德萨
罗马尼亚
乌克兰第4方面军（38）
布加勒斯特
塞瓦斯托波尔
迈科普
南斯拉夫
多瑙河
保加利亚
黑 海

1944年的苏德战场
1944年7月的战线
1944年12月的战线
苏军的进攻
德军集团军群分界线
苏军各方面军分界线
乌克兰第2方面军（22）
方面军名称及师的数量
挪威
瑞典
芬兰
列宁格勒
波罗的海
波罗的海第3方面军（20）
北方集团军群（20）
波罗的海第2方面军（18）
波罗的海第1方面军（14）
莫斯科
第3装甲集群
斯摩棱斯克
图拉
东普鲁士
德国
白俄罗斯第3方面军（26）
明斯克
涅曼河
奥廖尔
德国
柏林
华沙
中央集团军群（38）
白俄罗斯第2方面军（22）
维斯瓦河
奥得河
波兰
苏
库尔斯克
联
第4装甲集群
第1装甲集群
白俄罗斯第1方面军（38）
哈尔科夫
顿河
捷克斯洛伐克
基辅
斯大林格勒
北乌克兰集团军群（51）
乌克兰第1方面军（74）
第聂伯河
顿涅茨河
乌克兰第2方面军（22）
伏尔加河
奥地利
德涅斯特河
乌克兰第3方面军（12）
罗斯托夫
匈牙利
南乌克兰集团军群
敖德萨
乌克兰第4方面军（10）
罗马尼亚
贝尔格莱德
布加勒斯特
塞瓦斯托波尔
迈科普
南斯拉夫
多瑙河
保加利亚
黑海

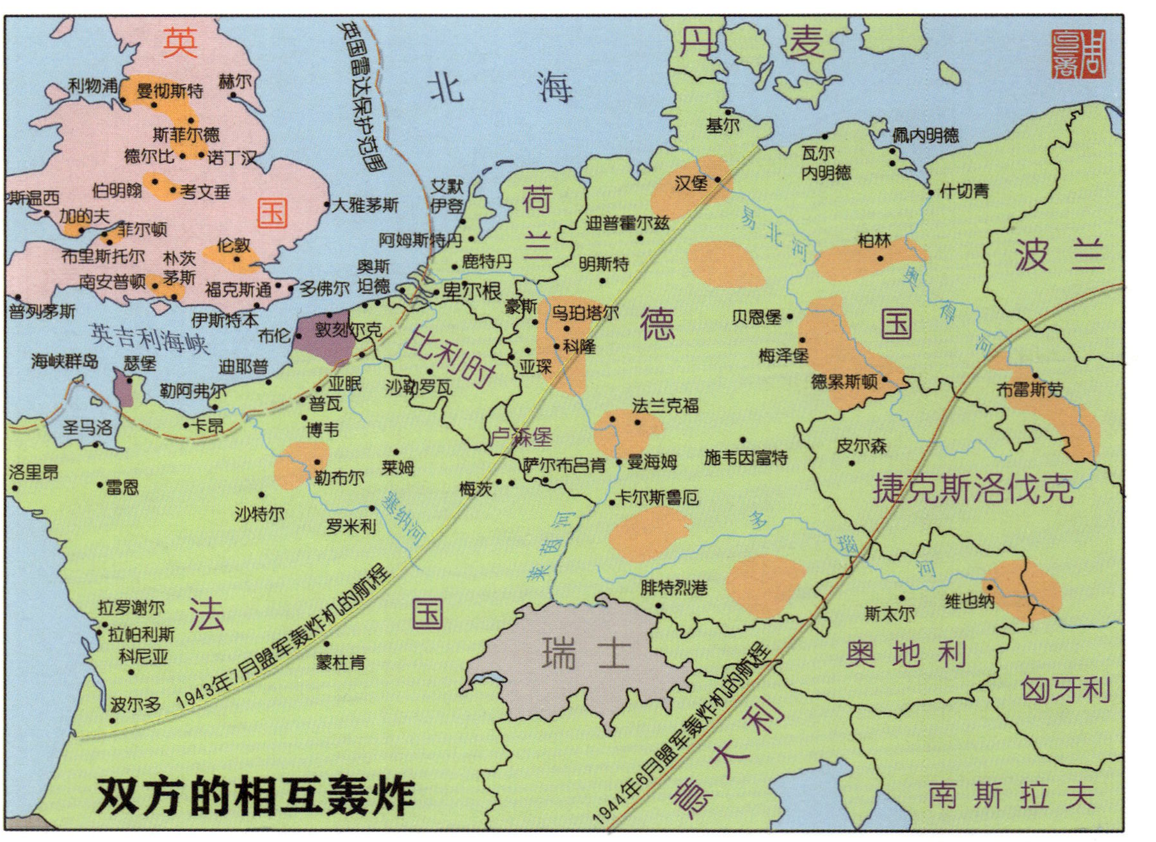

重点轰炸区域　固定的V型火箭发射区　• 遭到轰炸的城市

阿登战役（1944年12月16日-1945年1月28日）

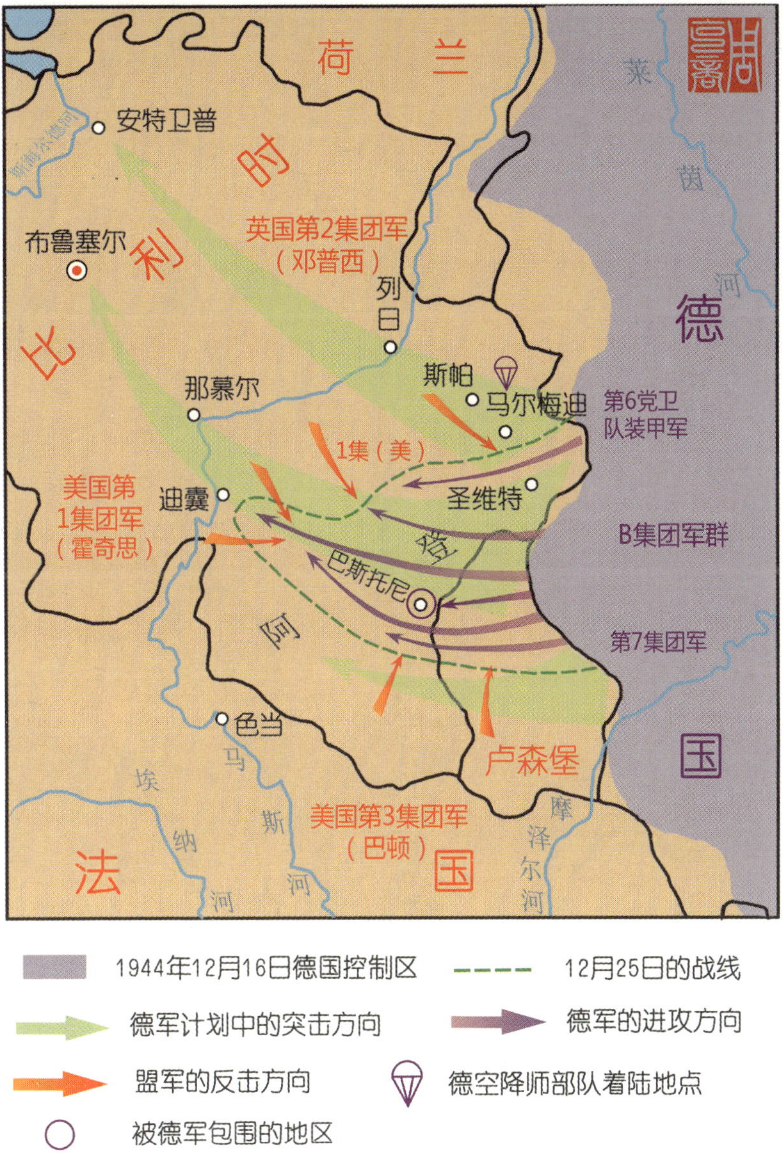

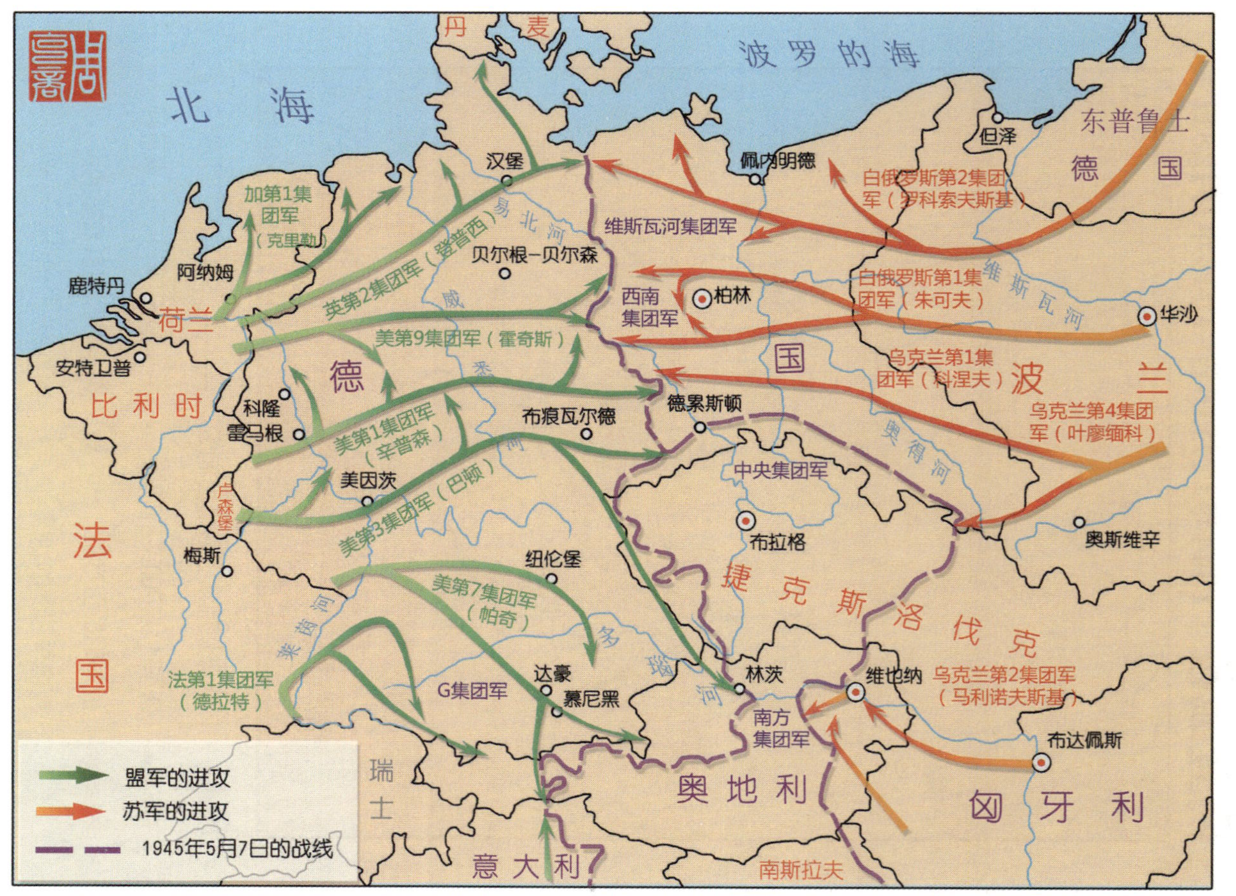

北海
波罗的海
丹麦
东普鲁士
德国
但泽
佩内明德
汉堡
白俄罗斯第2集团军（罗科索夫斯基）
维斯瓦河集团军
易北河
加第1集团军（克里勒）
英第2集团军（登普西）
贝尔根－贝尔森
鹿特丹
阿纳姆
荷兰
白俄罗斯第1集团军（朱可夫）
维斯瓦河
西南集团军
柏林
华沙
威悉河
美第9集团军（霍奇斯）
安特卫普
德
国
乌克兰第1集团军（科涅夫）
波兰
乌克兰第4集团军（叶廖缅科）
比利时
科隆
雷马根
德累斯顿
布痕瓦尔德
美第1集团军（辛普森）
奥得河
中央集团军
美因河
美因茨
卢森堡
美第3集团军（巴顿）
布拉格
奥斯维辛
法
梅斯
纽伦堡
美第7集团军（帕奇）
捷克斯洛伐克
莱茵河
多瑙河
法第1集团军（德拉特）
国
G集团军
达豪
慕尼黑
林茨
维也纳
乌克兰第2集团军（马利诺夫斯基）
南方集团军
布达佩斯
瑞士
奥地利
匈牙利
意大利
南斯拉夫
盟军的进攻
苏军的进攻
1945年5月7日的战线

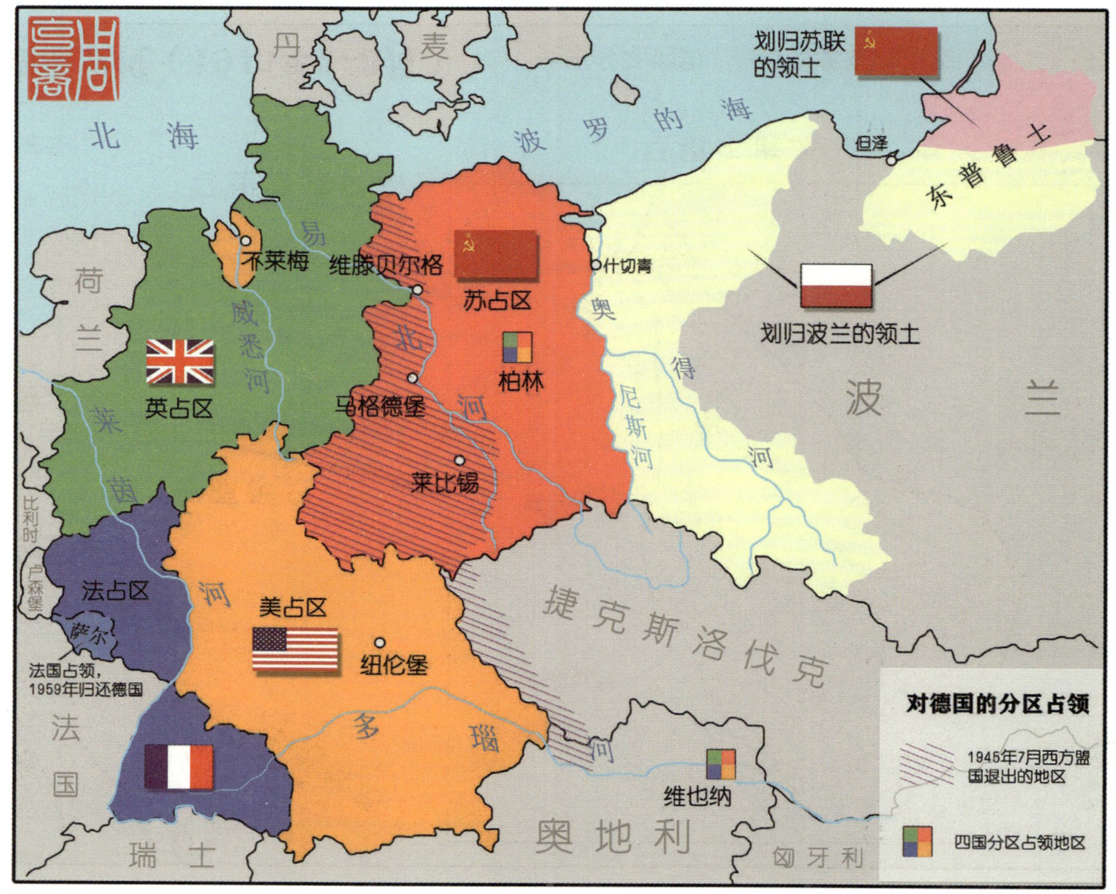
丹
麦
北海
波罗的海
划归苏联的领土
但泽
东普鲁士
荷
兰
不莱梅
维滕贝尔格
苏占区
什切青
划归波兰的领土
英占区
柏林
马格德堡
莱比锡
波
兰
比利时
卢森堡
法占区
萨尔
法国占领，1959年归还德国
美占区
纽伦堡
捷克斯洛伐克
法
国
瑞士
奥地利
维也纳
匈牙利
易北河
威悉河
莱茵河
奥得河
尼斯河
多瑙河
对德国的分区占领
1945年7月西方盟国退出的地区
四国分区占领地区

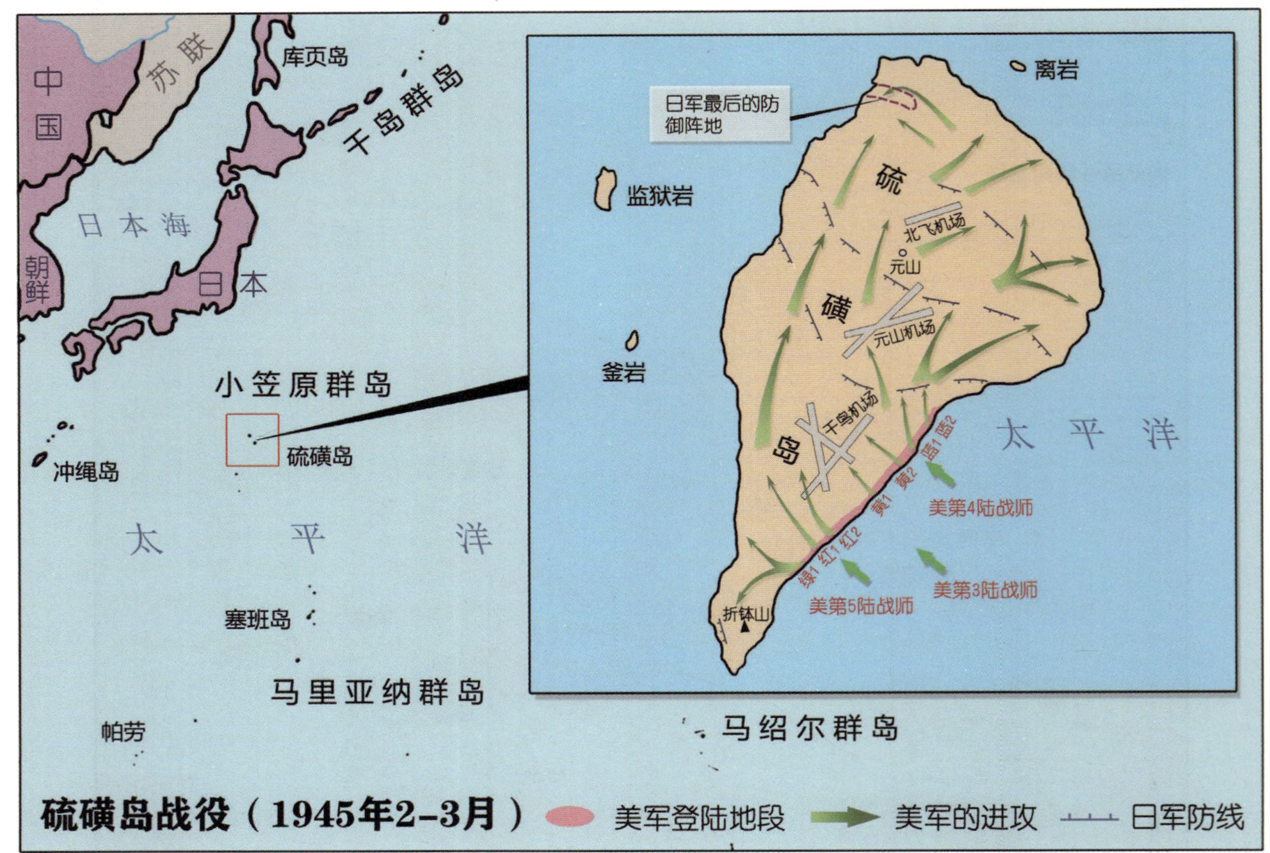

硫磺岛战役（1945年2–3月）

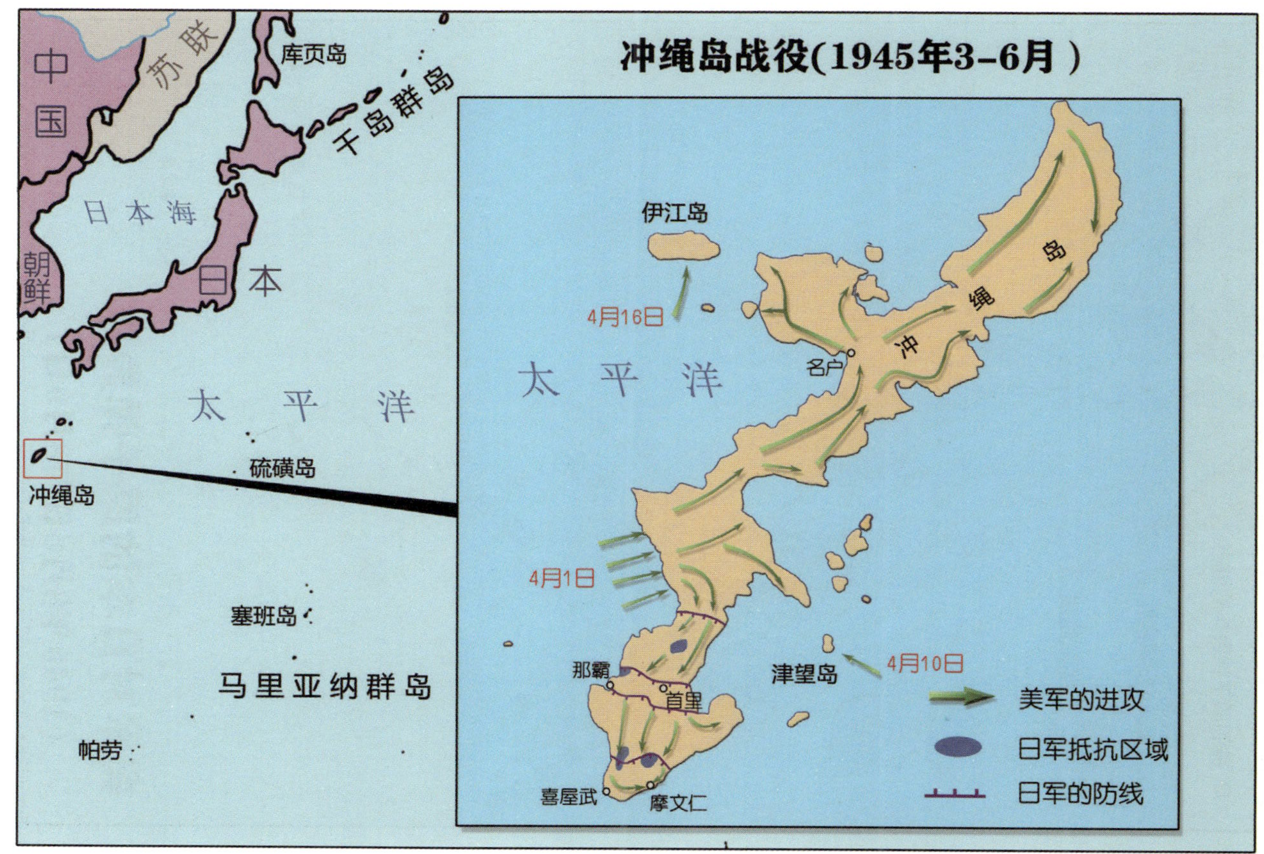
冲绳岛战役(1945年3-6月)
中国
苏联
朝鲜
日本海
日本
库页岛
千岛群岛
太平洋
硫磺岛
冲绳岛
塞班岛
马里亚纳群岛
帕劳
伊江岛
4月16日
太平洋
冲
绳
岛
名户
4月1日
那霸
首里
喜屋武
摩文仁
津望岛
4月10日
美军的进攻
日军抵抗区域
日军的防线

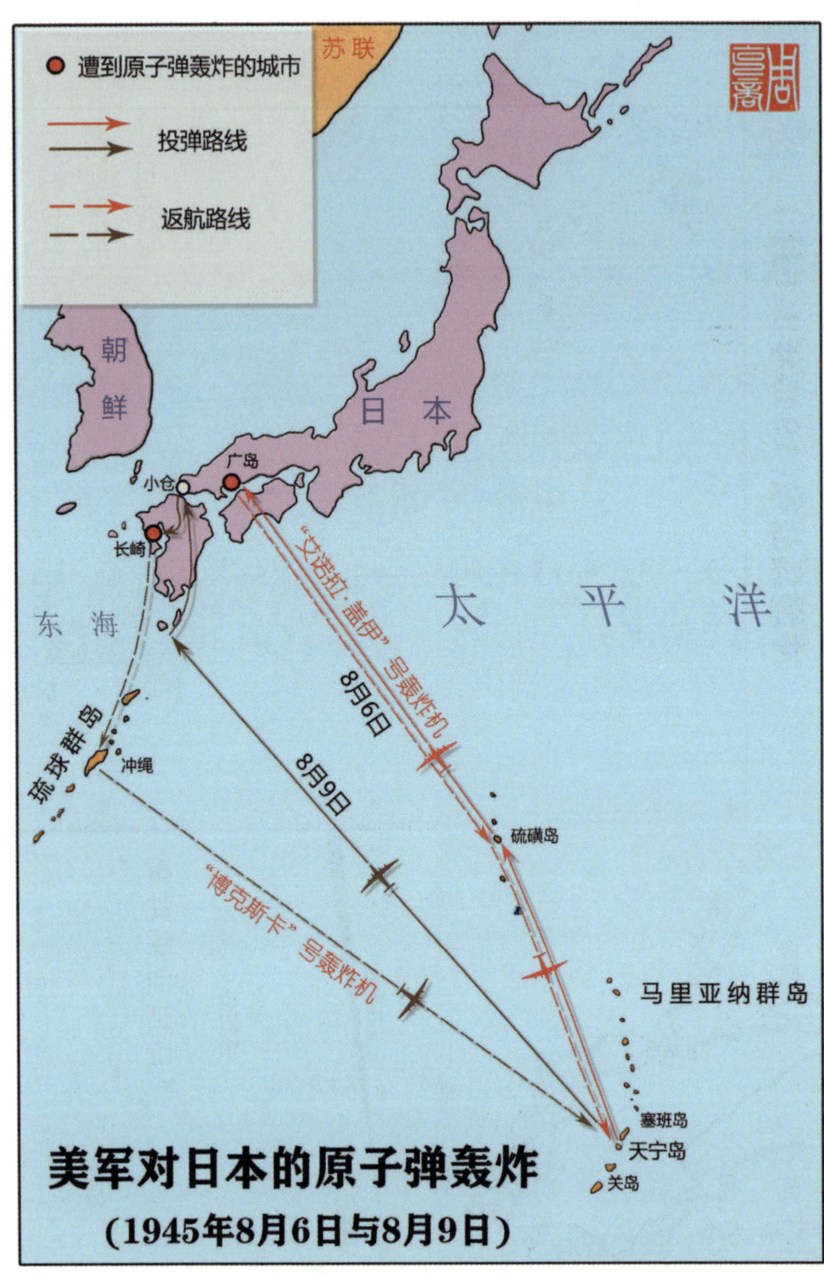

遭到原子弹轰炸的城市
投弹路线
返航路线
苏联
朝鲜
日本
广岛
小仓
长崎
东海
太平洋
"艾诺拉·盖伊"号轰炸机
8月6日
8月9日
"博克斯卡"号轰炸机
琉球群岛
冲绳
硫磺岛
马里亚纳群岛
塞班岛
天宁岛
关岛
美军对日本的原子弹轰炸
(1945年8月6日与8月9日)